敦煌与丝绸之路研究丛书

郑炳林 主编

敦煌归义军社会教育研究

祁晓庆——著

甘肃文化出版社

「十三五」国家重点图书出版规划项目

教育部人文社会科学重点研究基地兰州大学敦煌学研究所项目

甘肃·兰州

图书在版编目（ＣＩＰ）数据

敦煌归义军社会教育研究 / 祁晓庆著. -- 兰州：
甘肃文化出版社，2023.11
　（敦煌与丝绸之路研究丛书 / 郑炳林主编）
　ISBN 978-7-5490-2681-4

　Ⅰ．①敦… Ⅱ．①祁… Ⅲ．①地方政府—研究—敦煌
—唐宋时期 Ⅳ．①D691.2

中国国家版本馆CIP数据核字(2023)第216425号

敦煌归义军社会教育研究
DUNHUANG GUIYIJUN SHEHUI JIAOYU YANJIU

祁晓庆丨著

策　　划丨郧军涛
项目负责丨甄惠娟
责任编辑丨王天芹
封面设计丨马吉庆

出版发行丨甘肃文化出版社
网　　址丨http://www.gswenhua.cn
投稿邮箱丨gswenhuapress@163.com
地　　址丨兰州市城关区曹家巷 1 号丨730030（邮编）

营销中心丨贾　莉　王　俊
电　　话丨0931-2131306

印　　刷丨甘肃发展印刷公司
开　　本丨787 毫米 × 1092 毫米　1/16
字　　数丨417 千
印　　张丨30　　插　页丨2 面
版　　次丨2023 年 11 月第 1 版
印　　次丨2023 年 11 月第 1 次
书　　号丨ISBN 978-7-5490-2681-4
定　　价丨98.00 元

国家科技支撑计划国家文化科技创新工程项目"丝绸之路文化主题创意关键技术研究"

（项目编号：2013BAH40F01）

国家社科基金西部项目"敦煌石窟中的外来元素与中西文化交融研究"

（项目编号：21XZS011）

兰州大学中央高校基本科研业务费专项资金重点研究基地建设项目"甘肃石窟与历史文化研究"

（项目编号：2022jbkyjd006）

总　序

　　丝绸之路是东西方文明之间碰撞、交融、接纳的通道，丝绸之路沿线产生了很多大大小小的文明，丝绸之路文明是这些文明的总汇。敦煌是丝绸之路上的一个明珠，它是丝绸之路文明最高水平的体现，敦煌的出现是丝绸之路开通的结果，而丝绸之路的发展结晶又在敦煌得到了充分的体现。

　　敦煌学，是一门以敦煌文献和敦煌石窟为研究对象的学科，由于敦煌学的外缘和内涵并不清楚，学术界至今仍然有相当一部分学者否认它的存在。有的学者根据敦煌学研究的进度和现状，将敦煌学分为狭义的敦煌学和广义的敦煌学。所谓狭义的敦煌学也称之为纯粹的敦煌学，即以敦煌藏经洞出土文献和敦煌石窟为研究对象的学术研究。而广义的敦煌学是以敦煌出土文献为主，包括敦煌汉简，及其相邻地区出土文献，如吐鲁番文书、黑水城出土文书为研究对象的文献研究；以敦煌石窟为主，包括河西石窟群、炳灵寺麦积山陇中石窟群、南北石窟为主的陇东石窟群等丝绸之路石窟群，以及关中石窟、龙门、云冈、大足等中原石窟，高昌石窟、龟兹石窟以及中亚印度石窟的石窟艺术与石窟考古研究；以敦煌历史地理为主，包括河西西域地区的历史地理研究，以及中古时期中外关系史研究等。严格意义上说，凡利用敦煌文献和敦煌石窟及其相关资料进行的一切学术研究，都可以称之为敦煌学研究的范畴。

　　敦煌学研究是随着敦煌文献的发现而兴起的一门学科，敦煌文献经斯坦因、伯希和、奥登堡、大谷探险队等先后劫掠，王道士及敦煌乡绅等人为流散，现分别收藏于英国、法国、俄罗斯、日本、瑞典、丹麦、印度、韩国、美国等国家博物馆和图书馆中，因此作为研究敦煌文献的敦煌学一开始兴起就是一门国际性的学术研究。留存中国的敦煌文献除了国家图书馆之外，还有十余省份的图书馆、博物馆、档案馆都收藏有敦煌文献，其次台北图书馆、台北故宫博物院、台湾"中央研究院"及香港也收藏有敦煌文献，敦煌文献的具体数量没有一个准确的数字，估计在五万卷号左右。敦煌学的研究随着敦煌文献的流散开始兴起，敦煌学一词随着敦煌学研究开始在学术界使用。

敦煌学的研究一般认为是从甘肃学政叶昌炽开始，这是中国学者的一般看法。而20世纪的敦煌学的发展，中国学者将其分为三个阶段：1949年前为敦煌学发展初期，主要是刊布敦煌文献资料；1979年中国敦煌吐鲁番学会成立之前，敦煌学研究停滞不前；1979年之后，由于中国敦煌吐鲁番学会的成立，中国学术界有计划地进行敦煌学研究，也是敦煌学发展最快、成绩最大的阶段。目前随着国家"一带一路"倡议的提出，作为丝路明珠的敦煌必将焕发出新的光彩。新时期的敦煌学在学术视野、研究内容拓展、学科交叉、研究方法和人才培养等诸多方面都面临一系列问题，我们将之归纳如下：

第一，敦煌文献资料的刊布和研究稳步进行。目前完成了俄藏、英藏、法藏以及甘肃藏、上博藏、天津艺博藏敦煌文献的刊布，展开了敦煌藏文文献的整理研究，再一次掀起了敦煌文献研究的热潮，推动了敦煌学研究的新进展。敦煌文献整理研究上，郝春文的英藏敦煌文献汉文非佛经部分辑录校勘工作已经出版了十五册，尽管敦煌学界对其录文格式提出不同看法，但不可否认这是敦煌学界水平最高的校勘，对敦煌学的研究起了很大的作用。其次有敦煌经部、史部、子部文献整理和俄藏敦煌文献的整理正在有序进行。专题文献整理研究工作也出现成果，如关于敦煌写本解梦书、相书的整理研究，郑炳林、王晶波在黄正建先生的研究基础上已经有了很大进展，即将整理完成的还有敦煌占卜文献合集、敦煌类书合集等。文献编目工作有了很大进展，编撰《海内外所藏敦煌文献联合总目》也有了初步的可能。施萍婷先生的《敦煌遗书总目索引新编》在王重民先生目录的基础上，增补了许多内容。荣新江先生的《海外敦煌吐鲁番文献知见录》《英国国家图书馆藏敦煌汉文非佛经文献残卷目录（6981—13624）》为进一步编撰联合总目做了基础性工作。在已有可能全面认识藏经洞所藏敦煌文献的基础上，学术界对藏经洞性质的讨论也趋于理性和全面，基本上认为它是三界寺的藏书库。特别应当引起我们注意的是，甘肃藏敦煌藏文文献的整理研究工作逐渐开展起来，甘肃藏敦煌藏文文献一万余卷，分别收藏于甘肃省图书馆、甘肃省博物馆、酒泉市博物馆、敦煌市博物馆、敦煌研究院等单位，对这些单位收藏的敦煌藏文文献的编目定名工作已经有了一些新的进展，刊布了敦煌市档案局、甘肃省博物馆藏品，即将刊布的有敦煌市博物馆、甘肃省博物馆藏品目录，这些成果会对敦煌学研究产生很大推动作用。在少数民族文献的整理研究上还有杨富学《回鹘文献与回鹘文化》，这一研究成果填补了回鹘历史文化研究的空白，推动了敦煌民族史研究的进展。在敦煌文献的整理研究中有很多新成果和新发现，如唐代著名佛经翻译家义净和尚的《西方记》残卷，就收藏在俄藏敦煌文献中，由此我们可以知道义净和尚在印度巡礼的情况和遗迹；其次对《张议潮处置凉州进表》拼接复原的研究，证实敦煌文献的残缺不但是在流散中形成的，而且在唐五代的收藏中为修补佛经就已经对其进行分割，这个研究引起了日本著名敦煌学家池田温先生的高度重视。应当说敦煌各类文献的整理研究都有类似的发现和研究成果。敦煌学论著的出版出现了一种新的动向，试图对敦煌学进行总结性的出版计划正在实施，如 2000 年甘肃文化出版社出版的《敦煌学百年文库》、甘肃教育出版社出版的"敦煌学研究"丛书，但都没有达到应有的目的，所以目前还没有一部研究丛书能够反映敦煌学研究的整个进展情况。随着敦煌文献的全部影印刊布和陆续进行的释录工作，将敦煌文献研究与西域出土文献、敦煌汉简、黑水城文献及丝绸之路石窟等有机结合起来，进一步拓展敦煌学研究的领域，才能促生标志性的研究成果。

第二，敦煌史地研究成果突出。敦煌文献主要是归义军时期的文献档案，反映当时敦煌政治经济文化宗教状况，因此研究敦煌学首先是对敦煌历史特别是归义军历史的研究。前辈学者围绕这一领域做了大量工作，20世纪的最后二十年间成果很多，如荣新江的《归义军史研究》等。近年来敦煌历史研究围绕归义军史研究推出了一批显著的研究成果。在政治关系方面有冯培红、荣新江同志关于曹氏归义军族属研究，以往认为曹氏归义军政权是汉族所建，经过他们的详细考证认为曹议金属于敦煌粟特人的后裔，这是目前归义军史研究的最大进展。在敦煌粟特人研究方面，池田温先生认为敦煌地区的粟特人从吐蕃占领之后大部分闯到粟特和回鹘地区，少部分成为寺院的寺户，经过兰州大学各位学者的研究，认为归义军时期敦煌地区的粟特人并没有外迁，还生活在敦煌地区，吐蕃时期属于丝棉部落和行人部落，归义军时期保留有粟特人建立的村庄聚落，祆教赛神非常流行并逐渐成为官府行为，由蕃部落使来集中管理，粟特人与敦煌地区汉族大姓结成婚姻联盟，联合推翻吐蕃统治并建立归义军政权，担任了归义军政权的各级官吏。这一研究成果得到学术界的普遍认同。归义军职官制度是唐代藩镇缩影，归义军职官制度的研究实际上是唐代藩镇个案研究范例，我们对归义军职官制度的探讨，有益于这个问题的解决。归义军的妇女和婚姻问题研究交织在一起，归义军政权是在四面六蕃围的情况下建立的一个区域性政权，因此从一开始建立就注意将敦煌各个民族及大姓团结起来，借助的方式就是婚姻关系，婚姻与归义军政治关系密切，处理好婚姻关系归义军政权发展就顺利，反之就衰落。所以，归义军政权不但通过联姻加强了与粟特人的关系，得到了敦煌粟特人的全力支持，而且用多妻制的方式建立了与各个大姓之间的血缘关系，得到他们的扶持。在敦煌区域经济与历史地理研究上，搞清楚了归义军疆域政区演变以及市场外来商品和交换中的等价物，探讨出晚唐五代敦煌是一个国际性的商业都会城市，商品来自内地及其中亚南亚和东罗马等地，商人以粟特人为主并有印度、波斯等世界各地的商人云集敦煌，货币以金银和丝绸为主，特别值得我们注意的是棉花种植问题，敦煌与高昌气候条件基本相同，民族成分相近，交往密切，高昌地区从汉代开始种植棉花，但是敦煌到五代时仍没有种植。经研究，晚唐五代敦煌地区已经开始种植棉花，并将棉花作为政府税收的对象加以征收，证实棉花北传路线进展虽然缓慢但并没有停止。归义军佛教史的研究逐渐展开，目前在归义军政权的佛教关系、晚唐五代敦煌佛教教团的清规戒律、科罚制度、藏经状况、发展特点、民间信仰等方面进行多方研究，出产了一批研究成果，得到学术界高度关注。这些研究成果主要体现在《敦煌归义军史专题研究续编》《敦煌归义军史专题研究三编》和《敦煌归义军史专题研究四编》中。如果今后归义军史的研究有新的突破，主要体现在佛教等研究点上。

第三，丝绸之路也可以称之为艺术之路，景教艺术因景教而传入，中世纪西方艺术风格随着中亚艺术风格一起传入中国，并影响了中古时期中国社会生活的方方面面。中国的汉文化和艺术也流传到西域地区，对西域地区产生巨大影响。如孝道思想和艺术、西王母和伏羲女娲传说和艺术等。通过这条道路，产生于印度的天竺乐和中亚的康国乐、安国乐和新疆地区龟兹乐、疏勒乐、高昌乐等音乐舞蹈也传入中国，迅速在中国传播开来。由外来音乐舞蹈和中国古代清乐融合而产生的西凉乐，成为中古中国乐舞的重要组成部分，推进了中国音乐舞蹈的发展。佛教艺术进入中原之后，形成自己的特色又回传到河西、敦煌及西域地区。丝绸之路上石窟众多，佛教艺术各有特色，著名的有麦积山石窟、北石窟、南石窟、大象山石窟、水帘洞石窟、炳灵寺石窟、天梯山石窟、马蹄寺石窟、金塔寺石窟、文殊山石窟、榆林窟、莫高窟、西千佛洞等。祆教艺术通过粟特人的墓葬石刻表现出来并保留下来，沿着丝绸之路和中原商业城市分布。所以将丝绸之路称之为艺术之路，一点也不为过，更能体现其特色。丝绸之路石窟艺术研究虽已经有近百年的历史，但是制约其发展的因素并没有多大改善，即石窟艺术资料刊布不足，除了敦煌石窟之外，其他石窟艺术资料没有完整系统地刊布，麦积山石窟、炳灵寺石窟、榆林窟等只有一册图版，北石窟、南石窟、拉梢寺石窟、马蹄寺石窟、文殊山石窟等几乎没有一个完整的介绍，所以刊布一个完整系统的图册是学术界迫切需要。敦煌是丝绸之路上的一颗明珠，敦煌石窟在中国石窟和世界石窟上也有着特殊的地位，敦煌石窟艺术是中外文化交融和碰撞的结果。在敦煌佛教艺术中有从西域传入的内容和风格，但更丰富的是从中原地区传入的佛教内容和风格。佛教进入中国之后，在中国化过程中产生很多新的内容，如报恩经经变和报父母恩重经变，以及十王经变图等，是佛教壁画的新增内容。对敦煌石窟进行深入的研究，必将对整个石窟佛教艺术的研究起到推动作用。20世纪敦煌石窟研究的专家特别是敦煌研究院的专家做了大量的工作，特别是在敦煌石窟基本资料的介绍、壁画内容的释读和分类研究等基本研究上，做出很大贡献，成果突出。佛教石窟是由彩塑、壁画和建筑三位一体构成的艺术组合整体，其内容和形式，深受当时、当地的佛教思想、佛教信仰、艺术传统和审美观的影响。过去对壁画内容释读研究较多，但对敦煌石窟整体进行综合研究以及石窟艺术同敦煌文献的结合研究还不够。关于这方面的研究工作，兰州大学敦煌学研究所编辑出版了一套"敦煌与丝绸之路石窟艺术"丛书，比较完整地刊布了这方面的研究成果，目前完成了第一辑20册。

第四，敦煌学研究领域的开拓。敦煌学是一门以地名命名的学科，研究对象以敦煌文献和敦煌壁画为主。随着敦煌学研究的不断深入，敦煌学与相邻研究领域的关系越来越密切，这就要求敦煌学将自身的研究领域不断扩大，以适应敦煌学发展的需要。从敦煌石窟艺术上看，敦煌学研究对象与中古丝绸之路石窟艺术密切相关，血肉相连。敦煌石窟艺术与中原地区石窟如云冈石窟、龙门石窟、大足石窟乃至中亚石窟等关系密切。因此敦煌学要取得新的突破性进展，就要和其他石窟艺术研究有机结合起来。敦煌石窟艺术与中古石窟艺术关系密切，但是研究显然很不平衡，如甘肃地区除了敦煌石窟外，其他石窟研究无论是深度还是广度都还不够，因此这些石窟的研究前景非常好，只要投入一定的人力物力就会取得很大的突破和成果。2000年以来敦煌学界召开了一系列学术会议，这些学术会议集中反映敦煌学界的未来发展趋势，一是石窟艺术研究与敦煌文献研究的有力结合，二是敦煌石窟艺术与其他石窟艺术研究的结合。敦煌学研究与西域史、中外关系史、中古民族关系史、唐史研究存在内在联系，因此敦煌学界在研究敦煌学时，在关注敦煌学新的突破性进展的同时，非常关注相邻学科研究的新进展和新发现。如考古学的新发现，近年来考古学界在西安、太原、固原等地发现很多粟特人墓葬，出土了很多珍贵的文物，对研究粟特人提供了新的资料，也提出了新问题。2004 年、2014 年两次"粟特人在中国"学术研讨会，反映了一个新的学术研究趋势，敦煌学已经形成多学科交叉研究的新局面。目前的丝绸之路研究，就是将敦煌学研究沿着丝绸之路推动到古代文明研究的各个领域，不仅仅是一个学术视野的拓展，而且是研究领域的拓展。

第五，敦煌学学科建设和人才培养得到新发展。敦煌学的发展关键是人才培养和学科建设，早在 1983 年中国敦煌吐鲁番学会成立初期，老一代敦煌学家季羡林、姜亮夫、唐长孺等就非常注意人才培养问题，在兰州大学和杭州大学举办两期敦煌学讲习班，并在兰州大学设立敦煌学硕士学位点。近年来，敦煌学学科建设得到了充分发展，1998 年兰州大学与敦煌研究院联合共建敦煌学博士学位授予权点，1999 年兰州大学与敦煌研究院共建成教育部敦煌学重点研究基地，2003 年人事部博士后科研流动站设立，这些都是敦煌学人才建设中的突破性发展，特别是兰州大学将敦煌学重点研究列入国家985 计划建设平台——敦煌学创新基地得到国家财政部、教育部和学校的1000 万经费支持，将在资料建设和学术研究上以国际研究中心为目标进行重建，为敦煌学重点研究基地走向国际创造物质基础。同时国家也在敦煌研究院加大资金和人力投入，经过学术队伍的整合和科研项目带动，敦煌学研究呈现出一个新的发展态势。随着国家资助力度的加大，敦煌学发展的步伐也随之加大。甘肃敦煌学发展逐渐与东部地区研究拉平，部分领域超过东部地区，与国外交流合作不断加强，研究水平不断提高，研究领域逐渐得到拓展。研究生的培养由单一模式向复合型模式过渡，研究生从事领域也由以前的历史文献学逐渐向宗教学、文学、文字学、艺术史等研究领域拓展，特别是为国外培养的一批青年敦煌学家也崭露头角，成果显著。我们相信在国家和学校的支持下，敦煌学重点研究基地一定会成为敦煌学的人才培养、学术研究、信息资料和国际交流中心。在 2008 年兰州"中国敦煌吐鲁番学会"年会上，马世长、徐自强提出在兰州大学建立中国石窟研究基地，因各种原因没有实现，但是这个建议是非常有意义的，很有前瞻性。当然敦煌学在学科建设和人才培养中也存在问题，如教材建设就远远跟不上需要，综合培养中缺乏一定的协调。在国家新的"双一流"建设中，敦煌学和民族学牵头的敦煌丝路文明与西北民族社会学科群成功入选，是兰州大学敦煌学研究发展遇到的又一个契机，相信敦煌学在这个机遇中会得到巨大的发展。

第六，敦煌是丝绸之路上的一颗明珠，敦煌与吐鲁番、龟兹、于阗、黑水城一样出土了大量的文物资料，留下了很多文化遗迹，对于我们了解古代丝绸之路文明非常珍贵。在张骞出使西域之前，敦煌就是丝绸之路必经之地，它同河西、罗布泊、昆仑山等因中外交通而名留史籍。汉唐以来敦煌出土简牍、文书，保留下来的石窟和遗迹，是我们研究和揭示古代文明交往的珍贵资料，通过研究我们可以得知丝绸之路上文明交往的轨迹和方式。因此无论从哪个角度分析，敦煌学研究就是丝绸之路文明的研究，而且是丝绸之路文明研究的核心。古代敦煌为中外文化交流做出了巨大的贡献，在今天也必将为"一带一路"的研究做出更大的贡献。

由兰州大学敦煌学研究所资助出版的《敦煌与丝绸之路研究丛书》，囊括了兰州大学敦煌学研究所这个群体二十年来的研究成果，尽管这个群体经历了很多磨难和洗礼，但仍然是敦煌学研究规模最大的群体，也是敦煌学研究成果最多的群体。目前，敦煌学研究所将研究领域往西域中亚与丝绸之路方面拓展，很多成果也展现了这方面的最新研究水平。我们将这些研究成果结集出版，一方面将这个研究群体介绍给学术界，引起学者关注；另一方面这个群体基本上都是我们培养出来的，我们有责任和义务督促他们不断进行研究，力争研究出新的成果，使他们成长为敦煌学界的优秀专家。

前　言

三端俱全大丈夫，六艺堂皇世上无。

男儿不学读诗赋，恰似肥菜根尽枯。

躯体堂堂六尺余，走笔横波纸上飞。

执笔题篇须意用，后任将身选文知。

哽咽卑末乎，抑塞多不谬。

嵯峨难遥望，恐怕年终朽。

这首诗出自莫高窟藏经洞文书《毛诗诂训传卷十六·大雅·文王之什》背面《逆刺占》末题，是晚唐五代时期敦煌经学博士翟奉达在自己学生时代（902年，敦煌州学上足子弟）写的一首打油诗。若干年后，翟奉达已经年迈，再回看自己年轻时写的诗，感慨良多，就在这首打油诗后面加了两句："幼年之作，多不当路，今笑今笑，已前，达走笔题撰之耳，年廿作。今年迈见此诗，羞煞人，羞煞人！"

看似诙谐风趣的打油诗，实则道出了晚唐敦煌学生郎的人生目标和价值追求，代表了当时敦煌地区年轻人的社会价值和人生定位，同时也反映了当时流行的社会教育观念，即年轻人就应该珍惜光阴，刻苦勤奋，多读书，立身成名。

"社会教育"一词是19世纪德国教育学家首先提出的，并率先在西方国家发展成为一门独立的学科。中国自20世纪初从日本接受了"社会教育"的概念，1912年，时任教育部部长的蔡元培正式设立社会教育司，这是我国官方文件中第一次使用"社会教育"一词，标志着社会教育的概念正式引入中国。

经过100多年的发展，我国的社会教育研究取得了丰硕的成果，在对社会教育的概念和范围展开辨析的过程中，社会教育的理念也深深地渗透到我国教育体系当中，成为中国教育不可分割的重要组成部分。

在对现代社会教育问题进行多方位讨论的同时，一批教育史研究者也开始将目光延伸至中国古代的教育中。社会教育的概念是近现代才提出来的新名词，那么中国古代有无社会教育？答案是肯定的。与有组织、有计划、有目标的学校教育不同，社会教育的对象是社会全体，强调以社会为本位，倡导教育要以社会作为出发点和主体，包括在抽象的制度层面和思想意识形态领域的因素，具体体现为社会对其成员所施加的思想政治、伦理道德教化，以及在社会生产、生活过程中的各类知识技能等的传授，在中国古代尤其体现为"社会教化"的方式。在教育方法上，社会教育重在强调社会对人的一种潜移默化的教育功能；反过来，个体也可以透过向社会学习，从而发展个人的社会能力。从翟奉达年轻时写的打油诗中就可以看出归义军时期的社会价值取向对个体潜移默化的影响，并反过来成为主导个人发展的方向和原动力。

"直到19世纪末，中国古籍中鲜有'教育'的提法"[①]。所以，实际上中国古代的教育更接近于"政教"和"教化"的概念，更多地指统

[①] 陈桂生：《教育学的建构》，长沙：湖南教育出版社，1998年，第183页。

治阶层所采取的各种教化政策、措施和实施途径。因而，研究者对中国古代社会教育问题的研究更多地是从"政教"和"教化"的层面进行，主要是针对民众的道德提升和风俗的改善而言。

受资料局限，以往对中国古代社会教育的研究主要从中国古代各类典籍中抽检相关内容进行不同维度的分析，难免失之空泛。幸而敦煌藏经洞出土的近6万卷古代文书和持续修建了1000多年的敦煌石窟，为我们提供了敦煌一地与社会教育相关的第一手资料，也为这一问题进行深入细致的研究供了坚实的材料支撑。

作为推动社会教育发展的主导力量，归义军政府的主导作用不容忽视。以往的研究主要从归义军职官制度、世系沿革，以及归义军时期的社会、政治、经济、文化、宗教、艺术等方面展开。同样的材料，换个角度去思考，会发现从中不难钩稽出其背后所蕴含的归义军地方政府的社会教育理念和价值导向。作为归义军社会基层单位的"社"组织，在践行"社会教化"方面同样做出了非常优秀的成绩，几乎每一份"社约""社条"都是一份民众行为规范的说明书，从律法、道德、风俗等不同层面为"教化"民众做出了典范，其社会教育意义不容忽视。

敦煌藏经洞发现的各类童蒙读物、学生教材、碑铭、邈真赞等文书，除了客观展现归义军时期学生的学习内容之外，也体现了当时民众的社会教育理念和方法路径。科举考试制度是学校教育的重中之重，这种教育导向也在全社会形成一种"学而优则仕""读书有用"的普遍观念，无时无刻不在影响着所有人的读书观念。在学校教育之外，归义军官方和各类社会群体举办的节庆与民俗活动中，无处不在的音乐、舞蹈活动，也对应着相关技能的传承和对民众潜移默化的影响力。

　　同样地，敦煌自前秦时期开始，就有开窟造像画壁的传统，而雕塑和绘画技艺并不全部是在学校教育中完成的，更多的是师徒传授、自学、相互借鉴和模仿等方式。在石窟艺术研究方面注重对壁画、雕塑内容、风格以及宗教思想等方面的考察，而对其中所透露出的敦煌艺术传承教育方面的问题却鲜有关注。藏经洞所出大量的被称作"粉本""画稿"的艺术作品，其中不乏画工的习作，是观察敦煌古代绘画技艺教育的不可多得的素材。不同历史时期石窟壁画元素的借鉴与传承也随处可见，后期石窟借鉴前代石窟艺术风格、布局及元素的现象屡见不鲜，这些都离不开艺术的传承与教育，也不属于学校教育的范畴，而应归入社会教育体系中。

　　本书是我的博士论文，算是当时的一部阶段性成果。现在距离博士论文提交的时间，已经过去了十年。十年来，我一直没有相当的勇气将这部"著作"付梓出版，其中当然有如翟奉达一般，回头看自己"幼年之作"的时候觉得"羞煞人"的复杂心情，也有随着自己学术研究之路的不断精进后，再读当年的文字，深感错漏诸多，思考也不够深入和全面，实在难以示人。好在博士毕业后的几年时间里，自己也没有在学习之路上止步，而是有了更多的思考，于是下定决心，大刀阔斧修改了本书稿。

　　首先，是对将"社会教育"这一新概念引入古代教育史中去对标古代的社会教育是否恰当这一问题的进一步思考。在已经有相当一部分学者非常笃定地认为中国古代同样存在社会教育现象的情况下，用敦煌的材料去探讨敦煌一地的社会教育，是否可以做到准确把握而不至于失之偏颇？本书所选取的几个切入点，是本人在当时有限的学术积淀范围内所想到的一部分，肯定不敢说穷尽了敦煌归义军时期社会教育的方方面面，而只能是其中比较有代表性的一部分。因此，对于敦煌古代社会教育的探讨，还可以继续深入和扩展。

其次，着重加强了学术史的重新梳理和第四章"敦煌归义军时期的艺术教育"部分。经过十年的发展，敦煌教育方面新的学术成果层出不穷，博士论文期间所撰写的学术史早已过时了，信息的更新是必须要做的工作。而对敦煌归义军时期的艺术教育部分的撰写，则是本人博士毕业后的几年时间在敦煌石窟艺术研究领域的新收获。为了与本书其他部分内容相契合，这部分重点选取了书法教育和藏经洞部分画稿所体现的当时艺术教育的研究。通过对藏经洞部分画稿与敦煌石窟壁画内容的比对，发现这部分画稿并不宜称作"粉本"，而应该是当时画工的习作。进而分析了敦煌归义军时期除了"曹氏画院"这一官方绘画机构外，画工是如何在实践中学习绘制壁画的，从一个很微观的角度探讨了敦煌壁画制作的过程和画工之间的技艺传承模式。

尽管如此，有关敦煌归义军时期的艺术教育的内容还远不止这些，限于篇幅和个人目前的能力，有待今后再做更进一步的探讨。

本书的撰写得到了导师郑炳林先生的悉心指导，还有敦煌研究院诸位领导和同仁的诸多支持与帮助，恕不一一列出，在此诚表谢意！

祁晓庆

2023年11月18日

于敦煌研究院兰州书库

目 录

引 言

第一节 选题背景

晚唐五代宋初敦煌归义军政权以其相对独立的统治，维持了敦煌地区近200年的稳定局面，为河西地区经济的发展、民族的融合、文化的繁荣，以及敦煌地区文化教育的发展提供了良好的政治环境。学界对归义军政权相关专题的研究已经取得丰硕的成果，这些研究成果的取得离不开敦煌莫高窟藏经洞封存的大量文书、绢帛，以及敦煌石窟壁画等资料的支持，详观这些资料，又为研究敦煌归义军时期的教育问题提供了广阔的研究空间。

所谓教育，有广义与狭义之分。广义的教育是泛指一切培养人的社会活动。凡是有目的地对受教育者的身心施加影响，使之养成教育者所期望的品质的活动，不论是有组织的或无组织的、系统的或零碎的，都可以称之为教育。而狭义的教育通常指的是学校教育，即教育者根据一定的社会或阶级的需要，对受教育者所进行的一种有目的、有计划、有组织的传授知识技能、培养思想道德、发展智力和体力的活动。无论是广义还是狭义的教育，从其共性上来说都可以看作是一种培养人的社会活动，是教育者根据一定的社会要求，把受教育者培养成为一定社会服务的人的活动。

纵观学界对中国古代教育发展史的研究，从教育形式上来看，主要侧重对学校教育的研究，而其他形式的教育很少涉及；从教育的内容来看，主要局限于对伦理道德教育方面的研究，而对其他方面教育的内容则所论不多，尤其是对于社会教育这一课题，限于相关资料的匮乏，研究者虽承认这一研究的重要性，却鲜有论及。

儒家思想之所以大行于整个封建社会，乃至穷乡僻壤，最大限度地体现其强烈的人生实践精神，除了契合小农封建社会和大一统政治需要外，主要是因为存在着一整套十分严密的以科举入仕为潜在目的、以化民成俗为显性目的的教化网络。它既包括通常所惯称的各级各类学校系统，又特指士大夫的谕俗乡约、村落的家规族法、民间的祭祀礼仪、文人的戏剧小说等一系列非学校系统。二者所构成的动态交叉、立体网络这一广义教化组织，共同推动着儒家思想对社会的全方位渗透与辐射①。

在制度化的学校教育之外，民族文化中的"社会教育"长期存在，这种教育"以一种极为朴素的形式，融于所在民族社会的一切活动之中，教育内容丰富多彩、教育方法灵活机智、教育场所适机而变"②，"它有的是有意识、有组织、有计划的，反过来，也有没有意识、没有组织、没有计划的教育；有的教育有固定老师，有的则没有"③。这一特点与孙培青归纳的原始社会教育的特点类似，他认为原始社会教育

① 黄书光：《论中国传统教化的理论基础与组织特征》，《教育学报》2005年第4期，第21—27页。

② 么加利：《西南民族地区校内外教育系统功能研究》，《西南大学学报》(社会科学版)2007年第5期，第59—63页。

③ 张诗亚：《活的教育与教育学的活》，《西南教育论丛》2005年第4期，第1—3页。

的特点包括"教育目的一致，教育权利平等；以生活经验为教育内容，包容多个方面；教育活动在生产生活中进行；教育的手段局限于言传身教；教育还没有专门的场所和专职人员"①。也就是说，这种教育古已有之，到今天生命力依然顽强。

具体到晚唐五代宋初敦煌归义军这一特殊的地域及历史时期，作为一个独立性较强的地方政权，其社会教育的实施状况尤其值得我们去深入研究和探讨。对于这一时期的官学、私学等教育问题，因为有直接的资料记载，前人已经进行了值得信服的研究。笔者在查阅了大量敦煌文书之后，发现还有一些比较隐形的所谓边缘性的材料同样向我们展示了敦煌地区的教育状况，例如归义军政权建立之后，曾积极致力于恢复唐朝建置，包括教育体系的重建，受资料的限制，我们无法窥知当时归义军政权阶层颁布了什么样的文教政策，采取了哪些积极的教育措施和策略，但是通过归义军政府选拔官员的牒状以及一些官学、私学教育文书资料和学郎题记，我们可以从一个侧面了解其所进行的教育与教化实践；以童蒙读物及各类民间通俗讲唱文学作品为载体的文化传播路径也为敦煌儿童和广大民众提供了享受文化教育熏陶的机会；敦煌邈真赞当中对人物的褒扬之词，实际上体现了当时人们对道德素养追求的最高标准；引人注目的"社"组织本身就具有对广大基层民众的教育与教化的功能；寺院寺学为归义军政权培养了大量的佛教人才和世俗人才，并通过佛教寺院及高级僧人传播了各类知识；农业生产过程、手工业生产过程当中也都无不包含有教育的因素在内。可以说，这些教育现象并不像学校教育那样独立地呈现在我们

---

① 孙培青：《中国教育史》，上海：华东师范大学出版社，2000年。

面前，而是融入在了人们的生产生活当中，在推动社会发展方面起到了不可忽视的作用。因此，在我们研究教育问题时也不应该忽视对这些材料的重新梳理和挖掘。这些看似零散的、不相关联的教育现象，实际上体现了中国古代儒家的"教化"视野，并为统治者及社会培养了所需要的人才。作者将这些融合在社会生产生活当中的教育现象统归为"社会教育"。

第二节　研究意义

对于晚唐五代宋初敦煌归义军社会教育的研究，主要有以下意义：

一、有助于我们更深入地了解敦煌归义军地方政权的社会教育策略，并为当代地方政府社会教育的实施提供借鉴。

归义军政权作为一个地方政权，创造了灿烂辉煌的敦煌历史与佛教文化，离不开卓有成效的文教政策，以归义军地方政府及其社会教育作为研究的切入点有利于更进一步了解归义军地方政府的文教政策，并对当代中国各级地方政府在推行社会教育提供很好的借鉴。

二、为地方社会教育史的研究提供新资料

对晚唐五代宋初敦煌归义军社会教育的研究有助于更加深入地了解中国传统文化的传播机制。社会教育是中国古代各个历史时期统治阶层所必定会采取的相当有效的文教政策之一，而中国古代社会教育的研究虽屡被提及，但限于资料的匮乏，其研究一直踟蹰不前。幸而敦煌文书的大量问世，为我们研究这一问题提供了丰富而翔实的资料。归义军政权作为一个地方政权，对其社会教育制度、思想、实践的研究，不仅有利于进一步丰富归义军政权的制度研究，而且有助于丰富中国古代地方教育史的研究，特别是中国古代地方社会教育史的研究。

众所周知，中国古代的学校教育主要是传统的文化教育，而广大的劳动人民几乎是被排斥在受教育之外的，社会教育的广泛性、实践性、实用性和群众性对于我们提高全民族的科学文化素质，在全社会形成共同的理想和精神支柱具有重要意义。

第三节　基本思路与研究方法

一、基本思路

本文除引言、绪论部分外，共分六章。引言部分主要交代本研究的选题背景、研究意义、研究思路及方法。绪论部分首先对与本论文撰写相关的概念进行辨析，"社会教育"与"社会教化"概念虽然昭示着不同的时代特点，但由于其在一定价值导向方面具有共同之处，因而在本文中混用；其次是学术史的梳理。

正文第一章着重探讨敦煌归义军地方政府在推行社会教育，改良敦煌一地风俗方面所采取的措施，包括制度的保障、组织体系的保证、官办教育的积极导向以及各类社会教育资源的利用等。

第二章社会教化的载体，概述各类教化载体在传播社会文化思想方面所起的积极作用后，依次探讨归义军时期敦煌地区的几种典型的教化载体：童蒙读物、各类文范、说唱文学等。蒙学读物包括识字类、综合知识类、家训类等在社会教化方面的功用，为了实现"化民成俗"

的社会理想，儒家大力推广日常读物，作为基础教育的蒙学尤其受到重视，通过田夫牧子的晨读暮诵使"圣人之教"泽及乡野，在养成儿童良好的行为习惯、强化伦理道德礼仪规范的同时，也传播了我国优秀的传统文化。各类愿文、书仪等范文极具实用价值，它们是这一时期民众日常生活举行各类活动和人际交往的重要组成部分，范文的抄写、背诵极大地方便了民众的写作，同时成为文化传承的媒介。说唱文学作品以一种视听觉方式在娱乐大众的同时，寓儒家思想道德伦理规范、历史知识、人物品评于其中，极大地满足了广大民众的受教育需求。说唱文艺以其智俗共喻的通俗性受到广大社会下层民众的喜爱，艺人们说唱的忠臣孝子的故事成为他们借以习得各种社会规范的重要途径，是统治阶级向基层民众传播意识形态和伦理规范的重要工具，从而填补了正规学校教育所留下的巨大空白，其教化意义也是不言而喻的。

第三章敦煌归义军时期的音乐活动及社会教育。大规模的、频繁的官府和寺院设乐作为一种社会教化的辅助措施，极大地满足了民众的娱乐享受，烘托气氛的同时使民众受到潜移默化的熏陶。

第四章敦煌归义军时期的艺术教育。重点对归义军时期敦煌画行、画院的设立及其教育模式进行探讨，尤其通过对藏经洞部分画稿与莫高窟壁画进行比对和分析，认为这些画稿应该是当时画工的练习之作，从中略可窥知归义军时期的艺术教育情况。这一章还通过敦煌汉简和藏经洞文书探讨了敦煌归义军时期的书法教育，为归义军时期敦煌的社会教育拓宽了内容和视野。

第五章敦煌归义军时期农业、手工业技术的教育与传承。这一章的撰写主要是起到抛砖引玉的作用，通过对这一时期农业、手工业生产技术教育的研究，重点探讨生产技术的传承方式及传播途径。其实这一时期的生产技术除了农业、手工业外，还有各类商业、畜牧业等，这些教育形式都不是在学校教育系统中完成的，而是在日常的生产生活过程中通过口耳相传、父子相承、师徒传授等方式传播，再加上政权阶层的积极引导和管理，生产技术水平才能不断提高，限于篇幅仅作简单论述。

第六章敦煌归义军时期的社会基层组织"社"的社会教化意蕴。

本文第一章至第五章着重论述敦煌归义军地方政府在推行社会教育方面所采取的各种措施，树立包括自身在内的各种教化榜样，形成州、县、乡、里坊四级组织作为社会教育的制度保障，通过各种载体传播儒家道德伦理教化思想，并辅之以音乐、绘画等视听手段。如果说以上措施都是一种统治阶级自上而下的对民众实行的外部强化，那么，广泛流行于敦煌的民间私人结社所体现出来的则是民众的自觉接受和自发提升自身道德素养，以完成自我道德教育为内驱力，积极实现自我社会化的自觉性。无论统治阶级采取何种教化措施，如果本身不被广大的民众接受并积极配合和学习，那么其教化意义也就无法实现了。通过对敦煌民间私人结社的教化意义的分析，我们可以发现，在晚唐五代宋初敦煌归义军政权时期，社会教育呈现出一种政府主导的、广大民众积极参与配合的双向互动的形态，正是基于这样的社会教育模式，才使得我们更加容易理解，为什么在这一特殊历史背景下，敦煌一地会出现如此丰富、活跃的文化教育现象。

二、研究方法

1. 文献法

本研究主要借助敦煌文书，对相关文献的梳理拣择并尽可能全面地利用敦煌藏经洞文献是本研究的基础，因此，文献法是本研究所使用的最根本的方法。

2. 教育学的方法

研究敦煌地区的社会教育离不开教育学的相关理论和研究方法，社会教育作为教育的一个范畴，教育学的理论和方法同样适用。

3. 社会学的方法

利用社会学、文化人类学、民俗学等社会学科的研究方法将有助于拓展思路。

绪　论

第一节　"社会教育"与"社会教化"辨析

一、"社会教育"的概念

（一）"社会教育"的概念及范围

"社会教育"最早是1835年由德国社会教育学家狄斯特威格（Adoff Diesterweg）在其论文《德国教师陶冶的引路者》①中首次提出的，自此以后，西方教育者开始关注社会教育研究，并逐渐发展成为一门学科。

我国的"社会教育"概念最早来自日本。1903年10月5日，东京游学译编社编辑、长沙矿物总局发行的《游学译编》第11册目录中最早出现了"社会教育"一词。1912年，时任中国教育部部长的蔡元培正式设立社会教育司，这是我国官方首次设立"社会教育"机构，标志着社会教育的概念正式引入中国。1913年，谢荫昌出版的《社会教育》②一书是我国最早论述社会教育的著作，他将改革旧的学制体系，大力发展义务教育、职业教育、社会教育作为当时教育改革发展的目标，

---

① 詹栋樑：《现代社会教育思潮》，台北：五南图书出版有限公司，1981年，第3页。
② 谢荫昌：《社会教育》，台北：中华书局，1913年。

主张应该把教育扩展到社会各领域。1917年，余寄先生作《社会教育》一书，认为"社会教育"是指"社会教育者以社会之全体为教育之客体，而施教育于社会全体之谓也"①。之后，教育学领域逐渐涌现出一大批社会教育家，他们关注社会教育问题的研究，并不断对社会教育的概念进行阐释，使其趋于具体化。

《中国教育百科全书》中对"社会教育"的定义为："社会教育是指除学校教育以外的社会文化教育机构对广大人民群众所进行的教育。"《教育大辞典》中将社会教育分为广义和狭义两种。广义的"社会教育"是指所有有意识地培养人、有益于人的身心发展的社会活动。狭义的"社会教育"指的是学校和家庭教育以外的社会文化教育机构所实施的教育活动。很显然这两种解释都是一种现代社会教育概念，属于狭义的社会教育范畴。

晏阳初被评为平民教育家，他最关注的是平民教育问题，他认为"社会教育在平民教育事业中一直是一种社会式工作的教育方式，是对学校教育的辅助教育"②；梁漱溟认为社会教育即是"社会式教育"③；陶行知则主张教育即生活，首次提出了活教育理论；吴学信在其社会教育学专著《社会教育论丛》中将社会教育与家庭教育、学校教育区分开来，认为社会教育是区别于家庭教育和学校教育而存在的一种教育形式，是学校教育的补充；钟灵秀在总结前辈学者相关论述的基础上，更加详细地论述了社会教育的概念，她指出："国家（指各级政府或各级教育行政机关）、公共团体或私人欲实现教育权利大众化，及

---

① 余寄:《社会教育》,台北:中华书局,1917年,第1页。
② 马秋帆、熊明安:《晏阳初教育论著选》,北京:人民教育出版社,1993年,第25页。
③ 马秋帆:《樑漱溟教育论著选》,北京:人民教育出版社,1994年,第101页。

其内容生活化，使更能适合于民众需要起见，乃在正式学制系统以外，用各种不同的方式和手段主办各式各样的教育机关和设施，使全体民众不论男女老幼贤愚贫富，凡未受教育的人得补受国民应受的基础教育，已受教育的人，得有受继续教育的机会，以增进社会全体教育的程度，提高社会文化水准，使社会改革受到较普遍的良好影响，因之，人民资质改善，生活改良，社会进步，文化提高，这种作用，就是社会教育。"①

　　以上就是我国早期社会教育学者对社会教育概念的基本阐释，对社会教育对象和范围的界定。学者们也提出了自己的观点，归纳起来主要有以下三种：

　　1. 广义的社会教育概念。认为社会教育即是教育之全体，持此观点的比较有代表性的学者为熊光义教授，他认为："社会教育乃是就人类共同生活环境中所组织之社会文化影响的积极设施，有计划地辅助社会全民，充实自己，增进人类全体的生活，促进社会全面向上的历程。"②这种观点是把社会教育从本质上看作一种教育方式，以社会全体作为其教育的对象，把受教育者的全部社会生活作为其教育的范围，以整个社会的发展为目的。还有一些其他相似的论述，如"以社会生活影响于个人身心发展的教育"③；"通过学校及学校以外的社会文化机构对青少年和人民群众进行的教育"④；"以社会各界人士为教育对

---

① 王雷：《社会教育概论》，北京：光明日报出版社，2007年，第33—35页。
② 熊光义：《社会教育的意义与基本观念》，见杨亮功主编《云五社会科学大辞典》第八册《教育学》，台湾：商务印书馆，1970年，第225页。
③ 蒋雯："社会教育"，见《教育管理辞典》，海口：海南人民出版社，1989年，第15页。
④ 张念宏主编：《教育百科辞典》，北京：中国农业科技出版社，1988年，第334页。

象，以经济、政治、文化、生活为内容的多种形式的教育"①等。他们认为，社会教育，既包括学校教育、家庭教育，又包括"学校以外的社会文化教育机构"的教育。这种表述实际上是从广义的社会教育概念出发去认识社会教育的本质，它强调社会教育即是全体教育，不仅不排斥学校教育和家庭教育，甚至将学校教育和家庭教育视为社会教育的一部分，其义乃在于唤醒大众对社会教育问题的关注，进而提高社会教育的地位。

2. 狭义的社会教育概念。即从社会教育的狭义概念角度去阐释社会教育的本质。持此观点的比较具有代表性的学者为郑明东教授，他根据我国现行社会教育的相关法令，以及我国目前社会教育的实施状况，认为推行社会教育的意义是："社会教育乃普通学校以外的各项教育活动和设施，以改善一般国民生活，提高社会文化水准，充实建国力量，实现立国理想的教育。"②厉以贤教授也持此观点："社会教育是学校与家庭以外的社会文化机构及有关的社会团体或组织对社会成员，特别是青少年所进行的教育"③。

3. 将社会教育的概念划分为广义和狭义两种，广义的社会教育是指"一切社会生活影响于个人身心发展的教育"；狭义的社会教育则是指"学校与家庭以外的一切文化设施对青少年、儿童和成人进行的各种教育活动"④。孙邦正教授说："社会教育有广狭二义，广义的社会教育系指一切具有发展社会文化的作用，都可以称之为社会教育，家

---

① 陈孝彬：《教育管理辞典》，海口：海南人民出版社，1989年，第118页。
② 郑明东：《社会教育》，台北：正中书局，1988年，第2页。
③ 厉以贤著：《现代教育原理》，北京：北京师范大学出版社，1988年，第334页。
④ 《中国大百科全书·教育》，北京：中国大百科全书出版社，1985年，第313页。

庭教育和学校当然都包括在内，因为家庭和学校，同是社会的一种组织，也同是社会施教的机构。而狭义的社会教育，则指正式学校教育以外的教育，以全体国民为施教对象，以提高一般国民文化水准为目标。"①

为突出社会教育对教育者所产生的影响，德国社会教育家提出了社会教育的三模式理论，认为社会教育包括三个层次的内容："其一是在社会道德标准下，人们的教育活动充实了社会，丰富了社会的内容；其二是人的教育活动必须以社会生活为基础，不能脱离社会而发展；其三指通过社会教育促使人的行为达到'正义'（即合乎社会道德）。"②

在我国，研究者主要针对现代社会教育问题提出了社会教育对人的影响作用。改革开放以来，随着经济的迅猛发展，研究者对社会教育的论证也多种多样，综合来看，大致包括以下两种观点：一是从受教育者的角度出发，认为社会教育就是"整个社会生活影响于个人身心发展的教育"③；第二，从教育者的角度出发，认为"社会教育是与家庭教育、学校教育相对应的，区别于家庭教育和学校教育的促进个体社会性发展的教育活动的总和。其教育活动的特点是以公共社会生活为基础，以个体主动参与社会活动和经验性体验为特点，以个体社会性发展为主要内容的教育活动形式"④。也有学者认为社会教育是"通过学校及学校以外的社会文化教育机构对青少年和人民群众进行的

① 孙邦正:《教育概论》,台湾商务印书馆,1985年,第7页。
② 詹栋樑:《社会教育学》,台北:五南图书出版有限公司,1983年,笫521页。
③ 蒋雯:《教育管理辞典》,第1页。
④ 佘双好:《青少年社会教育的本质与内涵》,《中国青年研究》2007年第12期,第5—10页。

教育"①；"以社会各界人士为教育对象，以经济、政治、文化、生活为内容的多种形式的教育"②等。

纵观以上学者对社会教育概念的界定，可以看到，从社会教育功能的角度来界定社会教育概念，显得范围过窄，虽然在社会教育实施的过程中容易操作，但却会忽视社会教育其他功能的实现。突出强调社会教育影响的概念界定，虽然较为全面，但在操作层面较难把握，不利于教育的实施。另外一种系统教育的观点，认为社会教育是一种有目的、有组织的教育活动，是学校、家庭教育以外，在社会中存在的一切有目的、有计划、有组织的系统教育，是各种教育现象的总和。最后一种社会教育的概念界定了社会教育的范围和功能实现，明确了社会教育与学校、家庭教育的逻辑关系，并有效解决了社会教育的实施问题，是目前比较为大家所接受的社会教育概念，也是本文写作所采纳的观点。

总括上述关于社会教育概念的论述，可将社会教育的概念概括为"社会教育是社会为促进人的全面发展和社会的进步而采取的有目的、有计划、有组织的各种教育实践活动"③，包括以下几层含义：第一，与强调教育的对象为单个个体的宗旨不同，社会教育的对象应该是社会之全体，是广大的民众，不是单个个体。其意义重在强调以社会为本位，倡导教育要以社会作为出发点和主体，包括抽象的制度层面的因素，诸如政府颁布的各类政策法规、体制、律法等；在思想意识形态领域的因素，如宗教、哲学、伦理、道德、规范等都将发挥着教育

---

① 张念宏主编：《教育百科辞典》，第382页。
② 陈孝彬：《教育管理辞典》，第118页。
③ 龚超、尚鹤睿：《社会教育概念探微》，《浙江社会科学》2010年第3期，第80—85页。

的作用，具体体现为社会对其成员所施加的思想政治、伦理道德教化，以及在社会生产、生活过程中的各类知识技能等的传授，完成了这些社会教育所具有的功能和任务，也即实现了"社会教育化"。社会发展的过程可以被看作是一个教育的过程，是受教育者实现社会化的过程。"社会教育的任务就是开发和利用一切社会教育资源、拓展教育的范围、扩大教育的队伍，形成全社会合力办教育的趋势。它要求社会为人们提供受教育的机会和场所，使人们都有学习的时间、空间，以满足人类社会发展的需要"①。第二，社会教育是一种广泛意义上的教育概念，其组织化程度与学校教育有很大区别，它是一种有目的、有计划、有组织的教育实践活动。"社会教育与家庭教育、学校教育的区别在于，社会教育尽管也对个体发展提供知识和技能帮助，但其重点在于促进个体社会性的发展，培养个体亲社会性行为和思想情感、观念等，培养个体作为一个社会成员的丰富性和多样性"②。第三，在教育方法上，社会教育重在强调社会对人的一种潜移默化的教育功能，反过来，个体也可以透过向社会学习，从而发展个人的社会能力。总之，社会教育是一种社会的责任，是社会有目的、有计划、有组织地进行的独立的教育活动，是由个体的自主学习与社会教育共同作用，从而促使个体完成社会化进程的一种教育实践活动。因此，要研究某一特定历史发展阶段的社会教育问题，就是研究人在这一历史发展阶段，在其生存和发展的过程中，社会所发挥的教育功能，也就是要研究这一历史阶段社会文化、政治、经济等活动以及周围环境包括自然

---

① 龚超、尚鹤睿：《社会教育概念探微》，《浙江社会科学》2010年第3期，第84页。
② 龚超：《马克思对西方社会教育思想的批判和继承》，《湖北社会科学》2009年第12期，第11页。

环境和人文环境对个体所产生的积极影响，相应地，个体在这一时期的自主学习也同样必然地成为我们研究的内容。这就要求社会教育的实施者必须在制定各项社会制度的同时关注其在实施过程中的社会教育意义，明确并监督各类组织机构或团体在社会实践过程中所担负的教育责任。树立起这种社会教育的理念，对促进人的社会化进程、提高教育效率具有现实意义。

二、"社会教化"辨析

在中国古代封建社会，并不存在"社会教育"这一名称和概念，但是社会教育现象却一直存在着，只是以"社会教化"的形式存在。在古代教育史料中，多出现"社会教化"一词。

关于"教育"一词的含义，可以从词源上去寻找。在古代典籍中，"教"字和"育"字是分开使用的，二者关系不密切[①]。"教"字最早是用来表示教育现象与活动的。《孟子·尽心上》记载："得天下英才而教育之。"是目前可考的最早的关于"教育"二字连用的记载。从孟子思想的核心为"德政"和"仁政"来看，他将"教育"二字连用，其教育的主体并不是指教师，而是指开明的统治者。陈桂生教授就曾明确指出："未必是教师，更可能指的是开明的统治者，他所谓'教'，实为仁政之治。……是对统治者的开导。"[②]而且"直到19世纪末年，中国古籍中鲜有'教育'的提法"[③]。所以，实际上"教育"一词在中国古代很少被使用，其意更接近于"政教"和"教化"的概念，也就

---

① 陈桂生：《教育学的建构》，长沙：湖南教育出版社，1998年，第183页。

② 陈桂生：《教育学的建构》，第183页。

③ 陈桂生：《教育学的建构》，第183页。

是更多地是指统治阶层所采取的各种教化政策、措施和实施途径。因而，近现代教育研究者对中国古代社会教育问题的研究更多地是从"政教"和"教化"的层面进行。

《毛诗·周南·关雎序》释《国风》："风，风也，教也。风以动之，教以化之。"①这是"教化"一词的出处。有关"教化"在治国中的意义，我们的古人将历史延伸到了尧的时代。《尚书·尧典》中有："克明俊德，以亲九族；九族既睦，平章百姓；百姓昭明，协和万邦，黎民于变时雍。"②由于当时野蛮之风兴盛，为了教化百姓能够尊礼守德，尧便使契为司徒，主掌教化，这恐怕也是我国最早的有关社会教育的记载了。尧所推行的社会教化，首先从家庭这个社会的最小单位开始，提倡家庭内亲族关系的和谐，在家庭中受到美德的感化，推而延之，使九族亲爱和睦，再进而"协和万邦"，最终达到各种政治力量协调一致、和谐共存的目的。

《礼记·乡饮酒义》载："民知尊长养老，而后乃能入孝悌；民入孝悌，出尊养老，而后成教；成教而后国可安也。"③道德伦理的教育是维持国家安定团结的前提，如果没有了教育，国将不国，《礼记·学记》载："是故古之王者建国君民，教学为先。"汉代"罢黜百家、独尊儒术"文教政策的倡导者董仲舒更是汲取秦灭亡的教训，把儒家伦理道德教育看成是治国的根本，认识到"圣人之道，不能独以威势成政，必有教化。故曰：先之以博爱，教以仁也；难得者，君子不贵，教以义也"④。《白虎通义》（卷下）载："教者，何谓也？教者，效也。

---

① ［清］阮元校刻：《十三经注疏（清嘉庆刊本）》，北京：中华书局，2009年，第269页。
② ［清］阮元校刻：《十三经注疏（清嘉庆刊本）》，第117页。
③ ［清］阮元校刻：《十三经注疏（清嘉庆刊本）》，《礼记·乡饮酒义》，第1682页。
④ ［汉］董仲舒著，［清］苏舆撰，钟哲点校：《春秋繁露义证》，北京：中华书局，1992年，第319—320页。

上为之，下效之。民有质朴，不教不成。故《孝经》曰：'先王见教之可以化民。'《论语》曰：'不教民哉，是谓弃之。'《尚书》曰：'以教祗德。'《诗》云：'尔之教矣，欲民斯效。'"①"教"的目的是化民成俗，它的对象是全体臣民，目标是通过定制度、立规矩、重德行、树典范以及各种相应的宣传、教育、示范和劝善惩恶等措施，建立适合统治阶级利益和需要的良好社会习俗风尚，保证封建王朝长治久安②。可见，社会教化在一开始就被定位在了与"政教"息息相关的辅助治国上。当然，随着时代的变迁，到了现代社会，我们再提社会教育的概念，其意义当然包括的不仅仅是道德伦理方面的内容了。

以上追溯了儒家经典中关于教化的基本观点，观之可见，中国古代所谓"教化"，是统治者为加强和巩固自身的统治而对全体臣民所采取的"教育""化导"措施，主要是针对民众就道德的提升和风俗的改善而言。"统治者实施的各种尚贤使能的制度措施，包括选士、任官、嘉奖在内，因为对社会有示范和诱导的作用，其教化意义是不言而喻的。乃至于凡是能对民众的思想和行为产生一定影响的政策、观念和行政措施，尤其是君主和各级官员的以身作则，都具有教化作用。这也是'教化'的含义所指"③。

历代统治者皆重视对民众实施"教化"，《历代名臣奏议》中记载了大量关于"兴教化"的主张："兴教化、修政治、养百姓、利万物，此人君之仁也"；"臣闻修心之要有三，一曰仁；二曰明；三曰武。仁

---

① [汉] 班固：《白虎通义》卷下，见《文渊阁钦定四库全书·子部·杂家类·杂考之属》，第850册，第50页。

② 李国钧、王炳照：《中国教育制度通史》（第一卷），济南：山东教育出版社，2000年，第192页。

③ 李国钧、王炳照：《中国教育制度通史》（第一卷），第404页。

者非妪煦姑息之谓也，修政治、兴教化、育万物、养百姓，此人君之仁也"；"瓘又奏曰：臣闻周官司徒之教有六德、有六行、有六艺，礼、乐、射、御、书、数，所谓六艺也。教亦多术矣，而……然不以布之海内者何也？以教化之本不在文字故也……"①名臣皆以"兴教化"劝谏君王加强自身的道德修养，以实现"上行下效"教化之目的，足见"教化"的实施在中国古代统治者的统治措施中占据相当重要的地位。

对于"教化"实施者，除了君主德行修养的表率作用外，地方政府的教化职能也逐渐被强化。《后汉书·百官志》载："三老掌教化。凡有孝子顺孙贞女义妇皆扁表其门以兴善行。"②《西汉会要》卷三三"县令长"条载："县令长皆秦官，掌治其县万户以上为令，秩千石至六百石。减万户为长，秩五百石至三百石皆有丞尉，秩四百石至二百石是为长吏，百石以下有斗食佐史之秩是为少史。大率十里一亭，亭有长，十亭一乡，乡有三老、有秩、啬夫、游徼。三老掌教化，啬夫职听讼，收赋税，游徼循禁贼盗。"③《通志》卷五六"乡官"条记载："周礼有乡师、乡老、乡大夫之职，其任大矣。次有州长、党正、族师、闾胥、鄙师、帮长、里宰、邻长，皆乡里之官也。大凡各掌其乡党、州里之政治。云：秦制十里一亭，亭有长，十亭一乡，乡有三老，有秩、啬夫、游徼。三老掌教化，啬夫职听讼、收赋税，游徼循禁盗贼。汉乡亭及官皆依秦制也。……后废至文帝十二年又置三老及孝悌

---

① [明]杨士奇等编：《历代名臣奏议》卷二、卷三、卷八，见《文渊阁钦定四库全书·史部·诏令奏议类·奏议之属》，第433册，第44、69、189页。

② [南朝宋]范晔撰，[唐]李贤等注：《后汉书》卷一一四《百官志五》，北京：中华书局，1965年，第3624页。

③ [宋]徐天麟：《西汉会要》卷三三，上海：上海古籍出版社，2012年，第21页；《文渊阁四库全书·史部·政书类》，第609册，第218页。

力田，无常员。平帝又置外史闾师，后汉乡官……皆主知民善恶为役先后，知民贫富，为赋多少平其差品；三老掌教化凡有孝子顺孙、贞女义妇、推财救患及学士为民式者皆扁表其门以兴善行。"①可见到了汉代，随着郡县制度的进一步深入，地方政府的社会教化职能也被逐步细化，其教化的对象也进一步扩大。《隋书·食货志》有："品爵及孝子顺孙义夫节妇蠲免课役。"至唐宋时期，这种教化权力逐渐下移，并被纳入官方意志了。

对于教化的内容，则崇尚礼乐教化对人的道德的提升作用。《资治通鉴》卷一七载："仁义礼乐皆其具也，故圣王已没而子孙长久安宁数百岁，此皆礼乐教化之功也。""然而天地未应而美祥莫至者何也？凡以教化不立而万民不正也。""莫不以教化为大务，立太学以教于国，设庠序以化于邑。节民以礼故其刑罚甚轻而禁不犯者，教化行而习俗美也。圣王之继乱世也。"②强调的是礼乐教化措施对维护统治者的长久统治所具有的举足轻重的作用。

三、敦煌文献与敦煌社会教育

教育发展的历史应该被作为一个整体来对待。要研究中国的教育发展问题，就应该从学校教育、家庭教育和社会教育三个方面着手，三者缺一不可。但就我国目前教育史研究的成果来看，学校教育和家庭教育的研究成果颇丰，而社会教育的研究几乎是沉寂的，与前二者形

---

① ［宋］郑樵撰：《通志》卷五六，上海：上海古籍出版社，1990年，第40页；《文渊阁四库全书·史部·别史类》，第374册，第163页。

② ［宋］司马光：《资治通鉴》卷一七，北京：中华书局，1956年，第1页；《文渊阁四库全书·史部·编年类》，第304册，第305页。

成鲜明的反差。究其原因，笔者认为主要有以下几方面：

第一，许多研究者从"狭义的社会教育"观念出发，认为社会教育概念的产生只是近百年来的事情，因此不承认中国古代社会也存在社会教育现象，因而仅对近代以来的社会教育问题进行研究。这一点从近几年来发表的相关学术论文的数量可见一斑。其实，在漫长的中国古代社会，虽然没有"社会教育"这一名称、概念，也没有相对健全的社会教育机构，但不能因此就否认社会教育现象的存在。实际上，中国古代社会教育在传承中国传统文化、维护社会安定、推动社会发展方面起到了不容忽视的重要作用。

第二，有些研究者虽然承认中国古代存在社会教育现象，但却认为社会教育的范围在古代过于宽泛、不着边际，会对研究造成很大的困难，因而不愿意涉足其领域。对此，周谷城就曾说："被统治阶级之教育，既无所谓形式，仅潜行乎实际生活之中，实无特别可供吾人叙述之处。若有教育史家，欲为中国民众教育或被统治阶级之教育著历史者，不若为民众或被统治阶级著一部生活史较为切实。"①

第三，一些研究者认为中国古代社会教育，"其理想虽以全民为对象，但因其具体的设施过于简单，不足以促进社会教育的效率，故收效不宏。"②持此观点的研究者未充分认识到社会教育在我国社会历史进程中所起的重要作用，不免有失偏颇。

最后，对于中国古代封建社会的社会教育现象的研究，往往受到资料的限制，无法深入展开，尤其是某一地区或某一历史发展阶段的社会教育更是难于窥知。幸而敦煌藏经洞出土文弓为我们提供了敦煌

---

① 周谷城：《周谷城文集》，长春：吉林教育出版社，1991年，第233、235、236页。
② 吴学信：《社会教育史》，台北：商务印书馆，1939年，第71页。

一地与社会教育相关的资料，也为这一问题进行深入细致的研究提供了资料支持。

从上述关于"社会教育"与"社会教化"的概念可以看出，虽然两者出现的时代不同，但实际是同一概念在不同时代的不同诠释。"社会教化"是儒家"化民成俗"理念的具体化，是统治阶级为维护国家的稳定和长治久安而采取的政教措施，它着重强调的是统治阶层利用各种手段规范、引导、提升民众思想道德水平以顺应统治者的思想意志。在这一点上，社会教育与社会教化拥有相同的价值导向，因此，本文以敦煌归义军政权这一特殊历史时期，敦煌地方政府在推行社会教育方面所采取的卓有成效的措施为主要研究对象，文中在使用"社会教育"与"社会教化"概念时并不严格区分。

本文以《敦煌归义军社会教育研究》为题，在前人研究成果的基础上，着重探讨敦煌归义军这一特殊地域和历史时期的社会教育现象，力图从一个新的视角挖掘出更多关于敦煌地区的教育内容。敦煌石窟藏经洞文献的发现，为研究敦煌特别是晚唐五代宋初敦煌归义军这一特殊地域和历史时期的社会教育提供了新的资料。

首先，敦煌归义军政权作为州一级地方政府，承担起了社会教育的主要职责，为地方社会教化措施的广泛实施、风俗改良、民风向善等起到了引导和推动的作用。归义军各级官吏莫不以身作则，对当地民众进行直接的榜样教化，形成了以州、县、乡三级地方行政协同管理的制度保障体系；归义军政权赶走吐蕃，恢复唐朝建制以后，积极完备州县官学教育体系，以引导和推动地方社会教育的发展，并以科举制度为旨归，广泛推行科举制度，从敦煌的学郎题记及当时流行的学生教材可以看出，科举制度在敦煌地区已经深入人心，广大的学生士子无不以参加科举作为立身、成名的最高追求，从敦煌文献当中仅存的几件科举制风俗文献可以看出，科举与当时的教育体系紧密联系；在推行社会教育的措施方面，归义军政权善于利用各阶层、各组织的力量，充分调动各种人力资源，统筹协调、多方配合，参与地方社会教育的实施。这些作为社会教育实施的制度和组织保障，是开展社会教育不可或缺的。

其次，社会教化措施的广泛推行除了统治者的积极引导和说教外，要能适合民众的心理，被民众接收，还需一些载体。那些具有普适性的日常读物、蒙学教材、说唱文学作品、俗讲、变文等，均是群众喜闻乐见的、具有很强的娱乐功效的文学作品，以之为载体，在教民识字、学文，掌握基本的文化知识的同时，融入儒家忠孝节义、诚信礼制、进退洒扫等思想和行为准则，对提高民众的修养具有显著功效。

第三，音乐技艺的教育与传播虽不是在专门的教育机构进行，但却在当时起到了净化心灵、陶冶性情的教化作用。中国古代，尤其是儒家思想，向来注重"礼乐"对人的潜移默化的教化功能，历代统治者及思想家、教育家无不积极利用音乐、礼制作为导民向善的有力武器，其对于社会移风易俗、化民成俗的导向作用不容忽视。

第四，绘画和书法等艺术教育。敦煌石窟艺术被称作"墙壁上的博物馆"，保存了北朝至宋、元、西夏各个历史时期的塑像和壁画，数量众多，内容丰富；敦煌藏经洞也发现了数百幅绘画作品，其中被称作"画稿"的作品有一些其实是画工的习作；藏经洞文书中还有关于曹氏归义军时期画行、画院、都料、画工、画师等的记载。这些资料为我们探讨敦煌归义军时期的绘画教育内容和教育形式提供了不可多得的材料。另外，敦煌及周边地区发掘出土了数万枚汉晋简牍，与敦煌藏经洞文书结合，完整地反映了敦煌一地书法艺术发展的脉络，其中就包括归义军时期敦煌的书法教育内容，为探讨敦煌归义军艺术教育提供了契机。

第五，农业、手工业等生产生活技术知识的传授是在广大民众的日常生活中通过口耳相传、父子相承、师徒相继的形式展开的。生产、劳动等技术的继承和提升不仅创造了物质财富，推动了社会的进步，而且在劳动的过程中形成的勤劳、善良、互助、友爱等美德也是中国古代农业社会发展的巨大动力。

第六，敦煌私人结社组织所具有的对社会大众的教育与教化意义。作为一种民间基层组织，敦煌的私人结社所涵盖的居民范围较为广泛，不仅有占人口多数的汉族居民参与，其他诸如粟特等少数民族也参与其中，而且他们结社的方式与汉族居民无二，俨然成为广大民众生活的常态。私社几乎成了敦煌地区全体社会成员全民参与的组织，在维护社会的稳定、传播儒家传统道德礼仪规范、增进佛教信仰等方面都具有积极意义，其社会教化的功能也彰显无遗。

第二节　两汉魏晋南北朝时期的敦煌教育及其研究

一、两汉时期的敦煌教育

中国的官学教育体系自西汉始建。大约汉景帝末年至汉武帝初年，文翁担任蜀郡太守时在成都修立学官，并招下县子弟为学官弟子。

文翁，庐江舒人也。少好学，通春秋，以郡县吏察举。景帝末，仁爱好教化。见蜀地辟陋有蛮夷风。文翁欲诱进之，乃选郡县小吏开敏有才者张叔等十余人，亲自饬厉，遣诣京师，受业博士或学律令。减省少府用度，买刀布蜀物，齐计吏以遣博士。

又起学官于成都市中，招下县子弟为学官弟子，为除更徭，高者以补郡县吏，次为孝悌力田；常选学官僮子使在便坐受事，每出行县，益从学官诸生名经饬行者与俱，使传教令，出入闾阁。县邑吏民见而荣之，数年争欲为学官弟子，富人至出钱以求之，繇是大化。蜀地学于京师者，比齐、鲁焉。①

自此以后，教化大行。至汉武帝时，"罢黜百家，独尊儒术"，在中央设立太学，令天下郡国皆立学校官，以教授儒学。平帝元始三年（3年）立官稷及学官，"郡国曰学，县、道、邑、侯国曰校，校、学置经师一人。乡曰庠，聚曰序，序、庠置《孝经》师一人"②。明帝永平二年（59年）三月，"始帅群臣躬养三老、五更于辟雍，行大射礼。郡、县、道行乡饮酒于学校，皆祀圣师周公、孔子，牲以犬。"③东汉时，学校更是盛况空前，仅太学学生就达到三万人，地方学校教育也得到了很大的发展。班固《后汉书》记载："四海之内，学校如林，庠序盈门。"④

<hr>

① ［汉］班固撰，［清］颜师古注：《汉书》卷八九《循吏传·文翁》，北京：中华书局，1962年，第3625—3626页。
② ［汉］班固撰，［清］颜师古注：《汉书》卷一二《平帝本纪》，第355页。
③ ［南朝宋］范晔撰，［唐］李贤等注：《后汉书·礼仪志上》，第3108页。
④ ［南朝宋］范晔撰，［唐］李贤等注：《后汉书》卷四〇下《班彪列传》，第1368页。

结合汉武帝在敦煌设郡的时间，则敦煌地区学校的设立，最早应该可以追溯到汉武帝设郡之后。关于敦煌学官的设立，最早的记载是前凉张轨在永宁初年（301—302年）出任护羌校尉、凉州刺史时"征九郡胄子五百人，立学校，始置崇文祭酒，位视别驾，春秋行乡射之礼"①的记载。而在前凉张重华执政时期，有酒泉人祈嘉"西至敦煌，依学官诵书，贫无衣食，为书生都养以自给，遂博通经传，精究大义。西游海渚，教授门生百余人。张重华征为儒林祭酒"②。到了李暠建立西凉政权（404年）时，曾在敦煌"立泮宫，增高门学生五百人。起嘉纳堂于后园，以图赞所志"③。自此，敦煌的学校教育制度已近完备。到了唐代初期，敦煌已经具备了州学、医学、道学、县学、私学等比较完善的学校教育体系。

唐代以前敦煌地区传统文化的传承与发展，相关资料记载较少。两汉时期是河西地区的初创时期，汉武帝移民徙边，初开河西四郡，正史资料中对于这一时期河西文教方面的记载较少。目前可探讨的汉代河西的教育现象只有家族教育。这一时期从中原地区举族迁徙而来的世家大族带来了中原的传统文化，对河西地区产生了较大的影响。由于是举族迁徙，因此他们格外注重家族子弟的教育和文化的传递。

这一时期在敦煌当地形成了张氏、索氏、李氏、令狐氏、翟氏、阴氏等豪强大族。"这些大族包揽了地方上的一切权力，有时候要包括州刺史、军使、县令、参军、都尉、兵马使、将头到文职中的祭酒、州学博士、行军参谋和宗教事务中的僧统、僧政、寺主……他们之间

---

① ［唐］房玄龄等撰：《晋书》卷八六《张轨传》，北京：中华书局，1974年，第2221—2222页。

② ［唐］房玄龄等撰：《晋书》卷九四《隐逸传·祈嘉》，第2456页。

③ ［唐］房玄龄等撰：《晋书》卷八七《凉武昭王李玄盛传》，第2259页。

又互相通婚，构成了一个相当强大的统治集团。"①

　　在权力导致财富的封建时代，"博经通籍"正是获取权力、发家致富的重要途径。当中原板荡，京洛公学沦废，学术下移之时，一些豪门大姓在相对安定的河西一隅"专心经籍""致力儒学"，这是保存家族实力的重要手段。河西儒士中，首推敦煌索氏。P.2625号《敦煌名族志》记载：

　　　　索氏，右其先商王帝甲封子丹于京索，因而氏焉。武王灭商，迁之于鲁，封之为侯。秦并六国，庄侯索番钕仕，国除。汉武帝时太中索抚、丞相赵周直谏忤旨，徙边，以元鼎六年从钜鲁南和迁往敦煌。②

　　索氏家族成员自商周时期就在统治阶层担任重要官职，一直到汉武帝时期，时任太中大夫的索抚与丞相赵周因为谏言而惹怒皇帝，被发配到边疆，他们的家族地位和影响力因为政治原因一落千丈。索氏家族于元鼎六年（前111年）迁往敦煌，并逐渐在敦煌地区扎根。后来通过自身不断的努力，逐渐发展成为敦煌地区的名门望族，对后来的敦煌产生了较大影响。《晋书》、两《唐书》及敦煌藏经洞文书为我们提供了有关敦煌索氏家族的详细资料。

　　索靖可谓一代文化名人，《晋书·索靖传》曰："父湛，北地太守。靖少有逸群之量，与乡人汜忠、张彪、索珍、索永俱诣太学，迟明海

①　史苇湘：《世族与石窟》，见敦煌文物研究所编《敦煌研究文集》，兰州：甘肃人民出版社，1982年，第151—164页。

②　唐耕耦、陆宏基：《敦煌社会经济文献真迹释录》第一辑，北京：书目文献出版社，1986年，第102页。

内，号敦煌五龙。四人并早亡，唯靖该博经史，兼通内纬，州辟别驾，郡举贤良方正，对策高第。"①索靖是北地太守索堪之子，索抚之后，他深受汉武帝器重，曾任酒泉太守，拜驸马都尉，死后赠职司空，极其荣显。索靖又是西晋朝廷的重臣，在社会政治生活中极有影响。泰康末年，河西王司马颙举兵洛阳，索靖率领从雍州、秦州、凉州赶来的义兵，英勇杀敌，最后不幸重伤而亡。索靖的五个儿子"皆举秀才"，而少子琳"少有逸群之量"，更是西晋政权中的一位重要人物。他曾任安西将军、冯翊太守、侍中、太仆等要职。西晋末年，刘聪进犯关东，劫掠长安，晋怀帝被囚禁，索琳立晋愍帝。他与匈奴刘聪大小百战，最后被刘聪所杀。索靖父子的显赫功绩使敦煌索氏在河西地区名声大振，成为一代豪族。后代敦煌索氏都自称是索靖之后，曾一度掌握归义军政权的索勋，就称其祖为索靖。敦煌市博物馆藏《大唐河西道归义军节度索公纪德之碑》云："公玉裕，讳勋，字封侯，敦煌人也。□□□□□□□祖靖，仕魏晋，位登一品，才术三端，出入两朝，功名俱遂。"②

索靖在唐代仍然为敦煌当地百姓所缅怀、敬仰。P.3721号《瓜沙两郡史事编年并序》云：

> 丙辰，开元四年六月县令赵义本到任，其令博览经史，通达九经，寻诸古典，为张芝索[靖]俱敦煌人也，各检古迹，具知处所。其年九月拓池，池中得一石砚，长二尺，阔一尺五寸，乃劝诸

---

① [唐]房玄龄等撰：《晋书》卷六〇《索靖传》，第1648页。
② 郑炳林：《〈索勋纪德碑〉研究》，《敦煌学辑刊》1994年第2期，第62页。

张族等，令修葺墨池，立庙及张芝容。①

　　敦煌藏经洞发现了两件《瓜沙两郡史事编年并序》残件，分别被伯希和和斯坦因带到英国和法国，编号为S.5693和P.3721，两件文书完全相同，是一件文书的两个抄本，只不过P.3721文书保存下来的内容更多一些。文书中提到一位名叫"洞芊"的人搜寻有关敦煌的各种文献记载，将之一一记录下来，所记之事从汉武帝刘彻筑沙州城，一直到唐开元年间。

　　其中提到唐开元四年（716年）六月，一位名叫赵义本的县令到任之后，着人收集敦煌的相关历史记载，得知张芝和索靖都是敦煌人，所以想找到二人遗留下来的古物遗迹，竟然真的找到了一个池子，并发现了一个石砚台。他们认为这个池子就是当年张芝练习书法所用的墨池，就命令张氏族人修葺墨池，并为张芝修建庙宇，立雕像。这里虽然只记载了为张芝立庙塑像，没有提到关于如何纪念索靖的历史，但是从这件事情中我们也可以判断，新的县令任职之后，寻找本地的历史文化名人，并为之立像，一方面是为了追溯和缅怀先辈，另一方面也是为了给后人树立一个好的榜样。同时，作为地方官来说，树立名人作为榜样，也是为了教化乡里，让更多人能效仿，以正当地的风气。

　　索靖不仅是西晋时期杰出的政治家、军事家，也是一位著名的书法家。他是"草圣"张芝的晚辈，与尚书令卫瓘并称"二妙"。他继承并发展了张芝的草书技法，在我国书法史上贡献很大。唐张彦远《书法要录》卷八引张怀瓘《书断》云："索靖，字幼安，敦煌龙勒人，

---

① 郑炳林：《敦煌地理文书汇辑校注》，兰州：甘肃教育出版社，1989年，第84页。

张伯英之离孙。父堪，北地太守。幼安善章草书，出于韦诞，峻险过之。有若山形中裂，水势悬流，雪岭孤松，冰河危石。其韧劲则古今不逮。或云：'楷法则过于卫瓘。'然穷兵极势，扬威耀武，观其雄勇，欲陵于张，何但于卫。"[1]"形异甚，矜其书，名其字银钩趸尾。"[2]索靖还著有《五行三统正验论》《索子》《晋诗》各二十卷及《草书状》等书[3]。

索靖有五个儿子，其中索綝最知名：

> 綝，字巨秀，少有逸群之量，靖每曰："綝廊庙之才，非简札之用，州群吏不足汙吾儿也。"举秀才，除郎中。尝报兄雠，手杀三十七人，时人壮之。俄转太宰参军，除好時令，入为黄门侍郎，出参征西军事，转南阳王模从事中郎。[4]

P.2625《敦煌名族志残卷》记载了敦煌索氏家族的历史。从索氏家族成员在汉代时累世为官的盛况也可以窥见当时索氏子孙的受教育状况以及敦煌地区的教育概况：

> 汉武帝时，太中大夫索抚，丞相赵周直谏忤旨从（徙）边，以元鼎六年从巨鹿南和迁于敦煌。凡有二祖，号南索，北索。初索抚在东，居巨鹿之北，号为北索。至王莽天凤三年，鸣开都尉索骏复西［边］敦煌。骏在东，居巨鹿之南，号为南索。莫知其长幼，咸

---

① ［唐］张彦远撰，刘石点校：《法书要录》卷一，沈阳：辽宁教育出版社，1998年，第132页。
② ［唐］房玄龄等撰：《晋书》卷六〇《索靖传》，第1648页。
③ ［唐］房玄龄等撰：《晋书》卷六〇《索靖传》，第1648页。
④ ［唐］房玄龄等撰：《晋书》卷六〇《索乡林传》，第1650—1651页。

累代官族。后汉有索颎，明帝永平中为西域代（戊）已校尉，居高昌城。颎子堪，字伯高，才明，举孝廉、明经，对策高弟（第），拜尚书郎，后迁幽州刺史。其抚玄孙翊，字厚山，有文武才，明兵法，汉安帝永初六年拜行西域长史。弟华除为郎。华之后衮，字文长，师事太尉杨赐展。孙翰，字子曾，师事司徒，即咸致仕官。宗人德，字孟济。祖毅，太尉掾。父桓，杜陵令。德举孝廉，拜驸马都尉，桓帝延熹元年，拜东平太守。子韶，西部长史。祖子降，子祖，其父宜，清灵洁静，好黄老，沉渗笃学，事继母以孝闻。族父靖，字幼〔安〕，与乡人张彪、索珍、汜衷、索珀等五人俱游太学，号称'敦煌五龙'。四人早亡，唯靖该博经史，兼通内纬。①

从这条关于索氏家族基本世系的记载我们大致可以看出，两汉到魏晋时期，索氏家族累世仕宦，且个个才德兼备。特别是这些家族成员文化修养较高，大多出身于孝廉、明经等科。索氏家族其他见载者有以下几位。

索袭：

字伟祖，敦煌人也。虚静好学，不应州君之命，举孝廉，贤良方正，皆以疾辞。游思于阴阳之术，著天文地理十余篇，多所启发。不与当世交通，或独语独笑，或长叹涕泣，或请问不言。张茂时，敦煌太守阴澹奇而造焉，经日忘返，出而叹曰：'索先生硕德名儒，真可以咨大义。'澹欲行乡射之礼，请袭为三老，曰：'今四表辑

---

① 唐耕耦、陆宏基：《敦煌社会经济文献真迹释录》第一辑，第103页。

宁，将行乡射之礼，先生年耆望重，道冠一时，养老之义，实系儒
贤。……会病卒，时年七十九。澹素服会葬，赠钱二万。澹曰：
'世人之所有余者，富贵也；目之所好者，五色也；耳之所玩者，五
音也。而先生弃众人之所收，收众人之所弃，味无味于恍惚之际，
兼重玄于众妙之内。宅不弥久而志忽九州，形居尘俗而栖心天外，
岁黔娄之高远，庄生之不愿，蔑以过也。'乃谥曰玄居先生。"①

索纨：

> 字书徼，敦煌人也。少游京师，授业太学，博综经籍，遂为通
> 儒。明阴阳天文，善术数占候。司徒辟，除郎中，知中国将乱，避
> 世而归。乡人从纨占问吉凶，门中如市，纨曰：'攻乎异端，戒在
> 害己；无为多事，多事多患。'遂诡言虚说，无验乃止。②

索绥，父戢，晋司徒，"绥家贫好学，初举孝廉，为记室祭酒。
……又举秀才，为儒林祭酒"，"前凉张骏十五年，命其西曹边浏集内
外事以付秀才索绥，作《凉国春秋》五十卷"③。"健康太守索晖、从
事中郎刘昞，又各著《凉书》"④。西凉时还有索敞，"专心经著，尽
能传延明业，凉州平，入魏，以儒学为中书博士"，"京师贵游之子，
前后显达，位至尚书，牧、守者数十人，皆受业于敞"，他著有《丧服

---

① ［唐］房玄龄等撰：《晋书》卷九四《隐逸传》之"索袭"，第2448—2449页。
② ［唐］房玄龄等撰：《晋书》卷九五《隐逸传》之"索纨"，第2493—2494页。
③ ［唐］刘知己：《史通》卷一二《古今正史》，辽宁教育出版社，1997年，第103页。
④ ［唐］刘知己：《史通》卷一二《古今正史》，第103页。

要记》等书①。

《十六国春秋辑补》之《前秦录》卷九和《晋书》卷一一五都记载有"索泮"：

> 及长变节好学，有佐世才器。张天锡辅政，以泮为冠军记室参军。天锡即位，拜司兵，历位禁中录事，执法御掾，州府肃然。郡县改迹，迁羽林左监，有勤干之称。出为中磊将军西郡武威太守典戎校尉。政务宽和，戎夏怀其惠。天锡甚敬之。后从天锡归仕于秦。符坚见而叹曰："凉州信多君子！"既而以泮为河西德望，拜别驾，寻迁建威将军西郡太守。吕光既克姑臧，泮固郡不降，光攻而获之。光曰："孤既平西域，将赴难京师，梁熙无状绝孤归路，此朝廷之罪人，卿何意阻郡固迷，自同元恶？"泮厉色责光曰："将军受诏讨叛胡，可受诏乱凉州邪？寡君何罪而将军害之？泮但苦力寡，不能固守，以报君父之仇，岂如逆氏彭济，望风反叛，主灭臣死，体之常也。"乃就刑于市，神色不变。②

索泮的弟弟索菱为伏波将军典农都尉，皆为吕光所杀。张天锡为政时期，索氏家族还有索商为荡难将军校书祭酒③；前凉张轨时期，索辅为太府参军④；前凉张骏统治敦煌时期，索询为理曹郎中⑤；前凉张重

---

① [北齐]魏收：《魏书》（修订版）卷五二《索敞传》，北京：中华书局，2017年，第1277页。

② [清]汤球：《十六国春秋辑补》卷三九之《前秦录九》"索泮"，上海：商务印书馆，1936年，第312页。

③ [清]汤球：《十六国春秋辑补》卷三九之《前秦录九》，第312页。

④ [清]汤球：《十六国春秋辑补》卷六七之《前凉录一》"张轨"，第481—486页。

⑤ [清]汤球：《十六国春秋辑补》卷六九之《前凉录三》"张骏"，第495—498页。

华时期，索振为徵事，索遐任张重华司直①。

后秦政权中有索稜，"好学博文，姚苌甚器重之，委以机密，父章诏檄，皆稜之文也"②，历平原太守、太常，姚兴以稜为太尉、领陇西内史。索卢濯为姚苌骑都尉。西凉建立后，任命大臣二十一人中，索氏占了四分之一，史书记载有左长使索仙、牧府右司马索承明、威远将军西平太守索训、广武太守索慈、武兴太守索术，居敦煌大姓之首，由此可见索氏在西凉政权中居于举足轻重的地位③。

经过这些索氏家族成员的努力，为索氏家族优良家学的传承奠定了坚实的基础，即以"礼乐传家"的家学教育传统在以后索氏家族的发展中被逐渐证明是符合社会发展需要的。索氏家族之所以能在敦煌的历史舞台上经久不衰，与这种良好的以礼乐传家的家学教育分不开。

总括五凉时期索氏家族的情况，索氏成员中担任官职的人不但多，而且大部分专心经史，文化方面的造诣比较深厚，有相当一部分人专门从事著书立说事业，凭借其功业，名震当时。

索氏家族成员利用一切有效的途径，积极投身儒学和政治事业，在许多领域做出了一番成就，为家族的繁荣奠定了坚实的基础，也为本家族的发展指明了方向。就此，陈寅恪先生就曾指出：

　　盖自汉代学校制度废弛，博士教授之风气止息以后，学术中心移于家族，而家族复限于地域，故魏、晋、南北朝之学术、宗教皆

① [清]汤球：《十六国春秋辑补》卷七一之《前凉录五》"张重华"，第505—511页。
② [清]汤球：《十六国春秋辑补》卷五〇之《后秦录二》"姚苌"，第379—386页。
③ [唐]房玄龄等撰：《晋书·张轨传》，第2221—2222页；[唐]房玄龄等撰：《晋书》卷八七《凉武昭王李玄盛传》，第2257—2267页。

与家族、地域两点不可分离。①

并进而对河陇，尤其是河西地区的家族文化进行考释，认为：

河陇一隅所以经历东汉末、两晋、北朝长久之乱而能保存汉代中原之学术者，不外前文所言家世与地域之二点，易言之，即公立学校之沦废，学术之中心移于家族，太学博士传授变为家人父子之世业，所谓南北朝之家学者是也。②

以索氏家族为代表的敦煌地区的大姓豪族之家以其家学的传统培养家族子弟，以使家族能够在历史的变迁中绵延不绝。更重要的是，正是家族家学的发达和家风的传习，才为敦煌保存和延续了汉晋的传统文化，这种特殊的社会意义和教育意义也是非常值得重视的。

二、魏晋南北朝时期的敦煌教育

到了大动乱的十六国时期，"中州板荡、戎狄交侵，僭伪相属，生灵涂炭，故文章黜焉"③。中原地区的经济遭到极大破坏，学术文化也被扫荡殆尽。与此相反，位于西北边陲的河西一隅，五凉政权相继统治的一百多年时间却是经济复苏、文化昌盛、学者云集、人才辈出的时期。或开馆延学，发展教育；或著书立说，弘扬学术；或营窟造寺，宣传佛法，出现了河西历史上空前的文化高峰，史书称："区区河右，

---

① 陈寅恪：《隋唐制度渊源略论稿》，北京：三联书店，2001年，第20页。
② 陈寅恪：《隋唐制度渊源略论稿》，第25页。
③ ［唐］李延寿：《北史》卷八三《文苑传》，北京：中华书局，1974年，第2778页。

而学者坲于中原。"①《资治通鉴》记载："永嘉之乱，中州之人士避地河西，张氏礼而用之，子孙其承，衣冠不坠，故凉州号为多士。"②陈寅恪也指出："秦凉诸州西北一隅之地，其文化上续汉、魏、西晋之风，下开（北）魏、（北）齐、隋唐之制度，承前启后，继绝扶衰，五百年间延绵一脉，然后始知北朝文化系统之中，其由江左发展变迁输入者之外，尚有汉、魏、西晋河西之遗传。"③

较早研究魏晋南北朝时期敦煌教育问题的学者，要数施光明和陆庆夫两位先生。施光明于1984年发表于《兰州学刊》的《略论十六国时期凉州地区的文化教育》④一文，全面论述了十六国时期凉州地区的文化教育状况，从学校教育，包括官办教育和私学，到儒家知识分子，以及这一时期涌现出的大量学者和著作，他的论述比较全面而系统，基本上将这一时期教育的特点胪列了出来。陆庆夫于1987年撰写的《五凉文化简论》一文从五凉文化繁荣的原因、五凉文化的内容特色和五凉文化的深远影响三个方面对河西五凉这一特殊历史时期的文化发展问题作了深入考察⑤。在"五凉文化内容"这一节，作者详细论述了五凉时期河西、陇右文化教育中官学与私学并举，不拘一格，兴办教育，大力培养儒家知识分子的教育特色，并引用大量文献进行了举证，同时列举了这一时期凉州境内的学者，如继"敦煌五龙"之后，敦煌的学者还有索袭、索绥、宋纤、郭瑀、氾腾、宋繇、刘昞、索敞、张

---

① ［唐］李延寿：《北史》卷八三《文苑传》，第2778页。

② ［宋］司马光编著，［元］胡三省音注：《资治通鉴》卷一二三《宋纪五》，北京：中华书局，1976年，第3877页。

③ 陈寅恪：《隋唐制度渊源略论稿》，第46—47页。

④ 施光明：《略论十六国时期凉州地区的文化教育现象》，《兰州学刊》1984年第2期，第64—68页。

⑤ 陆庆夫：《五凉文化简论》，《敦煌学辑刊》1987年第1期，第88—95页。

穆、张湛、张斌，以及酒泉学者祈嘉等。这些学者在整理典籍、校注古书、著书立说等方面都做出了巨大贡献，为河西地区文化教育的繁荣发展做出了努力。

由以上学者的研究可以发现，魏晋南北朝时期关于河西地区文化教育发展状况的文献资料并不多，要专门研究敦煌一地的教育状况实非易事，研究者一般都将河西地区作为一个研究的整体来对待。因此，要了解敦煌地区的教育状况，只能借助河西地区整体教育发展水平的面来加以映射，这种方法之所以可行，主要是因为这一时期河西各地拥有相同的历史背景，敦煌作为凉州所辖的一个县，其文教措施和发展水平直接受凉州影响。

第三节 唐宋时期敦煌的教育及其研究

关于唐宋时期敦煌教育问题的研究，前人的研究大多将视角集中于敦煌的学校教育、教学内容、教材、学生郎的考察，还没有从敦煌的社会教育作为视角而进行的研究。但是以往学者关于唐宋时期敦煌教育问题的考察又为本课题的研究提供了借鉴。

一、唐代敦煌官学教育研究

最早关注敦煌官学教育的是李正宇，他于1986年发表的《唐宋时代的敦煌学校》①一文，对敦煌文书中有关唐宋时期敦煌地区学校教育的

① 李正宇：《唐宋时代的敦煌学校》，《敦煌研究》1986年第1期，第39—47页。

文书进行了整理，包括敦煌地区的地方官学、私学，以及寺院寺学的情况。这篇文章的引用率非常高，虽然文中仅列举了相关的资料，但却为后来研究者提供了可靠而又详细的基础信息。

敦煌藏经洞保存了若干地理文书，记载了唐代敦煌地区的地理地貌和寺观、学校等内容。其中，P.2005《沙州都督府图经》记载了敦煌的州学和县学：

州学右在城内，在州西三百步，其学院内东厢有先圣太师庙，堂内有素（塑）先圣及先师颜子之像，春秋二时奠祭。①

县学右在州学西，连院，其院中东厢有先圣太师庙，堂内有素（塑）先圣及先师颜子之像，春秋二时奠祭。②

除敦煌县学外，还有沙州所属寿昌县县学的记载。P.5034《沙州地志》"寿昌县"条载："一所县学，右在县城内，在西南五十步，其（院中，东厢有先圣太师庙），堂内有素先圣及先师（颜子之像，春秋二时祭）。"唐代敦煌还设有医学："医学，右在州学院内，于北墙别构房宇安置。"③S.3768《文子》卷末题记"天宝十载（751年）七月十七日道学博士索肃林记之校定"给我们提供了有关道学的信息。

罗振玉在《敦煌石室遗书》中认为藏经洞发现的这件《沙州都督府图经》的年代应该在开元年间④。日本学者池田温认为此图经是根据上

---

① 唐耕耦、陆宏基：《敦煌社会经济文献真迹释录》第一辑，第12页。
② 唐耕耦、陆宏基：《敦煌社会经济文献真迹释录》第一辑，第12页。
③ 唐耕耦、陆宏基：《敦煌社会经济文献真迹释录》第一辑，第12页。
④ 罗振玉：《敦煌石室遗书》，上虞罗氏排印本，1909年；鸣沙石室遗书（影印本），上虞罗氏宸翰楼印，1913年。

元三年（676年）以后至证圣元年（695年）前大约二十年间形成的《沙州图经》的基础上编纂而成的，开元初年又增加了部分内容。到了永泰二年（765年），沙州升格为都督府，此卷图经就因此改名为《沙州都督府图经》①。李正宇先生亦同此说②。朱悦梅、李并成认为此图经是自永徽二年（651年）以后在《沙州图经》的基础上，历经武周，直到开元年初，经过了不断的修改编纂而成的③。李宗俊在前述研究成果的基础上，判定《沙州都督府图经》撰成于武周长寿元年（692年），在武周证圣元年（695年）和开元初年（719年）左右两次有补续，并进一步推断692年撰成时当为"沙州都督府图经卷第一"，695年修补后为"卷第二"④。

综观敦煌官学教育的相关研究论著，大多都依据以上材料来论述。高明士《唐代敦煌的教育》⑤一文对敦煌地区的学校问题进行探讨。他将研究的重点放在学校的礼拜空间、学习过程、教材性质以及敦煌官学、私学的发展及其历史变迁等方面，并从三个时间段分期对敦煌教育中的官学、私学进行研究。张永萍硕士学位论文《唐宋敦煌教育初探》⑥一文也是采纳了以上两位学者的见解，将敦煌地区的官学教育分为州学、县学、医学、道学、坊巷学、社学等。屈直敏《敦煌文献与中古

---

① 池田温：《沙州图经考略》，博士还历纪念东洋史论丛，东京：山川出版社，1975年，第55—101页。

② 李正宇：《古本敦煌乡土志八种笺证》，兰州：甘肃人民出版社，2008年，第133—148页。

③ 朱悦梅、李并成：《〈沙州都督府图经〉纂修年代及其相关问题考》，《敦煌研究》2003年第5期，第61—65页。

④ 李宗俊：《〈沙州都督府图经〉撰修年代新探》，《敦煌学辑刊》2004年第1期，第53—59页。

⑤ 高明士：《唐代敦煌的教育》，《汉学研究》第4卷第2期，1986年，第231—270页。

⑥ 张永萍：《唐宋敦煌教育初探》，西北师大硕士学位论文，2006年6月。

教育》①一书专设一章论述敦煌的学校教育，利用敦煌文献讨论了中古时期敦煌的州、县、乡学教育以及学校教师的问题。

台湾学者苏哲仪《试论唐代敦煌地区的学校教育》②《试论唐代敦煌教育机构及其文化意义》③两篇文章，分别讨论了唐代不同时期敦煌的学校教育、私学及寺学教育的内容、教育功能等，并从中归纳出了中古敦煌教育的特征。

二、唐宋敦煌地区童蒙教育研究

敦煌童蒙教育的研究主要包括童蒙教材的整理、分类，童蒙教育状况的考察等，其研究成果当中的集大成者是台湾学者郑阿财、朱凤玉《敦煌蒙书研究》的撰写与出版④。该书主要以敦煌石室所出童蒙教材作为研究对象，首先回顾了敦煌蒙书的发展历程，并将敦煌蒙学教材进行整理、校录、分类，将敦煌的蒙书分为识字类、知识类、道德类三种。该书还分别介绍了《上大夫》《千字文》《开蒙要训》《杂抄》《百家姓》《古贤集》《俗务要名林》《杂集时用要字》《碎金》《孔子备问书》《兔园册府》等24种蒙书，着重探讨了敦煌地区保存如此大量的蒙学教材的原因及其价值所在。

《敦煌古代儿童课本》⑤是另一本研究敦煌童蒙教育的专著，书中

---

① 屈直敏：《敦煌文献与中古教育》，兰州：甘肃教育出版社，2012年，第155—186页。

② 苏哲仪：《试论唐代敦煌地区的学校教育》，《岭东通识教育研究学刊》2012年，第155—187页。

③ 苏哲仪：《试论唐代敦煌教育机构及其文化意义》，《岭东通识教育研究学刊》2012年，第81—119页。

④ 郑阿财、朱凤玉：《敦煌蒙书研究》，兰州：甘肃教育出版社，2002年。

⑤ 汪泛舟：《敦煌古代儿童课本》，兰州：甘肃人民出版社，2000年。

将敦煌古代儿童读本按照内容、性质、重点进行了分类，并分别介绍、分析了《开蒙要训》《百行章》《太公家教》《孔子备问书》《兔园册府》等教材的性质、内容、特点等。

中央民族大学黄金东的硕士学位论文《唐五代时期敦煌地区童蒙教育研究》①，以敦煌地区的童蒙教育为研究视角，从晚唐五代敦煌地区的童蒙教材、童蒙教育状况以及童蒙教育所带来的作用和启示三个方面对敦煌地区的童蒙教育作了详细考察。如果说前两本专著是就敦煌地区的童蒙教材作为研究对象，那么黄金龙的这篇硕士学位论文则是集中论述敦煌地区的童蒙教育状况。

还有一些研究以某一类蒙书写本为中心，如周丕显《敦煌古钞〈兔园册府〉考析》②中，就《兔园策府》写本的概况、古代著录、历代评论、写本释录、个人管窥等方面作了介绍；他的另一篇论文《敦煌"童蒙""家训"写本之考察》③则结合相关文献，分析了《李氏蒙求》《新集文词九经抄》《太公家教》等敦煌文书中家训读物的写本及特点。

汪泛舟《敦煌的童蒙读物》④将蒙书分为知识类蒙书和应用类蒙书，应用类蒙书又分为习字、书仪、字典以及算书等几个方面，对于应用类蒙书的划分实际上扩大了蒙书的范围。其一，习字类。主要以《上大人》（P.3806崔氏）为代表，这件文书仅仅25字，而且所选的字笔画简单，容易辨认，基本上囊括了汉字的所有笔画，将之作为"字帖"式的习字教材再好不过了，除了符合儿童的心理特点外，更能反映儒

---

① 黄金东：《唐五代时期敦煌地区童蒙教育研究》，中央民族大学硕士学位论文，2006年。
② 周丕显：《敦煌古钞〈兔园册府〉考析》，见《敦煌文献研究》，兰州：甘肃文化出版社，1995年。
③ 周丕显：《敦煌"童蒙""家训"写本之考察》，见《敦煌文献研究》。
④ 汪泛舟：《敦煌的童蒙读物》，《文史知识》1988年第8期，第104—107页。

家的尊孔思想，是极具代表性的识字教材。其二，书仪类。敦煌藏经洞
发现了数量、规模庞大的书仪类文范，所谓书仪，是指那些具有固定书
写格式的古代各类文范，它既是人们日常生活中人际交往所需的工具，
也是儿童需要学习和掌握的课程。除此之外，还有周谷平《敦煌出土文
书与唐代教育的研究》①、张栩《唐代蒙学读物研究》②等论文。

还有一些学者透过这些蒙书教材探讨了中国古代道德伦理思想、书
法教育、女子教育、文书教育、语文教育、儒学教育、诗学教育等内
容。朱凤玉《敦煌家训类蒙书所见唐代女子生活教育》③一文从已刊布
的大批敦煌蒙书写本中，梳理出《崔氏夫人训女文》《辩才家教·贞女
章第九》《百行章·贞行章十三》及其他蒙书中涉及的女子教育的相关
材料，根据这些文本展开对古代女子教育内容的分析，如古代教育女
子要夫妇和乐、敬顺守礼、上下和睦、慎言少语等，借此可以了解唐
代民间女子教育的大致情况。于万丹、湛芳《敦煌蒙书中女子教育思想
研究》④从敦煌所出蒙书中拣出有关女性教育的内容，并归纳了古代女
性教育思想的四个方面，即言语规范、品行修养、营家之计和家庭伦
理。同时认为这些女子教育思想中还蕴含了儒家和佛教文化内涵。

王三庆《敦煌类书与启蒙的初学教育——以语文教育为中心》⑤根

---

① 周谷平：《敦煌出土文书与唐代教育的研究》，《华东师范大学学报（教育科学版）》1995年第
4期，第59—62页。

② 张栩：《唐代蒙学读物研究》，南京师范大学硕士学位论文，2001年6月。

③ 朱凤玉：《敦煌家训类蒙书所见唐代女子生活教育》，《童蒙文化研究》2019年8月第4卷，第
114—130页。

④ 于万丹、湛芳：《敦煌蒙书中女子教育思想研究》，《西部学刊》2019年2月上半月刊，第36—
39页。

⑤ 王三庆：《敦煌类书与启蒙的初学教育——以语文教育为中心》，《童蒙文化研究》2015年8
月第1卷，第53—65页。

据现存的敦煌类书文献，探讨其编纂的形式与知识为容，认为其与现代语文的启蒙教育很契合。林静潇《敦煌写本中的习字教育研究》①认为敦煌藏经洞发现的《千字文》《上大夫》《开蒙要训》等文书，既是重要的儿童教材，同时也是古代儿童的日常习字教材。由这些文书所反映出来的古代书法教育的教学方法主要有示范和批改两种。米文佐《敦煌简牍遗书中的汉唐书法教育》②从敦煌发现的汉代简牍、敦煌藏经洞发现的习字类卷子、名家书法范本等资料出发，梳理出汉唐时期敦煌书法教育的内容、书法教育的过程和方法等教育状态。陈伟华、王静《唐代书法教育研究——以敦煌私学为例》③认为唐代中央政府对教育的重视为敦煌书法教育的推行提供了好的环境，并以敦煌张、索两个家族的书法教育为考察对象，从敦煌藏经洞文书中梳理出书法教育的临写范本，从而讨论书法学习的内容、过程和方法。宋祖楼《敦煌写经中"书手"与蒙书教育》④根据敦煌文书中的题记，梳理出了敦煌写经人的不同身份，比如"群书手、楷书手、书手"等，认为敦煌官方"书手"与民间"书手"不同，重点对"民间书手"写经的培养途径和培养过程进行分析。

王使臻《晚唐五代宋初敦煌地区的文书教育》⑤认为晚唐五代宋初敦煌地区的文化教育是以实用教育为主的，归义军政权注重实施比较实用的教育。归义军政权吸纳了中原的典籍、诗文、尺牍等文书，不

① 林静潇：《敦煌写本中的习字教育研究》，《中国书画》2015年第11期，第8—11页。
② 米文佐：《敦煌简牍遗书中的汉唐书法教育》，《中国书法》2019年第9期，第195—197页。
③ 陈伟华、王静：《唐代书法教育研究——以敦煌私学为例》，《思维与智慧》2020年第18期，第46—48页。
④ 宋祖楼：《敦煌写经中"书手"与蒙书教育》，《参花》2019年第12期，第57—59页。
⑤ 王使臻：《晚唐五代宋初敦煌地区的文书教育》，《陕西理工学院学报》2015年第4期，第54—61页。

仅精英阶层要编纂和使用这类文书，普通民众也要学习具有实用性文书的书写规范。

郑阿财《敦煌吐鲁番文献呈现的唐代学童诗学教育》①从敦煌吐鲁番文献中所保存的当时学郎所抄的诗作、日常习诗以及作为习字模板的诗歌等资料，从唐代学郎们的诵读范本、诗歌格律和抄写的诗作范文等方面，讨论了唐代学童诗学教育的状况。

三、敦煌的学郎、学士郎

敦煌藏经洞文书中的学郎题记、学郎诗是古代敦煌地区的一种特殊的历史资料。最早关注敦煌学郎问题的学者是日本的小川贯弌，他在《敦煌佛寺の学士郎》②一文中，对童子、学生的区别，学士郎的性质作了分析。由于这部分文献太过于零散，难以窥其全貌，为便于运用，李正宇最早对这些材料进行搜集汇辑，写成《敦煌学郎题记辑注》③，共搜集到藏经洞文书中的学郎题记144处，为后来的研究和学习提供了很好的帮助。以这篇题记为基础，杨秀清从学生的价值取向、理想希望、兴趣爱好、快乐烦恼等角度，考察了唐宋时期敦煌地区的学生生活，对研究整个唐宋时期敦煌地区人们的社会生活具有积极意义④。李正宇《一件唐代学童的习字作业》⑤对唐天宝八载（749年）的一件文书

---

① 郑阿财：《敦煌吐鲁番文献呈现的唐代学童诗学教育》，《童蒙文化研究》2018年6月第3卷，第5—25页。

② ［日］小川贯弌：《敦煌仏寺の学士郎》，《龙谷大学论集》400、401合并号，1973年，第488—506页。

③ 李正宇：《敦煌学郎题记辑注》，《敦煌学辑刊》1987年第1期，第26—40页。

④ 杨秀清：《浅谈唐、宋时期敦煌地区的学生生活——以学郎诗和学郎题记为中心》，《敦煌研究》1999年第4期，第137—146页。

⑤ 李正宇：《一件唐代学童的习字作业》，《文物天地》1986年第6期，第14—17页。

残片进行了探讨，这是一篇学生的习字作业，从残卷内容可以看出，唐代小学生每天都要练习写字，从不间断。每天由老师写出范字3—5个，每一个范字下面留有空行，学生根据笔画结构摹写，每字反复写30—100多遍。作业上还有老师批阅的字迹和批语。这一材料为研究唐代敦煌地区教育教学实践提供了非常珍贵而又形象的资料。

另外，大量的学郎诗歌也引起了学者们的注意。在阅读敦煌卷子时，常常会看到书写卷子的学生随手所写的诗歌，这些诗歌大都写于中唐以后，并不是呕心沥血的作品，而是学郎们的即兴诗，有些诗歌特别表现出了学郎当时的心境。项楚《敦煌诗歌导论》一书中，将敦煌的学郎诗分为学习生活即兴、勤学发奋、戏谑嘲讽、情诗、书手诗、格言诗等六类①。这些学郎诗被零散地运用到各种论文当中，作为作者论述某一问题的证据材料。

郭丽《唐代中原儿童诗与敦煌学郎诗的异同及教育成因论析》②比较了唐代中原地区的儿童诗和敦煌学郎诗，发现二者在构思、题材、语言和表现手法方面有一些差别，表现在构思的精巧与随意、题材的狭窄与丰富、语言的文雅与通俗和表现手法的多样与单一等方面。

四、敦煌科举制度和科举风俗的研究

从已经发现的体现敦煌社会史的文书资料来看，与科举制直接相关的文书很少，因此，研究者对敦煌地区的科举制问题研究成果较少。最早关注这一问题的学者是D.C.崔维泽，他在《从敦煌文书看唐代统治

---

① 项楚：《敦煌诗歌导论》，成都：巴蜀书社，2001年。
② 郭丽：《唐代中原儿童诗与敦煌学郎诗的异同及教育成因论析》，《古籍整理研究学刊》2016年第1期，第61—67页。

阶级的构成》一文中，根据有限的资料，对敦煌的科举问题进行了一些推论，在今天看来，这些推论对我们后来的研究是有启发意义，他说：

尽管我们还没有可利用的证据作系统性分析，但我总的印象认为许多科举官员绝不是从不知名的，低下的身世暴发起来的。尽管在名门望族看来，他们是不够高贵，但他们仍然属于敦煌写本所载的地方大族的成员。

我冒昧地揣度，尽管科举对一些出身寒微有碍仕途的青年才子打开仕途，但在初唐，科举制度带来社会流动的主要后果，是对那些相对较不知名的地方士族成员迅速擢升，或多或少取得由名门望族所垄断的最高级官职提供可能性。①

姜伯勤将敦煌社会文书史料中与科举制有关的资料分为两大组，一组是直接记载和描述科举制度的资料，如：

莫高窟220窟甬道南壁五代翟奉达题记中有"乡贡明经"翟通。

P.4640《大蕃故敦煌郡莫高窟阴处士修功德记》中记载"乡贡明经"阴庭诫。

S.6032《大唐陇西李府君修功德记碑》中记载"乡贡明经"阴庭诫（776年顷）。

P.2488、P.2621、P.2712《贰师泉赋》记载有"乡贡进士"张侠。

莫高窟332窟所出《李克让修莫高窟佛龛碑》记有"应制举□〔人〕

---

① D. Twitchett, The Composition of the Tang Ruling Class: New Evidence from Tunhuang Perspectives on the Tang, Yale university Press, 1973. 转引自姜伯勤：《敦煌科举文书的社会功能——兼论敦煌写本中的社会史料》，《中山大学学报》2001年第1期，第50页脚注。

□□□"，这是仅有的一条即关于沙州地区"制举"的史料。

此外比较重要的就是S.4473号文书《乡贡进士谭象启》①中反映出来的有关唐代科举制风俗的资料。

另外一组是有关敦煌地区科举教育或者进士文学方面的资料。姜伯勤先生指出："儒家经典类的经部书如礼记、左传、毛诗、周礼、仪礼、周易、尚书、公羊、谷梁等，外加孝经、论语都是学校必读书，广义地说，敦煌所出多件经学写本，可以视为与科举考试有关的资料。"②另外还有一些诗、词、歌、赋、判文、杂文、传奇小说等时文类的文学作品也可以看作是与科举有关的内容。

林生海《从敦煌写本〈祭驴文〉看唐代的科举与社会》，对敦煌藏经洞S.1477号《祭驴文》的写作年代和作者身份进行了探讨。这篇《祭驴文》写于晚唐时期，该文作者是一位奔波于科举考试的举子，文章看似祭驴，实则糅合着作者内心许多真实的想法及对当时社会世态的讽喻③。

王艳玲《敦煌史籍抄本与科举考试》认为，莫高窟所藏的《史记》《汉书》《三国志》《晋书》等史籍抄本都与唐代的科举考试有关④。

唐代科举制度还对敦煌的童蒙教育产生了一定的影响⑤。唐代重视官学教育，但是官办童蒙教育则基本处于缺失状态，这就为私学的发

---

① 姜伯勤：《敦煌科举文书的社会功能——兼论敦煌写本中的社会史料》，《中山大学学报》2001年第1期，第50—52页。

② 姜伯勤：《敦煌科举文书的社会功能——兼论敦煌写本中的社会史料》，《中山大学学报》2001年第1期，第50—52页。

③ 林生海：《从敦煌写本〈祭驴文〉看唐代的科举与社会》，《教育与考试》2011年第1期，第41—46页。

④ 王艳玲：《敦煌史籍抄本与科举考试》，《黑龙江史志》2015年第13期，第66页。

⑤ 金滢坤：《唐五代科举制度对童蒙教育的影响》，《浙江师范大学学报》（社会科学版）2012年第1期，第16—28页。

展提供了很大的空间。私学的发展补充了儿童教育的不足。随着科举在选举中的地位不断提高，也从一个方面提升了唐代对儿童教育的重视。为了增加科举考试的成功率，私学逐渐兴盛，比如家学、乡学、巷学、社学、寺学、村学等都属于私学范畴。唐代还设置了童子科，通过考试选拔儿童中的天才入仕。敦煌大量的童蒙读物就集中体现了当时科举制度对社会底层的影响。

五、敦煌私学教育研究

对敦煌地区私学教育的研究，学者在区分哪些教育属于私学教育时存在分歧。李正宇在《唐宋时代的敦煌学校》一文中将义学、乡里坊巷之学、私人学塾都划分为私学系统[1]；而高明士《唐代敦煌的教育》一文，将伎术院、乡镇学、社学、坊巷学划归到官学体系，认为私学应当包括家学、义学、寺学等[2]。综合二位学者的论述，笔者查阅了相关教育类文书资料，认为在唐宋敦煌地区，官学有州县学、伎术院、义学、坊巷学、社学等，属于私学教育体系的有寺学、私人私塾包括郎义君学、李家学、张球学、就家学、白侍郎学、氾孔目学、孔目官学、安参谋学等。对于这一点，后文有详述。

姜伯勤在《敦煌社会文书导论》中专设一章论述敦煌的"学校与礼生"，探讨了敦煌的私学教育、伎术院的礼生阴阳子弟、伎术院学郎等[3]。

---

[1] 李正宇：《唐宋时代的敦煌学校》，《敦煌研究》1986年第1期，第39—47页。
[2] 高明士：《唐代敦煌的教育》，《汉学研究》1986年第2期，第231—270页。
[3] 姜伯勤：《敦煌社会文书导论》，台北：新文丰出版公司，1992年，第87—105页。

六、敦煌的学生教材及其研究

敦煌文书当中有关学生使用的教材，相关研究显得比较分散。根据敦煌文书的书写特点、使用频率、使用程度等，研究者将儒家经典、蒙书、诗词歌赋、类书、邈真赞、碑刻铭文、书仪、历书甚至社条文样等都列入了敦煌地区教育的教材系列中。原因是这些文书都被反复传抄，实用价值较高，而且从字体来看，大多显得稚拙，推测是学郎所写。这些教材中，有些是学校教育的必选教材，如儒家经典、蒙学教材等；而有些是为了方便在日常生活中使用，学生们通过私学教育获得这些知识。

汪泛舟《敦煌古代儿童课本》①选取敦煌藏经洞所出《开蒙要训》《百行章》《太公家教》三种儿童教材，分别做了著录、注解和研究。郑阿财、朱凤玉《敦煌蒙书研究》②是截至目前最全面论述敦煌蒙书教材的专著。该书搜集整理了敦煌遗书中的蒙书，论述了敦煌蒙书的分类和特点，揭示其特质与价值。作者在分析研究的同时，对文献进行了仔细校勘，使我们既了解了敦煌蒙书在中国教育史上的重要地位，又从中获知了古代童蒙教育的教材种类。

孟宪实认为敦煌文书中保存下来的唐五代时期敦煌的"社条文样""结社文书"具有教育的功能，这些文书是为了方便当时参加结社的人模仿抄写的样书，它有"教科书的功用"③。李冬梅《唐五代敦煌学校部分教学档案简介》④中，认为敦煌文书当中可以视为教学档案的文书

① 汪泛舟：《敦煌古代儿童课本》，兰州：甘肃人民出版社，2000年。
② 郑阿财、朱凤玉：《敦煌蒙书研究》。
③ 孟宪实：《敦煌民间结社研究》，北京：北京大学出版社，2009年，第171页。
④ 李冬梅：《唐五代敦煌学校部分教学档案简介》，《敦煌学辑刊》1995年第2期，第63—67页。

有以下三类：一、碑传文体夹注是教师教案；二、碑文、邈真赞抄本随意省略原文内容亦是教材；三、敦煌文书中的晚唐五代敦煌学校自编教材。进而得出"从文书抄写题记看出，敦煌学校教五经、赋、诗、范文（书仪）、童蒙作品、医书、阴阳书等，敦煌文书除了籍帐之外，几乎全部都与学校有关"①。赵和平《敦煌写本书仪研究》中对敦煌写本书仪保存较多的原因作了分析，认为敦煌藏经洞发现的书仪类文书是被作为敦煌当地的童蒙教材而使用的，因而被"学仕郎"或"学郎"们传抄诵读②。白化文《敦煌遗书中的类书简述》③认为敦煌遗书中发现的类书文献在当地起到了课本或主要参考书的作用。

敦煌文书中还保存了一些姓氏类的文书，如《急就篇》《百家姓》等，时代都集中在9—10世纪。张涌泉《敦煌经部文献合集》中，比照《百家姓》把敦煌写本中与姓氏有关的写本通通归入《敦煌百家姓》当中，此类写本有22件④。与此类写本同时出现且频率较多的还有《上大夫》《牛羊千口》《上土由山水》《千字文》等习字教材，这些写本的字体大多显得稚嫩，其中三件写本中有"学郎"题记，说明《敦煌百家姓》也是敦煌地区学生的教材，背诵和抄写《百家姓》是唐宋时期敦煌学生学习的一项重要内容⑤。

还有学者从知识传播的视角对敦煌的教材进行研究。杨秀清《社会生活的常识、经验与规则及其思想史意义——以唐宋时期敦煌地区

① 李冬梅：《唐五代敦煌学校部分教学档案简介》，《敦煌学辑刊》1995年第2期，第64—65页。
② 赵和平：《敦煌写本书仪研究》，台北：新文丰出版公司，1983年，第35页。
③ 白化文：《敦煌遗书中的类书简述》，《中国典籍与文化》1999年第4期，第50—59页。
④ 张涌泉主编：《敦煌经部文献合集》第八册，北京：中华书局，2008年，第4006—4018页。
⑤ 任占鹏：《姓氏教材〈敦煌百家姓〉与晚唐五代的敦煌社会》，《敦煌吐鲁番研究》2020年第2期，第187—200页。

为中心》一文，通过对流行于唐宋时期敦煌地区的通俗读物的分析，指出这些作品中所反映出来的百姓的常识、经验和规则正是当时人们思想意识的体现，影响了他们思想、决定了他们的生活方式和价值观念，并成为敦煌当地的主流文化①。这一论点十分重要，以往学者都将敦煌文书中大量的通俗读本所反映的文化现象归结为敦煌地区下层百姓的文化生活，那势必就还存在所谓的上层知识分子的文化，即精英文化，而杨秀清则认为，这种通俗的文化现象本身即是敦煌地区的主流文化，那么就可以得出如下结论：敦煌文书中所保存下来的大量的通俗读物所反映出来的敦煌地区的文化教育和传播内容、途径、传播方法就是唐宋时期敦煌地区文化教育传播本身，而不仅仅是底层百姓的文化教育。这就为我们研究唐宋时期敦煌的社会教育打开了新的视野。这一问题虽然还没有引起学界的广泛讨论，但是值得肯定。

七、寺院教育研究

寺院教育一般指的是佛教寺院内进行的教育活动。中古时期，由于佛教发达，民众参与佛事活动较为普遍，佛教在中古中国社会生活中占有非常大的比重，佛教寺院参与民间教育已经是公认的事实。这里的寺院教育一般不包括佛教界内部佛经典籍的传授及僧人修习佛法的内容，而是指在寺院内举办的各类世俗教育。

中国寺院教育的发展始于东汉末年官学衰微、儒生隐居山林授徒教学的传统。到了魏晋南北朝时期，佛教广泛传播，一些士大夫上流人士也纷纷学习佛学思想，沿袭前代的作风，隐居山林，由此开启了寺

① 杨秀清：《社会生活的常识、经验与规则及其思想史意义——以唐宋时期敦煌地区为中心》，《敦煌研究》2006年第4期，第42—53页。

院教育的风气。关于这一问题，严耕望和梁启超等学者都有讨论①。

唐代寺院教育兴盛的原因很多，但主要与官学的衰微、士人隐逸山林的风尚以及佛教的发展有关②。晚唐五代归义军时期敦煌寺院教育的发达与吐蕃统治对敦煌教育的破坏、原有官学教育衰微，以及敦煌地区佛教兴盛有关。吐蕃占领敦煌之后，一些当地的官员士族儒士文人不愿意归入吐蕃，纷纷削发为僧，在寺院里讲学授徒，吸引了敦煌当地的学子就学，敦煌的寺学也由此兴盛起来。

最早利用敦煌文书来探讨敦煌地区教育的学者当属日本的那波利贞，在他的《唐钞本〈杂抄〉考——唐代庶民教育史研究资料》③中，从庶民教育的角度分析"杂抄"的价值，在"杂抄"所见诸教材以及从事抄写工作的学生、学士、学郎、学仕郎等名称，可以反映敦煌庶民教育的一些情况。后来，小川贯弌在《敦煌佛寺学士郎》④一文中，对童子、学生的区别，学郎的性质作进一步的分析。李正宇在《敦煌地区古代祠庙寺观简志》⑤一文中，对每一所寺院的寺址、寺院僧尼人数、创建时间都进行了考证，并推断出了哪些寺院办有寺学。在此文的基础上，后来的学者在论述敦煌的教育时，都会提到敦煌的寺学，高明士着重探讨了敦煌寺学的教师及学郎的身份等问题。郑炳林在

---

① 严耕望:《唐人习业山林寺院之风尚》(下)，见《严耕望史学论文集》，上海:上海古籍出版社，2009年，第886—931页；梁启超:《佛学研究十八篇》，上海:上海古籍出版社，2001年，第149—164页。

② 周亮涛:《唐代寺院教育初探》，山东大学硕士学位论文，2015年6月。

③ 〔日〕那波利贞:《唐钞本〈杂抄〉考——唐代庶民教育史研究の资料》，收入那波利贞著《唐代社会文化史研究第二编》，东京:创文社，1974年第一刷，第197—268页。

④ 〔日〕小川贯弌:《敦煌仏寺の学士郎》，见《龙谷大学论集》400、401合并号，1973年，第488—506页。

⑤ 李正宇:《敦煌地区古代祠庙寺观简志》，《敦煌学辑刊》1988年第1期，第70—85页。

《晚唐五代敦煌佛教转向人间化的特点》①一文中专设"寺院办学传授文化知识和佛学知识"一节，重点讨论了寺学的学习内容。

张弓《汉唐佛寺文化史》②一书"寺学"一节对寺学的概念进行界定，探讨了唐代寺院教育的地域分布情况，重点介绍了敦煌寺学，认为张议潮推翻吐蕃统治后，逐渐恢复中原传统的教育形式和教学内容，这一时期的寺院也承担起了教育的职责。作者还对敦煌文书中所反映的敦煌寺学的师生以及教学内容进行了简单梳理。傅九大等主编的《甘肃教育史》③分析了唐五代敦煌寺学兴起的原因、寺院教育的内容和产生的影响等问题。拙文《晚唐五代敦煌三界寺寺学教育与佛教传播》④研究了晚唐五代敦煌三界寺寺学教育，三界寺寺学内除了教授佛教经典外，还讲授儒家经典内容，反映了寺院教育在一定程度上弥补了官学教育的不足，促进了敦煌地区佛教的传播和教育的发展。

张永萍《吐蕃统治时期的敦煌寺学》⑤对吐蕃统治敦煌时期敦煌寺学的性质、寺学师生的身份、寺学的教学内容和教材等问题进行了探讨，认为吐蕃统治时期敦煌寺学在教育内容、教材选择方面都与唐政府没有不同。反而因为寺院对学生的身份要求不高，很多普通民众也可以入学，使得寺院教育在面向大众传播和普及文化知识方面做出很大贡献。但是吐蕃统治敦煌时期的寺学也表现出一些不同于其他寺学

① 郑炳林：《晚唐五代敦煌佛教转向人间化的特点》，《普门学报》2001年第1期，第1—16页。
② 张弓：《汉唐佛寺文化史》（下），北京：中国社会科学出版社，1997年，第967—984页。
③ 傅九大等主编：《甘肃教育史》，兰州：甘肃人民出版社，2002年，第324—327页。
④ 祁晓庆：《晚唐五代敦煌三界寺寺学教育与佛教传播》，《青海社会科学》2009年第2期，第154—157页。
⑤ 张永萍：《吐蕃统治时期的敦煌寺学》，《西藏研究》2013年第2期，第58—65页。

的特征，如出现了吐蕃文的读本，还有蕃汉对照的辞典等教材，这对后来藏传佛教兴办寺学起到了积极的作用。

金滢坤《唐五代敦煌寺学与童蒙教育》[1]重点对寺学教育中的童蒙教育做探讨，认为敦煌的寺学教育主要集中在童蒙教育阶段，属于州县学的学前教育，理论上由寺院僧人担任先生，教授识字、儒家经典、启蒙读物诗词歌赋等内容。

杨宝玉《唐后期五代宋初敦煌寺学考索》[2]依据敦煌藏经洞文书，对吐蕃统治敦煌时期、张氏归义军时期和曹氏归义军时期三个不同阶段敦煌寺学的情况进行了梳理，认为敦煌的寺学最早兴起于吐蕃时期，张氏归义军时期存在两种形式的寺学，一种是敦煌学界研究较多的童蒙教育，另一种是像张球这样的致仕高官在佛寺中举办的以传道授业为主的寺学。曹氏归义军时期的寺学数量增加了，但就目前所知，五代宋初敦煌寺学的类型单一，仅仅有启蒙教育一类。

如上对敦煌寺院寺学的研究都侧重于其中的某一个方面，尤其是对寺院办学发达的原因分析不足，有进一步探讨的余地。

八、其他各学科教育研究

从某一学科角度研究敦煌教育的研究论文也颇为丰硕。李重申《敦煌古代体育文化》[3]对敦煌文书及壁画资料中的体育文化做了系统的研究，不仅罗列了各种体育、竞技项目，诸如摔跤、赛马、马术、射箭、

---

[1] 金滢坤：《唐五代敦煌寺学与童蒙教育》，《童蒙文化研究》2015年8月第1卷，第106—130页。

[2] 杨宝玉：《唐后期五代宋初敦煌寺学考索》，见《隋唐辽宋金元史论丛》，2020年，第44—52页。

[3] 李重申：《敦煌古代体育文化》，兰州：甘肃人民出版社，2000年。

摔跤、角力等，还探讨了各种体育项目的历史发展演变过程。

数学教育方面，李并成《从敦煌算经看我国唐宋时代的初级学校教育》[①]、许康《敦煌算书透露的科学与社会信息》[②]等论文针对敦煌文书中的算学文书进行研究，尤其是对算书所体现的敦煌地区数学教育方面的问题给予论述。

医学教育方面，如郑炳林《唐五代敦煌的医事研究》[③]，其余关于敦煌医学类文书的研究主要侧重点在于对敦煌藏经洞所出医方、医典的考察，与本文研究关系不大，不再赘述。

历史教育方面，陈逸平《唐宋时期敦煌大众的历史知识》一文认为敦煌大众的历史知识不仅包括历史事实，也包括神话故事、民间传说、野史小说等文书所传递的历史知识[④]，首次关注到了敦煌地区人们获得历史知识的途径和内容，可以说独具慧眼。

美术教育方面，比较有代表性的论述是姜伯勤《敦煌艺术宗教与礼乐文明》一书，专设一章对敦煌的画行、画院等绘画教育机构的设置情况、伎术院学郎、礼生、院生等人员情况进行了开创性的探讨，后人在探讨这一问题时也基本没有离开姜先生的论述。

---

① 李并成：《从敦煌算经看我国唐宋时代的初级数学教育》，《数学教学研究》1991年第1期，第39—42页。

② 许康：《敦煌算书透露的科学与社会信息》，《敦煌研究》1989年第1期，第96—103页。

③ 郑炳林：《唐五代敦煌的医事研究》，见《敦煌归义军史专题研究》，兰州：兰州大学出版社，1997年，第514—528页。

④ 陈逸平：《唐宋时期敦煌大众的历史知识》，《敦煌研究》2006年第2期，第97—100页。

第一章　敦煌归义军地方政权对社会教育的推动

第一节　归义军地方政府是推行社会教育的主要力量

一、身先垂范

在传统上，执政者都确信"风行草偃"之说，认为统治者的任何举措，都会影响臣子及百姓的观念与行为，故君主无不随时利用机会，透过各种渠道，塑造其"勤政爱民、圣行端庄"的形象，以为臣民之表率。

儒家的政治理想总是与其道德教化联系在一起，杜维明指出："坚信道德和政治密不可分、统治者的修身和对人民的统治密切相关，使人们很难将政治理解为独立于个人伦理之外的控制机制……政治上的领袖资格在本质上表现为道德上的说服力，王朝的改革力量主要建立在帝王官吏的伦理品质上。"[1]"如果说，教师是学校教化权力的中心，那么士大夫无疑是校外社会教化权力的主体。"[2]儒家辩证地吸收了法

---

[1] 杜维明著,钱文忠、盛勤译:《道·学·政——论儒家知识分子》,上海:上海人民出版社,2000年,第6页。

[2] 黄书光:《中国社会教化的传统与变革》,济南:山东教育出版社,2005年,第30页。

家"以法为教""以吏为师"的思想，要求士大夫要能成为"民之师帅"，董仲舒明确指出："今之郡守、县令，民之师帅，所以承统而宣化也。故师帅不贤，则主德不宣，恩泽不流。"①中国封建社会的地方官员无不是以儒家经书起家，同时也是凭借着儒家经学知识治理国家并且亲自贯彻执行儒家的教化实践。

自汉代起，中国封建社会各级官吏在实践儒家教化方面起到了不容忽视的作用，余英时就曾经指出："汉代循吏在中国文化史的长远影响是不容低估的。宋、明的新儒家在义理的造诣方面自然远越汉儒。但是一旦为治民之官，他们仍不得不奉汉代的循吏为最高准则。别的不说，他们以'师'而不以'吏'自居便显然是直接继续了汉代循吏的传统。程、朱、陆、王无不是一身而兼两种'师'：大传统的'传道、授业'之师和小传统的'教化'之师。"②"夫吏者，民之师也。"毋庸置疑，各级官吏是百姓效仿的老师。地方官吏是当地百姓主要的效法对象，他们讲孝悌、重仁义礼义，必然对人们的行为产生影响。

敦煌归义军政权在建立之初始，就以自身的行动诠释了儒家所倡导的"忠孝"。《新唐书》《旧唐书》之《宣宗记》及《资治通鉴》等史籍都记载了张议潮于大中五年以瓜、沙、伊、西、甘、肃等十一州地图户籍贡献唐朝廷之事。《新唐书·吐蕃传下》载：

　　明年（大中四年），沙州首领张义潮奉瓜、沙、伊、肃、甘等十一州地图以献。始义潮阴结豪英归唐，一日，众擐甲噪州门，汉人皆助之，虏守者惊走，遂摄州事。缮甲兵，耕且战，悉复余州。

①［汉］班固撰，［清］颜师古注：《汉书》卷五六《董仲舒传》，第2495—2498页。
②余英时：《士与中国文化》，上海：上海人民出版社，1987年，第213—214页。

以部校十辈皆操挺，内表其中，东北走天德城，防御使李丕以闻。
帝嘉其忠，命使者赍诏收慰，擢义潮沙州防御使，俄号归义军，遂
为节度使。①

《资治通鉴》卷二四九载：

大中五年，春，正月，壬戌，天德军奏摄沙州刺史张义潮遣使
来降。义潮，沙州人也，时吐蕃大乱，义潮阴结豪杰，谋自拔归
唐；一旦，帅众披甲噪于州门，唐人皆应之，吐蕃守将惊走，议潮
遂摄州事，奉表来降。以议潮为防御使。②

《旧唐书》之《宣宗记》"本纪第十八下"载：

沙州刺史张义潮遣兄义泽（潭）以瓜、沙、伊、肃等十一州户
口来献，自河、陇陷蕃百余年，至是悉复陇右故地。以义潮为瓜沙
伊等州节度使。③

实际上，根据敦煌文书的记载和学者的考证，张议潮起事收复瓜
沙二州是在大中二年（848年），张议潮自领州务便陆续派遣三队人马
赴唐朝京师请表报捷。高进达使团于大中二年自沙州出发，大中五年

---

① ［宋］欧阳修、宋祈撰：《新唐书》卷二一六《吐蕃传·下》，北京：中华书局，1975年，第6108
页。
② ［宋］司马光编著，［元］胡三省音注：《资治通鉴》卷二四九《唐纪六十五》，第8044—8045页。
③ ［后晋］刘昫等撰：《旧唐书》卷一八下《宣宗纪》，北京：中华书局，1975年，第629页。

（851年）二月到达长安；悟真率领的后续使团于大中五年初由沙州出发；张议潭率领的请节使团于最后到达①。之后，张议潮陆续收复甘、肃等其余各州，史书都有详细的记载。《敕河西节度使张公德政之碑》记载张议潮收复敦煌之后，"次屠张掖、酒泉，攻城野战，不逾星岁，克获两州，再奏天阶。依前封赐，加授左仆射"②。

恢复唐廷对敦煌地区的管理，奉中原王朝为正朔，仅此一点，便顺应了敦煌的民心。民间广泛流传的《张淮深变文》中就赞扬他的英雄事迹：

> ……自从司徒归阙后，有我尚书独进奏。□节河西理五州，德化恩沾及飞走。天生神将□英谋，南破西戎北扫胡，万里能令烽火灭，百城黔首贺来苏。几回献捷入皇州，天子临轩许上筹。'卿能保我山河静'，即见推轮拜列侯。河西沦落百余年，路阻萧关雁信稀，赖得将军开旧路，一振雄名天下知。③

这无疑对于归义军顺利推行各项统治和教化措施提供了前提。

敦煌归义军地方长官在行使地方事务时，大都能勤于职守、廉洁奉公、公平执法、除恶扬善、居安思危、兴利除弊、造福桑梓。这可以从遗留下来的敦煌的邈真赞等相关文书中获知。如大唐前河西节度押衙

① 杨宝玉：《大中二年张议潮首次遣使入奏活动再议》，《兰州学刊》2010年第6期，第2页；李军：《再论张议潮时期归义军与唐中央政府之关系》，《中国边疆史地研究》2017年第1期，第84页。
② 荣新江：《敦煌写本〈敕河西节度兵部尚书张公德政之碑〉校考》，见《周一良先生八十生日纪念论文集》，北京：中国社会科学出版社，1993年，第206—216页。
③ 张鸿勋：《敦煌讲唱文学作品选注》，兰州：甘肃人民出版社，1987年，第226页。

银青光禄大夫检校太子宾客甘州删丹镇遏［使］康通信"尽忠奉上，尽孝安亲。叶和众事，进退俱真。助开河陇，效职辕门。……先公后私，长在军门"①；前河西节度押衙马步都知兵马使银青光禄大夫检校太子宾客监察御史右威卫将军令狐公"温良恭俭，信义资身。治官清恪，爱富怜贫。免修农战，息马养人。……助收河陇，效职辕门。行中选将，节下先陈"②；沙州都押衙张兴信"政直存公，刚柔双美。克俭于家，克终于事。……处职辕门，功名莫比"③；瓜州刺史康使君"银青光禄大夫检校太子宾客使持节瓜州诸军事守瓜州刺史兼左威卫将军赐紫金鱼袋上柱国康使君邈真赞并序 ……辕门处职，节下高踪。助开河陇，有始存终。……前贤接踵，后背卧龙。荐其术业，名称九重。……领郡晋昌，百里宣风。刚柔正直，率下劝农"④；敦煌耆寿张禄"故前河西节度押衙银青光禄大夫检校太子宾客敦煌郡耆寿清河张府君讳禄邈真赞 忠义独立，声播豆卢。仁风早扇，横亮江湖。……闺门孝感，朋友言孚。……事君竭节，志守荣枯"⑤。

邈真赞记载的所有官吏都以自身的高尚品行诠释着归义军政权的道德化特性，也以他们的实际行动为广大民众做出了榜样。

二、奖擢官员

敦煌文书中保存的"归义军节度授官牒样式"是归义军政权授官

---

① P.4660《康通信邈真赞》，见郑炳林《敦煌碑铭赞辑释》，兰州：甘肃教育出版社，1992年，第114页。

② P.4660《令狐公邈真赞》，见郑炳林《敦煌碑铭赞辑释》，第144页。

③ P.4660《令狐公邈真赞》，见郑炳林《敦煌碑铭赞辑释》，第146页。

④ P.4660《令狐公邈真赞》，见郑炳林《敦煌碑铭赞辑释》，第151页。

⑤ P.4660《令狐公邈真赞》，见郑炳林《敦煌碑铭赞辑释》，第166页。

行文的样本，具有广泛的普适性。从这些授官牒样式的内容很容易看出归义军政权在官吏人才选拔上的要求。

P.3827《归义军节度授官牒样式》：

> 牒奉 处分，前件官，扶风名望，文武承家。祖宗累显于功勋，子侄常迁于官爵。况某自生人世，聪惠资心。幼年入于学堂，博达之百家奥典；壮岁出于军伍，勇猛之三略沉谋。才德振于一时，名利传于二郡。吾今睹斯能解，摧奖恩荣，宜可守职奉公，坚持仁道。若能唯忠尽孝，直纳勤劳，日日无住于赛酬，选选有登于高路。件补如（后空）。①

唐代沙州社会既是一个崇尚礼仪的伦理社会，也是一个官僚社会。而"告身"，即授予官职的身份证明书，也就成为敦煌遗书中反映官僚社会实况的一种重要社会史料②。在敦煌文书中保存有几件归义军时期中原王朝颁发的告身，如P.4065号：

> 臣某言：旌节官告国信使副幸奉喧圣旨，赐臣手诏一封，赠臣亡父官告一道，告身一通，焚黄一道；故兄赠太保官告一通，告身一道，焚黄一道者，泽降丹霄，恩及下土。③

除此之外，还有一些是沙州地方政权颁发的告身或告牒。《五代

---

① P.3827《归义军节度授官牒样式》，见唐耕耦、陆宏基《敦煌社会经济文献真迹释录》第四辑，第304页。

② 姜伯勤：《敦煌社会文书导论》，第123页。

③《法藏敦煌西域文献》第31册，上海：上海古籍出版社，2005年，第69页。

会要》卷二五《幕府》载：

后唐同光二年（924年）八月八日中书门下奏："……今后诸道除节度副使、两使判官除授外，其余职员并诸州军事判官等，并任本道、本州各当辟举。其军事判官，仍不在奏官之限。"①

P.3805V《后唐同光三年（925年）六月一日宋员进改补充节度押衙牒》：

牒奉 处分，前件官，儒门胜族，晚辈英灵，每事卓然，无幽不察。故得三端备体，怀蕴七德之深机；指矢弯弧，遂验猿悲而雁泣。致使东朝入贡，不辞涉历难山危，亲睹龙颜。公事就成，归西土军前。早年纳效，先锋不顾苦莘；匹马单枪，尘飞处全身直入。念汝多彰雄勇，奖擢荣班。更宜抱节输忠，别乃转迁班次。件补如前，牒举者，故牒。同光三年六月壹日 牒。使检校司空兼太保曹议金。②

S.4363《后晋天福七年（942年）七月史再盈改补充节度押衙牒》：

牒奉 处分，前件官，龙沙胜族，举郡英门；家传积善之风，代继忠勤之美。况再盈幼龄入训，寻诗万部精通；长事公衙，善晓

---

① ［宋］王溥：《五代会要》卷二五《幕府》，上海：上海古籍出版社，1978年，第395页。
② P.3805《后唐同光三年（925年）六月一日宋员进改补充节度押衙牒》，见唐耕耦、陆宏基《敦煌社会经济文献真迹释录》第四辑，第294页。

三端而杰众。遂使聪豪立性，习耆婆秘密之神方；博识天然，效榆附宏深之妙术。指下知六情损益，又能回死作生；声中了五藏安和，兼乃移凶就吉。执恭守顺，不失于俭让温良；抱信怀忠，无乖于仁义礼智。念以久经驱策，荣超非次之班；宪秩崇阶，涉进押衙之位。更宜纳效，副我提携；后若有能，别加奖擢。件补如前，牒举者，故牒。天福柒年柒月贰拾壹日 牒。使检校司空兼御史大夫曹示。①

除以上两件外，敦煌文书中还有几件归义军时期具有授官性质的告牒：P.5004《天成元年（926年）都盐院某改补散将告牒》；P.3347《天福三年（938年）张员进改补充衙前正十将告牒》；P.3016《天福十年（945年）散兵马使改补充衙前兵马使告牒》；P.3016《天福十年（945年）衙前兵马使改补充节度押衙告牒》；P.3016《散将改补充讨击使告牒》；P.3290《至道二年（996年）索定迁改补充节度押衙告牒》；P.2878《某扶风名望迁官告牒》②。以上授官告身充分反映了归义军时期幕府僚佐实际上是由府主即归义军最高长官辟举产生的，同时也体现了归义军政权官吏选拔的标准，以忠孝等作为奖擢官员的标准实际上起到了引导、强化以达民心的作用。

敦煌地区保存下来的碑铭以及敦煌藏经洞发现的邈真赞文书资料，都是对死者生平事迹的追述。虽然这些文书资料基本上都以褒扬文字为主，多有夸张成分，但是从中也可看到当时人们所颂扬的典范是什么样的。

---

① S.4363《后晋天福七年（942年）七月史再盈改补充节度押衙牒》，见唐耕耦、陆宏基《敦煌社会经济文献真迹释录》第四辑，第298—299页。

② 唐耕耦、陆宏基：《敦煌社会经济文献真迹释录》第四辑，第293—306页。

敦煌邈真赞记载的归义军政权人物无一不是尽忠立孝的典范。如康通信"尽忠奉上，尽孝安亲。叶和众事，进退俱真。助开河陇，效职辕门。……先公后私，长在军门"①；令狐公"温良恭俭，信义资身。治官清恪，爱富怜贫。免修农战，息马养人。……助收河陇，效职辕门。行中选将，节下先陈"②；张禄"……闺门孝感，朋友言孚。……事君竭节，志守荣枯"③。

敦煌翟氏在归义军时期也是显赫一时。据研究，敦煌翟氏来自三个区域：一是匈奴部落或丁零部落的后裔；二是北朝时期迁自陇西的翟氏；三是隋唐时期的粟特翟氏。其中陇西翟氏最为显贵。公元5、6世纪后，有一支翟氏后裔迁徙到了敦煌，之后就融入了敦煌的士族社会。这些翟氏家族成员一经迁入就将自己的家族郡望追溯到"浔阳"和"上蔡"，并且在初唐时期发展成为敦煌当地的名门望族之家。根据敦煌文书和碑铭记载，他们重视儒学，以孝悌传家，在家族中培养了一大批优秀人物。

归义军时期，翟氏家族有多位优秀成员，其中有关翟奉达的研究著述最多。向达认为敦煌藏经洞所出《晋天福十年写本寿昌县地境》为翟奉达撰写④。苏莹辉认为翟奉达是一位历史学家，藏经洞发现的文书中有五部历日文书是翟奉达撰写的⑤。邓文宽在研究中国古代天文历

---

① P.4660《康通信邈真赞》，见郑炳林《敦煌碑铭赞辑释》，第114页。

② P.4660《令狐公邈真赞》，见郑炳林《敦煌碑铭赞辑释》，第144页。

③ P.4660《令狐公邈真赞》，见郑炳林《敦煌碑铭赞辑释》，第166页。

④ 向达：《记敦煌石室所出晋天福十年写本寿昌县地境》，见《唐代长安与西域文明》，上海：三联书店，1957年，第429—442页。

⑤ 苏莹辉：《敦煌翟奉达其人其事》，见《瓜沙史事丛考》，台北：商务印书馆，1983年，第70—87页。

法的时候，多次提及翟奉达及其撰写的历日文书①。施萍婷认为国家图书馆藏8259号卷子与天津博物馆第4532号卷子为同一卷文书的前后两部分，再加上法国国家图书馆藏P.2055号卷子，就构成了一份完整的十部斋经，这部经就是由翟奉达所抄②。李正宇在法国国家图书馆藏2668号文书《新菩萨经》的卷末题记中发现了翟奉达抄写的两首诗歌③。

　　敦煌藏经洞文书及莫高窟洞窟题记中还提到一位翟氏家族成员翟法荣。他曾出任佛教最高首领河西都僧统一职，竺沙雅章《敦煌の僧官制度》④、荣新江《关于沙州归义军都僧统年代的几个问题》⑤分别讨论了翟僧统的任职年代等问题。多位学者研究认为，莫高窟第85窟就是翟家的家窟⑥。

　　1963年，在莫高窟第98窟窟前遗址发现了一块残碑（敦煌研究院馆藏编号Z01112、Z01113），后经研究认为这块碑是敦煌翟氏家族兴建莫高窟第220窟时的功德碑（简称"翟直碑"）。《史记》《汉书》《晋书》等历代史书中都有关于翟氏家族成员的记载，且都是在历史上产

---

① 邓文宽：《敦煌天文历法文献辑校》，杭州：江苏古籍出版社，1996年；邓文宽：《敦煌吐鲁番天文历法研究》，兰州：甘肃教育出版社，2002年。

② 施萍婷：《敦煌随笔之三——一件完整的社会风俗史资料》，《敦煌研究》1987年第2期，第34—37页；杜斗城：《"七七斋"之源流及敦煌文献中有关资料的分析》，《敦煌研究》2004年第4期，第32—39页；杜斗城：《敦煌本佛说十王经校录研究》，兰州：甘肃教育出版社，1989年，第229—230页。

③ 李正宇：《古本敦煌乡土志八种笺证》，台北：新文丰出版公司，1998年，第384—386页。

④ 竺沙雅章：《敦煌の僧官制度》，《东方学报》（京都）第31册，1961年，第117—197页。

⑤ 荣新江：《关于沙州归义军都僧统年代的几个问题》，《敦煌研究》1989年第4期，第70—78页。

⑥ 王仁俊：《敦煌石室真迹录》，宣统元年国粹堂石印本，1907年，第10—12页；石璋如：《敦煌千佛洞遗碑及其相关的石窟考》，中央研究院历史语言研究所集刊第34本；苏莹辉：《敦煌翟家碑时代考》，见《敦煌论集》，台北：学生书局，1969年，第427—434页；马德：《都僧统之"家窟"及其营建》，《敦煌研究》1989年第4期，第54—58页；陈菊霞：《敦煌翟氏研究》，兰州：民族出版社，2012年。

生过一定影响的人。翟奉达为翟直的七代孙，敦煌翟氏家族成员几乎充斥了敦煌的军政要职，达官显流不可计数，都具有一定的家学渊源。

P.4640《翟家碑》记载翟法荣"弟承庆，前沙州敦煌县尉，禀风雪之气，怀海岳之灵；去三惑以居贞，畏四知而体道。惟忠惟孝，行存轵轲之名，莅职廉平，颖拔貂蝉之后"[1]；P.4660《翟神庆邈真赞》记载："大唐河西道沙州敦煌郡将仕郎守敦煌县尉翟公讳神庆邈真赞……敦煌仕子，触目谦温。忠孝并立，无碍乾坤。花（化）县匡政，梅仙荐敦；槐市早习，炫曜芳春。……时咸通五载四月廿五记。"[2]

从以上敦煌文书资料可以理清敦煌归义军时期对官员品评的标准。儒家忠孝节义方面的修养是官员必备的素养，此外若在某一领域有突出贡献也会成为官员擢升的条件。

三、树立榜样

对敦煌当地品行高洁之士的推崇、褒扬是推行社会教育极好的资源。由于他们曾在本地生活，人们对其比较熟悉，更由于他们的政绩、名声很好，对当地有着直接或间接的影响，因而对他们更容易产生亲近感，利用他们进行社会教育能更好地满足人们的心理需要，从而取得事半功倍的效果。归义军政权阶层很善于利用这种地方文化资源来推行地方社会教化。

敦煌地区有许多以姓氏、人名、官名命名的水渠、村庄等，虽然许多只是临时的代称，但却标示着这些姓氏人物在当时当地人们心目中的地位。据P.2005《沙州都督府图经》"七所渠条"记载有："阳开

---

① P.4640《翟家碑》，见郑炳林《敦煌碑铭赞辑释》，第54—62页。
② P.4660《翟神庆邈真赞》，见郑炳林《敦煌碑铭赞辑释》，第197页。

渠，长一十五里。右源在州南十里，引甘泉。旧名中渠。据《西凉录》，刺史杨宣移向上流造五石斗门，堰水溉田，人赖其利，因以为号"；"北府渠，长四十五里。……前凉刺史杨宣以家粟万斛，买石修理，于今不坏"；"阴安渠，长七里。……敦煌太守阴澹与都乡斗门上开渠溉田，百姓蒙赖而安，因以为号"；"孟授渠，长廿里。右据《西凉录》敦煌太守赵郡孟敏于州西南十八里于甘泉都乡斗门上开渠溉田，百姓蒙赖，因以为号"①。孟授渠开于西凉，而晚唐五代时又有孟授庄，说明孟授庄是以孟授渠而命名的。这些敦煌的地方官员积极致力于兴修水利、修渠筑堰、灌溉农田，为百姓造福，受到当地人民的爱戴，故许多水渠是以他们的姓氏命名，以示纪念。史书记载很清楚，渠庄的名称是为纪念和表彰敦煌太守的这种功德行为而设的。

除此之外，敦煌地区还有很多以姓氏命名的村落，据郑炳林考证，"晚唐五代敦煌以人名命名的村落中有相当多是由粟特人姓氏命名的，表明这些村落是以粟特人为主形成的村落，反映了晚唐五代敦煌地区居民的结构情况；另外一部分是由敦煌的豪门大姓命名的村庄聚落，如以阴、张、曹、宋等姓氏命名的村庄，这就表明敦煌的大姓在归义军政权中占有很高的地位"②，作者列举了敦煌文书中出现的24个以姓氏命名的村庄和30个以人名官名命名的村落，并认为"以姓氏命名的村落又有水渠名称相对应，这些村落名称出现要比水渠名称出现得早……以姓氏命名村落，是与敦煌远古移民这一历史背景密切相关"，"晚唐五代敦煌出现的以人名官名命名的村落名称，是当时当地人对村

① 郑炳林：《敦煌地理文书汇辑校注》，第447—448页。
② 郑炳林：《敦煌归义军史专题研究续编》，兰州：兰州大学出版社，2003年，第88—89页。

落的一种临时代称，不是敦煌村落的原名。……只表明晚唐五代敦煌某人某官的影响力"。①

其实，作者认为，如果从归义军地方政权对敦煌乡里村落的教化管理来看，以姓氏以及人名官名对村庄进行命名，是村民的一些习惯性称呼，但也恰恰是地方政权行使村民教化的一个方面，这些名称当中，有些是因为家族的影响力，有些是因为家族所做的"功德"。为了表彰和鼓励那些世家大族积极参与到社会公益事业中来，以他们的姓氏和名字来命名他们所在的村落和所出资开凿的水渠，对这些修造者和捐赠者来说未尝不是一件"体面"的事情，这在客观上为其他的大族做出了很好的榜样，鼓励他们也积极修渠造桥，为民出力。这就在社会上形成了一种积极的氛围，村民都以他的姓氏名字能被指代而自豪，自然会积极争取这样的机会。

事实上，在敦煌归义军时期，任何祭祀用的神位或庙宇的修建都要经过归义军最高长官的允许才可以进行，这一点从文书记载可以看出。P.2943《宋开宝四年（971年）五月一日内亲从都头知瓜州衙推氾愿长等状》记载愿长与合城僧俗官吏一起向"大王"请求同意在瓜州都河水系安置慕容使君的神位，以祈求慕容使君的护佑，"今者申状号告大王，此件乞看合城百姓颜面，方便安置，赐与使君坐位，容不容，望在大王台旨处分。"②而反过来，建立先贤祠堂、神位、庙宇的活动就变成了归义军政权的行政行为，政权阶层对祠堂、神祇等的选择与设立就为民众的信仰指定了方向，而能够得到政权阶层的"封赐"自

---

① 郑炳林：《敦煌归义军史专题研究续编》，第98—99页。

② 唐耕耦、陆宏基：《敦煌社会经济文献真迹释录》第五辑，第26页。

然是一件极尽光荣的事情。

另外，盛行于敦煌地区的各种邈真赞当中对圣贤人物的褒扬之词，实际上体现了唐宋之际敦煌地区民众道德评价的最高标准。

邈真赞即人物像赞，唐宋时期，中原地区通常称作像赞、画赞、画像赞、真赞、真容赞、写真赞、写真图赞或貌真赞①。邈真赞则是敦煌地区特有的名称。敦煌藏经洞中保存下来的邈真赞类文书，年代大多集中在8—11世纪，据统计，可以认定为邈真赞的作品共有94篇，主要集中在归义军时期，且邈真赞是以当时当地具体人物为对象，通过美化的语言文字加以表述，多是受死者亲属的请托，为称美死者而作。它的任务是要为死者亲属、后辈子孙以及活着的人树立正面的美好形象，因而邈真赞中的词句多是褒美之词。可以说，敦煌邈真赞代表着唐宋时期敦煌地区评价人物德行风范的最高标准，其中记述的人物绝大多数是敦煌地区的上流人物，如：精通汉藏两种语言的吴法成；捍卫国土、尽忠报国的薛善通、罗通达、曹颖达、张良真、阎子悦、张明集等；通晓音韵、善于工商的李绍宗、李存惠；兼通医学佛学的索法律和尚，以及许多释门俊骨。邈真赞既可以张挂于家庙或家庭影堂内，亦可刻之于石碑，供亲属瞻仰缅怀，实际上彰显出敦煌地区人物评价的标准，同时也为当地其他民众提供了学习的榜样。

四、协同管理

晚唐敦煌归义军时期承担社会教化职能的政权机构主要是州、县、乡、坊四级地方行政单位。他们协同管理，由上而下逐级将封建王朝

---

① 颜廷亮主编：《敦煌文学》，兰州：甘肃人民出版社，1989年，第183页。

的社会教化政令实施于民，为社会教化职能提供制度保障。

《旧唐书·职官志三》"州县官员"条载：

> 京兆、河南、太原牧及都督、刺史掌清肃帮畿，考覆官吏，宣布德化，抚和齐人，劝课农桑，敦谕五教，每岁一巡属县，观风俗，问百年，录囚徒，恤鳏寡，阅丁口，务知百姓之疾苦。郭内有笃学异能闻于乡闾者，举而进之，有不孝悌、悖礼乱常、不率法令者，纠而绳之。其吏在官公廉正己，清直守节者，必谨而察之。求名徇私者，必谨而察之，皆附于考课，以为褒贬……若孝子顺孙，义夫节妇，志具实行闻于乡闾者，亦具实申奏，表其门闾。若精诚感通，则加优赏。其孝悌力田者，考使集日，具以名闻。"①

另据《宋史·职官志九》载：

> 诸府置知府事一人，府、州、军、监亦如之。掌总理郡政，宣布条教，导民以善而纠其奸慝，岁时劝课农桑，旌别孝悌，其赋役、钱谷、狱讼之事，兵民之政皆总焉。凡法令条例，悉意奉行，以率所属，有赦宥则以时宣读，而班告于治境，举行祀典，察郡吏德义材能而保任之②。

> 县令：掌总治民政，劝课农桑，平决狱讼，有德泽禁令，则宣布于治境，凡户口、赋役、钱谷、赈济、给纳之事皆掌之，以时造

---

① ［后晋］刘昫：《旧唐书》第六册《职官志三》，第1919页。
② ［元］脱脱等撰：《宋史》卷一六九《职官志九》，北京：中华书局，1977年，第3973页。

户版及催理二税。有水旱则有灾伤之诉，以分数黜免，民以水旱流之，则抚存安集之，无使失业。有孝悌行义闻于乡闾者，具事实上于州，激劝以励风俗。①

可见，中央朝廷对地方政府社会教化职能的要求既广泛又频繁，既明确又具体，它首先体现为一种制度。很难设想，如果缺乏这种制度的支持，地方政权的这种社会教化职能维持持久。唐朝廷对地方政府各级官吏的社会教化职能的要求不计其数，因此，地方政权的社会教化实践绝对不是一种纯粹的个人行为，而是有皇权政体的意志为其主导。相应于晚唐五代宋初的敦煌归义军政权，其社会教化职能同样首先表现为一种制度层面的支持。

（一）州刺史——地方风俗良善的直接责任人

中央朝廷对地方官吏社会教化职能的要求首先体现在刺史一级的州级长官。晚唐五代宋初的归义军政权是一个独立性很强的地方政权，除节度使之外，下辖州的长官为刺史，治理州一级之民政。他们对一地的风俗良善负有直接责任。

要探讨归义军州刺史的任职情况，需要结合归义军所辖疆域的变化。归义军的疆域范围和所统州数前后不同②。敦煌归义军政权自大中二年张议潮领导沙州军民赶走吐蕃统治之后，陆续收复沙、瓜、甘、伊、肃等州，咸通二年（861年）又攻克凉州，形成"西尽伊吾，东接灵武，得地四千余里，户口百万之家，六郡山河，宛然而旧"的广大

---

① ［元］脱脱等撰：《宋史》卷一六九《职官志九》，第3977页。
② 郑炳林：《晚唐五代归义军疆域演变研究》，见《敦煌归义军史专题研究续编》，第1—32页。

疆域①。到乾符三年（876年）失去了伊州，中和四年（884年）丢失甘州，到了曹氏统治时期，归义军的实际管辖区域变成了"二州六镇"②或"二州八镇"③。

敦煌归义军时期的州刺史在社会教化方面的贡献同样是不遗余力的。虽然归义军政权对各州刺史的任命主要以家族姻亲关系和军功大小来判断，但是作为州刺史本身来说，其行政能力直接影响归义军政权的稳定，因此，不可能选择一个没有作为的人来担任这一职位。综观敦煌文书，似乎都是对长官的无尽赞扬和祈愿，几乎没有对归义军长官刺史的贬低之词，因而是否可以认为，这些刺史在任期内还算称职？

从一些邈真赞、敦煌愿文及其他资料中可以看出敦煌的民众对州一级官员在社会教化方面的要求与祈愿。李宏谏"布皇化于专城，悬鱼发咏"④；瓜州刺史康使君"领郡晋昌，百里宣风。刚柔正直，率下劝农"⑤；张淮深"府君伯大中七载，便任敦煌太守，理人以道，布六条而土鼓求音；三事铭心，避四知而宽弘得众"⑥；"公则太保之贵侄也，……初日桃蹊，三端继政；琴台旧曲，一调新声；……河西创复，

---

① 荣新江：《归义军史研究》，上海：上海古籍出版社，1996年，第401页。

② P.4276《管内三军百姓奏请表》中称："归义军节度左都押衙银青光禄大夫检校国子祭酒兼御史大夫安怀恩并州县僧俗官吏兼二州六镇耆老及通颊退浑十部落三军蕃汉百姓一万人上表。"唐耕耦、陆宏基：《敦煌社会经济文献真迹释录》第三辑，第386页；敦煌莫高窟第108窟甬道北壁西向第四身供养人画像题记云："故兄归义军节度应管内二州六镇马步军诸司都管将使检校司空兼御史大夫上柱国谯郡曹□□一心供养。"见敦煌研究院编《敦煌莫高窟供养人题记》，北京：文物出版社，1986年，第103页。

③ ［清］徐松：《宋会要辑稿》一九八册《蕃夷》（五），北京：中华书局，1957年，第7767页。

④ P.4640《大唐宗子陇西李氏再修功德记碑》，见郑炳林《敦煌碑铭赞辑释》，第43页。

⑤ P.4660《康使君邈真赞并序》，见郑炳林《敦煌碑铭赞辑释》，第151页。

⑥ P.2913《张淮深墓志铭》，见郑炳林《敦煌碑铭赞辑释》，第301页。

犹杂蕃、浑；言音不同，羌、龙、口晶末；雷威慴伏，训以华风；咸会驯良，轨俗一变，加授左散骑常侍，兼御史大夫"①；瓜州刺史慕容归盈"伏惟刺史尚书，龙胎挺持，应文星以资忠贞；风骨□谋，禀武宿以匡君道也。故得位临瓜府，统握墨军，山川息烽燧之忧，境郡获康宁之好。遂使移风易俗，家家不失于寒耕，怡静风烟，户户有丰于岁稔"②。S.2832《愿文范本》中抄写了大量针对不同的人所写的愿文范文，其中有一段是写给"太守"的，其内容为："伏惟太守公奇才天纵，抚安以仁慈之心；异策通神，于家国而竭矜怜贫弱。仁明克和礼乐，敦政风清草靡。文杰词雄，百姓畏而爱之；忧恤孤寒，得一言而获暖。是以人无忧色，老幼行歌；乱词不兴，奸欺泯绝。"③

以上关于归义军政权州一级行政长官刺史的社会教化职能的记载资料并不多，而且主要是通过邈真赞的记载获得，虽然资料的可信度方面缺乏保证，但也从中不难寻觅归义军州刺史在社会教化方面做出的贡献。归义军州刺史在社会教化职能方面与唐廷的规定基本吻合，主要表现在劝课农桑、宣传礼教、移风易俗，安抚一方百姓等方面。在具体的实践当中，刺史个人的品德修养几乎占了民众对其评价的绝大部分。因此，官吏个人的品德修养与作风就是一州百姓风俗良善的导向，他们每一项措施的颁布与实施都将成为一州百姓道德价值观的标准。

① 荣新江：《敦煌写本〈敕河西节度兵部尚书张公德政之碑〉校考》，见《周一良先生八十生日纪念论文集》，1992年，第206—216页。
② 郑炳林：《敦煌碑铭赞辑释》，第347页。
③ 黄征、吴伟：《敦煌愿文集》，长沙：岳麓书社，1995年，第67页。

（二）县令——主导一县公平与正义

唐代的县分为京县、畿县，及上、中、下县，其长官称为县令。《旧唐书·职官志》记载县令的职掌：

> 京畿及天下诸县令之职，皆掌导扬风化，抚字黎氓，敦四人之业，崇五土之利，养鳏寡，恤孤穷。审察冤屈，躬亲狱讼，务知百姓之疾苦。①

归义军时期，疆域多变，最盛时共辖沙、瓜、肃、甘、凉、伊等十一州。州下设县，沙州初领敦煌、寿昌二县，后又增设紫亭县；瓜州领晋昌、常乐二县；肃州领酒泉、福禄、玉门三县；甘州领张掖、删丹二县；凉州领姑臧、神鸟、昌松、天宝、嘉麟五县；伊州领伊吾、纳职、柔远三县②。

而各县父母官县尉，其个性品质和为官之道对于一方民众的治理和地方社会的教化显得尤为重要。P.4640《翟家碑》记载翟法荣的弟弟翟承庆曾任沙州敦煌县令，"弟承庆，前沙州敦煌县尉，禀风雪之气，怀海岳之灵；去三惑以居贞，畏四知而体道。惟忠惟孝，行存轵軓之名，莅职廉平，颖拔貂蝉之后"③；P.4660《翟神庆邈真赞》记载沙州县尉翟神庆，"大唐河西道沙州敦煌郡将仕郎守敦煌县尉翟公讳神庆邈真赞……敦煌仕子，触目谦温。忠孝并立，无碍乾坤。花（化）县匡政，梅仙荐敦；槐市早习，炫曜芳春。……时咸通五载四月廿五

---

① ［后晋］刘昫：《旧唐书》卷四四《职官志三·州县官员》，第1921页。
② ［宋］欧阳修、宋祁：《新唐书》卷四〇《地理志四》，第1044—1046页。
③ P.4640《翟家碑》，见郑炳林《敦煌碑铭赞辑释》，第54—62页。

记"①；张清通也曾担任过敦煌县令，P.3718《张清道写真赞并序》载：

"唐故宣德郎试太常寺协律郎行敦煌县令兼御史中丞上柱国张府君写真
［赞并序］……府君讳清通，字文信。裔沠临池，敦煌人也。年初别俊
异杰，天聪神童。……使司酬奖，牒举节度押衙。以念清慎公忠，兼委
左厢虞候。一从要务，俄历数十年间。梁上休昼伏之人，翟（宅）中
绝夜游之子。黄沙室内，经岁皆空。囹圄圆扉，常然寂静。公之审意
思照壁，每虑神羊。事听再三，操丹笔念齐葵感泣，忧人断决，弃曲
收直。无邪执理，当途岂惧势情逐要。公之雅则，府主每叹。英明克
己，奉国无私。衙举敦煌县令，光荣墨绶，莅职以王奂同年。制锦灵
符，百里扇仁风训俗。童谣三异，奉尚书政化字人。次管五城，守明
君再安之道。军粮丰赡，收租贮积盈仓。出纳无私，蕴蓄五六余载。
深暗户口，差条绳直均平。置器方圆，恤寡先矜下弱。主大柄持，覆
算无亏于升圭。嗟之清廉，人间罕匹。文经武纬，勇冠映古掩今。……
裣之大县，理物周旋。百鸟俄集，翔及青坛。甑尘动咏，大论烹鲜。
贞之洁己，庭鹊何喧。仓廪告实，贮积根盘。十一之税，指掌无偏。"②

唐代瓜州管辖有常乐县，归义军收复沙州之后就恢复了常乐县的建
制。关于常乐县的县令，P.4640v《己未年至辛酉年（899—901年）归
义军衙内纸布破历》记载有常乐县令氾唐彦和安再宁，P.2970《阴善雄
邈真赞并序》记载阴善雄的官职是："唐故河西归义军节度使内亲从
都头守常乐县令。"赞文称："常乐贵县，国之要冲，赌公良能，荐迁
莅职。故得仁风载扇，正风远流，驱鸡之善不遗，弹琴之名无怠。猛
虎负子，人无告劳。临危而畏若秋霜，抚众而爱同春雨。扶倾济弱，

① P.4660《翟神庆邈真赞》，见郑炳林《敦煌碑铭赞辑释》，第197页。
② P.3718《张清通邈真赞并序》，见郑炳林《敦煌碑铭赞辑释》，第441—443页。

遣富留贫。行五裤以恤黎民，避四知而存清洁。城邑创饰，寺观重修。一县敬仰于神明，万类遵承于父母。达怛犯塞，拔拒交锋。统领军兵，临机变策。立丈夫儿之志节，一人独勇而当千（先）。……通申内外，不恋财货。摄念冰清，宛然公道。……常乐治县，改俗易风。每施政含，化美一同。戎寇屏迹，外贼无踪。张掖再复，独立殊荣。酒泉郡下，直截横冲。"①P.2482《阴善雄墓志铭并序》记载阴善雄也担任过长乐县令："唐故河西归义军节度使内亲从都头守常乐县令银青光禄大夫检校国子祭酒兼御史大夫上柱国阴府君墓志铭并序……府君天生俊骨，受性英灵，治县而恩威并行，才高而文武双美。遂使发流星之箭，塞虏沉声；张满月之弓，边锋息焰。"②P.3718《薛善通邈真赞并序》记载薛善通："晋故归义军都头守常乐县令银青光禄大夫检校国子祭酒兼御史大夫上柱国薛君邈真赞并序。……伏自曹王秉政，收复甘肃二州。公乃战效勇于沙场，纳忠勤于柳境。初任节度押衙，守常乐县令。主辖当人，安边定塞。畏繁喧于洗耳，怯光荣于许由。辞位持家，谯公再邀于御史。"③

此外，如梁幸德"唐故河西归义军左马步都虞候银青光禄大夫检校左散骑常侍上柱国梁府君邈真赞并序……一自治辖，内外唱太平之声。民无告劳，囹圄息奸斜（邪）之响"④。

《新唐书·百官志》记载："县令掌导风化，察冤滞，听狱讼。凡民田收授，县令给之。每岁季终，行乡饮酒礼，籍帐、传驿、仓库、

---

① P.2970《阴善雄邈真赞并序》，见郑炳林《敦煌碑铭赞辑释》，第475—476页。
② P.2482《阴善雄墓志铭并序》，见郑炳林《敦煌碑铭赞辑释》，第480—484页。
③ P.3718《薛善通邈真赞并序》，见郑炳林《敦煌碑铭赞辑释》，第464—465页。
④ P.3718《梁幸德邈真赞并序》，见郑炳林《敦煌碑铭赞辑释》，第150页。

盗贼、隄道，虽有专官，皆通知。"①州县官员都是"亲民"之官，一方面要负责刑狱治安，征敛赋役；另一方面要"宣扬德化""劝课农桑"，"务知百姓之疾苦"。因此，《册府元龟》卷六三六《铨选部·考课》说："殊功异行及祥瑞灾蝗、户口赋役增减，当界丰俭，盗贼多少。"②都成为吏部考核州、县官吏政绩的标准，自然也成为这些邈真赞当中描述人物德行的标准了。

大谷2836号文书《敦煌县录事董文彻牒》③是武则天时期敦煌县的一件文书，该文书第15—35行：

15　　　　牒，检案连如前，谨牒

16　　　　　　　三月　日 史氾艺　牒

17　　　　　　　准牒下乡，及榜示村

18　　　　　　　坊，使家家知委。每季

19　　　　　　　点检，有不如法者，随犯科

20　　　　　　　决。谘，泽白。

21　　　　　　　　　　　　　　二日

22　　　　　　　依判。谘，余　示

23　　　　　　　　　　　　　　二日

24　　　　　　　依判。辨示

25　　　　　　　　　　　　　　二日

---

① 《新唐书》卷四九下，第1319页。

② ［宋］王钦若等：《册府元龟》卷六三六，《铨选部·考课第二》，第7355页。

③ ［日］小田義久：《大谷文书集成：第一卷》，日本法藏馆，1984年。录文见内藤乾吉：《西域发见唐官文书の研究》，《西域文化研究》第三期，东京，1960年，第21—23页；池田温：《中国古代籍账研究·录文》，东京，1979年，第343—344页。

26	下十一乡,件状如前。今以状下乡,宜准
27	状。符到奉行,
28	长安三年三月二日
29	佐
30	尉
31	史氾艺
32	三月一日受牒,二日行判,无稽
33	录事张 检无稽失
34	尉摄主簿 自判

35 牒,为录事董彻牒,劝课百姓营田判下乡事。

　　这件文书是敦煌县录事董文彻审议、批示的敦煌乡百姓营田下乡的公文,文中提到要"准牒下乡,及榜示村坊,使家家知委。每季点检,有不如法者,随犯科决"。就是要在村坊中张榜告知有关营田的规定,而且要求每个季度都要检查,如果发现有不遵守这个规定的人,就要进行处罚。

　　榜文是一种中国古代重要的政令传播方式,《尚书》中的"诰"是这种形式最早的文献记载。《吕氏春秋》记载曰:"吕不韦撰《春秋》成,榜于秦市曰:'有人能改一字者,赐金三十斤。'"[1]汉代末期,榜文已经作为一种重要的信息传递方式在使用了。居延出土汉简中有一枚简记载曰:"古薪二石,沙一,破烽一,马矢二石,沙二石,卅,传榜书,表三,户戍,户关二,汲器□。"[2]有学者认为这里记载的

① [秦]吕不韦编:《吕氏春秋集释》,见《许维遹集释》,北京:中华书局,2009年。
② 甘肃省文物考古研究所:《居延新简释粹》,兰州:兰州大学出版社,1988年,第85页。

"传榜书"指的是"张贴告示的宣传栏，简曰大扁"①，即将榜书视作是汉代用于传递信息的大扁书。居延新简中最早的纪年为天汉二年（前99年），最晚为建武七年（31年）②。那么至迟到西汉末年，"榜"这种形式就已经出现了。

章太炎《国故论衡》中认为："榜又称篇，今字扁亦为榜，又楄部训方木，是也。"③"由于当时纸张尚未发明，故可推测，当时所谓的榜，大约是将法令书写于木板上，悬挂于人群交汇处，使人周知。"④

《后汉书·百官志》曰："凡有孝子顺孙，贞女义妇，让财救患，及学士为民法式者，皆扁表其门，以兴善行。""扁表其门"即制作匾额悬挂于门上方，以示嘉奖的意思。大约在西晋以后，多用"榜"字代替"扁"字。《南史》卷七三"孝义上"列述了近100位孝义人物。本卷开篇即说："易经曰：'立人之道，曰仁与义。'夫仁义者，合君亲之至理，实忠孝之所资。虽义发因心，情非外感，然企及之旨，圣哲贻言。至于风·漓化薄，礼违道丧，忠不树国……故宜被之图篆，用存旌劝。今搜缀淹落，以备阙文云尔。"⑤其中《郭世通传》载："元嘉四年，大使巡行天下，散骑常侍袁愉表其淳行，文帝嘉之，敕榜表门间，蠲其租调，改所居独枫里未孝行焉。"⑥另有《董阳传》曰："又元嘉七年，南豫州举所统西阳县人董阳三世同居，外无异门，内无异

① 甘肃省文物考古研究所：《居延新简释粹》，兰州：兰州大学出版社，1988年，第85页。
② 马怡：《扁书试探粹》，见孙家洲《额济纳汉简释文校本》，北京：文物出版社，2007年，第183页。
③ 章太炎撰：《国故论衡疏证》，见《庞俊、郭诚永疏证》，北京：中华书局，2008年，第39页。
④ 徐燕斌：《唐宋榜文考》，《长江大学学报》2015年第4期，第15页。
⑤ ［唐］李延寿：《南史》卷七三《孝义上》，北京：中华书局，1975年，第1798页。
⑥ ［唐］李延寿：《南史》卷七三《郭世通传》，第1800页。

烟。诏榜门曰'笃行董氏之间',蠲一门租布。"①

以上通过行政手段"敕榜表门闾"的做法都是将榜书写在木板上悬挂在人多处。东汉以后,随着纸张的发明,用纸张书写榜文逐渐代替了木板书写。这种在村坊公共区域张贴告示的做法在魏晋南北朝时期非常盛行。《晋书·桓玄传》记载了桓玄篡位之后,"榜为文告天皇后帝",即发布榜文昭告天下让老百姓知道他的罪行。《晋书·刑法志》云:"是时侍中卢珽、中书侍郎张华又表:'抄《新律》诸死罪条目,悬之亭传,以示兆庶。'"②这里的"悬之亭传",就是将法律条文写在纸上悬挂在高处,便于老百姓看到。《陈书·宣帝纪》云:"所由具为条格,标榜宣示,令喻朕心焉。"③也是用榜文的形式宣示政府法令。

唐代榜文更加常见。唐代朝廷颁行诏令敕制,州县乡里则写榜文悬挂张贴在城门、坊市要路诸地,让老百姓可以看到。《唐大诏令集·牓示广济方敕》载:

朕顷者所撰《广济方》,救人疾患,颁行已久,传习亦多,犹虑单贫之家,未能缮写。闾阎之内,或有不知,偿医疗失时,因至夭横。性命之际,宁忘恻隐。宜命宜郡县长官,就《广济方》中逐要者,于大板上件录,当村坊要路牓示。仍委采访使勾当,无令脱错。天宝五年八月。④

① [唐]李延寿:《南史》卷七三《董阳传》,第1799页。
② [唐]房玄龄等撰:《晋书》卷三〇《刑法传》,1974年。
③ [唐]姚思廉:《陈书》卷五《宣帝》,北京:中华书局,1972年。
④ [宋]宋敏求编:《唐大诏令集》卷一一四《牓示广济方敕》,北京:中华书局,2008年,第595页。

《唐大诏令集·安辑京城百姓敕》云：

　　敕，京城之人，久陷凶鬼。亦既底定，莫非王臣。比屋可封唐之人，阖境皆戴商之旧。复以宗庙之器，府库之资，散在闾阎。荥烦纲纪。主守者阙以供事。窃取者冒其常用。所以遣其检括，必使当实。如闻小臣失所，遂使流言，寇攘资财，惊扰士庶，官吏不修其法，豪强横有纵暴。或得一官物，即破人家产。或捕一奸吏，则旁累亲邻。仍有不逞之徒，因兹恐吓，大为侵暴。百姓冤苦，永言哀念，良深叹息。委京兆尹兼御史大夫李岘勾当，诸使检括，一切并停。妄有欺夺，宜即推捕奏闻。仍榜坊市，务令安辑，副朕意焉。①

　　宋代地方官员开始大量使用榜谕以劝课农桑、劝行孝悌、宣扬朝廷的立场和态度等，这与宋代雕版印刷术的迅速发展有关。朝廷的诏令敕文可以以极快的速度、极大的数量发布到基层组织，比如，北宋天台令郑至道颁布了"谕俗七篇"，告诫百姓要孝顺父母、友爱兄弟、和睦宗族②。在仙居县任职的陈襄颁布了《劝谕文》，劝解本县民众父慈子孝、兄友弟恭等③。朱熹率领南康军时期，著有《知南康榜文》，表彰前代和当代的孝子节妇、累世义居者，并且将榜文下发到三个县，"晓谕管下士民父老等"，"并牒三县照会及别给印榜，每县各一百道，

①　［宋］宋敏求编：《唐大诏令集》卷一一五《安辑京城百姓诏》，第602页。
②　［宋］陈耆卿：《赤城志》卷三七，见《文渊阁四库全书本》，台北：商务印书馆，1983年。
③　［宋］陈襄：《古灵集》卷一九，见《文渊阁四库全书本》，台北：商务印书馆，1983年。

委巡尉分下乡村张挂，不得隐匿"①。这种做法就是将榜文下发到了社会最低一层，深入到乡村的日常生活当中，以此影响民众的思想意识和行为习惯，从而达到教化的作用。

有很多榜文，都是与规劝诉讼有关的。《宋会要辑稿》载：

> 十二月二十日，臣僚言："州县之间，顽民健讼，不顾三尺，稍不得志，以折角为耻，妄经翻诉，必欲侥幸一胜，则经州、经诸司、经台部，技穷则又不敢轻易妄经朝省，无时肯止。甚至陈乞告中，微赏未遂其意，亦敢辄然上渎天听，语言妄乱，触犯不一。不有以惩之，则无忌惮，不但害及善良，官司亦为其案烦。乞遍下州县揭榜晓示，今后经州、县、监司及至台部，的然虚妄者，必行收坐，妄经朝省者重作施行，欺罔天听者定行编配。"②

通过榜示以表示惩戒之外，将国家礼仪制度规范等内容刻在碑上，放置在道路街巷、坊门诸桥等地，让路过的人都可以看到，从而起到礼仪教化的功用。《册府元龟·兴教化》载：

> 长兴二年八月壬申，敕："朕闻教化之本，礼让为先，欲设规程，在循典故。盖以中兴之始，兆庶初安，将使知方，所宜渐诱。准仪制令，道路街巷，贱避贵，少避长，重避轻，去避来。有此四

---

① [宋]朱熹：《晦庵先生朱文公文集》卷九九《朱子全书·知南康榜文》，上海：上海古籍出版社，2002年，第4581页。

② [清]徐松辑：《宋会要辑稿·刑法二·禁约三》第一六五册，北京：中华书局，1967年，第6569页。

事，承前每于道途立碑刻字，令路人皆得闻见。宜令三京、诸道州府各遍下管内县镇，准旧例于道路明置碑，雕刻四件事文字，兼於要会坊门及诸桥柱刻碑，晓谕路人。委本县所隶官司共切巡察，有敢犯者科违敕之罪。贵在所为简易，所化弘多。既礼教兴行，则风俗淳厚，庶皆顺序，益致和平。"①

《宋会要辑稿》中还收录了宋代以榜文形式重申礼仪制度的诏令：

　　六年六月十一日，诏："先天节、降圣节日，除休假、斋醮、断屠宰、禁刑罚一依定式，令天下以延寿带、续命缕、保生酒更相赠遗，着于令式。"……复以画本付有司，并榜坊市，令人模造。②

《宋大诏令集》"禁销金诏"条对外出乘坐车辇的装饰物作了具体规定，诏令最后也提到"仍令诸路转运司遍牒管内。揭榜告示"。类似这样以榜文的形式昭告民众以教谕大众、化民成俗的例子非常多。敦煌藏经洞文献中记载的"榜示"等内容，恰好反映了晚唐五代宋时期敦煌地方政府管理民众事务、行教化礼仪的一个方面。

敦煌邈真赞中对这些地方父母官的行政能力的记载着重强调了他们为官的强烈责任意识、视人犹己、视国如家、为政以亲民化民为本、勤政守职、廉洁自律、以身作则、表率万民等良好的个性和为官品质。尤其在推行社会教化、敦化风俗方面格外尽心尽力，并取得了相当有效的成果。特别是敦煌县令张清通自任敦煌县令以来"一从要务，俄

① ［宋］王钦若等：《册府元龟》卷五九《帝王部》，南京：凤凰出版社，2006年，第630页。
② ［清］徐松辑：《宋会要辑稿·礼五七·节二·先天节》，第三十九册，第1600页。

历数十间。梁上休昼伏之人，翟（宅）中绝夜游之子。黄沙室内，经岁皆空。图图圆扉，常然寂静"；常乐县令阴善雄"临危而畏若秋霜，抚众而爱同春雨。扶倾济弱，遣富留贫。行五裤以恤黎民，避四知而存清洁"；"常乐治县，改俗易风。每施政含，化美一同"。可知榜文已经是唐宋敦煌地区非常常见的政令传播方式。

敦煌文书中，除了上述提到的董文彻牒外，还有多件文书提到榜文。P.2979《唐开元二十四年岐州郿县县尉判集》："往来请无拥塞粟麦交易，自可流通，准状仍榜军州，切勒捉搦，少有宽许，当按刑书。"①

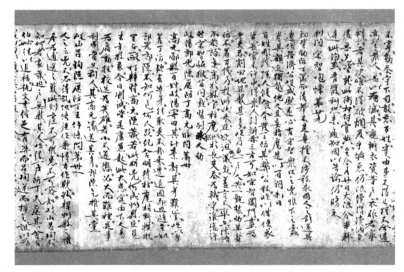

P.2979　唐开元二十四年岐州郿县县尉判集

敦煌藏经洞发现的P.3078+S.4673《神龙散颁刑部格残卷》②是目前发现的唯一一件唐代刑事法律文献。其中关于对告密者的处置条约就

---

① 《法藏敦煌西域文献》第20册，上海：上海古籍出版社，2002年，第308页。

② 刘俊文：《敦煌吐鲁番唐代法制文书考释》，北京：中华书局，1989年，第253页；唐耕耦、陆宏基：《敦煌社会经济文献真迹释录》第二辑，第568页。

有以榜文形式公布其罪行的做法，具体如下：

> 但有告密，一准令条，受告官司尽理推鞫。……其告密人，虽抄封进，状内所告非密，及称状有不尽，妄请面见者，亦同无密科罪。纵别言他事，并不须为勘当。或缘斗竞，或有冤嫌，即注被夺密封，事恐露泄，官司不为追摄，即云党助逆徒，有如此色者，并不须为勘当，当仍令州县录敕令于厅，<u>在村坊要路榜示</u>，使人具知，勿陷入罪。

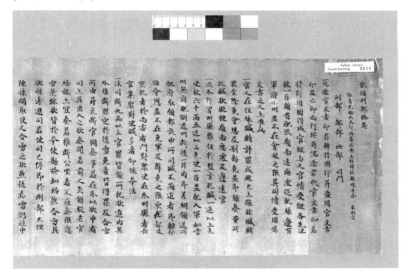

P.3078　神龙散颁刑部格残卷

儒家常以无讼为评判地方官员政绩的标准和途径。皇帝常下发诏令要求化民成俗。宋仁宗嘉祐三年（1058年）发生的一件事，足以说明这一点：

> 初，盐铁副使郭申锡受诏行河，与河北都转运使李参论议不相中，讼参于朝曰："参劾吕公弼荐，迁谏议大夫为侥幸。又遣小吏

高守忠齐河图属宰相文彦博。"御史张伯玉，亦奏参朋邪结讬有状。以事连宰相，乃诏天章阁待制卢士宗、右司谏吴中复推劾，而申锡、伯玉皆不实。伯玉以风闻勉劾。①

由于这个事件，仁宗诏曰：

朕常患民之好争，而风俗渐靡于薄也，思有以革正之。非吾士大夫躬率以义，而导之于善，则何以哉？申锡官职事守，不为轻矣，宜遴所举，以道吾民者。而与参相决河，议论之异，遂成私忿，章奏屡上，辨诉所陈，一无实者。士人之行，乃至是乎！使吾细民，何所视效？其降申锡知滁州，榜于朝堂。②

（三）乡官——社会教化措施的执行者

纵观唐制对地方政府社会教化职能的规定，大多集中于州县二级地方政府，对于乡里的要求极少，但我们认为，乡、里作为更为基层的行政组织，与民众的生活更加贴近，其与民众产生实际交往的机会更多，因而其教化职能的意义不言而喻。并且作为州、县一级的长官来说，由于所辖区域广大、人口众多，任何教化措施的实施不可能亲临指导，而乡里组织正是贯彻执行州县一级社会教化职能的机构。一般来说，乡一级政权所辖民众大约为五百家，里管辖一百家，乡官、里正完全有能力亲临，而他们的教化职能更容易实现。

乡的渊源甚早，职官名称也各代不同。秦制规定："大率十里一

① [宋]李焘撰：《续资治通鉴长编》卷一八七，北京：中华书局，1995年，第4510页。
② [宋]李焘撰：《续资治通鉴长编》卷一八七，第4510页。

亭，亭有长，十亭一乡，乡有三老、有秩、啬夫、游徼。三老掌教化，啬夫职听讼、收赋税，游徼巡禁盗贼。"①到东汉，又增置乡佐，"主民收税赋"②。隋及唐初，每乡设置乡正一名，如隋文帝开皇九年（589年）二月"丙申，至五百家为乡，正一人；百家为里，长一人"。《通典·职官典十五·乡官》云："大唐凡百户为一里，里置正一人；五里为一乡，乡置耆老一人。以耆年平谨者，县补之，亦曰父老。贞观九年，每乡置长一人，佐二人，至十五年省。"③

以上正史资料对乡官的具体职能似乎规定得不甚明确，敦煌文书关于乡官的一些记载，大概可以弥补这一不足。

归义军时期，乡官成为一个正式的官职，并且拥有相当高的社会地位，乡的职能地位大大加强。莫高窟第98窟中有很多供养人题记，其中五代时期的供养人题名中有："节度押衙知沙池乡官银青光禄大夫检校国子祭酒兼御史中丞上柱国王富延供养"④；"节度押衙知慈惠乡官银青光禄大夫检校国子祭酒御史中丞上柱国王弘正"⑤；"节度押衙知赤心乡官银青光禄大夫检校国子祭酒兼御史中丞上柱国□进供养"⑥。

莫高窟第5窟主室西壁龛下南侧北向第4身供养人画像题记云："故兄　（节度）押衙知洪沙将（沙乡）务　（银青光）禄大夫检校国子祭（酒兼御）史大夫上柱国杜思彦一心供养。"⑦第427窟南壁东向

①《汉书》卷一九上《百官公卿表》，第742页。

②［唐］杜佑：《通典》卷三三《职官典十五·乡官》，第1册，第922—923页。

③［唐］杜佑：《通典》卷三三《职官典十五·乡官》，第1册，第924页。

④ 敦煌研究院编：《敦煌莫高窟供养人题记》，北京：文物出版社，1986年，第35页。

⑤ 敦煌研究院编：《敦煌莫高窟供养人题记》，第35页。

⑥ 敦煌研究院编：《敦煌莫高窟供养人题记》，第36页。

⑦ 敦煌研究院编：《敦煌莫高窟供养人题记》，第3页。

第19身供养人画像题记："故兄节度押衙知平康□（乡）务银青光禄大夫检校太子宾□王……"①"乡官""乡务"都是乡一级政府的官员，在官职前面都冠以"检校"头衔，充分说明乡官社会地位之高。"乡官作为地方基层吏职，一般由归义军节度押衙兼知，但也有以兵马使兼知乡官者"②。正是由于乡官地位和职能之重，乡官的个性品质以及为官之道对乡里民众的教化意义就显得尤为重要。

1. 留用耆老、乡老教化乡里

敦煌藏经洞文书中保存了两件归义军时期重要的表状文书。S.4276《管内三军百姓奏请表》③和P.3633《辛未年（911年）七月沙州百姓一万人上甘州回鹘可汗状》④，其中提到了"耆老""耆寿"。耆老、耆寿一般都由族中年老且颇有威望的人担任，不仅如此，耆老还必须是民众中有相当社会地位的人。

耆老还在乡里担任乡学教导的职责。《礼记·王制》："司徒修六礼以节民性，明七教以兴民德，齐八政以防淫，一道德以同俗。养耆老以致孝，恤孤独以逮不足。上贤以崇德，不肖以绌恶。命乡简不帅教者以告。耆老皆朝于庠，元日，习射上功。"郑玄注曰："耆老，致仕及乡中老贤者，朝犹会也。此庠谓乡学也，乡谓饮酒也，乡礼春秋射国蜡而饮酒养老。"⑤《汉书·朱博传》载："门下掾赣遂，耆老大儒，教授数百人，拜起舒迟。博出教主簿，赣老生不习吏礼。"⑥唐代

---

① 敦煌研究院编：《敦煌莫高窟供养人题记》，第157页。

② 冯培红：《敦煌归义军职官制度》，兰州：甘肃教育出版社，第240、241页。

③ 唐耕耦、陆宏基：《敦煌社会经济文献真迹释录》第四辑，第386页。

④ 唐耕耦、陆宏基：《敦煌社会经济文献真迹释录》第四辑，第377页。

⑤ ［清］阮元校刻：《十三经注疏（清嘉庆刊本）》（六），《礼记·正义》卷一三《王制》，第1342—1348页。

⑥ ［汉］班固撰，［清］颜师古注：《汉书》卷八三《薛宣朱博传》，第3385页。

王翰《饮马长城窟行》记："长安少年无远图。一生惟羡执金吾。麒麟前殿拜天子。走马西击长城胡。胡沙猎猎吹人面。汉虏相逢不相见。遥闻击鼓动地来。传道单于夜犹战。此时顾恩宁顾身。为君一行摧万人。壮士挥戈廻白日。单于溅血染朱轮。归来饮马长城窟，长城道傍多白骨。问之耆老何代人，云是秦王筑城卒。"①

《新唐书·褚无量》载：

（无量）尤精《礼》、司马《史记》。擢明经第，累除国子博士，迁司业兼修文馆学士。中宗将南郊，诏定仪典，时祝钦明、郭山恽建言皇后为亚献，无量与太常博士唐绍、蒋钦绪等争，以为："郊祀，国大事，其折衷莫如《周礼》。《周礼》冬至祭天圆丘，不以地配，唯始祖为主，亦不以妣配，故后不得与。"②

玄宗为太子，复拜国子司业兼侍读，撰《翼善记》以进，厚被礼答。太子释奠国学，令讲经，建端树义，博敏而辩，进银青光禄大夫，锡予蕃渥。及即位，迁左散骑常侍兼国子祭酒，封舒国公。母丧解，诏州刺史薛莹弔祭，赐物加等。庐墓左，鹿犯所植松柏，无量号斥曰："山林不乏，忍犯吾莹树邪？"自是群鹿驯扰，……丧除，召复故官。以耆老，随仗听徐行，又为设腰舆，许乘入殿中。③

___
① ［清］彭定求等编：《全唐诗》卷一五六《王翰》，北京：中华书局，1979年，第1603页。
② ［宋］欧阳修、宋祁撰：《新唐书》卷二〇〇《儒学下·褚无量》，北京：中华书局，1975年，第5687页。
③ ［宋］欧阳修、宋祁撰：《新唐书》卷二〇〇《儒学下·褚无量》，第5688页。

褚无量这个人精通礼仪，在一次南郊祭祀礼中，他与其他大臣产生了意见冲突，无量认为，根据古代的礼仪，皇后不合祭祀，只能皇帝亲自主持才可以。在他老年的时候，皇帝特许他乘着轿辇直接进入大殿议事，可谓地位非常高了。

唐宋归义军时期，敦煌地区乡里也有耆老，并且在集结百姓商议大事、教化乡里等方面都起到了非常重要的作用。S.4276《归义军管内三军百姓奏请表》①题云：

归义军节度左都押衙，银青光禄大夫，检校国子祭酒，兼御史大夫安怀恩，并州县僧俗官吏，兼二州六镇耆老，及通频退浑十部落，三军蕃汉百姓一万人上表。

臣某乙等言：臣闻五凉旧地，昔自汉家之疆，一道黎民，积受唐风之化，地怜（邻）戎虏，倾心向国输忠，境接临蕃，誓报皇恩之德，臣某乙等，至欢至喜，顿首顿首。臣本归义军节度使张某乙，自大中之载，伏静河湟，□逐戎蕃，归于逻娑。伏承圣朝鸿泽，陇右再晏尧年，玄德流晖，姑臧会同舜日，遂乃束身归阙，宠秩统军，不在臣言，事标唐史，尔后子孙相继七十余年，秉节龙沙。②

这件文书是后唐庄宗同光二年（924年）曹议金在夺取了敦煌归义

① 关于这件文书的定名，最早在刘铭恕《斯坦因劫经录》中将整个首题部分作为其名，但题名过长；英藏另定名为《归义军节度左都押衙安怀恩并管内三军蕃汉百姓一万人奏请表》；施萍婷等《敦煌遗书总目索引新编》又进一步定名为《管内三军百姓奏请表》；陈国灿先生定名为《归义军管内三军百姓奏请表》。本文从陈国灿的定名。
② 钟书林、张磊：《敦煌文研究与校注》，武汉：武汉大学出版社，2014年，第280页。

军政权后，入贡后唐上表的表文，请求唐朝廷授予旌节①。在表文的题名中就有"二州六镇耆老"，这些耆老是归义军统辖区域的二州六镇普通老百姓的代表，虽不是行政职务，但是在乡里的威望是不容忽视的。曹议金的表文中专门提到"耆老"，其实是代表着最基层民众的意愿。

"在基层行政组织方面，归义军最初因地制宜地同时实行了乡里制与部落制，以统治境内的汉族及少数民族。就敦煌县而言，曹氏初期设置了十一个乡及十个部落，这是继承了张氏时代的制度。"②

P.3633背《辛未年（911年）七月沙州百姓一万人上甘州回鹘可汗状》是敦煌金山国宰相兼御史大夫张文彻以沙州百姓的名义写的一份草稿。当时恰值甘州回鹘兵临城下，这封文书就是写给甘州回鹘可汗的一份议和状文，其中提道：

> 天可汗居住张掖，事同一家，更无贰心；东路开通，天使不绝。此则　可汗威力所置，百姓□甚感荷，不是不知。近三五年来，两地被人斗合，彼此各起仇心，遂令百姓不安，多［所］煞伤。沿路州镇，迤逦破散，死者骨埋［荒］口，生者分离乡土，号哭之声不绝，怨恨之气冲天，耆寿百姓等披诉无地。伏维大圣回鹘天可汗，为北方之主人，是苍生之□□……狄银令天子出拜，即与言约。城隍耆寿百姓再三商量，可汗是父，天子是子。和断若定，此即差大宰相、僧中大德、敦煌贵族耆寿赍持国信、设盟文状，便

① 唐长孺：《关于归义军的集中资料跋》，《中华文史论丛》1962年第1期，第284页。
② 冯培红：《敦煌的归义军时代》，兰州：甘肃教育出版社，2013年，第408页。

到甘州。①

　　耆寿和"大宰相、僧中大德"一起持国信、设盟文状出使甘州递送
文书，表明他们在老百姓当中的威望很高，是大家推选出来的民众代
表，社会地位可见一斑。他们有如此强的号召力与凝聚力，政权阶层
正是利用他们的德行威望号召和教化乡里，以利于乡里的稳定。

　　耆寿又见于敦煌的两则邈真赞当中，P.4660《河西节度押衙张禄邈
真赞》：

　　　河西节度押衙银青光禄大夫检校太子宾客敦煌郡耆寿清河张府
君讳禄邈真赞

　　　龙沙豪族，塞表英儒。忠义独立，声播豆卢。仁风早扇，横亮
江湖。有德有行，不谓不殊。闺门孝感，朋友言孚。家塾文议，子
孙徇德。事君竭节，志守荣枯。②

　　S.2113号《唐沙州龙兴寺上座马德胜和尚宕泉创修功德记》中记载
马德胜和尚的父亲是"敦煌县耆寿"，功德记中称他"孝悌承家，闲居
得志。履谦恭于乡间，慕直道于前贤。风响许由，不趋名利"。

　　P.3556号《贾僧正清和尚邈影赞并序》载其死后："极乐知何吉，
阎浮如此凶。上人生厌见，示疾早胸中。道俗徒哭泣，耆寿尽缀（辍）
舂。三光愁愤腾，四部喷愤胸。吾师得去处，坐化尽硕研。图写平生

---

　　① 颜廷亮：《沙州百姓一万人上回鹘天可汗状》，《兰州教育学院学报》（社会科学版）1994年
第1期，第4—5页。

　　② 郑炳林：《敦煌碑铭赞辑释》，第166页。

影，标留在世踪。后来瞻眺者，须表世间空。"①

P.4044《金山国修文坊巷社再葺上祖兰若标画两廊大圣功德赞并序》："厥有修文坊巷社敦煌耆寿王忠信，都勾当技术院学郎李文进知(并) 社众卅捌人，抽减各己之财，造斯功德。"②

可见，耆寿在敦煌乡里人数众多、地位显赫，当发生大事的时候，耆寿作为乡里百姓的代表为民请愿；有一些诉讼纠纷也可以请耆寿出面调解，耆寿在乡里民众教化中的作用不可忽视。

2. 协助司法、调解民事纠纷

唐代地方行政机关和司法机关是结成一体的，州县官府必须依靠乡司的力量维护社会秩序，因此不得不赋予乡司一定的司法权力。《唐律疏议》卷二〇《贼盗》：

> 诸部内有一人为盗及容止盗者，里正笞五十，三人加一等；县内，一人笞三十，四人加一等。③

《疏议》：

> 部内，谓州、县、乡、里所管之内。④

可见乡官如果纵容罪犯作奸犯科，将会和村正、坊正、里正一起受到惩罚。《大谷文书》二八三九号：

---

① 郑炳林：《敦煌碑铭赞辑释》，第389页。
② 黄永武：《敦煌宝藏》第132册，台北：新文丰出版公司，1982—1986年，第565页。
③〔唐〕长孙无忌等：《唐律疏议》卷二〇《贼盗》，北京：中华书局，1983年，第379—380页。
④〔唐〕长孙无忌等：《唐律疏议》卷二〇《贼盗》，第380页。

　　　　洪润乡　　　敦煌乡

　　合当折冲、果毅、别奏、典、傔及士兵以上，牒：被责当乡有前件等色，娶妻妾者，并仰通送者。谨依检括，当乡元无此色人，娶妻妾可显，谨牒。

常安四年二月廿日里正王定牒

　　　　　敦煌乡里正董靖①

　　文书记载折冲等官吏士兵在服役期间如果违背军纪擅自娶妻纳妾，乡司有协助府兵清查这类事情的责任。

　　在调解民事纠纷方面，几件乡官的邈真赞文书记载详尽。

　　P.3718《河西节度押衙知应管内外都牢城使张良真生前写真赞并序》赞云：

　　故主司空称惬，荐委首乡大官。九岁均平，广扇香风御众。故得民谈美顺，训俗嘉严恪之威。金山王时，光荣充紫亭镇主。一从莅任，独静边方。……偏优镇将，二八余年。调风易俗，坚守陲边。②

　　P.3718《归义军节度押衙知敦煌乡务李绍宗邈真赞并序》云：

　　府君讳绍宗，……一举节度押衙，兼迁敦煌乡务。注（主）持数载，人无告劳。治民无诉苦之谣，差发有均平之称。故得冰清玉

---

　　① ［日］小田義久：《大谷文书集成》第一卷，法藏馆，1984年，图版一二八。

　　② 郑炳林：《敦煌碑铭赞辑释》，第421页。

洁，守道不犯于官私。得众宽宏，礼让每传而实望。①

P.3718《河西节度右马步都押衙阎子悦生前写真赞并序》云：

二八之临，顿获忠贞之节。安亲训俗，逍遥不舍于晨昏。匡国输劳，遐迩未辞于艰切。……弱冠之际，主乡务而无差。成立之年，权军机而有则。……一从任位，清廉不侔于异常。肯首严条，溥洽甘汤而有仗。遂使三农秀实，万户有鼓腹之欢。……即委一州颢务，实惧鹊喧之名。三端早就于躬怀，六教常垂于众类。恒施要法，不愠熔铸之颜。赋税和平，当迹调风易俗。人伦谈善，内外无告愿之声。②

赞文首先对乡官的"训俗"功绩大加褒扬，称他们"九岁均平，广扇香风御众。故得民谈美顺，训俗嘉严恪之威""得众宽宏，礼让每传而实望""安亲训俗，……主乡务而无差"。除此之外，主要论述的是他们征收赋税、差科等事。也正因为如此，乡官为官的清廉、公正，征发差役的公平才显得尤为重要，民众对此也是显得十分关注，这毕竟是关系民众切身利益的事情。此外就是称赞他们在治理民事纠纷方面"人无告劳""内外无告愿之声"，充分说明乡官也有调解民事纠纷的职能。

3. "契约""乡法"在调解基层经济纠纷方面所起到的约束作用

在敦煌吐鲁番文书中，常见有"准乡法和立私契"③"月别依乡法

---

① 郑炳林：《敦煌碑铭赞辑释》，第466—467页。
② 郑炳林：《敦煌碑铭赞辑释》，第424页。
③《吐鲁番出土文书》（录文本）第六册，北京：文物出版社，1985年，第526页。

酬生利"①"月别依乡法生利入史"②之类的记载，表明借贷双方订立契约和确定利率的高低均应该遵照"乡法"的规定办理，只有这样，契约才能产生法律效力。

关于"乡法"，陈国灿在《唐代的民间借贷：吐鲁番敦煌等地所出唐代借贷契券初探》③文中有过初步探讨。他将唐代敦煌吐鲁番民间借贷的类型分为"生息举取""质押借贷""物、力偿付借贷""无息借贷"等四类，还对"生息借贷中的剥削率"问题进行了重点讨论。敦煌和吐鲁番借贷文书中提到了"乡法生利""乡原生利"或"乡元生利"等记载，"当是指本乡原有的惯例"。"在借贷契里，通常写有'两和立契画指为信'或'两共对面平章，画指为信'一类的言辞"，表明这些民间契约都是"私契"，这种契约本身是一种乡法。

阿斯塔那19号墓出土的一件契约文书，学者根据内容将其定名为《唐咸亨五年（674年）王文欢诉酒泉城人张尾仁贷钱不还辞》，原文如下：

1. （前缺）酒泉城人张尾仁
2. （前缺）件人去咸亨四年正月内立契，（后缺）
3. （前缺）银钱贰拾文，准乡法合立私契。（后缺）
4. 拾文后□□钱贰文。其人从取钱已来，（后缺）
5. （前缺）索，延引不还。酒泉去州（后缺）
6. （前缺）来去常日空归。文欢（后缺）

---

① 《吐鲁番出土文书》（录文本）第七册，北京：文物出版社，1986年，第422页。
② 《吐鲁番出土文书》（录文本）第七册，第453页。
③ 陈国灿：《唐代的民间借贷：吐鲁番敦煌等地所出唐代借贷契券初探》，见唐长孺主编《敦煌吐鲁番文书初探》，武汉：武汉大学出版社，1983年，第217—274页。

7. （前缺）急，尾仁方便取钱人（后缺）

后缺①

《唐乾封元年（666年）郑海石举银钱契》：

1. 乾封元年四月廿六日，崇化乡郑海石于左憧

2. 熹边举取银钱拾文，月别生利壹

3. 文半。到左须钱之日，索即须还。若郑延

4. 引不还左钱，任左牵掣郑家资杂物，

5. 口分田园，用充钱子本直。取索掣之物，

6. 壹不生庸。公私债负停征，此物不在停

7. 限。若郑身东西不在，一仰妻儿及收后

8. 保人替偿。官有政法，人从私契。两和立契，

9. 画指为信。

10. 　　钱主左

11. 　　举钱郑海石

12. 　　保人宁大乡张海欢

13. 　　保人崇化乡张欢相

14. 　　知见人张欢德②

《唐贞观二十二年（648年）洛州河南县桓德琮典舍契》：

---

① 《吐鲁番出土文书》（录文本）第六册，第527页。

② 《吐鲁番出土文书》（录文本）第六册，第417—418页。

1. 贞观廿二年八月十六日，河南县□□

2. 索法惠等二人，向县诉桓德琮□宅价

3. 钱三月未得。今奉明府付坊正追向县。

4. <u>坊正、坊民令遣两人和同</u>，别立私契。

5. 其利钱限至八月卅日付了。其赎宅价

6. 钱限至九月卅日还了。如其违限不还，任

7. 元隆宅与卖宅取钱足，余剩任

8. 还桓琮。两共和可，画指为念。

9.　　　　负钱人　　　桓德琮　琮

10.　　　　男大义　　　　　　　义

11.　　　　同坊人　　　成敬嗣

12.　　　　　　　　　　　　　嗣

13.　　　　坊正　　　　差经①

《麟德二年（665年）八月赵丑胡贷练契》：

1. 麟德二年八月十五日，西域道征人赵丑

2. 胡于同行人左憧憙边贷取帛练

3. 叁疋，其练回还到西州，拾日内还

4. 练使了，到过具月不还，月别依

5. 乡法酬生利，延引不还，听拽家财

6. 杂物，平为本练直，若身东西不在，

7. 一仰妻儿还偿本练，其练到安西

①《吐鲁番出土文书》（录文本）第四册，北京：文物出版社，1983年，第269—270页。

8. 得赐物，只还练两疋；若不得赐，始

9. 还练叁疋。<u>两和立契，获指为验。</u>

10. 　　练主左

11. 　　贷练人赵丑胡（押）

12. 　　保人白五千（押）

13. 　　知见人张轨端

14. 　　知见人竹秃子（押）①

《唐龙朔四年（664年）西州高昌县武城乡运海等六人赁车牛契》：

> 龙朔四年（664年）正月廿五日，武城乡□运海、范欢进、张□□六人□□赁具到□□□一道□文，更依乡价输送，□具有失脱，一仰□□知当，若车牛到赤亭，□依价仰□依乡价上。两和立契，获指……。②

　　说明乡司对租赁车牛运送货物的价格有比较具体明确的规定，乡政权对本乡内市场价格的管理具有决定权。

　　从这些文书中可以看出，敦煌和吐鲁番地区民间借贷行为是非常普遍的，而且借贷双方需要立"私契"。"官有政法，人从私契"可以看出，这种私人契约与官方的规定没有关系，两者是不同的规则，人从私契一般遵照的是"乡法"，即以乡为基层单位的约定俗成的规则。从"依乡法酬生利"，可以进一步看出乡法中对利息的数额有明确的规

---

① 《吐鲁番出土文书》（录文本）第六册，第412—413页。
② 《吐鲁番出土文书》（录文本）第五册，第145—146页。

定，而且民间私契和乡法如同政府的官法一样具有权威和约束力。而当这种乡法制约下的民间契约出现违约行为，无法裁决时，人们会选择告官，由官府出面解决。官府是承认这种私契的，解决方案就是在私契的基础上另立契约，并规范执行。于是我们看到，敦煌吐鲁番地区的民间基层的社会秩序是官法和乡法相互交织在一起共同起作用的①。

唐朝的法律对民间的私契也是有所关注的。《唐律》规定：

> 诸公私以财物出举者，任依私契，官不为理。每月取利，不得过六分。积日虽多，不得过一倍。若官物及公廨，本利停讫，每计过五十日不送尽者，余本生利如初，不得更过一倍。家资尽者，役身折酬。役通取户内男口，又不得回利为本（其放财物为粟麦者，亦不得回利为本及过一倍）。如违法积利、契外掣夺及非出息之债者，官为理。收质者，非对物主不得辄卖。若计利过本不赎，听告市司对卖，有剩还之。如负债者逃，保人代偿。②

S.2174号文书《九年（909年）闰八月敦煌县神沙乡董加盈兄弟分书》结尾载：

见人阿舅石神（押）　　　　　兄董加盈（押）

见人耆寿康常清（押）　　　　弟董怀子（押）

见人兵马使石福顺（押）　　　弟董怀盈（押）③

---

① 孟宪实：《国法与乡法：以吐鲁番、敦煌文书为中心》，《新疆师范大学学报》（哲学社会科学版）2006年第1期，第99—105页。

② 《宋刑统》卷二六《杂律》，北京：中华书局，1984年，第412—413页。

③ 唐耕耦、陆宏基：《敦煌社会经济文献真迹释录》第二辑，第149页。

这是一份董家兄弟分割财产的书契，见人选择的是三个不同身份的人，阿舅应该是董家兄弟的亲属，耆寿为乡官，兵马使为归义军职官，在这里，乡官临场作见人，也可体现乡政权调解民户家族内部纠纷的责任。乡官在敦煌契约文书中经常会以见人的身份出现，充分说明乡官在民众当中具有一定的权威，是值得依托和信赖的对象。

（四）坊巷基层组织的社会教化功能

晚唐五代宋初的敦煌归义军时期，敦煌城内设有坊，如释教坊、儒风坊、大贤坊、永宁坊、修文坊、旌坊、兴善坊、怀安坊、钦贤坊、乘安坊、临池坊、政教坊、修仁坊、博望坊、定难坊、渌水坊、龙马坊等17坊①。参见下表：

唐后期五代宋初沙州城坊表

城坊	纪年	坊内活动	卷号
释教坊	元和七年（812年）	僧索定国私第	P.4640、S.530、P.2021v
儒风坊	大中年间（847—860年）	修订社约	S.2041
	乾德六年（968年）	宅舍交易	S.3876
博望坊	丙申年（876年）或（936年）	上窟燃灯	BD14682（北新882号）
大贤坊	光启三年（887年）	释门超度亡灵的法事活动	北图藏字26号背
永宁坊	乾宁四年（897年）	宅舍交易	S.3877v1
	天复二年（902年）	舍地回换	S.3877v2
修文坊	贞元十三年（797年）	造像菩萨	P.5598
	光启三年（887年）	修造佛塔	P.4040v
	金山国时期（906—911年）	修葺兰若	P.4040v
	清泰三年（936年）	宅舍交易	S.1285
	太平兴国五年（980年）	李存惠"私第"	S.289

---

① 赵贞：《归义军史事考论》，北京：北京师范大学出版社，2010年，第92页。

续表

城坊	纪年	坊内活动	卷号
旌坊	戊辰年（968年）	社内互助	P.3489
钦贤坊	清泰四年（937年）	阴善雄"私第"	P.2482
怀安坊	天福八年（943年）	罗盈达"私宅"	P.2482
渌水坊	甲辰年（944年）	宅舍交易	北图乃字76号
修仁坊	后周显德五年（958年）	宅舍交易	P.3501v
定难坊	不明	释门超度亡灵的法事活动	P.3645
	广顺四年（954年）	索勋儿媳张氏"私第"	P.3556
	开宝九年（976年）	宅舍交易	北图生字25号背
	雍熙三年（986年）	社内教育	S.4307
临池坊	太平兴国七年（982年）	宅舍交易	S.1398
政教坊	太平兴国九年（984年）	宅舍交易	S.3835
	不明	宅舍交易	S.8691
兴善坊	淳化三年（992年）	释门超度亡灵的法事活动	S.5696
乘安坊	丁酉年（997年）	社内置办营葬	P.3636
龙马坊	不明	粟麦借贷	ДX.11080

（图表来自赵贞：《归义军史事考论》，第104—105页）

从这些坊巷名称来看，大多取儒家所倡导的修齐、治国、平天下的理念及伦理道德风尚之意，其所欲彰显和营造的儒家文化氛围昭然若揭。如修文、修仁、政教等就含有儒家文教观念及仁爱思想；旌坊、大贤、钦贤、儒风等坊的名称则是期望通过旌表贤良淑德、高风亮节等道德榜样来宣扬儒家道德伦理，进而起到教化、化导乡民行为的作用；永宁、怀安二坊的名称显然含有期望国家长治久安、百姓安居乐业的美好愿望。事实上，据赵贞的研究，"沙州城的这些坊名，唐两

京城坊中多有大致相近的字词予以对应。"①唐长安城朱雀门街东第三
街即设置有永宁坊，坊内设有京兆府籍坊、司天台等机构②；东都定鼎
门街东第一街也有称为修文坊的城坊；西京东都设有仁风、淳风、宣
风三坊，沙州儒风坊的命名含义应该与之相似；大贤坊、钦贤坊之设
与唐代西京待贤坊、崇贤坊、群贤坊、东都尚贤坊、集贤坊、尊贤坊
异曲同工，都有崇尚贤德、招徕贤士的寓意；怀安坊、乘安坊之名与
唐代西京东都怀仁坊、恭安坊、靖安坊、永安坊、常安坊相近；政教
坊之名与唐代西京布政坊、颁政坊、立政坊、道政坊、修政坊相近，
与东都明教坊、崇政坊、宣教坊、富教坊、宽政坊、道政坊寓意相近，
都具有宣明政教、勤修政事的含义。此外，还有兴善坊、尚善坊、旌
善坊、劝善坊、择善坊、修善坊、嘉善坊、章善坊、询善坊、从善坊、
积善坊等近11坊，都与弘扬儒家仁义、善行有关。可见，唐代沙州坊
名的命名显然参照或借用了唐代两京城坊名称的某些字词，因而打上
了儒家文化的深刻烙印③。

　　敦煌的其他城坊名称中，博望坊应该源于西汉张骞"博望侯"的封
号，取这样一个名称作为坊巷的命名，显然是寄托对敦煌先贤历史人
物的尊崇和怀念之意，也有引导民众去学习与仿效的含义。临池坊应
该是取东汉敦煌书法家张芝"临池学书"之意，张芝善草书，有"草
圣"之誉，晋卫恒《四体书势》记载："凡家中衣帛，必书而后练之；
临池学书，池水尽墨。"敦煌P.2005号文书《沙州都督府图经》记载：

　　① 赵贞：《归义军史事考论》，第92页。
　　② ［清］徐松撰，［清］张穆校补：《唐两京城坊考》卷三《西京外郭城》，北京：中华书局，1985
年，第62页。
　　③ 赵贞：《归义军史事考论》，第93页。

"张芝墨池，在县东北一里，效谷府东南五十步。右后汉献帝时，前件人于此学书，其池尽墨，书绝世，天下名传。因王羲之《勘书论》云：'临池学书，池水尽墨，好之绝伦，吾弗及也。'"①P.3929《敦煌古迹廿咏》"墨池"条有："昔人精篆素，尽妙许张芝。……长想临池处，兴来聊咏诗。"②以张芝临池写书的历史人物事迹作为坊名，也是有对敦煌古代历史人物的缅怀和敬仰之意。

释教坊见于敦煌文书S.530、P.2021v和P.4640缀合而成的《沙州释门索法律窟铭》，记载索法律和尚义辩："皇考顿悟大乘贤者，讳定国，……春秋五十有六，以元和七年（812年）岁次甲（壬）辰三月十八日终于释教坊之私第也，以其月廿五日葬为（于）洪润乡浮图渠东老师峰南原之礼也。"③此释教坊应该与佛教有关，具有弘扬佛教或举行佛事法会、进行佛教教育的作用。释教坊可能是归义军时期专为僧官、僧人群体设立的居住区域④。

龙马坊之名据赵贞先生研究认为："龙马坊之名当与渥洼池所出天马有关。"⑤龙马坊一名见于Дx.11080《借贷契》中："……硕，见在龙马坊。"据《周礼》载："马八尺以上为龙，七尺以上为騋，六尺以上为马。"⑥《春秋公羊传注疏》"隐公元年秋七月"条："天子马曰龙，高七尺以上，诸侯曰马，高六尺以上。"⑦后世常常称骏马为龙马，以

---

① 王仲荦：《敦煌石室地志残卷考释》，上海：上海古籍出版社，1993年，第133页。
② 郑炳林：《敦煌地理文书汇辑校注》，第139页。
③ 郑炳林：《敦煌碑铭赞辑释》，第73页。
④ 濮仲远：《唐宋时期沙州城坊考》，《兰州学刊》2005年第2期，第96页。
⑤ 赵贞：《归义军史事考论》，第95页。
⑥ [清]阮元校刻：《十三经注疏（清嘉庆刊本）》，《周礼注疏》卷三三《夏官司马·廋人》，第861页。
⑦ [清]阮元校刻：《十三经注疏（清嘉庆刊本）》，《春秋公羊传注疏》卷一《隐公元年》，第2195—2199页。

示美誉。敦煌汉代就有关于"天马"的记载,P.5934《沙州地志》云:"按《汉书·孝武本纪》:'元鼎四年秋,马生渥洼水中,作天马之歌。'"①渥洼池位于今敦煌南湖绿洲的东南部,相传为汉武帝时天马所出地②。

敦煌城坊内居住着官员、僧人及普通百姓,是民众日常居住区域和生活场所,坊巷内开展多种多样的社会和文化活动,坊巷内还有民众自愿结成的"社邑"组织,他们互助合作、共同遵守社邑组织制定的社条规范。考察现有敦煌文书可知,沙州17个坊中,确知有4个坊内设有社邑组织开展互助合作活动,分别是儒风坊、修文坊、旌坊和乘安坊。S.2041《唐大中年间(847—860年)儒风坊西巷社社条》载,"结义相和""赈济急难,用防凶变""备凝凶祸,相共助诚(成)"。P.3489《戊辰年(968年)正月廿四日旌坊巷女人社社条》云:"各自荣生死者,纳麦一斗,须得齐同,不得怠慢……或有凶事荣亲者,告报录事,行文放帖。"③另外,城坊内社邑组织还一起举办各和佛教活动,广济善缘,弘扬佛法。BD14682(北新882年)《女人社社条》云:"因为上窟燃灯,众坐商议,一齐同发心,限三年愿满。"④

归义军时期,敦煌修文坊巷的佛教活动十分兴盛,主要有建塔造像和举行一些佛教仪式。

P.4044《修佛塔文》记载,光启三年(887年)五月十日,"修文坊巷社四十二家创修私佛塔",并彩绘壁画,转经作福,寄望"当今帝主,圣寿清平""我尚书(张淮深)永作河湟之主""城隍万姓永故

---

① 郑炳林:《敦煌地理文书汇辑校注》,第45页。

② 李正宇:《渥洼水天马史事综理》,《敦煌研究》1990年第3期。

③ 宁可、郝春文辑校:《敦煌社邑文书辑校》,南京:江苏古籍出版社,1997年,第5—7页。

④ 郝春文:《〈敦煌社邑文书辑校〉补遗》,见郝春文《中古时期社邑研究》,台北:新文丰出版公司,2006年,第397页。

（固），社稷清平"①。金山国时期，"修文坊巷社敦煌耆寿王忠信、都勾当伎术院学郎李文进知社众等计四十八人"，"奉为我拓西金山王（张承奉），永作西陲之主"，抽减资财，修葺"上祖兰若，敬绘两廊大圣"②。S.474《塑释迦牟尼等佛像记》亦提道："时则有三官社众等，于当坊兰若内塑释迦牟尼佛并二菩萨阿难迦叶金刚神等一座。"③S.4860v《社邑建兰若功德记并序》称："敦煌城内某坊邑义社众二十八人集资买地，造置伽蓝，内素（塑）释迦牟尼佛并侍从，东壁画降魔变相，西壁画大圣千臂千眼菩萨一铺，入门两边画如意轮不空绢索，门外檐下绘四大天王及侍从，四廊绘十照贤圣。"④在佛教文化充盈敦煌全境的氛围中，坊巷义社开展的佛事活动极其普遍，他们或修造佛塔，或开窟造像，或抄写佛经，或创建伽蓝，或修葺佛堂，对佛教的广泛流布及深入人心起到了推波助澜的作用。

　　佛教仪式活动主要是为亡故的父母双亲举行追福设供等。北图藏字26号背《唐光启三年（887年）僧善惠为亡母延僧追福疏》载："谨请西南方鸡足山宾头卢颇（波）罗堕和尚，右今月十日于阎浮世界。沙州为大贤坊就弊居奉为亡母大祥，追福受佛。"⑤S.5696《淳化三年（992年）八月内亲从都头陈守定请宾头卢颇（波）罗堕上座疏》："今于大宋国兴善坊就弊居奉为故慈父都押衙七七追荐设供。"⑥P.3645《请

---

　　① 宁可、郝春文辑校：《敦煌社邑文书辑校》，第661页。

　　② 宁可、郝春文辑校：《敦煌社邑文书辑校》，第666—667页。

　　③ 宁可、郝春文辑校：《敦煌社邑文书辑校》，第670页。

　　④ 宁可、郝春文辑校：《敦煌社邑文书辑校》，第680页。

　　⑤ 姜亮夫：《莫高窟年表》，上海：上海古籍出版社，1985年，第436页；黄永武：《敦煌宝藏》第104册，第270页。

　　⑥ 唐耕耦、陆宏基：《敦煌社会经济文献真迹释录》第四辑，第184页。

宾头卢疏》文中提到一位居于修文坊巷的施主，"谨请西南方鸡足山宾头卢波罗堕上座和尚"①，在坊内为已故慈父举行追念活动。

　　另外，据敦煌文书资料记载，晚唐五代宋初敦煌地区还存在管理六街的官员——知六街务。唐代长安城的建筑格局中有"六街"建制，此"知六街务"应为管理六街的官员。文献所见敦煌沙州城内的街道有街南、街北、南街的记载。P.2612《儿郎伟》称："阶（街）南公段（断）去交易，街北将硬秤进颠。毛国番人，不会汉法。"②S.6981《兄弟转帖》中有"南街都头荣亲"，这里的南街都头应该就是南街的管理者。关于六街，P.2058《发愿文》称："厥今青阳告参，严佛像于六街；花散南枝，结真场于巷陌。"③S.3914《结坛发愿文》："雨上巡绕，香汤遍洒于六街；经咒真言，演畅声□于四陌。"④

　　既然沙州设有六街，自然会有专门巡视、管理六街事务的官员。归义军曹氏时期，已经可以确知设置了专门管理六街的官员——知六街务。莫高窟第98窟供养人画像中，有题记曰："节度押衙知六街务银青光禄大夫检校国子祭酒兼御史中丞上柱国索再盛。"⑤归义军政权机构还设有"知街院"一职，可能负责"六街"以外街道院落的管理⑥。莫高窟第437窟北壁下宋代西向第二身题名曰："故节度押衙知□（街）院□事张□□一心供养。"⑦除此之外，归义军衙内的马步都虞侯本是

①《法藏敦煌西域文献》第26册，上海：上海古籍出版社，2002年，第205页。

② 黄征、吴伟编校：《敦煌愿文集》，949页；《法藏敦煌西域文献》第16册，上海：上海古籍出版社，2001年，第251页。

③ 黄征、吴伟编校：《敦煌愿文集》，第336页。

④ 黄征、吴伟编校：《敦煌愿文集》，第594页。

⑤ 敦煌研究院编：《敦煌莫高窟供养人题记》，第35页。

⑥ 赵贞：《归义军史事考论》，第91页。

⑦ 敦煌研究院编：《敦煌莫高窟供养人题记》，第166页。

主管军纪的，似乎也兼"六街"治安事务的巡查与管理。P.3518《张保山邈真赞并序》记载张保山在任职左马步都押衙五年以来，"内外告安泰之声，囹圄止讹斜（邪）之遗。冰清月皎，六街无奸盗之非。防陷虑虞，百坊叹长年之庆"①。P.3718《张清通写真赞并序》云："以公清慎公忠，兼委左厢虞侯。一从要委，俄历数十年间。……六街帖静，罢息生奸。"②可知张清通主要负责维护"六街"的治安，在稳定城内秩序方面起到了积极作用③。

综观敦煌归义军时期的州、县、乡、坊巷行政组织，自上而下形成了一条非常严密的系统，而且每一级行政组织都有相关教化职能，其分工较为细致，体现了敦煌归义军地方政权行政体系的健全和教化功能的强大。

第二节　官学引导和推动地方社会教育

中国古代官学有着悠久的历史，《孟子·滕文公上》记载："夏曰校，殷曰序，周曰庠，学则三代共之。"可知，早在夏商周三代时期就已经有了学校的雏形。在历史发展的过程中，学校在不断地完善，但其"化民成俗"的本质却没有改变，学校就是为实现社会教化而存在的。

自汉武帝独尊儒术政策颁布以后，儒学就与权力不可分割了，儒

---

① 郑炳林：《敦煌碑铭赞辑释》，第506页。
② 郑炳林：《敦煌碑铭赞辑释》，第441—442页。
③ 赵贞：《归义军史事考论》，第92页。

家经学知识也就一跃而成为中央太学、地方官学乃至民间私学的主要
教育内容。建元五年（前136年），置五经博士；元朔五年（前124年）
"为博士官置弟子五十人"①，标志着中央官学——太学的正式确立。
太学一经创办，即吸引了大量的学生前来求学，成帝时学生数量达到
三千人，东汉质帝时据说上升至三万多人。表明朝廷利用太学等官学
教育机构极大地传播了儒家教化思想，扩大了社会影响，从而体现了
董仲舒关于太学功能的表述："太学者，贤士之所关也，教化之本源
也。"②

至隋唐时期，中国的封建社会达到了鼎盛，"独尊儒术、兼重佛
道"是这一时期文化教育发展的主流，这与当时的社会政治、经济和
文化是相对应的，同时也受到当时中外文化交流繁荣发展的影响。唐
代政权建立之后就很重视建立地方官学，并逐步形成了一套完备的地
方官学体系：

> 及高祖建义太原，初定京邑，虽得之马上，而颇好儒臣。以
> 义宁三年五月，初令国子学置生七十二员，……太学置生一百四
> 十员，……四门学生一百三十员，……上郡学置生六十员，中郡
> 五十员，下郡四十员。上县学并四十员，中县三十员，下县二十
> 员。③

到了唐玄宗开元时期，再次下诏：

---

① ［汉］班固撰，［清］颜师古注：《汉书》卷八八《儒林传》，第3594页。
② ［汉］班固撰，［清］颜师古注：《汉书》卷五六《董仲舒传》，第2512页。
③ ［后晋］刘昫等撰：《旧唐书》卷一八九《儒学上》，第4940页。

开元二十六年正月十九日敕，古者乡有序，党有塾，将以宏长
儒教，诱进学徒。化民成俗，率由于是。其天下州县，每乡之内，
令各置一学，仍择师资，令其教授。①

宋代地方官学教育体系大约在北宋开国80余年之后建立。《宋史》
卷一六七《职官七》"教授"条载：

景祐四年，诏藩镇始立学，他州勿听。庆历四年，诏诸路州、
军、监各令立学，学者二百人以上，许更置县学，自是州郡无不有
学。始置教授，以经术行义训导诸生，掌其课试之事，而纠正不如
规者。②

欧阳修《吉州学记》中称：

庆历四年三月诏天下皆立学，置学官之员。然后，海隅徼塞，
四方万里之外莫不有学，宋兴盛八十有四年，而天下之学始克大
立。③

隋唐时期官学种类繁多，体制严密④。地方也普遍设置学校，体现

---

① ［宋］王溥撰：《唐会要》卷三五《学校》，北京：中华书局，1955年，第635页。
② ［元］脱脱等撰：《宋史》卷一六七《职官七》，第3967页。
③ ［宋］欧阳修著，李逸安点校：《欧阳修全集》卷三九《吉州学记》，北京：中华书局，2001年，
第572—573页。
④ 毛礼锐、沈灌群主编：《中国教育通史》第二卷，济南：山东教育出版社，1986年；孙培青主
编：《中国教育史》，上海：华东师大出版社，1992年。

了唐代教育的兴盛和普及。如武德元年（618年）初令郡县学亦各置生员，武德七年（624年）又下兴学诏："州县及乡里，并令置学。"同时还规定了官学中学生和教师的名额。覆盖面较广的唐代私学，成为唐代教育制度中不可缺少的组成部分，具有不同层次、办学灵活、机构简单、形式多样、内容丰富、覆盖面较广的特点。

敦煌出土文书中有关敦煌地方教育方面的资料，为上述正史记载提供了更为翔实的证据。

一、敦煌州、县官学教育

敦煌藏经洞P.2005《沙州都督府图经》记载："州学，右在城内，在州西三百步，其学院内，东厢有先圣太师庙，乙（堂）内有素（塑）先圣及先师颜子之像，春秋二时奠祭，医学，右在州学院内。" P.2005《沙州都督府图经》残卷还记载有县学："县学，右在州学西，连院，其院中东厢有先圣太师庙，堂内有素（塑）先圣及先师颜子之像，春秋二时奠祭。"除敦煌县学，还有沙州所属寿昌县县学记载。P.5034《沙州地志》曰："一所县学右在县城内，在西南五十步，其［院中，东厢有先圣太师庙］，堂内有素（塑）先圣及先师［颜子之像，春秋二时祭］。"

敦煌地区有州学和医学，医学在州学之内，州学有州学博士；县有县学，县学内设有经学教育，不设医学。敦煌藏经洞发现了16个卷号的《孔子项讬相问书》变文写卷，黄征、张涌泉《敦煌变文校注》中有对这个变文的校注，文中最后一句提到"夫子当时甚惧怕，州县分明置庙堂"①，即在敦煌分别设置有州、县官学。周谷平认为这一材料亦说明唐代敦煌地区有由孔庙所代表的祭祀空间与讲堂所代表的教学空间的结合②。这种制度最早出现于东晋孝武帝时期，唐太宗时期已经较为普及了。敦煌文献中的这一记载也为教育史的这一现象提供了证据。

有州学就必然有州学博士和国子祭酒。敦煌文书有若干关于州县学博士的记载，P.2937《太公家教》卷末题记有云："维大唐中和四年（884）二月二十日，沙州敦煌郡学士郎兼充行军除解、［守］太学博士宋英达。"P.2005记载有"（州）学博士上柱国张大忠"。莫高窟第220窟南壁墨书题记中记载了翟奉达的上祖翟通曾任唐代敦煌郡博士③，翟奉达本人在五代后唐时期也担任敦煌州学博士。从敦煌文书中共检出7条有关敦煌州学博士的记载。

敦煌归义军时期敦煌州学博士一览表

年号	西元	姓名	记事	典据
大中五年	851年	僧慧菀	释门都监察僧正兼州学博士	杜牧"樊川文集"卷二〇
中和四年	884年	宋英达	维大唐中和四年（884年）二月二十日，沙州敦煌郡学士郎兼充行军除解、[守]太学博士宋英达	P.2937《太公家教》卷末题记
乾宁三年	896年	张思贤	归义军节度使押衙、兼参谋、守州学博仕（士）、将仕郎	斯2263"葬录卷上"
		张大忠	（州）学博士上柱国张大忠	P.2005
天福十年	945年	翟奉达	州学博士	王重民"敦煌古籍叙录"第121页

① 黄征、张涌泉:《敦煌变文校注》,北京:中华书局,1997年,第359页。
② 周谷平:《敦煌出土文书与唐代教育的研究》,《华东师范大学学报》(教育科学版)1995年第3期,第55页。
③ 马德:《敦煌莫高窟史研究》,兰州,甘肃教育出版社,1996年,第85—87页。

续表

年号	西元	姓名	记事	典据
显德三年	956 年	翟奉达	登仕郎守州学博士	斯 95 "显德三年丙辰岁具注日历"
显德六年	959 年	翟奉达	朝议郎、检校尚书工部员外、行沙州经学博士、兼殿中侍史、赐绯鱼袋	伯 2623 "显德六年己未岁具注历日"

国子祭酒者，是为国子监之长官并掌"邦国儒学训导之政令"①。唐承隋制，设置国子监。有唐一代，国子监屡次更名，还有司成馆、成均监等名。关于宋代国子监的设置，《资治通鉴长编》卷三记载较为翔实："周世宗之二年，始营建国子监，置学舍。上既受禅，即诏有司增葺祠宇，塑绘先圣、先贤、先儒之像。上自赞孔、颜，命宰臣、两制以下分撰余赞，车驾一再临幸焉。"②

国子监的行政官员由国子祭酒、司业、丞、主簿、录事等组成。《新唐书·百官志》载：

祭酒一人，从三品；司业二人，从四品下，掌儒学训导之政，总国子、太学、广文、四门、律、书、算凡七学。天子视学，皇太子齿胄，则讲经义。释奠，执经论义，奏京文武七品以上观礼。凡授经，以《周易》《尚书》《周礼》《仪礼》《礼记》《毛诗》《春秋左氏传》《公羊传》《谷梁传》各习一经，兼习《孝经》《论语》《老子》，岁终，考学官训导多少为殿最。

---

① [唐]李隆基撰，[日]广池千九郎训点、内田智雄补定：《大唐六典》卷二一，西安：三秦出版社，1991 年，第 394 页。

② [宋]李焘撰：《资治通鉴长编》卷三《太祖》，第 68 页。

丞一人，从六品下，掌判监事。每岁，七学生业成，与司业、祭酒莅试，等第者上于礼部。

主薄一人，从七品下。掌印，句督监事。七学生不率教者，举而免之。录事一人，从九品下。[①]

《宋·职官志五》"国子监"条记载：

旧置判监事两人，以两制或带职朝官充，凡监事皆总之。……丞一人，以京朝官或选人充，掌钱谷出纳之事。主薄一人，以京官或选人充，掌文薄以勾考其出纳。旧制，祭酒阙，始置判监事。元丰官制行，始置祭酒、司业、丞、主薄各一人。祭酒，掌国子、太学、武学、律学、小学之政令，司业为之贰，丞参领兼事。凡诸生之隶于太学者，分三舍。始入学，验所隶州公据，以试补中者充外舍。斋长、谕月书其行艺于籍，行谓率教不戾规矩，艺谓治经程文。季终考于学谕，次学录、次学正，次博士然后考于长贰。[②]

沙州第一任国子祭酒李明振的官衔为"凉州司马检校国子祭酒兼御史中丞"[③]。这里的检校并非虚衔，唐代以本官检校其他司事，时有所闻，但是检校国子祭酒一职只见于沙州归义军时期。检校者：

① 《新唐书》卷四八《百官志》，第1265页。
② ［元］脱脱等：《宋史》卷一六五《职官五》，第3909—3910页。
③ P.4640《大唐宗子陇西李氏再修功德记碑》，见郑炳林《敦煌碑铭赞辑释》，第41页。

依令：内外官敕令摄他司事者，皆为检校；若比司，即为摄判，检校摄判之处，即是监临。若有衍违，罪无减降。其有敕符差遣及比司摄判，摄时即同正职。①

如前所述，国子祭酒其实负有督导全国教育行政之职责。按理沙州本不应有这一职务，即使出现，也不可能是在沙州遥领长安国子监事。所以分析是，由于此一时期仍有州学博士的设置，那么检校国子祭酒当属于地方教育行政长官，这是沙州的特殊现象，也是受吐蕃遗制的影响②。吐蕃统治敦煌时将州学改称国子监，实则是想仿效唐之中央官学，以提高其地位，充分说明归义军政权对教育的重视程度。

据高明士研究考证，整个归义军时期有国子祭酒之衔的有19人次，其中包括李明振、张承奉、翟奉达等显赫人物。具体详见下表：

藏经洞遗书所见归义军时期敦煌国子祭酒

年号	西元	姓名	记事	典据
大中五年	851年	李明振	凉州司马检校国子祭酒兼御史中丞	莫高窟148窟"唐宗子陇西李氏再修功德记"
		张议广	唐河西道节度押衙、银青光禄大夫、检校国子祭酒、侍御史	伯4660"张议广邈真赞"
乾符六年前	879年前	张兴信	前河西节度押衙、银青光禄大夫、检校国子祭酒、兼监察侍御、沙州都押衙	伯4660"张兴信邈真赞"
中和三年以前	883年以前	李明振	河西节度、凉州司马、检校国子祭酒、兼御史中丞、上柱国	莫高窟148窟"唐宗子陇西李氏再修功德记"

① ［唐］长孙无忌等撰：《唐律疏议》卷二《名例律》第十六条，北京：中华书局，1983年，第43页。
② 高明士：《唐代敦煌的教育》，见《汉学研究》第四卷第2期，1986年，第245页。

续表

年号	西元	姓名	记事	典据
中和三年（？）	883年（？）	李明振	银青光禄大夫、检校国子祭酒、守凉州左司马、兼御史大夫上柱国	莫高窟148窟"西壁佛台下男像第十身题名"
光化三年	900年	张承奉	八月。昭宗制前归义军节度副使、权知兵马留后、银青光禄大夫、检校国子祭酒、监察御史、上柱国张承奉为检校左散骑常侍、兼沙州刺史、御史大夫、充归义军节度，瓜、沙、伊、西等州观察处置押蕃落等使	《旧唐书》卷二〇上昭宗本纪
天佑二年—贞明六年	905—920年（？）	张安左	西汉金山国左神策引贺押衙、兼大内支度使、银青光禄大夫、检校国子祭酒、兼御史中丞、上柱国	伯3633"张安左邈真赞并序"
乾化四年	914年	邓弘嗣	节度押衙、银青光禄大夫、检校国子祭酒兼御史中丞、上柱国	莫高窟98窟供养像题名
贞明六年前后	920年前后	阴子升	节度押衙、银青光禄大夫、检校国子祭酒兼御史中丞、上柱国	伯3720"阴和尚墓志铭"
后唐（？）	923（？）—925年	张明集	唐故归义军节度押衙、银青光禄大夫、检校国子祭酒兼侍御史、上柱国	伯3718"张明集邈真赞并序"
贞明六年以后	920年以后	安怀恩	归义军左都押衙、银青光禄大夫、检校国子祭酒、兼御史大夫	伯4276"一万人上表"文前题记
同光三年	925年	翟奉达	节度押衙、守随军（参）谋、银青光禄大夫、检校国子祭酒、兼御史中丞、上柱国	莫高窟220窟甬道北壁发愿文（98窟西壁第十八身供养人题名略同）
清泰前后	933（？）—936年	梁幸德	左马都御侯、银青光禄大夫、检校国子祭酒、兼御史中丞、上柱国	伯3564"莫高窟功德记"
天福七年	942年	李绍宗	晋故归义军节度押衙、知敦煌郡务、银青光禄大夫、检校国子祭酒、兼御史中丞、上柱国	伯3718"李绍宗邈真赞并序"
显德四年以前	957年前	杜思彦	节度押衙、知洪、沙将务、银青光禄大夫、检校国子祭酒、兼御史大夫、上柱国	莫高窟第5窟西龛下南侧北向第四身

续表

年号	西元	姓名	记事	典据
显德四年以后	957年后	杜彦宏	都显知版筑使、银青光禄大夫、检校国子祭酒、兼御史大夫、上柱国	同右第六身
太平兴国五年以前	980年前	李安定	节度押衙、银青光禄大夫、检校国子祭酒、兼御史中丞	斯289"李存惠墓志铭并序"
太平兴国七年	982年	翟文进	押衙知节度参谋、银青光禄大夫、检校国子祭酒	罗福苌辑"伦敦博物馆敦煌书目"
雍熙三年	986年	安彦存	押衙知节度参谋、银青光禄大夫、检校国子祭酒、兼监察御史	伯3403"雍熙三年丙戌岁具注历日并序"

（表格来自高明士：《唐代敦煌的教育》，载《中国敦煌学百年文库》（历史卷），第112—114页）

藏经洞文书中还保存了很多归义军时期敦煌州学、县学学生抄写的文书，有些文书中留有他们的题记。

翟奉达在担任州学博士之前也是州学的学生。北836《逆刺占》卷末记云："于时天复二载（902年）岁在壬戌四月丁丑朔七日，河西敦煌郡州学上足子弟翟再温记。再温字奉达也。"《逆刺占》是一种占卜文献，《唐六典》卷一四载：

凡阴阳杂占，吉凶悔吝。其类有九，决万民之犹豫：一曰嫁娶，二曰生产，三曰历注，四曰房屋，五曰禄命，六曰拜官，七曰祠祭，八曰发病，九曰殡葬。①

敦煌的逆刺占主要是通过对前来占卜者的行为举止、言语神态等因

---

① ［唐］李林甫等著，陈仲夫点校：《唐六典》卷一四《太常寺》，北京：中华书局，1992年，第413页。

素来占卜和预测日常生活中人们所关心的问题，比如出行、健康、疾病、酒食等①。敦煌藏经洞发现的逆刺占类文书均出自归义军时期敦煌文士或者是阴阳师之手，系辑录拼凑相关内容并加入了敦煌民俗内容而形成的地方性占卜文书②。P.2859文书是敦煌藏经洞占卜文书中最长的写卷之一，由《五兆要诀卷》《逆刺占一卷》《占十二时来法》三部分构成。其中《逆刺占一卷》卷末有尾题："州学阴阳子弟吕弇均本，是一一细寻勘了也。""天复四载（904年）岁在甲子夹钟闰三月十二日吕弇均书写。"翟奉达、吕弇均均为当时州学弟子,说明这些占卜类文书是张氏归义军时期州学的教学内容之一，州学有阴阳占卜之学。因为是学生郎抄写，导致抄写质量并不高。经研究发现这类抄写文书

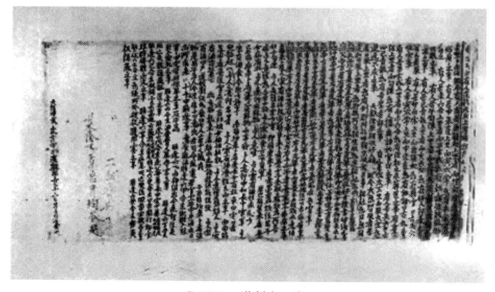

P.2859　逆刺占一卷

---

① 韩红:《从敦煌逆刺占文献看中古时期敦煌民众社会生活》,《吐鲁番学研究》2016年第1期,第41—47页。

② 刘永明:《敦煌占卜与道教初探——以P.2589文书为核心》,《敦煌学辑刊》2004年第2期,第15页。

错讹百出，一方面是文字书写方面的错误，另一方面则为脱漏、衍文、重复、倒置等问题①。BD14636（北新）与P.2859两件文书的内容抄写错误是一致的，或为同一人抄写，或依据的范本是同一个有错误的范本。

散1700《寿昌县地境》末题：

晋天福十年（945年）乙巳岁，六月九日，州学博士翟，上寿昌县令《地境》一本。

此"翟"当为翟奉达无疑。除此之外，敦煌文献中有关州学的记载还有如下几件：

P.3369a《孝经白文一卷》末题：

咸通十五年（874年）八月五日沙州学□索仕德；

P.3783《论语卷第五》末题：

文德元年（888年）正月十三日敦煌郡学士张圆通书；

P.2859d《占十二时来法》末题：

州学阴阳子弟吕逸均本（904年）；

---

① 韩红：《敦煌逆刺占文献校录研究》，兰州大学硕士学位论文，2014年，第17页。

P.2578《开蒙要训一卷》末题：

天成四年（929年）九月十八日敦煌郡学士郎张□□□。

县学生的记载主要有如下几件：P.2832p4《祭文五则》记："县学。□学生□□□□□，四人抽□□□□，一人守□□□□，人患□□□□，一人祖□□□□，人不□□□□，一十□□□□，张元嵩，张承光，吴庭元，王茂□，件状如。"P.2618《论语》卷第一后题记："乾符三年（876年）学士张喜进。"后又有"沙州敦煌县归□□学士张喜进"。S.4057《大波若波罗密多经卷第五百二十四》后题："维大唐乾符六年（879年）正月十三日，沙州敦煌县学士张。"S.1893《大般涅槃经卷第卅七》末题："校了，经生敦煌县学生苏文□书。"

可见归义军时期已经恢复了州县学校，并接收弟子入校学习。官学教育体系基本完备，并逐渐培养出一批诸如张承奉、翟奉达之类的归义军政权所需要的人才。

二、专科教育

医学和道学作为专科教育同样受到归义军地方政权的重视，而且从记载可以看出，基本上是恢复唐朝的建制，遵循中央政府的教育体制来实行。

医学，除了州学、县学，还有州医学。沙州的医学校和州学同在一个院内，前引P.2005《沙州都督府图经》记："医学右在州学院内，于北墙别构房宇安置。"医学校的校址在州学院内，但不是州学的附属。任州医学博士者如P.2657《天宝十载敦煌郡敦煌县差科簿》载："令狐思珍，载五十一，栩卫（三卫色役），医学博士。"令狐氏亦是沙州名族。医学博士教授医学生，同时又行医。

道学，据S.3768《文子》卷末题记："天宝十载七月十七日道学博士索肃林记之，校订。"足以证明当时是有道学，而且设置了道学博士。

三、庙、学并举所营造的公共教化空间

P.2005《沙州都督府图经》还记载了在州学、县学"学院内东厢有先圣太师庙，堂内有素（塑）先圣及先师颜子之像，春秋二时奠祭"①，可证敦煌地区实行庙学制，以孔子作为先圣先师，体现了对孔子的尊崇。从《沙州都督府图经》记载还可获知太师庙建在州、县学院内，与州学、县学等官学教育机构是一体存在的。另外P.3271《论语集解》题记："乾符四年（877年）丁酉岁正月十三庙堂内记也。"此"庙堂"应指的是州县学内的庙堂，学习《论语》也是州县官学教育的主要内容。庙学制的设立充分体现归义军政权对儒学教育的推崇。

庙学教育是我国古代地方官学的一种主要形式，在我国教育史上曾占据非常重要的地位。庙学教育作为我国古代的一种教育制度，是指学校以孔庙（文庙）为主轴而展开儒学知识体系的教育，就是在学校中设有文庙（孔庙），围绕孔子祭祀礼仪而进行学校各种教育活动的制度②。对于中国古代州、县学学校教育空间来说，学院一般分为两部分：以孔庙为中心的祭祀空间与以明伦堂为中心的教学空间③。

---

① 王仲荦：《敦煌石室出〈沙州都督府图经〉残卷考释》，见《常书鸿先生诞辰一百周年纪念文集》，杭州：浙江古籍出版社，2004年，第182页。

② 高明士：《中国中古的教育与学礼》，台北：台湾大学出版中心，2005年，第1—2页。

③ 田增志：《中国庙学教育实践及其启示》，《内蒙古民族大学学报》2009年第5期，第112页；胡务：《元代庙学——无法割舍的儒学教育链》，成都：四川出版集团、巴蜀书社，2005年，第1页。

敦煌《沙州都督府图经》中所记庙学内容虽然简单，但也完整反映了中国古代尤其是唐代敦煌地方庙学的设立情况。最早的孔庙是公元前478年鲁哀公在曲阜孔子故居所建。北魏孝文帝太和十三年（489年）在京都洛阳建孔庙。唐贞观二年（628年），唐太宗诏令停祭周公，升孔子为先圣，以颜回配，于是文庙祭祀之礼逐步完备。贞观四年（630年）诏州县皆立孔子庙，标志着地方建立孔庙的开端。

统治者修建和祭祀孔庙自汉代就开始了。汉高祖刘邦以太牢到曲阜祭祀孔子；汉光武帝派遣大司空去曲阜祭孔；汉明帝的儿子汉章帝到曲阜祭祀孔庙，并祭祀七十二贤人；汉恒帝下诏修建孔庙，并派遣孔子后裔孔和为守庙官。北魏孝文帝、晋武帝多次举行祭孔仪式；唐高宗时期，长安的孔庙数量达到30多个；宋太祖下诏在孔庙门前立十六戟，并亲自撰写孔子和颜回的赞词。北宋永熙年间，用于修建孔庙的建筑蓝本《文宣王庙阁》流入民间后，极大地促进了孔庙在各地的建立发展。

早期的孔庙是独立存在的，似并没有与学校相结合。目前可知学校与孔庙的结合最早的例子始于南北朝时期，北齐文宣帝令郡学内立孔庙，并形成了每年春秋举行两次祭祀活动的规制，开创了孔庙与学宫并置的先河①。

有多位学者对敦煌《沙州都督府图经》的编纂年代做过研究。罗振玉认为其编纂于开元天宝年间，王重民认为作于武则天时期②；池田温考证为上元三年（676年）之后至证圣元年（695年）以前近二十年

---

① 冯刚、苗严、胡惟洁：《"庙学制度"——中国古代高等教育机构空间组织形式探析》，《新建筑》2019年第1期，第131页。

② 王重民：《敦煌古籍叙录》，北京：商务印书馆，1958年，第113—117页。

间成型，武周证圣元年作补订，开元初年又增补了一些内容，永泰二年（766年）沙州升格为都督府之后定为《沙州都督府图经》①。李正宇先生亦持此说②。李并成和朱悦梅认为是自永徽二年以后在《沙州图经》的基础上，不断进行的修改编纂③。李宗俊在前述研究的基础上，判定《沙州都督府图经》撰成于武周长寿元年（692年），在武周正圣元年（695年）和开元初年（约719年）补续，并进一步推断692年撰成时为"沙州都督府图经卷第一"，695年修补后为"卷第二"④。

《沙州都督府图经》撰修的年代恰与贞观四年诏州县皆立孔子庙的时代相符，反映了初唐时期敦煌立孔子庙的情况。

除了孔子先圣庙外，敦煌还有两所先王庙：

> 先王庙　右在州西八里。《西凉录》，凉王李暠谥父为凉简公，于此立庙，因号先王庙，其院周回三百五十步，高一丈五尺。次东有一庙，是暠子谭、让、恂等庙，周回三百五十步，高一丈五尺，号约李庙。屋宇除毁，阶墙尚存。⑤

《太平御览》卷一二四引《十六国春秋·西凉录》："李暠为大将军、凉公，领秦、凉二州牧，追尊祖弇凉景公，父昶凉简公。"⑥谭，

---

① ［日］池田温：《沙州图经略考》，见《榎博士还历纪念东洋史论丛》，东京：山川出版社，1975年，第42—101页。

② 李正宇：《古本敦煌乡土志八种笺证》，第11页。

③ 朱悦梅、李并成：《沙州都督府图经纂修年代及其相关问题考》，《敦煌研究》2003年第5期，第61—65页。

④ 李宗俊：《〈沙州都督府图经〉撰修年代新探》，《敦煌学辑刊》2004年第1期，第53—59页。

⑤ 王仲荦：《敦煌石室出〈沙州都督府图经〉残卷考释》，第183页。

⑥ ［宋］李昉等：《太平御览》，北京：中华书局，1960年，第601—602页。

裔之长子；歆，裔之次子；让，亦裔子，为敦煌太守。

> 孟庙 右在州西五里。按《西凉录》：神［玺］二年，敦煌太
> 守孟敏为沙州 刺史，卒官，葬于此。其庙周回三百步，高一丈三
> 尺。①

《晋书·凉武昭王李玄盛传》云："吕光末，京兆段业自称凉州牧，以敦煌太守赵郡孟敏为沙州刺史，署玄盛效谷令，敏寻卒。"②

虽然《沙州都督府图经》所记为唐初庙学教育，但从其他文献资料可推知宋、元、明、清时期文庙祭祀制度一直都是中央和地方固定的制度。元代制定了《庙学大典》，迄元代为止，孔庙间逢战乱，容有停祀或破坏，祭祀礼仪却日增月益，尊崇有加③。庙学中的"庙"具有祭祀和信仰的功能，"学"则是指教学，"庙"与"学"共同构成古代教育的公共空间。一般来说，庙学是以"庙"为主体而展开，两部分之间用围墙间隔④，而且历史上庙学的结构为"东庙西学""西庙东学"或"前庙后学"，北京孔庙与国子监的关系、四川德阳文庙与明伦堂的关系都是庙学一体。唐代敦煌的庙与学很显然建于同一个院内，庙位于"东厢"，则学应该在"西厢"。有学者认为这样的教育空间结构，可以视作一个是道德信仰的塑造空间，一个是科学知识的教育空间⑤，也有一定的道理。

---

① 王仲荦：《敦煌石室出〈沙州都督府图经〉残卷考释》，第184页。
② ［唐］房玄龄等：《晋书》卷八七，北京：中华书局，1974年，第2257页。
③ 高明士：《中国教育史》，台北：台湾大学出版中心，2004年，第78—81页。
④ 高明士：《中国中古的教育与学礼》，第1—2页。
⑤ 田增志：《中国庙学教育实践及其启示》，《内蒙古民族大学学报》2009年第5期，第113页。

《沙州都督府图经》还记载了一些用以纪念前贤的冢、堂等建筑。

一所冢

阚冢　右在州东廿里，阚骃祖倞之冢也。《后魏书》云："骃字玄阴，敦煌人也。祖倞，有名于西土；父玫，为一时秀士，官至会稽 ［令］。"①

三所堂

嘉纳堂　右按《西凉录》："凉王李暠庚子五年，兴立泮宫，增高门学生五百人。起嘉纳堂于后园，图赞所志。"其堂毁除，其阶尚存。其地在子城东北罗城中，今为效谷府。

靖恭堂　右按《西凉录》："凉王李暠庚子三年，于西门外临水起堂，以议朝政，阅武事。"今堂（其）［基］尚存，余并破毁。

谦德堂　右按《西凉录》，李暠建以听政，其堂在子城中恭德殿南，今并除毁。②

这三所堂都与西凉王李暠有关。《太平御览》卷一二四引《十六国春秋·西凉录》《晋书·凉武昭王李玄盛传》等都对李暠兴立泮宫，增高门学生五百人，建立靖恭堂，图赞自古圣帝明王、忠臣孝子、烈士贞女等事有记载。

根据现存各类文庙的配套建筑中都有"明伦堂"的记载，敦煌所建此"三所堂"或许是与"明伦堂"具有类似的功能，可视作是孔庙的

① 王仲荦：《敦煌石室出〈沙州都督府图经〉残卷考释》，第183页。
② 王仲荦：《敦煌石室出〈沙州都督府图经〉残卷考释》，第184—185页。

附属建筑。如刘清之《县学记》记载江西萍乡文庙，始建于公元618—626年，建筑包括礼殿、伦堂、经阁等。

> 张芝墨池　在县东北一里效谷府东南五十步　右后汉献帝时，前件人此学书，池水尽墨。书绝世，天下传名。因兹王羲之《番书论》云："临池学书，池水尽墨，好之绝伦，吾弗及也。"又"草书出自张芝，时人谓之圣"。其池年代既远，并磨灭。古老相传，池在前件所。去开元二年九月，正议大夫使持节沙州诸军事行沙州刺史兼豆卢军使上柱国杜楚臣赴任。寻坟典，文武俱明访，睹此池，未获安惜。至四年六月，敦煌县令赵智本到任。其令博览经史，通达九经，寻诸古典，委张芝、索靖俱是敦煌人，各检古迹，具知处所。其年九月，拓上件池中，得一石砚，长二尺，阔一尺五寸。乃劝诸张族一十八代孙上柱国张仁会、上柱国张履暹、上柱国张怀钦、上柱国张仁会、上柱国张楚珪、上柱国张嗣业、文举人昭武校尉甘州三水镇将上柱国张大爽、（州）学博士上柱国张大忠、游击将军守右玉铃卫西州蒲昌府折冲都尉摄本卫中郎将充于阗录守使张怀立、壮武将军行右屯卫岷州临洮府折冲都尉上柱国张燕容、昭武校尉前西州岸头府左果毅都尉摄本府折冲充墨离军子将张履古等，令修葺墨池，中立庙及张芝容。①

唐开元年间，敦煌张氏家族被封为敦煌郡公的有1人，有上柱国头衔的8人，可见张氏家族乃敦煌名门望族。《沙州都督府图经》所记贞

---

① 王仲荦：《敦煌石室出〈沙州都督府图经〉残卷考释》，第186页。

观四年敦煌县令赵智本令张氏家族诸人修葺张芝墨池，在墨池中立张芝庙并为张芝塑像以纪念。

以上这些建筑其实都可以视作与庙学为一体的教育空间，因为这些建筑都具有一定的象征和教化意义，包含了儒家特定的价值观念。阚骃、李暠、张芝、索靖等都是敦煌历史上的名宦、乡贤，不论家、堂还是庙，都是纪念和礼拜先贤的空间与象征物，这些具有象征意义的建筑物当与特定的仪式结合，"春秋二时奠祭"恰好补充说明这种仪式确实在发挥作用。庙学制就是通过圣人的人格魅力感召、文化符号的熏陶，通过各种仪式活动重塑这些圣人的品格，从而实现塑造一个传统文化知识和德行高尚的人的目的，这种教育、教化形式就是一种社会教育。

第三节　科举制：社会教育的旨归

敦煌虽然远在河西，沙州本地的科举制度在唐宋时期却仍然实行。科举作为普通民众出人头地和进入仕途的绝好途径，吸引了敦煌地区各阶层人士的广泛参与，归义军政权阶层自然也会充分利用这一取士方式，积极为自身统治培养人才。敦煌文书记载了许多科举制度相关文献。

一、乡贡明经充当州县学教师

莫高窟220窟甬道南壁五代翟奉达题记：

大成元年己亥岁□□迁于三危□□镌龛□□圣容立（像）

唐任朝议郎，敦煌郡司仓参军□□子翟通，乡贡明经，授朝议
郎行敦煌郡博士。复于两大像中□造龛窟一所，庄严素
质，图写真容，至龙朔二年（662年）壬戌岁卒，即此窟是也。
九代曾孙节（度押衙）守随军参谋兼侍御史翟奉达□□□□□□
检家谱①

可知，翟通为乡贡明经，并担任敦煌郡博士，说明早在唐高宗时
期敦煌就已经在施行科举制，并且如果考取乡贡明经即可充当州学教
师。

P.3608《大唐陇西李氏莫高窟修功德记》：

大历十一年（776年）龙集景辰八年有十五日辛未建。妹夫乡
贡明经摄敦煌州学博士阴庭诚。②

P.3608　大唐陇西李氏莫高窟修功德记

① 敦煌研究院编：《敦煌莫高窟供养人题记》，第101页。
② 郑炳林：《敦煌碑铭赞辑释》，第19—26页。

阴庭诚又见于莫高窟231窟阴处士碑以及P.4638《大蕃故敦煌郡莫高窟阴处士公修功德记》，载：

　　皇祖讳庭诚，唐朝右骁骑守高平府左果毅都尉，赐紫金鱼袋，前沙州乡贡明经，师经避席，传授次于曾参，归而凭河，好勇承于子路。拟鹣鹣　冠之爪利，至果毅雄，选黄鹂之未调，缓飞乡贡。洋洋百卷，易简薄于《簏金》，袅袅五株，性静闲于肱枕。①

阴庭诚的例子再次说明，科举中的乡贡明经出身，其出路之一即是担任州、县学教师，博士一职享受朝廷俸禄。这对广大学子来说也是具有极大吸引力的，能够通过科举途径考取乡贡明经也算是自身荣显的体现，这些教师又可以为培养更多的人才做出贡献。

莫高窟第332窟所出《李克让修莫高窟佛龛碑》记有：

　　大□□□□□校尉上柱国李君修慈悲佛龛碑并序　　守望宿卫上柱国敦煌张大忠书　　　弟应制举□□□□。②

这是敦煌资料所见唯一一条关于沙州"制举"的史料，说明科举制度当中的制举也曾经在敦煌实行过。

_____

① 郑炳林：《敦煌碑铭赞辑释》，第26页注文。
② 录文见郑炳林：《敦煌碑铭赞辑释》，第19页。

二、科举制的传承

敦煌文书当中还保留了两件反映敦煌地区科举风俗的文书。S.4473号《乡贡进士谭象启》，记载的是唐代一位乡贡进士要前往京城寻求"知己"而写的书启，这是一件极为珍贵的史料，录文如下：

1. 从表侄孙乡贡进士谭象
2. 右象启：象闻子桑之荐，孟明非才□ (不)
3. 举；鲍叔之知，管仲惟贤可求。既题
4. 品以知人，乃趋时之得路。象衡门末
5. 士，饮泌微流，偶衣章甫之冠，遂阅
6. 虫文之字。早年姓字，久在科场，不
7. 遇梯媒，漫劳进取。今者虔投
8. 至鉴，获俟
9. 依棲，既秋赋之
10. 选求，入
11. 春官之采听，尽出
12. 剪裁之旨，恐辜
13. 称赞之恩，深切知惭，将何报
14. 德。伏维
15. 谏议老丈，中朝公辅，南浦神仙，
16. 秋水沉珠，晓山架日，学海深而朝
17. 开碧落，辞林峭而剪破烟霞，晨直
18. 形宫，绶出而从容

19. 玉殿；晚朝凤宸，颉颃颉而奏对

20. 龙颜。耳听丝纶，口陈献替，将

21. 阴阳之柄，独承

22. 顾问之恩，□俟调，万归众望。如象

23. 者，东山末士，北海微生，至亏秤象之

24. 能，蔑有屠龙之美，逐英翘而观

25. 上国，携文赋以

26. 雄藩，果遇

27. 至公，获颁文解，

28. 巨人

29. 维挈，必赴

30. 搜扬。永承

31. 门馆之恩，长在荫麻之下。谨修启

32. 事，捧揭

33. 门馆，祗侯

34. 起居，谘

35. 闻陈

36. 谢，卑情无任感

37. 恩激切惶悚之至。伏维俯赐

38. 鉴念，谨启。

39. 十月十二日从表侄孙乡贡进士谭象启上[1]

---

[1] 姜伯勤:《敦煌科举文书的社会功能——兼论敦煌写本中的社会史料》,《中山大学学报》2001年第3期,第52—53页。录文参见唐耕耦、陆宏基:《敦煌社会经济文献真迹释录》第四辑,第351—353页。

对于此件文书，姜伯勤先生曾作过细致研究，认为本件是唐某乡贡进士往京师"求知己"的一件书启①。

另一件反映科举风俗的史料是P.2617号《周易经典释文》,其题记载：

> 开元廿六年九月九日于蒲州赵全岳本写。此年八月七日［奉］
> 敕，简过放冬集。敕头卢济、甲头张汴又奉十二月
> 敕放春选，差御史王佶就军试。敕头陈令□
> 己卯开元廿七年正月十七日，在新泉勘音并易一遍。
> 五月廿五日，于晋州卫杲本写指例略。②

姜伯勤认为此件写本"写书人显然是正在准备科举考试，故将该年贡举有关敕令附录于后"③。

这两件文书在反映敦煌地区的科举风俗方面显得尤为珍贵，虽然与敦煌数以万计的文书相比略显单薄，但仍然有力地说明敦煌地区科举制盛行。S.0076背面有某年润正月乡贡进士刘祇候某师的状启，其下有接收此书人签署的"知""十八日"等字样；P.2718《茶酒论一卷》,署"乡贡进士王敷撰"；P.3723《记室备要一部》,原题"乡贡进士郁知言撰"，自序中说"咸通七年，偶游于鲁，遇护军常侍王公，好习儒墨"云云；P.2005《沙州都督府图经》"张芝墨池"条，载"诸张族"中，有"文举人昭武校尉、甘州三水镇将、上柱国张太爽"。这些零散

---

① 姜伯勤:《敦煌社会文书导论》,第117—118页。

② 姜伯勤:《敦煌科举文书的社会功能——兼论敦煌写本中的社会史料》,《中山大学学报》2001年第3期，第50页。

③ 姜伯勤:《敦煌社会文书导论》,第120页。

的文书题记中提到"乡贡进士""文举人"等，也说明敦煌唐宋时期科举制盛行。

三、敦煌科举风俗

科举与学校教育有关。随着科举制度的不断发展，吸引了大量士子纷纷追逐功名，学校教育也逐渐以科举考试作为方向，学校的教材和科举考试的内容渐趋统一。

王重民《敦煌古籍叙录》中，辑录了敦煌文书所涉及的儒家经籍，这些经学写本，实际上在广义上都可以看作是与科举考试有关的资料。唐代学校教材所涉及的九经：《礼记》《左传》《毛诗》《周礼》《仪礼》《周易》《尚书》《公羊》《谷梁》等，在敦煌文书中都可以找到或多或少的写本，因为《孝经》《论语》为必读书，因此写本也最多。

另外，敦煌文学作品，如甲赋、律诗，判词、传奇等，也应该看作是与科举文学有关的内容。因为唐代参加科举的学子除需要学习儒家经典之外，还需要学习一些时文，比如甲赋、律诗，旁及杂文、判等。

敦煌写本中发现有大量的赋作，如王绩《游北山赋》（P.2819）、《元正赋》（P.2819）、《三月三日赋》（P.2819），刘希夷《死马赋》（P.3619），刘长卿《高兴歌酒赋》（P.2488、P.2544、P.2555、P.2633、P.3812、P.4993、S.2049），卢立身《龙门赋》（P.2544、P.2673、P.3885、S.2049）等。同一件赋分别有多个写本，说明其在沙州比较流行，这种现象与隋唐以来以诗赋作为取士标准之一的情形分不开。另外，赋作也是敦煌学郎们抄写、背诵的内容之一，P.3757《燕子赋一首》首行下题"金光明寺学郎就载红、孔目泛员□"；P.2621《渔父沧浪赋》末题

"长兴五年岁次癸巳（933年）八月五日敦煌郡净土寺学仕郎员义"。

敦煌文书中还发现一些杂文，是所谓"乡贡进士"撰写的，如P.2718《茶酒论一卷》、P.2732《记室备要一部》，署名为"乡贡进士王敖""乡贡进士郁知言"，都提示科举制在敦煌盛行，通过科举取得功名的人亦大有人在。

四、敦煌学郎们的科举生活

敦煌文书中保存的大量学郎诗有很多是反映学郎们的学习生活状态以及他们的价值取向的，其中可见科举制度已经深入学郎们的内心，并成为他们学习的原动力。P.2418《诱俗第六》是佛教经典《父母恩重经讲经文》中的一节，其中提到了有关科举制度的内容，是劝告学郎勤读书、考取功名的，兹录如下：

> 女男渐长成人子，一一父娘亲训示；台举还徒（图）立得身，招交只要修仁义。嘱仙（先）生，交（教）文字，孝养礼仪须具备。未待教招一二年，等闲读尽诸书史。……堂堂六尺丈夫身，血色衣裳称举人；霄汉会当承雨露，高科等第出风尘。多应不久逢新喜，何异成龙脱故鳞。……①

在唐宋敦煌地区的学郎题记中，有一些是学郎们即兴发挥而作的诗，许多带有自勉性质。敦煌某氏藏《毛诗诂训传卷十六·大雅·文王之什》背面《逆刺占》末题："于时天复二年（902年）岁在壬戌，四

---

① 黄永武：《敦煌宝藏》第120册，第333页。

月丁丑朔七日，河西敦煌郡州学上足子弟翟再温记。温字奉达也。"此外还有翟奉达的自勉诗句：

> 三端俱全大丈夫，六艺堂堂世上无。男儿不学读诗书，恰似肥菜根尽枯。躯体堂堂六尺余，走笔横波纸上飞。执笔题篇须用意，后任将身选文知。哽咽卑末乎，抑塞多不谬。嵯峨难遥望，恐怕年终朽。幼年之作，多不当路，今笑今笑，已前，达走笔题撰之耳，年廿作。今年迈见此诗，羞煞人，羞煞人。[①]

P.2498《李陵苏武往还书》末尾有李幸思的题记：

> 幸思比是老生儿，投师习业弃无知。父母偏怜昔（惜）爱子，日讽万幸（行）不滞迟。[②]

读书的目的在于立身成名，实现自我价值，而读书参加科举，则是学生梦寐以求的理想。P.2746《孝经》末题"读诵须勤苦，成就如似虎。不辞杖捶体，愿赐荣驱路"，更加清楚、明白地表达了学生读书的最终目的。

甚至，科举制的影响还深入到了人们的日常生活、婚姻及家庭当中。女性在择偶时，将男方是否为进士及第，作为选择心目中理想对象的标准。《下女夫词》是唐代敦煌婚礼仪式上的歌词，P.3350《下女夫词》的前半部分是男方到女方家迎亲时的问答：

---

① 李正宇：《敦煌学郎题记辑注》，《敦煌学辑刊》1987年第1期，第30页。
② 李正宇：《敦煌学郎题记辑注》，《敦煌学辑刊》1987年第1期，第31页。

女答：本是何方君子，何处英才？精神磊朗，因何到来？

儿答：本是长安君子，进士出身。选得刺史，故至高门。

……

女答：何方所管，谁人伴换？次第申陈，不须潦乱。

儿答：敦煌县摄，公子伴涉；三史明闲，九经为业。

女答：夜久更兰（阑），星斗西流，马上刺史，是何之州？

儿答：金雪抗丽，辽（聊）此交游，马上刺史，本是沙州。①

除P.3350外，敦煌《下女夫词》写本还有P.2976、P.3893、P.3909、P.3227、S.3877、S.5515、S.5643、S.5949等多个抄本，文中对于男方的要求与祈望反复强调的都是"明经及第，进士出身"。可见，即便是敦煌地区，科举制也是无孔不入地影响到了人们的婚姻家庭甚至日常生活当中。

一些歌词也反映出科举入仕已经成为引导学生刻苦学习的终极目的，这种劝学歌词浅显易懂，容易记诵，成为当时社会的普遍思潮。P.2564号文书有多篇内容，既有童蒙类学习课本，如《晏子赋一首》《齖䶗新妇文一本》《太公家教一卷》等；又有佛教经典，文书背面抄写有《佛顶尊胜陀罗尼经》《占人杂写》等。其中的《齖䶗书新妇一本》，杨秀清先生做过录文并作研究，认为是当时的劝学歌词，移录如下：

平旦寅，少年勤学莫辞贫，君不见，朱买未得贵，由自行歌自负薪。

① 杨秀清：《浅谈唐、宋时期敦煌地区的学生生活——以学郎诗和学郎题记为中心》，《敦煌研究》1999年第4期，第140页。图版见黄永武：《敦煌宝藏》第122册，第139页。

日出卯，人生在世须史老，男儿不学读诗书，恰似园中肥地草。

食时晨，偷光凿壁事殷勤，丈夫学问随身宝，白玉黄金未是珍。

隅中巳，专心发愤寻书疏，每忆贤人羊角哀，求学山中并粮（死）。

日南午，读书不得辞辛苦，如今圣主如贤才，去耳中华长用武。

……①

这种劝学歌词以定格联章的体式、通俗易懂的文字，直接为民众宣扬勤学思想。

第四节　调动各方资源参与地方社会教育

一、社会知识阶层办学

归义军政权还很注意利用各种文化教育资源参与到敦煌地方社会教育活动中来，以满足更多人受教育的需求。从藏经洞文书中保存下来大量的学郎题记可以看出，敦煌的私人讲学不论从教师来源、学习内容还是学生构成方面都为敦煌培养人才做出了积极贡献。综观归义军时期敦煌的知识阶层办学，主要承办者有在职官吏、退休官员以及高级僧侣阶层等几大群体。

（一）在职官吏

一些在职官吏各显所长，纷纷开筵授徒。敦煌文书中记载有"氾

---

① 潘重规：《敦煌变文集新书》下册，中国文化大学中文研究所印行，台北：文津出版社，1984年，第1198—1199页。

孔目学""孔目官学""安参谋学"等，可以视作古代敦煌地区在职官吏开馆延学或指导慕名者的典型。

在敦煌归义军职官制度中，参谋一职属于归义军幕府的文职僚佐。《新唐书·百官志四下》记载"行军参谋，关豫军中机密"，注曰："开元十二年（724年），罢行军参谋，寻复置。"《通典·职官典十四》《旧唐书·职官志三》皆载节度使府置有参谋，"参谋无员，或一人，或二人，参议谋画"①。敦煌文书中也有多处记载参谋之职②，其中S.4307

《新集严父教》末题："雍熙三年（986年）岁次丙戌七月六日安参谋学侍郎［催定兴］李神奴写《严父教》，记之耳。"这里的安参谋，李正宇先生认为就是安彦存③。P.3403《雍熙三年（986年）具注历日并序》题云"押衙知节度参谋银青光禄大夫检校国子祭酒兼监察御史安彦存纂"④，另有P.2873《参谋安彦存等呈归妹等坎卦卜辞》末署"□□□月日参

P.3403　雍熙三年（986年）具注历日并序

① 《通典》卷三二《职官典十四》，第895页；《旧唐书》卷四四《职官志三》，第1922页。
② 冯培红：《敦煌归义军职官制度》，2006年，第64页。
③ 李正宇：《唐宋时代的敦煌学校》，《敦煌研究》1986年第1期，第34页。
④ 《法藏敦煌西域文献》第24册，上海：上海古籍出版社，2002年，第96页。

谋安彦存等呈上"，可知参谋安彦存擅长占卜。安参谋学应当是担任参谋的安彦存因为掌握一定的知识，尤其擅长占卜而吸引了学生前来求教。但他的教授内容又不仅仅是占卜之学，也兼及其他启蒙类的知识。

孔目官学见于散1566《汉将王陵变》卷子的封面及空白对页："太平兴国三年（978年）索清子　孔目官学仕郎索清子书记耳，后有人读讽者，请莫怪也，了也。"

孔目官亦作孔目吏，孔目一职建于唐代，以后各代的史籍中皆可见到，掌管文案簿籍之事。据《大唐六典》与《旧唐书·职官志二》记载，开元五年（717年），在中央集贤殿书院中设置孔目官一人①。孔目官的首要职责是征收赋税、主掌财计，此外还主管案牍、专修文字②。由此可见，孔目官也是具有一定文化知识水平的官吏，孔目官学即是懂得专修文字和财会知识的官吏兼教授学生相关知识的学问或学校。孔目官学一词出现于《汉将王陵变》的抄本上，似乎也可以认为，孔目官在授徒时也兼及儒家经典和诗词歌赋等知识，当然自己的专长肯定是主要的教授内容。

氾孔目学应该也是一种孔目官学，只不过更加具体了。S.5441《捉季布传文》末题"太平兴[国三年]（978年）戊寅岁四月十日记，氾孔目学仕郎阴奴儿自手写《季布》一卷"；S.5256₂《新菩萨经》卷末题"戊寅年（978年）四月五日阴□（奴）儿写经一卷，《百鸟名》一卷，《百行章》一卷"；P.3910《茶酒论》卷端题"乙卯年（979年）正月十八日阴奴儿□□□"。阴奴儿即是受教于氾孔目的学郎。这几份文书充

<hr/>

① 《大唐六典》卷九《集贤院》，第196、207—208页；《旧唐书》卷四三《职官志二》，第1853页。
② 冯培红：《敦煌归义军职官制度》，第81页。

分体现了汜孔目的教学内容情况，既有佛教经典，还有诗歌变文等文学作品以及儒家的伦理道德规范，都是儿童的初学科目。可以看出，私人办学又具有蒙学性质，专门教授入学前的儿童。

除以上孔目官学外，敦煌地区官员办私学的记载还有白侍郎学。P.2566背《礼佛忏灭寂记》末题"开宝九年（976年）正月十六日抄写《礼佛忏灭寂记》，书手白侍郎门下弟子押衙董文受记，后有人来，具莫怪也"；P.3821抄有《白侍郎作十二时行教》，董文受还可见于韦勒《斯坦因所获敦煌画解题目录》第3号《双身观音》题记云"信（心）弟子兼技术弟子董文受一心供养"，可知董文受为白侍郎的弟子，职任押衙，又是"技术弟子"，可知白侍郎是技术院师长兼书手。又有P.2841《小乘三科》末题"太平兴国二年（977年）丁丑岁二月廿九日白侍郎门下学仕郎押衙董延长写《小乘三科》题记"，可见，白侍郎作为技术院师长，其亲自作"十二时行教"教授弟子，说明他本人是佛教清信弟子，而这里的董文受和董延长也是作为佛教的清信弟子受到老师佛教思想熏陶，他们抄写的佛教经典应该是为赚取报酬在寺院兼职书手时抄写的佛经，敦煌的学郎兼职书手挣点收入是比较普遍的现象，董文受即是其一。当然，这只是"业余"科目罢了，他们的主攻方向还应该是"技术"。

（二）退休官吏

敦煌写本中屡见的张球，是归义军前期敦煌的文士，曾任沙州军事判官、归义军节度判官、掌书记等职。他于"已迈从心"之年，大约在乾宁元年（894年）左右，寓居郡城西北某寺聚徒授学。可知在敦煌地区退休官吏归家讲学，教授子弟是被允许的，这在中原地区也是比较常见的现象。

敦煌藏经洞文书和敦煌古代碑铭赞中保存了一些张球的作品，据统计，有张球署名的作品近二十种，文献中还有"张景球""张景俅"等署名，都可以视作是张球本人①。从佚失作者姓名的敦煌文书中可考的张球作品更多②。张球出生于越州山阴县③，《敕河西节度兵部尚书张公德政之碑》（简称《张淮深碑》）抄本的背面抄写了近八十行诗文④，其中以诗歌为主，研究表明其中可以确定的诗歌有十九首。这些诗歌大多保留了诗题，但没有留下作者署名。杨宝玉研究认为，这些诗文均出自张球之手⑤。通过诗文中的很多细节，认为张球很可能参加过科举考试，且其背井离乡也和科考后任职为官有很大关系，由此可知张球的儒学修养十分深厚。

张球还是一位非常虔诚的佛教信徒，藏经洞文书中有多作抄经是张球所写，如S.2059《佛说摩利支天菩萨陀罗尼经序》记载张球从南方到达北方后在灵武地区见到了《佛说摩利支天菩萨陀罗尼经》，"便于白娟上写得其咒，发心顶戴□□□载"⑥。此外，还有法国国家图书馆

① 相关内容参见：敦煌市博物馆藏《大唐河西道归义军节度索公纪德之碑》；P.2913v《归义军节度使检校司徒南阳张府君墓志铭》；P.4660之《大唐河西道沙州故释门法律大德凝公邈真赞》《大唐河西道沙州敦煌郡将仕郎敦煌县尉翟公讳神庆邈真赞》《大唐沙州译经三藏大德吴和尚邈真赞》等。

② 杨宝玉：《晚唐文士张球及其兴学课徒活动》，见《童蒙文化研究》第二卷，中华炎黄文化研究会童蒙文化专业委员会专题资料汇编，2017年7月，第39页。

③ 颜廷亮：《有关张球生平及其著作的一件新见文献——〈佛说摩利支天菩萨陀罗尼经序〉校录及其他》，《敦煌研究》2002年第5期，第101—104页。

④ 杨宝玉：《敦煌文书〈张淮深碑〉及其卷背诗文重校补注》，见《中国社会科学院历史研究所学刊》第10集，北京：商务印书馆，2017年，第281—311页。

⑤ 杨宝玉：《〈张淮深碑〉作者再议》，《敦煌学辑刊》2015年第3期，第104—112页；杨宝玉：《〈张淮深碑〉抄件卷背诗文作者考辩》，《敦煌学辑刊》2016年第2期，第31—38页。

⑥ 颜廷亮：《有关张球生平及其著作的一件新见文献——〈佛说摩利支天菩萨陀罗尼经序〉校录及其他》，《敦煌研究》2002年第5期，第101—104页。

藏敦煌文书P.3863v《金刚经灵验记》、中国国家图书馆藏BD06800（潜100，北7433）《大佛顶万行首楞严经咒》等11件写本都可归为张球抄本，其中多件文书都是他年过八旬的时候撰写的①。

张球因任职到达敦煌，根据张球为敦煌当地名僧撰写的碑铭赞可知，他在敦煌曾任军事判官、节度判官、掌书记等职②。这些职务都是节度使的心腹喉舌，位高权重且熟知政府机密要事，在张氏归义军政权中发挥了非常重要的作用。

英藏敦煌文书S.5448《敦煌录》记载：

郡城西北一里有寺，古墓阴森，中有小堡，上设廊殿，具体而微。先有沙倅（？）张球，已迈从心，寓上（止）于此。虽非博学，亦甚苦心。盖经乱年多，习业人少，遂集后进，以阐大猷。天不愁遗，民受其赐。③

这件文书记载了张球在老年期间仍然从事教学活动的事情，详细

---

① 颜廷亮：《张球：著述系年与生平管窥》，见《1990年敦煌学国际研讨会论文集》（史地·语文编），沈阳：辽宁美术出版社，1995年，后收入其《敦煌文学概说》，台北：新文丰出版公司，1995年；杨宝玉：《晚唐文士张球及其兴学课徒活动》，见《童蒙文化研究》第二卷，中华炎黄文化研究会童蒙文化专业委员会专题资料汇编，2017年7月，第43—44页。

② 参见P.4660《大唐河西道沙州故释门法律大德凝公邈真赞》《大唐河西道沙州敦煌郡将仕郎守敦煌县尉翟公讳神庆邈真赞》《大唐沙州译经三藏大德吴和尚邈真赞》《故前河西节度押衙银青光禄大夫检校太子宾客兼敦煌郡耆寿清河张府君讳禄邈真赞》《故敦煌阴处士邈真赞并序》等；P.3288v+P.3555Av《河西节度马步都虞侯银青光禄大夫检校太子宾客兼监察御史上柱国张怀政邈真赞并序》；P.2568《南阳张延绶别传》；P.2913v《归义军节度使检校司徒南阳张府君墓志铭》，敦煌市博物馆藏《大唐河西道归义军节度索公纪德之碑》。

③ 中国社会科学院历史研究所等编：《英藏敦煌文献（汉文佛经以外部分）》第7卷，成都：四川人民出版社，1992年，第94—95页。

描述了他讲学的位置、地理环境、讲学的初衷以及当时的历史文化背景。从记载中可知，张球是在佛寺中聚徒讲学，但是又与当时的寺学不同，不是教授童蒙的蒙学，应该是类似私人学塾的性质①。他兴学主要目的在于传道授业，令敦煌民众受惠。为完成将自己的学问嘉惠学林、流芳后世的目的，张球在教学中还以自己改编的类书或自己的文学作品作为授课内容。张球曾亲自对李若立编撰的类书《篡金》进行删改，法藏敦煌文书P.2537《略出篡金一部并序》卷一末尾有题记："宗人张球写，时年七十有五。"这本删减后的《篡金》就是张球七十岁开始办学之后才作的，应该就是为了教学的需要。

　　张球本人文采斐然，擅长撰述，在敦煌创作了大量作品。这些作品题材广泛，内容丰富，涉及敦煌政治、军事、文化、民俗等各个层面。他本人出生江南，在任职过程中走南闯北，见多识广，他将一生所学所获都融入教学当中。以敦煌文书中保存下来非常著名的五言律诗《敦煌廿咏》为例，这件作品以敦煌地区二十个名胜古迹为咏唱对象，杨宝玉研究认为这些作品为张球所作②。在敦煌文书中还有另外7件《敦煌廿咏》的抄本，其中就有学生郎抄写的，如P.3870《敦煌廿咏》后题记写道："咸通十二年（871年）十一月廿日学生刘文端写记。"

　　虽然目前只能确定张球一位退休官吏办学的例子，但敦煌文书中大量学生抄本也不排除有其他官吏退休后教授学生的可能。至少说明这种办学和教育形式是被允许存在的。

---

　　① 李正宇：《唐宋时代的敦煌学校》，《敦煌研究》1986年第1期，第44页；杨宝玉：《晚唐文士张球及其兴学课徒活动》，见《童蒙文化研究》第二卷，中华炎黄文化研究会童蒙文化专业委员会专题资料汇编，2017年7月，第49页。
　　② 杨宝玉：《〈敦煌廿咏〉作者及撰写时间考证》，《童蒙文化研究》第四卷，中华炎黄文化研究会童蒙文化专业委员会专题资料汇编，2019年8月，第129—139页。

二、寺学

敦煌寺院的寺学比较兴盛，已为学界所共识，尤其在培养僧俗子弟方面贡献很大，特别是在晚唐五代宋初敦煌归义军时期，相关记载颇丰。那波利贞曾在《唐钞本杂抄考——唐代庶民教育史研究资料》中指出："此所见学郎、学士郎冠以寺名者，必即寺塾之学生，而观其姓名，皆系俗家子弟，所书写者，皆为外典，非佛典。可知此等寺塾所教所学者为普通教育，非佛家教育。而金光明寺有学师显须、学郎索憨，则学者虽为俗人，而教者则为僧侣也。此种情形当非敦煌一地之特殊现象，而可视为大唐天下各州之共同现象。"①严耕望先生据此引申说："唐初，……山居讲学，此为仅见之例外。此种情形延续数十年之久，盖政治社会安定，公立学校发达，士子群趋学官，故私家教授衰替，更无隐遁山林之必要也。……则天称制，……十年间，学校顿时颓废矣。"②"佛寺既多置义学，僧侣自为之师，以教授俗家子弟，既为社会服务，亦借此可以吸引优良信徒。寒士既不能自给、自乐于投身寺院习业，度其数必甚多也。"③此处旨在说明寺院教育也作为一只重要力量参与到归义军社会教育当中来，并且贡献极大。

（一）教学内容

寺院寺学针对俗家弟子或前来求学的学生，主要教授的是儒家的经典内容，大抵以科举考试所涉及的内容为主，兼及一些实用性的知识

---

① ［日］那波利贞:《唐钞本〈杂抄〉考——唐代庶民教育史研究の资料》,见那波利贞著《唐代社会文化史研究第二编》,东京:创文社,1974年第一刷,第211页。

② 严耕望:《唐人习业山林寺院之风尚》,见严耕望《唐史研究丛稿》,香港:新亚研究所,1969年,第370页。

③ 严耕望:《唐人习业山林寺院之风尚》,见严耕望《唐史研究丛稿》,第375—376页。

和技能。从敦煌学郎题记来看，主要以《诗》《书》《论语》《孝经》等儒家经典为主，兼及一些诗词歌赋类文学作品、蒙书等，还包括一些应用类文体，如书仪、阴阳占卜类文书、医学知识等。可以说，寺学教授的内容都是与当时社会的需要紧密相关的，是为满足广大下层民众子弟的求学愿望而开办的。当然也有如三界寺之类办学水平较高的寺学，吸引了政权阶层子弟前来学习①。

1. 儒家经典

唐代学校教材有九经：《礼记》《左传》《毛诗》《周礼》《仪礼》《周易》《尚书》《公羊》《谷梁》等。外加《孝经》《论语》为必读书，一度增加《老子》②。姜亮夫先生指出："敦煌写本儒家经典，以《诗》《书》两类为最多。《书》皆孔传，《诗》皆毛传郑笺也。"③另外，敦煌所出《论语》郑氏注（P.2510）、何晏《论语集解》（S.800），还有多种唐玄宗注《孝经》和《道德真经疏》（P.3592、P.2823）等，这些经典都是与唐代官学教材的版本规定相符合的。从敦煌写经题记得知，晚唐五代敦煌寺学教学内容也首先是儒家经典，从敦煌文书的记载看，寺学学习的儒家经典主要有《孝经》《论语》《毛诗》等。

P.3369《孝经一卷》题记：

索康八、画养、索像像、冯像有、索明明、索文赞、索奴奴、索养力、氾钵单、氾阴屯、氾钵钵、张骨，乾符三年十月二十一日

---

① 祁晓庆：《晚唐五代敦煌三界寺寺学教育与佛教传播》，《青海社会科学》2009年第2期，第154—157页。

② 高明士：《唐代东亚教育圈的形成》，台北："国立"编译馆，1984年，第229页。

③ 姜亮夫：《敦煌学论文集》（上）（成均楼论文辑第二种），上海：上海古籍出版社，1987年，第36页。

学生索什德书卷，书记之也。……成通十五年五月八日沙州学郎索什德。①

S.707《孝经一卷》题记：

三界寺学郎元深……同光三年乙酉岁十一月八日三界寺学仕郎曹元深写记。②

背题有：

同光三年乙酉岁十月八日，同光三年学郎君曹元深书卷。③

S.728《孝经一卷》题记载：

丙申年五月四日灵图沙弥德荣写过。后辈弟子梁子松。庚子年二月十五日灵图寺学郎李再昌已。梁子松。④

P.3433《论语集解》卷第八：

手（辛）未年十月十六日张坚坚写毕功了，手恶笔多错厥

---

① ［日］池田温：《中国古代写本识语集录》，东京：大藏出版株式会社，1990年，第429页。
② 李正宇：《敦煌学郎题记辑注》，第31页。
③ ［日］池田温：《中国古代写本识语集录》，第468页。
④ ［日］池田温：《中国古代写本识语集录》，第477页。

（阙），明师见者即与盖（改）却。①

P.2604《论语卷第一》题记：

大中七年正月十八日伯明书记②

罗振玉藏《论语卷第二》题记载：

大中五年五月一日学生阴惠达受持诵读记③

P.2716《论语卷第七》题记：

大中九年三月廿二日学生令狐再晟写记，海源押。咸通五年四月十二，童子令狐文进书记。④

P.3972《论语集解卷第二》有：

壬寅年岁次十一月廿九日学生高奴子写记⑤

P.3441《论语集解卷六》记有：

① ［日］池田温：《中国古代写本识语集录》，第402页。
② ［日］池田温：《中国古代写本识语集录》，第403页。
③ ［日］池田温：《中国古代写本识语集录》，第403页。
④ ［日］池田温：《中国古代写本识语集录》，第405页。
⑤ 李正宇：《敦煌学郎题记辑注》，《敦煌学辑刊》1987年第1期，第34页。

大中七年十一月廿六日学生判官高英建抄写题记①

《毛诗》也是当时寺学学生必学科目，P.2570《毛诗故训传卷九》有：

寅年净土寺学生赵令全读记②

寅年时为吐蕃占领时期，说明在吐蕃时期寺院寺学学生仍然学习儒家经典。

2. 诗词歌赋及类书

归义军政权建立者张议潮就曾经就读于寺学，P.3620《无名歌》末尾题记云"未年三月廿五日学生张议潮写"③，表明晚唐五代宋初敦煌寺院寺学学生学习诗歌。除此之外，还有《燕子赋》、张球《贰师泉赋》《敦煌古迹廿咏》、韦庄的《秦妇吟》、俗诗《王梵志诗》、类书《事森》和《励忠节抄》等赋和类书。P.3666《燕子赋一卷》末尾题记有"咸通八年□家学生抄写题记"；P.2712《贰师泉赋》《渔父歌沧浪赋》末尾有"贞明六年庚辰岁二月十九日龙兴寺学郎张安八书记"。P.3870《敦煌廿咏》题记："咸通十二年十一月廿日学生刘文端写记，读书索文子。"P.3381《秦妇吟一卷》末尾有"天复五年乙丑岁十二月十五日敦煌郡金光明寺学仕张龟写"；P.692《秦妇吟一卷》末题"贞明五年己卯岁四月十一日敦煌郡金光明寺学仕郎安有盛写记"；P.3910

---

① 李正宇：《敦煌学郎题记辑注》，《敦煌学辑刊》1987年第1期，第27页。
② 李正宇：《敦煌学郎题记辑注》，《敦煌学辑刊》1987年第1期，第38页。
③〔日〕池田温：《中国古代写本识语集录》，第402页。《无名歌》录文参见徐俊《敦煌诗集残卷辑考》，北京：中华书局，2000年，第387页。

《秦妇吟》末尾有"癸未年二月六日净土寺沙弥赵员住右手造"，说明《秦妇吟》在寺学是比较常用的学习课本。S.5441《大汉三年季步骂阵词》记载有："太平兴国三年四月十四日学郎阴奴儿题记。"P.2489《李陵与苏武书》题记载："天成三年戊子岁正月七日学郎李幸思书记。"S.173《李陵苏武往还书》记有："乙亥三年六月八日三界寺学士郎张英俊书记之也。"P.2812《事森》题记："戊子年四月十日学郎员义写书故记。"P.778《王梵志诗》尾题："壬戌年十一月大云寺学士郎邓庆长题记。"P.2621《渔父歌·沧浪赋》前进士何蠋撰，末题："长兴五年岁次癸丑（935年）八月五日敦煌郡净土寺学郎翟员义。"

3. 蒙书

《兔园册府》《开蒙要训》《太公家教》《百行章》都是唐代比较流行的童蒙教材，也是敦煌归义军时期寺学学生学习的主要内容，表明晚唐五代敦煌寺院寺学同时也是童蒙教育机构。S.614《兔园册卷一》卷末有"巳年四月六日学生索广义写了"的题记；S.705《开蒙要训一卷》有"大中五年辛未三月廿三日学生宋文献诵、安文德抄写"题记；P.2578《开蒙要训》有"天成四年九月十八日敦煌郡学仕郎张显顺书"题记；S.5463《开蒙要训一卷》有"显德五年大云寺学郎"题记；S.479《太公家教一卷》有"乾符六年正月廿八日学生吕康三读诵"题记；P.3189《开蒙要训一卷》有"三界寺学士郎张彦宗写记"；P.3764《太公家教一卷》有"天复九年己巳岁十一月八日学士郎张厶乙午时写记之耳"。北位字68号《百行章一卷》题记记载："庚辰年正月廿一日净土寺学使郎王海润书写，邓保住、薛安俊札用。庚辰年正月廿一日学使郎邓保住写记述之也，薛安俊札用。"P.2806《百行章一卷》记载："维大梁贞明九年癸未岁四月廿四日净土寺学士郎清河阴义进书记之。贰曹郎、阎郎、段郎、阴郎子、郎君□□。"

4. 书仪等应用文体

《唐会要》卷三五《学校》，开元二十一年五月敕：

> 诸州县学生，专习正业之外，仍应兼习吉凶礼，公私礼有事
> 处，令示仪式，余皆不得辄使。①

根据这一敕令的规定，州县学生要在释奠礼、乡饮酒礼、祭社稷礼以及私人的婚丧礼等"有事处"学习礼仪。敦煌文书中保存了与《大唐开元礼》内容有关的《释奠文》《祭社文》《祭雨师文》《祭风伯文》等吉礼祭祀文书，说明了《开元礼》已经在敦煌地区民众的生活中进行了实践，在凶礼与婚俗方面也是如此。虽然无法确定敦煌地区举行这些礼仪的时候州县学生是否参与其中，但是学生、学郎们抄写书仪等应用文体的范文足以说明学生需要了解和掌握这些礼仪规范。在培养学生的应用文能力方面，寺学学生还学习和抄写一些应用文体，如书仪等。S.2200《书仪》尾题"大中十年九月十一日未时学郎阴须荣书写"；P.3886《吊文、祭文等书仪》尾题"显德七年岁次庚申七月一日大云寺学郎邓清子自手记"，表明敦煌写本中的书仪有很多是寺学学生所用的课本。

5. 阴阳占卜类文书

阴阳占卜属于道教内容，是中国传统文化的主要成分，长久以来与民众的生活息息相关，人们将之融入衣、食、住、行等生活的各个

---

① ［宋］王溥撰：《唐会要》卷三五《学校》，第633页。

方面。敦煌文书中就有大量阴阳占卜类文书，表明道教在晚唐五代时期的敦煌比较流行。作为中国传统文化的阴阳占卜之类的文书也成为寺学学生学习的内容之一。P.3322《卜筮书》题记载："己卯年，庚辰年正月十七日学生张大庆书记之。"①张大庆后来升任归义军随军参谋，撰写了《沙州伊州地志》等，是敦煌著名的史地学家，也是晚唐敦煌著名的阴阳学家，可见他也是由寺学培养出来的学子。

6. 佛教经典

寺学学生还学习佛教经典。北图冈字84号《观世音经》题记记载"辛丑年七月廿八日学生童子唐文英为妹久患写毕功记"；北菜字19号《妙法莲华经普门品》题记"己巳年三月十六日悬泉学士郎武侁会、判官吴宝瑞自手记"②；S.5835《大乘稻芊经释》题记载"清信佛弟子张议潮书"，这应该是张议潮在寺学学习时抄写的佛经，说明在吐蕃统治敦煌时期寺学的学生学习佛教经典。除佛教经典之外，一些佛教类文学作品也是寺学生学习的内容。P.2054《十二时普劝四众依教修行（智严作）》题记记载："同光二年甲申岁……学子薛安俊书。信心弟子李吉顺持念诵，劝善。"③住田智儿藏《金刚经赞》题记："丁卯年三月十一日三界寺学士郎樊佛奴请金刚赞记。"④S.2614《大目犍连变文一卷》记载有"贞明七年辛巳岁四月十六日净土寺学郎薛安俊写，张保达文书"⑤。北图盈字78号《大目犍变文一卷》题记："太平兴国二年岁在丁丑闰六月五日显德寺学仕郎杨愿受一人思微，发愿作福，写尽

---

① [日]池田温：《中国古代写本识语集录》，第423页。
② [日]池田温：《中国古代写本识语集录》，第453页。
③ [日]池田温：《中国古代写本识语集录》，第467页。
④ [日]池田温：《中国古代写本识语集录》，第500页。
⑤ [日]池田温：《中国古代写本识语集录》，第465页。

此目连变一卷，后同释迦摩尼佛壹会弥勒佛为定，后有众生同发信心写尽目连变者，同池（持）愿力，莫堕三途。"①S.5977S《忏悔文》有"子年六月九日灵图寺学郎张富题记"。

（二）敦煌三界寺寺学教育与佛教传播

关于敦煌三界寺及寺学，前人已经作了相当深入的研究。最早注意到敦煌三界寺问题的学者是孙修身，他认为敦煌三界寺修建于五代时期，而不是吐蕃统治沙州的中唐时期，还对三界寺的具体位置进行考证②。之后，施萍亭又作《三界寺·道真·敦煌藏经》一文，着重探讨三界寺的藏经及三界寺的重要人物道真的藏经活动③。郑炳林从三界寺藏经的来源及所反映的几个问题进行论述，进一步梳理了敦煌三界寺的藏经状况④。前人的研究成果为本文的撰写提供了极大的帮助。诸位学者在研究三界寺时都会提到三界寺的寺学，说明敦煌的三界寺曾经办有寺学是不言而喻的。

1. 三界寺的寺学

从敦煌大量的写经题记中可以获知敦煌寺院的寺学中有称为"学郎""学士郎"的学生。李正宇已经做过相关的研究⑤。巧的是，在有关三界寺的记载中也有关于"学士郎"的记载。S.0707《孝经》后有题记"十月□日三界寺学士郎曹元深写记"；S.0173《李陵与苏武书》《苏武李陵往还书》等后有题记"乙亥年六月八日三界寺学士郎张英俊

---

① ［日］池田温：《中国古代写本识语集录》，第506页。

② 孙修身：《敦煌三界寺》，见《甘肃省史学会论文集》，1982年。

③ 施萍亭：《三界寺·道真·敦煌藏经》，见《1990年敦煌学国际学术研讨会文集（石窟考古编）》，1995年，第178页。

④ 郑炳林：《晚唐五代敦煌三界寺藏经研究》，《西北第二民族学院学报》2002年第4期，第11—17页。

⑤ 李正宇：《唐宋时代的敦煌学校》，《敦煌研究》1986年第1期，第39—47页。

记之也"；P.3582杨满山咏《孝经》十八章（存十至十八章）末题"七
月二十二日三界寺学士郎张富孕记"；S3187《开蒙要训》末题"三界寺
学士郎张彦宗写记"；P.3393《杂抄》末署"辛巳年十一月十一日三界
寺学士郎梁流庆书记之耳"；P.3336号《丑年寅年替普新加福田转大般
若经分付诸寺维那历》记载了颁经给三界寺的事情。此外，敦煌藏经
洞中有多处见钤有"三界寺藏经印"，足见三界寺寺学的发达与藏经的
丰富。

　　敦煌寺学的学生称为"学郎""学士""学仕""学士郎""学仕
郎""学生"，其中称"学士郎""学仕郎"者，在金山国以前的归义
军时期使用过，但主要用来指学生的记载，显然出现在金山国以后①。
三界寺的学生有文书记载的都称为"学士郎"，可能在曹氏政权以后，
都统称为"学士郎"。在三界寺受教育的学士郎们是在寺院学习的世俗
人，而不是出家僧人，接受的是传统的儒学教育。其中《孝经》是儒
家最基本的经典，也是历代科举考试的必考科目，唐朝规定官学（包
括中央官学与地方州县学）学生必须读《论语》《孝经》，通过二经以
上者始准出学应举考试；《开蒙要训》是童蒙识字类的教材，是儿童
学习用的初级教材；《李陵与苏武书》讲的是李陵和苏武这两个人的
历史故事，是教育学生要做忠孝节义的人。我们有理由相信，学士郎
们抄写的这些经典就是当时寺院教育学生所使用的教材。这些教材所
要传授的内容与当时社会所进行的儒学教育相吻合，也都明显地提示
寺学偏重孝道伦理知识的传授。

　　从寺学的教师角度来看，敦煌的寺学教师绝大多数是由寺院的僧侣

---

　　① 高明士：《唐代敦煌的教育》，《汉学研究》第四卷，1986年第2期，第231—270页。

担任。他们不但在寺院教学，有的还出任官学的学官。杜牧撰《敦煌郡僧正惠菀除临坛大德制略》中记载：

> 敦煌管内释门都监察僧正兼州学博士僧慧菀。敦煌大藩，久陷戎垒，气俗自异，果产名僧。彼上人者，生于西土，利根事佛，余力通儒。悟执迷尘俗之身，譬喻火宅；举君臣父子之义，教尔青襟。开张法门，显白三道，遂使捍戾者好空恶杀，义勇者殉国忘家，裨助至多，品地宜峻。领生徒坐于学校，贵服色举以临坛，若非出群之才，岂获兼荣之授，勉弘两教，用化新帮。可充京城临坛大德，余如故。[1]

可以看出，僧正惠婉在州学内兼任教师。俗家在寺院担任教师的例子只有张球在敦煌郡城东北古寺教学一例，年代推断大约在晚唐昭宗、哀帝（889—907年）前后[2]。

从以上几个方面的分析可以看出，三界寺虽然是佛教场所，但却在唐末五代宋初同时兼有教育的功能，除了培养佛教徒以外，还培养懂得孝道伦理的世俗儒学人才。至于三界寺内寺学教育的教师具体由谁来担任、学生入学的条件以及学习年限等内容，限于资料暂时无法探知。

另外，节度使曹议金的次子曹元深也就读于敦煌三界寺，至少可以说明，当时寺学的地位和教育水平是相当高的，三界寺的师资力量影响也是很大的。敦煌文书记载的贵族子弟就读于寺学的还有：张议

---

① 杜牧:《樊川文集》卷二〇。
② 李正宇:《唐宋时代的敦煌学校》,《敦煌研究》1986年第1期,第89—47页。

潮在年幼时曾在寺院就读；索勋之孙张怀深的外孙索富通就读于金光明寺（P.3692）。张议潮和索富通生活的时间较曹元深要早半个多世纪，虽然他们就读的寺学不同，但从中却可以看出，寺学在敦煌地区存在的时间是很长的，寺学的发展水平也是不容忽视的，并不是吐蕃统治的这一特殊时期为了弥补世俗学校的不足而产生的"应急"教育。另据 S.3565《归义军节度使曹元忠设斋功德疏》："弟子归义军节度检校太保曹元忠，于衙内龙楼上，开龙兴灵图（旁注'请大德九人'）二寺大藏经一变，启扬鸿愿，设斋功德疏：施红锦一疋，新造经袟贰拾壹个（充龙兴寺经衬）；楼绫机一疋；经袟拾个（充灵图寺经衬）生绢壹疋，经袟拾五个（充三界寺经袟）；马壹疋（充见前僧□）。"①说明五代时期敦煌的三界寺与统治者的关系比较密切，那么三界寺的寺学一定也得到了节度使官方的大力支持，经济和社会地位的上升自然会吸引优秀的师资队伍和大量的学生前来就学，这就不难理解为何曹元深也就读于这所寺学的原因了。

2. 三界寺的藏经与佛教传播

（1）道真和尚的藏书活动

敦煌三界寺是晚唐五代敦煌佛教教团的官寺之一。荣新江研究认为，三界寺位于莫高窟下寺，即今藏经洞第 17 窟和 16 窟的前面，藏经洞出土的藏经就是三界寺的藏经，藏经洞被誉为是三界寺的图书馆。在浏览敦煌文献时，发现敦煌文书中有很多佛经上钤有三界寺的印章，表明这些佛经原来就是属于三界寺所有，是三界寺的藏经。

我们都知道书籍是文化传播最主要的媒介，寺院藏经的多少与所

---

① 中国社会科学院历史研究所等：《英藏敦煌文献汉文佛经以外部分》第5册，成都：四川人民出版社，1992年，第126页。

藏经书的质量标志着这所寺院的社会地位与影响力，就如同大学图书馆的藏书数量和质量标志着这所大学的学术水平与社会影响力一样。晚唐五代，敦煌三界寺的藏经在佛教教团中是比较有影响的。据施萍亭不完全统计，现有的敦煌三界寺写经中，有91件是与敦煌藏经有关的佛经目录[①]。三界寺藏经的主要来源有四个，即抄经、供养经、收集诸寺古坏经文、乞经[②]。并且这些藏经活动主要是由三界寺僧人张道真完成的。敦研0345号文书现存196行，收录了166种佛典，是三界寺张道真收录和修补佛经充实寺院藏经的记录。经目中间写有一段题记，文曰：

1. 长兴五年岁次甲午六月十五日，

2. 弟子三界寺比丘道真乃见当

3. 寺藏内经论部（袟）不全，遂乃启来页

4. 虔诚，誓发弘愿，谨于诸家函藏

5. 寻访古坏经文收入寺（中），修补头尾，

6. 流传于世，光饰玄门，万代千

7. 秋永充供养，愿使

8. 龙天八部护卫神沙，梵释四

9. 王永安莲塞，城隍泰乐，社

10. 稷延昌，

11. 府主大王常臻宝位，先亡姻

---

① 施萍亭：《三界寺·道真·敦煌藏经》，见《1990年敦煌学国际学术研讨会文集（石窟考古编）》，沈阳：辽宁美术出版社，1995年，第178页。

② 郑炳林：《晚唐五代敦煌三界寺藏经研究》，《西北第二民族学院学报》2002年第4期，第11—17页。

12. 眷超腾会遇于龙花，见在

13. 宗枝宠禄长沾于亲族，应

14. 有藏内经论见为目录。（北图续 0329在"见为目录"之下还有"具数如后"四字）

S.2140记载的是张道真和尚向朝廷请经的记载：

1. 沙州先得

2. 帝王恩赐

3. 藏教，即今遗失旧本，无可寻觅，欠数却于

4. 上都乞求者 法集经一部六卷 （有）或八卷（无）（一百二十七纸）。

5. 央崛魔罗经一部四卷（七十八纸）大乘造像功德经一部二卷（三十一纸）。

6. 造塔功德经一部一卷（二纸）菩萨内习六波罗蜜一部一卷（三纸）。

7. 优波塞戒经一部七卷（一百三十一纸）菩萨戒羯磨文一部一卷（七纸）。

8. 大乘阿毗达磨集论一部七卷（无着菩萨造，一百三十纸）大乘法界无差别论一部一卷（六纸）。

9. 小乘楼炭经一部六卷（西晋沙门释法立、法炬译，一百三纸）广义法门经一部一卷（陈 天竺三藏真谛译，九纸）。

10. 根本说一切有部毗柰耶杂事一部四十卷（六百四十四纸）根本说一切有部戒经一部一卷（二十五纸）。

11. 四分僧戒一部一卷（二十三纸）解脱戒本一部一卷（二十二纸）沙弥十戒法并。

12. 仪一部一卷（二十一纸）根本说一切有部百一羯磨一部十卷（一百四十六纸）四分杂。

13. 羯磨一部一卷（四十纸）四分僧羯磨一部三卷（八十纸）五百问事经一部一卷。

14. （三十三纸）根本萨婆多部律摄一部二十卷（尊者胜友集，二百七十七纸）大乘修行 菩萨行门诸经。

15. 要集一部三卷（八十一纸）菩萨善戒经九卷或十卷）三十品，一百八十纸）。

16. 菩萨戒本一部一卷（出地戒品中，慈氏菩萨说，十纸）。

17. 上件所欠经律论本，盖为边方邑众 佛法难闻而又遗失于教言。

18. 何以得安于人物，切望中国坛越慈济乞心，使中外之藏教俱。

19. 全遣来，今之凡夫转读，便是受 佛嘱咐，传授 教敎，得法。

20. 久住世间矣。①

　　以上是两件道真和尚修补古坏经文和向中原乞经的状词，除此之外，还有 P.3951道真向"施主"的乞经状。道真和尚于各寺寻访古坏经文的目的就是要"流传于世，光饰玄门，万代千秋永充供养"。道真很显然也意识到收集和保存完整的佛教经典是一件流芳百世的好事，一方面可以为寺院增加知名度，另一方面佛教教义的传播也将仰赖于

---

① S.2140《沙州乞经状》，见《英藏敦煌文献汉文佛经以外部分》第4册，第21页。

经典的流传。向朝廷请求赐经是因为敦煌地区"盖为边方邑众，佛法难闻而又遗失于教言"，那么"何以得安于人物"？只有祈求得到朝廷赐予的经书，从而能够使得"今之凡夫转读"，出家或在家弟子，只要是信仰佛法的，通过转读经典，就好像是受到佛的嘱咐一样，得到佛的教敕，从而令佛法"久住世间矣"。

晚唐五代敦煌地区的乞经活动比较频繁，主要是因为吐蕃占领敦煌之后，与中原的交通不畅，使得敦煌佛教教团诸寺所用的佛经严重不足，归义军政权建立后，敦煌佛教教团派遣很多僧人到中原地区乞经，为佛经的交流做了大量工作。三界寺所保存的道真和尚的乞经活动和乞经状，为我们研究敦煌地区佛教教团的乞经活动特别是佛经的交流活动提供了很好的依据。

寺院要想吸引更多的人来加入，就必须拥有大量的经典，对弟子的佛教教育活动才能展开。同时，佛教教理的研究活动才能进行，佛教文化的传播也才有了基础。

（2）佛经的梳理校勘

三界寺藏经的另一个来源是抄写经书。由于抄经人的文化水平各异，所抄经卷难免会出现疏漏和错误，因此，道真和尚对抄经作了规定。P.3851的最后一句加了一个注："如或写者，切须三校，不请有留错字也。"这句话反映了当时佛经抄写的校勘制度——务必三校。此外，三界寺校勘佛经的记录还有P.4000、P.4779等文书，前者记载了戊寅年报恩寺的经目，后者记载某寺某人校勘某人写经的目录。同时也反映出此次三界寺重新收集、整理佛教经典实际上也是对以往佛教典籍的再次梳理，这对参与整理的僧众来说是一次良好的受教育过程，对以后佛教文化的继续传播打下了基础。

（3）大力推广民间信仰

作为授戒师，道真为不少信徒授戒并颁发了戒牒，仅保存下来的有道真本人署名的戒牒就有 33 通①。在敦煌文书中，保存了大量的授五戒、八戒的戒牒。五戒和八关斋戒都是在家戒。"八关斋戒是一日一夜受持，多授一次即多一次的收益，通常是以阴历每月的初八、十四、十五、二十三，及月底最后两天统称为六斋日。"②P.2994《甲子年（964年）正月十五日三界寺授李憨儿八关戒牒》中记载的受戒师为释门僧正讲论大师赐紫沙门道真。敦煌文书所见李憨儿自三界寺传戒师道真受八关戒牒文书还有964 年五月十四日（S.532）、966年正月十五日（P.3140）、933年正月八日（P.3207），可见八关戒牒可以多次受戒。除此之外还有五戒牒、千佛大戒等。值得注意的是，保存下来的这些戒牒，受戒者都是在家的善男信女，可知当时三界寺很注重推广民间信仰，这对敦煌的世俗信仰起到很大的推广作用。

在敦煌本授菩萨戒牒中，还可见到 S.4882《雍熙四年（987年）五月沙州三界寺授惠圆菩萨戒牒》、S.4915《雍熙四年（987年）五月沙州三界寺授智惠花菩萨戒牒》。此二件均以阿弥陀佛为坛头和尚、释迦牟尼佛为羯磨阿阇梨、弥勒尊佛为教授师，而不见文殊菩萨，这说明西域实行的以文殊菩萨为上座的授大乘菩萨戒的成法，在沙州实行过程中变通为一种以阿弥陀佛为坛头和尚的规则，这或许反映了"具有净土教思想的礼佛忏悔的宗教仪礼，浸透于一般庶民中"③。

---

① ［日］小川贯弌：《敦煌的戒牒》，见龙谷大学史学会编《龙谷史坛》，日本京都：龙谷史坛社，1973年，第73—74页。

② 释圣严：《戒律学纲要》，台北：东初出版社，1996年，第94页。

③ ［日］土桥秀高：《戒律的研究》，日本京都：永田文昌堂，1980年，第525—532页。

以上道真的授戒牒说明道真作为僧正，非常注重推广佛教的民间信仰，这对敦煌地区佛教的教育传播和世俗信仰的增加起到了非常大的作用。

3. 结论

敦煌地区的蒙学教育以儒家传统知识和道德伦理教育为基本的教育内容，同时也有三教杂糅之特征①。从敦煌地区学郎题记分析，在敦煌地区的官学和私学教育中重视三教并兴②。在寺学教育中，不论是俗家子弟还是寺院的沙弥，都要学习儒学知识，并且在教育的实施过程中先教授儒家的蒙学教材，达到识字的目的，然后再教授科举考试的必考科目《论语》《孝经》等，最后再学习佛典。可以说，儒学基础知识的学习为更进一步学习佛教经典打好了基础，故而敦煌地区儒释之融合自不待言③。在三界寺的寺学教育中，留存下来的学郎题记虽然没有学郎抄写佛教经典的记载，但三界寺的佛经校勘和整理过程势必要抄经的。而且抄写校勘佛经的能力又是通过早期的儒学基础教育而获得的，因此，三界寺在培养儒、释两方面人才的过程中都贡献积极。另外，大乘佛教讲求众生平等，对僧俗共同实行救度，那么这种思想也同样体现在寺院教育领域。在唐代这样的士族门阀占统治地位的时代，礼不下庶人，教育也被封建地主阶级所垄断。寺院兴学、办学最

---

① 郑阿财、朱凤玉：《敦煌蒙书研究》，第445—453页。

② 李正宇：《敦煌学郎题记辑注》，《敦煌学辑刊》1987年第1期，第26—40页；杨秀清：《浅谈唐、宋时期敦煌地区的学生生活——以学郎诗和学郎题记为中心》，《敦煌研究》1999年第4期，第137—146页。

③ 张弓：《公元九、十世纪敦煌的寺学教育及其儒经读本》，见《第12届国际佛教教育文化研讨会论文集》，台北：华梵大学，2002年，第14—25页；王志鹏：《试论敦煌佛教歌辞中儒释思想的调和》，《敦煌学辑刊》2005年第3期，第146—154页。

先打破了这种垄断，使得庶民在这里首次得到受教育的权利。活跃在这一时期的包括三界寺在内的敦煌大量的寺学，是早期贵族家学及学校制度向宋代书院制度转变中的一个重要的中间环节①。

（三）晚唐五代敦煌寺院医学教育与传播

敦煌寺院医学技艺的发展早在吐蕃统治敦煌时期就已经有所记载。敦煌所出极为著名的僧人都具有高超的医术，并因此声名大噪。因而有学者认为在吐蕃统治敦煌的这一特殊历史时期，由于"正常的学校制度遭到破坏，学术文化从官府转向寺院。这时，除了民间医家依旧收授徒弟外，寺院医学就显得格外重要。……传授医学知识和为民众疗疾治病的责任主要落在了僧侣身上"②。这主要是站在世俗公众利益的角度对寺院医学活动的解释。如果从寺院的生存与发展的视角来解释这一社会现象，其落脚点就在印度佛教在东传过程中，不断与中国文化相互碰撞，为了自身的生存和发展而实施的策略性实践。从晚唐五代敦煌寺院的医学教育和医事等佛教践履活动可以看出，这一实践适应了中国传统文化的需求，赢得了广大民众的喜爱。

1. 寺院僧人教授医学知识，寺学生传抄医药学典籍

敦煌位于东西方文化交流咽喉之地的特殊地理位置和交通条件，使得敦煌成为中国古代中西交通的枢纽，是东往西来从陆路进出中国的必经之地，各国之间的商旅贸易、列国使臣以及众多僧侣往来不绝。在药物方面，西域波斯诸国的许多药物随着商旅、使臣、僧侣而传入中国。如汉代建元三年（前138年）张骞出使大月氏，带回"苜蓿"

---

① 姜伯勤：《敦煌社会文书导论》，第95页。
② 郑炳林：《从敦煌文书看唐五代敦煌地区的医事状况》，《西北民族学院学报》（哲社版）1997年第1期，第68页。

"胡麻""亚麻""葡萄树""安石榴""胡桃"等多种植物药。西晋及隋唐五代时期，由西域传入的药品更为多样。梁代的《七录》就记载有《杂戎狄方》和《摩诃出胡国方》两种专录外来药物的本草书籍。敦煌为佛教最早的传入地之一，医学多操僧侣之手，印度的药方及医方即因佛教东渐而传入中国。《开元释教录》曰："东汉之末，安世高医术有名，译经传入印度之医药。"①陶弘景整理改编的《肘后百一方》、孙思邈的"地木火风"不调的"四百四病"都是为附和佛家的"一大辄有一百一病"的说法。王焘的《外台秘要》中有"耆婆万病丸方""天竺经论眼序"等，都是延用印度的治疗方法②。

这种医学操僧侣之手、印度医学知识随着佛教传入中国的现象在敦煌地区也有所反映。敦煌邈真赞记载吐蕃统治晚期和归义军政权初期多位僧侣就具有较高的医学造诣，可以说是敦煌地区僧侣掌握医学知识的典型。

翟法荣，是吐蕃统治敦煌时期龙兴寺僧，P.3947《龙兴寺应转经四十一人分两翻定名》中记载有翟法荣的名字。他在医学方面的影响与贡献在P.4660《河西都僧统翟和尚邈真赞》中有相关记载："五凉师训，一道医王，名驰帝阙，恩被遐荒，迁加僧统，位处当阳。"③扁鹊曾经被尊称为医王，翟法荣医王的称号和"名驰帝阙，恩被遐荒"一语道出了翟氏医术在当地的影响之大。他之所以能够位列都僧统这一河西地区佛教界最高僧官，除了他在佛学上的深厚造诣之外，应该还

---

① 《大正藏》第五十五册，台北：新文丰出版公司，第481页。

② ［唐］王焘：《外台秘要》卷二一、卷三一，北京：人民卫生出版社，1982年，第562—563页、842—843页。

③ P.4660《河西都僧统翟和尚邈真赞》，见郑炳林《敦煌碑铭赞辑释》，第180页。

与他在医学上的巨大影响力分不开。

另据郑炳林研究，敦煌翟氏的家学相当深厚。唐初有翟通，担任乡贡明经授朝议郎行敦煌郡博士。五代时期，敦煌著名的州学博士、历学家翟奉达，被冠以"朝议郎检校尚书工部员外行沙州经学博士"，也是翟氏家族成员。晚唐五代时期，翟氏又是敦煌非常有势力的家族①。

索崇恩为敦煌名僧，世家大族索氏之后。索氏"世为冠族"②，关于索崇恩在医学方面的造诣，P.4010、P.4615《索崇恩和尚修功德记》记载云：

> 劲持高操，低意下人；蕃落信知，众情恢附……瓜凉河陇，相节尊重。门师悲同药王，施分医术，故使道应神知。③

赞文将索崇恩比作药王，足见他医术的高超和医学影响的巨大。赞文还记载了他在教授徒众方面的成就，在佛教教育与传播方面贡献卓著，想必除讲授佛学外，医学也是他传授的内容。

另一位索氏家族有影响力的僧人索法律为金光明寺僧人，P.4660《金光明寺故索法律邈真赞并序》曰：

> 堂堂律公，禀气神聪。行解清洁，务劝桑农。练心八解，洞晓三空。平治心地，克意真风。灯传北秀，导引南宗。神农本草，八

---

① 郑炳林：《从敦煌文书看唐五代敦煌地区的医事状况》，《西北民族学院学报》(哲社版)1997年第1期，第68—69页。

②《十六国春秋辑补·前凉录》附《索泮传》。

③ P.4010、P.4615《索崇恩和尚修功德记》，见郑炳林《敦煌碑铭赞辑释》，第286页。

术皆通。①

《神农本草》是秦汉以来医药学家对医药资料进行整理汇编而成的，最终成书于东汉时期，是中国古代最早的药学专著。据印度佛经记载，医学有8种方术。所谓的"神农本草，八术皆通"，就是指索法律精通中国本土的药学知识和来自印度的各种医术，用现在的话说是"中西医结合"，医术达到了相当高的程度。

金光明寺也设有经库，办有寺学，因而也不排除索法律以医术教授子弟的可能。

P.4660《索法律智岳邈真赞》记载索智岳的医学造诣云：

> 真乘洞晓，儒墨兼宣……陶染靡亏，理事精研。寒松比操，金石齐坚。上交下接，众听推先。殷勤善诱，直示幽玄。药闲中道，病释两边……②

以上对敦煌著名僧人医学造诣的记载虽然都集中在邈真赞文书当中，相关资料也不是太多，但仍然可以看出从吐蕃统治时期到归义军政权建立初期敦煌寺院在医学领域所拥有的知识与地位。归义军政权建立以后，逐渐恢复唐代教育体系，沙州经学、道学都已经恢复，至于州医学虽没有发现相关文献记载，但根据天宝年间敦煌有"医学博士令狐思珍"的记载看，应该也是恢复了唐代医学教育无疑。寺院的寺学也被继承下来，敦煌17所寺院，几乎每所寺院都办有寺学。敦煌文献中出现的

---

① P.4660《金光明寺故索法律邈真赞并序》，见郑炳林《敦煌碑铭赞辑释》，第108页。
② P.4660《索法律智岳邈真赞》，见郑炳林《敦煌碑铭赞辑释》，第170页。

大量医学典籍，包括医经、药方书、本草、诊断、针灸、养生、名医传记等，都与寺院有着千丝万缕的关系。首先，这些经卷是被藏于敦煌莫高窟的，莫高窟是佛教石窟，是敦煌佛教的圣地，也是僧俗等举行佛教活动的聚居地，在这里保存数量如此巨大的医学类文书，肯定是与传播医学知识有关。其次，许多医学类文书都是抄写在经卷背面上的，如P.2115《穷诈辩惑论卷下》的背面有《平脉略例》一卷和张仲景《五藏经》一卷；P.2665背为佛家医书，又有愿文一通，藏文一行半；S.2615《禁方》起自"龙树菩萨九天玄女咒"，终至"牙痛方"，其后有各式符印；S.4679《佛教类书》中有医品、医名等①。这些医药文献都是僧侣使用过的，也很有可能是寺院学郎们抄写使用的医学教材。

2. 寺院接受医药品的施入，并广泛开展医事活动

敦煌寺院的僧人还从事各种医事活动，运用他们高超的医术为患者治疗疾病，解除痛苦。《四分律删繁补阙行事钞》中说：

> 若和尚父母在寺疾病，弟子亦得为合药。又父母贫贱，在寺内供养：净人兄弟、姊妹、叔伯及叔伯母、姨舅，并的为合药。无（药）者，自有，亦得借用。不还者，勿责。②

可见，不论是已经出家的僧人，还是他们的亲属，若有罹患疾病的，僧人所在的寺院、僧侣都会为他们调药治病，得到寺院的救治、照料。这一切均与佛教大乘思想所倡导的"一切男子是我父，一切女

---

① 李应存、史正刚：《从敦煌佛书中的医学内容谈佛教的世俗化》，《敦煌学辑刊》2007年第4期，第211—216页。

② 《大正藏》卷四〇，第148页，中栏。

子是我母"的慈善、博爱精神相符。

虽然文书资料显示寺院僧人精通医术，肯定也行医治病，但却很难见到有僧人替病人治病的直接记载，但从一些籍帐类文书中我们又发现了一些线索，S.6981《年代不明诸色斛斗破历》中记载有："面一石一斗、油八升、麦八斗、粟六斗，看僧统去病用。"①其中的"看"，根据施萍亭先生的研究，可以理解为"招待"之意②，即是指招待这位僧统来寺院为病人治病时的费用支出。从支出的数额来看，应该是多次诊病积累起来的费用，也许其中还包含了僧统出诊的费用。这件文书当中还记载有："谷面一斗、白面一斗、油一升，付愿子将病用。……愿子精神病发时用。"③这里的愿子很可能就是这所寺院的病人，但是却无法断定此次行医治病的僧统是哪一位。

另外，许多民众向寺院施舍药材的记载也同样可以印证寺院僧人从事医事活动的事实。P.2837《辰年支刚刚等施入疏》中共计15件施入条目，其中第6件记有：

把（巴）豆三颗，龙骨少多，并诸杂药，施入修造。右弟子所施义者，愿报平安，今头（投）道场，请为念诵。④

P.3541《年代不明施舍疏》共计5件施舍条目，其中第2件记载：

---

① 唐耕耦、陆宏基：《敦煌社会经济文献真迹释录》第三辑，第78页。
② 施萍亭：《本所藏〈酒帐〉研究》，《敦煌研究》1983年创刊号，第151页。
③ 唐耕耦、陆宏基：《敦煌社会经济文献真迹释录》第三辑，第78页。
④ 唐耕耦、陆宏基：《敦煌社会经济文献真迹释录》第三辑，第61页。

升麻、芍药共二两，槐子柒颗，入修造。右所施意者，为己身染患，今经数□（旬）药饵虽投，竟无疗减，虑恐多生宿怨，今投道场，请为念诵。①

P.2583《申年比丘尼修德等施舍疏》共计13件施舍条目，其中第6件有：

□一匹二丈五尺，蒲桃一斗，解毒药五两，已上物充转经僧懒。解毒药二两，充正月一日夜燃灯法仕宋教授和尚。□药。正月七日弟子节儿论莽热谨疏。②

寺院接受药品的施入，除了满足寺院僧人对药品的需求外，更多的应该是为种福田而对外"常施医药，疗救重病"。按照《福田经变》中的经文：天帝释问佛："夫人种德，欲求影福，岂有良田果报无限，种丝发之德本，获无量之福乎？"释迦牟尼回答说："广施七法。"这里的七法就是指：兴立佛塔、僧房、堂阁；荣建果园、修造浴池；常施医药，疗救疾病；做坚牢船、济度民众；安设桥梁、过渡赢弱；近道作井、渴乏得饮；造作圊厕，施便利处等。

敦煌寺院僧侣掌握高超的医疗技术，并接受施主医药品的施入，不论从佛教义理的角度还是寺院本身的实际做法，无不体现出敦煌寺院在医疗事业方面所做的贡献。

---

① 唐耕耦、陆宏基：《敦煌社会经济文献真迹释录》第三辑，第78页。
② 唐耕耦、陆宏基：《敦煌社会经济文献真迹释录》第三辑，第66页。

三、家族教育

许多家族也承担起教育子弟的责任。敦煌邈真赞记载的许多有学识的人都是从小接受家族内部家风、学风的熏陶，对家族背景的陈述与宣扬几乎成为一种社会风尚。

敦煌地区大姓及世俗大众的教育都以儒学为主，自谓"礼乐名家"，以儒家礼教相标榜，如：P.4640《大唐宗子陇西李氏再修功德记碑》云：李颢"皆以稽古微言，留心儒素，或登华第，更高拔坠之名，文战都堂，每中甲科之第"；S.530《大唐沙州释门索法律义辩和尚修功德记碑》云：索清贞（政）"礼乐名家，温恭素质；一城领袖，六郡提纲"；P.4640《康使君邈真赞并序》云"伟哉康公，族氏豪宗，生知礼义，禀气恢洪"；P.4660《张禄邈真赞》云"龙沙豪族，塞表英儒"；P.4660《阴文通邈真赞》云"门承都护，阀阅晖联；名高玉塞，礼乐双全"；P.4638《大蕃故敦煌郡莫高窟阴处士公修功德记》云：阴庭诚"前沙州乡贡明经，师经避席，传授次于曾参；师尔凭河，好勇承于子路。拟鹃冠之爪利，至果毅雄；选黄鹂之未调，缓飞乡贡。洋洋百卷，易简薄于《赢金》"；P.2568《南阳张延绶别传》云"博学多闻，尤好诗礼；蕴蓄百家之书，靡不精确"；P.2913《张淮深墓志铭》云：张议谭"并修礼文武盛材"；S.4654《罗通达邈真赞并序》云"少而异俊，深知礼乐之芳；长备雄才，穷晓黄公之术；家行五教，每严训子之风；固守四儒，众叹悬鱼之政"。这些在敦煌地区有名望的世俗人士，其邈真赞当中的褒扬之词都以他们的儒学修养为主要内容，尤其宣称他们的家族是礼乐名家，体现出家学教育与传承的儒学化倾向。

敦煌文书还记载有李家学，P.2825《太公家教》背题："大顺元年

（890年）十二月李家学郎，是大哥尔。"这里的李家学很显然是李姓家族私人办学。至于这里的李家学郎，指的是李姓家族的成员还是别家孩子在李家学堂念书，则不得而知。但可以肯定的是，敦煌的李氏家族也是名门望族，他们自家承办学塾是极有可能的，在教育自己家族子弟的同时也可能招收附近人家的子弟来一起读书。

就家学，P.3780《秦妇吟》卷末："显德四年（957年）丁巳岁二月十七日就家学士郎马富德书记。手若（弱）笔恶，若有决错，明书（师）见者，决丈五索。""显德四年（957年）丁巳岁二月十九日，学生童儿马富德"卷背"大周显德四年（957年）丁巳岁九月廿七日，就家学士郎""大周显德四年（957年）丁巳岁就家学士郎马富德书记"。这里的"就家"，学界存在争论①。作者认为，不论属于哪一种情况，"就家学"都可以视为是一种私人办学的例子。

① 高明士认为"所谓'就家'，可能（是）住在自宅然后以通学方式到寺院就读的学生"（《唐代敦煌的教育》）；李正宇先生于"就家学"之"就"字下括号内写"龙?"，则疑其可能为"龙家学"（《唐宋时代的敦煌学校》）；颜廷亮先生认为"就家学"即姓"就"者所办学校，敦煌有就姓人家。S.4504乙未年《贷生绢契》有就弘子，莫高窟第98窟、第290窟供养人题记中分别有就吕盈、就恭子。

第二章　归义军时期敦煌社会教育的载体

　　流行于各个历史时期的各种日常读物以其独特的教化途径和形式传播着文化知识，其作为一种载体在社会教化中扮演了举足轻重的作用。

　　在中国的远古时代，年长者、有经验者对年青一代口耳相传的教化方式对日常生产生活知识的传播、民风民俗的传承曾经起到非常重要的作用。随着生产力的不断进步，纸张和印刷术的不断应用，书本作为一种知识的载体逐渐走向民间，大大拓宽了社会教化的范围。

　　每一个时代所流行的日常读物，是涉及每个人的尤其是最广大老百姓的通俗读本，它的产生与发展与当时的政治、经济、文化、思想等密切相关。受社会生产力发展水平的制约，在中国封建社会，不是人人都有受教育的权利，教育的权利往往掌握在统治阶级及其子女的手中，广大的老百姓基本上被排斥在正规教育之外，但是受儒家"化民成俗"理念的支配和影响，统治阶层仍然很重视这些民众的受教育问题，如何把统治阶级的思想和意识传递到平民中去，是历代统治者所关注的。具有训诲、劝诫作用的日常读物承载了当时社会所流行的各类知识、规范、伦理道德等，也理所当然地成为教化民众的重要载体。正因为如此，儿童作为日常教育与教化的主要对象，就成为日常读物最忠实的读者群体。

第一节　图书教材

　　《易经》中的《序卦》曰："蒙者，蒙止，物之稚也。"①说明幼童多暗昧，启迪幼童、消除暗昧即是启蒙。蒙学读物就是专为启迪童蒙而编写的教材，又称蒙书、蒙养书、古代儿童读物、蒙学教材、启蒙教材、语文教材等。我国传统的蒙学读物从周至隋代，主要是以童蒙识字为主，到了隋唐以后，随着蒙学的不断发展，童蒙教育的内容逐渐扩张，由原来以识字为主逐渐增加了一些内容，主要有识字教育为主的字书，以思想、德行教育为主的蒙书，以及包括多种知识在内的知识类蒙书等。郑阿财、朱凤玉将敦煌的蒙书分为识字类、知识类和德行类三种②。项楚根据敦煌本《王梵志诗》指出："一卷本王梵志诗集是晚唐时期某位民间知识分子编写的童蒙读本，包含五言四句格言小诗92首。其中有世俗格言诗72首，说的都是立身处世之道，因为是供童蒙习诵的，道理极为浅近，却又非常实用，有如黍粟布帛一般，平凡而不可或缺。"③这些童蒙教材被学者当作是当时童蒙教育的学校教材来对待，主要是依据这些童蒙教材的抄写者推测。纵观敦煌蒙书写本的诸多抄本，可以发现，有学郎题记的文书仅占敦煌抄本的很小一部分，而更多的抄本并没有明确的抄写者，根据字迹的规范程度也可以推测是社会人士为识字或学习而传抄的抄本，据此可以推断敦煌

---

① 李学勤主编：《周易正义》卷九《序卦》，北京：北京大学出版社，第335页。

② 郑阿财、朱凤玉：《敦煌蒙书研究》，第7页。

③ 项楚：《敦煌诗歌导论》，台北：新文丰出版股份有限公司，1993年，第323页。

的蒙书不仅是供学校学郎抄写学习的教材，也是当时社会上比较流行的日常读物，被各类人士以各种学习目的传抄、诵习。这些蒙学读物不仅帮助人们识字，还因为其内容的知识性、形式的趣味性受到社会各阶层的喜爱，是当时推行社会教育不可或缺的一部分。同时，蒙学读物肩负着传播儒家伦理道德的使命，具有"化民成俗"的巨大社会功能。朱熹在《小学》中就著录了杨文公家训，说道："童稚之学，不止记诵。养其良知良能，当以先人之言为主。日记故事，不拘今古，必先以孝悌忠信、礼义廉耻等事，如黄香扇枕、陆绩怀橘、叔敖阴德、子路负米之类，只如俗说，便晓知道理，久久成熟，德行若自然矣。"①事实上，对儿童进行伦理道德知识的教育，既是儿童个体社会化发展的需要，也是国家治理的需要。

一、字书教材

杂字是中国古代常见的民间识字教材，借助日常读物来教民识字，同时融入日常生活常识、礼仪规范、伦理思想等内容来实现社会教育的目的。唐宋时期流行于敦煌地区的杂字类教材仅具有识字教育的功能，到了宋代以后，尤其是到了明清时期，杂字教材的功用逐渐增多，有的杂字课本还蕴含着力倡耕读、孝悌谦让、敦亲睦族、劝善诚恶、勤俭持家、惜时上进等思想，将识字教育、知识教育与思想教育结合起来，与广大民众的生活息息相关，具有浓厚的生活气息和实用价值，不但便利和丰富了百姓的日常生活，而且使人们受到了良好的思想教育，从而能向善向上，对乡民潜移默化的社会教化的作用不断增强。

---

① ［宋］朱熹撰，朱傑人、严佐之、刘永翔主编：《朱子全书》（修订本）第13册《小学》卷六，上海：上海古籍出版社；合肥：安徽教育出版社，2010年，第434页。

识字用的杂字书是一种非正规的童蒙识字课本。杂字书的源头最早可以追溯到《尔雅》《史籀篇》，到了宋代，杂字书已经广泛流行。《宋史·夏国传》记载有西夏王李元昊亲自编定西夏文书籍，"元昊自制蕃书，命野利仁荣演绎之，成十二卷，字形体方整，类八分而书颇重复，教国人纪事用蕃书而译《孝经》《尔雅》《四言杂字》为蕃语"①。李元昊所译的《四言杂字》应该就是民间流行的识字读本。南宋诗人陆游在《秋日郊居》第三首说道："儿童冬学闹比邻，据案愚儒却自珍。授罢村书闭门睡，终年不著面看人。"诗下面有自注："农家十月乃遣子弟入学，谓之冬学。所读《杂字》《百家姓》之类，谓之村书。"可见杂字书不仅用于学校的童蒙教材，就是乡野村塾、民间里巷也都以此作为儿童识字的课本。

1. 《千字文》

童蒙教育以识字为先，唐代以前，中国童蒙诵习的识字书得以流传后世的就只有《急救篇》和《千字文》两类了。而《千字文》又是其中流传最广、使用最为普遍的教材。《千字文》相传为梁武帝大同年间（535—545年）周兴嗣所编，全文采用四字一句，对仗工整、音韵铿锵，内容涉及天文地理、气候山川、社会文化、政治制度、历史人物、道德伦理、功绩伟业、人事教育等方面，既可以使初学者从有限的篇幅中获取广博的文化知识，又易于记诵，读起来朗朗上口，符合初学者尤其是儿童的学习特点。《千字文》收集极具实用性的一千个常用字，组织成条理清晰、形式优美、格律整齐的读本，而且囊括了汉字的基本结构与笔画，更辅之以王羲之的字迹，可以作为习字的范

---

① ［元］脱脱等撰：《宋史》卷四八五，第18页。

本供初学者临摹、拓写，这可谓相得益彰。敦煌文献中残存50多件《千字文》写卷，足见其在远处西陲的敦煌地区的流行程度。从写本状况来看，这50多件写本有完整，有残缺；有写在纸张正面的，也有写在背面的；有写在卷首或卷末的；书写的字体有工整，也有稚拙；书写者中既有身份显贵的名家，也有学郎儿童；既有习字性质的涂鸦，也有名家的真书、草书写本；既有为帮助诵习而作的注文本和音注本，还有不同民族学习汉文而编写的蕃汉对照本等不同类型的文书写本。

由此可见，《千字文》写本的流传已经不仅仅是儿童识字用的教材性质，而是具有普遍教育的意义在其中。掌握了《千字文》，就基本上具备了初步的阅读能力，可以应付日常生活当中的写信、记账之用，也为进一步的学习打下了良好的基础。

2.《开蒙要训》

《开蒙要训》是与《千字文》同时流行的另一和识字类蒙书。从敦煌已经公布的写本来看，其写本有40多件，分别收藏在英、法、中、日、俄等国家和私人手中，数量仅次于《千字文》。《开蒙要训》在内容和形式上都与《千字文》相近，在教育儿童识字的同时，也灌输各种知识，借以启迪儿童的智能。相比较而言，《开蒙要训》的撰写层次略低，更为通俗易懂，侧重于反映现实生活中的知识层面，更能显示出庶民教育的特色，应该是专门为一般的平民子弟所编写的教材，其内容主要搜罗日常生活的基本常识及各种杂学、名物，因而有学者将其称为"村书"。类似这样的蒙书在民间还有《四言杂字》《五言杂字》《六言杂字》《七言杂字》等，因不同时代和不同地区而有不同的编纂，内容也随之繁简不等。正因为其通俗、实际，所以更易于为市井小民及乡村子弟、店铺学徒等阶层学习和掌握；又由于掌握它所需要的时间较短，大约半个月就能读完并掌握，从而具备基本的记账、人情世故和应酬之道，所以更受欢迎。

郑阿财指出："此类杂字书能够长久流行，为社会长期接受，主要原因在于传授基本知识，进行道德教育。采取易于上口、有效记忆的形式等方面，有其长处、优势，自有其文化史和教育史上的价值。而经由识字的教育，将此类书籍中的自然观、神道观、伦理观、道德观、历史观等灌输给民众，便形成了俗文化的主要核心，当是研究俗文化与俗语言的宝贵材料。"①

3. 《俗务要名林》

敦煌写卷《俗务要名林》《杂集实用要字》等识字类杂字书是将识字教育与日用常识、实用技艺相结合的蒙书。《俗务要名林》是根据事物名称分类编纂的一种通俗字书，计有P.2609、S.617、P.5001三个卷号。刘半农1925年在《敦煌掇琐》中对P.2609号卷子进行了移录。蔡元培在《敦煌掇琐序》中详细介绍了此件文书的史料价值②。姜亮夫在《敦煌——伟大的文化宝藏》一书中指出："其乃唐代以事务为类而编辑的一种字典，为适应民间需要而作。"③此外，林明波、周祖谟、庆谷寿信等学者均从古俗字、古音义的角度分别对此件文书加以研究④。

---

① 郑阿财、朱凤玉：《开蒙养正——敦煌的学校教育》，兰州：甘肃教育出版社，2007年，第36页。

② 黄永武主编：《敦煌丛刊初集》第一册，台北：新文丰出版公司，1985年，第237页。

③ 姜亮夫：《敦煌——伟大的文化宝藏》，上海：上海古典文学出版社，1956年，第124页。

④ 林明波：《唐以前小学书之分类与杂证》，中国学术著作奖助委员会，1975年；周祖谟：《敦煌唐本字书叙录》，见《敦煌语言文学研究》，北京：北京大学出版社，1988年，第41页；庆谷寿信：《敦煌出土の"俗务要名林"（资料篇）》，《人文学报》第112期，1976年；《俗务要名林反切声韵考》，《人文学报》第128期，1978年。

朱凤玉《敦煌写卷〈俗务要名林〉研究》①以及《敦煌蒙书研究》第二章第二节中的"俗务要名林"是对这件文书的综合性研究。

我国古代农村，一般孩童入学，目的但求能够读书、认字、写信、记账而已。中国古代字书，主要且深具影响力的不外《史籀篇》《急就篇》《尔雅》《千字文》，其余则是各类因时因地而编的杂字书，敦煌写卷《俗务要名林》与之相比更具有通俗性与地方性的特点，所选择的内容均为民间日常生活事务名目，更加能反映唐代民间教育以识字为目的，以应付日常实际生活的需要。综合P.2609、P.5001、S.617三个卷子，《俗务要名林》残存器物部、田农部、养蚕及机杼部、女工部、彩帛绢布部、珍宝部、香部、彩色部、数部、度部、量部、称部、市部、果子部、菜蔬部、肉食部、饮食部、聚会部、杂畜部、兽部、鸟部、虫部、鱼鳖部、木部、竹部、草部、船部、车部、戎仗部、火部、水部、药部、疾部、□□部、亲族部、□□部、宅舍部、男服部、女服部等，是"针对民间日常生活中各种常用重要的词汇加以分类编排，以求便于检阅并供学习的通俗要用字书"②，是为"适应当时民间需要而作"③。

4.《杂集时用要字》

除《俗务要名林》外，敦煌文书中还有一种杂字文书，今所得见有编号为S.610《杂集时要用字》，以及与此内容、体例和性质颇为类似的两个卷号S.3227和S.6208。据朱凤玉研究认为当是同一写卷断为二，应予缀合④。

---

① 朱凤玉：《敦煌写卷"俗务要名林"研究》，见《第二届国际唐代学术会议论文集》上册，台北：文津出版社，1993年，第669—700页。

② 郑阿财、朱凤玉：《敦煌蒙书研究》，第79页。

③ 姜亮夫：《敦煌——伟大的文化宝藏》，昆明：云南人民出版社，1999年，第134页。

④ 朱凤玉：《敦煌写本字样书研究之一》，《华冈文科学报》1989年第17期，第122页。

审阅S.610《杂集时用要字》及S.3227、S.6208均按类分部，主要有二仪部、衣服部、音乐部（S.610）；靴器部、农器部、车部、冠帻部、鞍鬐部、门窗部、舍屋部、屏鄣部、花钗部、彩色部（S.3227）；瓮部、饮食部、薑笋部、果子部、席部、布部、七事部、酒部等（S.6208）。

5.《新集文词九经抄》

《新集文词九经抄》是唐五代时期敦煌地区较为流行的童蒙类读物，从全文当中辑录的关于儒家九经、诸家名言和古今圣贤的文章可以看出，编纂这一教材的目的是教导民众学习儒家经典知识和道德伦理规范，以便习得立身处世的方法。书中所援引的圣贤粹语均一一标举出书名和人名。郑阿财对这一问题进行了全面系统的梳理和研究，在他的专著中共叙录了P.2557、P.2598、P.3169、P.3368、P.3469、P.3615、P.3621、P.3990、P.4525、P.4971、S.5754、L1247Дx.247、L1429Дx.1368、L2816Дx.2153a等共14个卷号。该书有序：

包括九经，罗舍内外，通阐三史，是要无遗，今古参详，礼仪咸备，忠臣孝子从此而生，节妇义夫亦因此起。若夫天地一指，阴阳二仪，人无异形，善恶分像。故足以运身，词能利人；步有进退，词有善恶。恶词如众草，不植而自生；善言如百谷，非力而自媚。口虽一也，开则香臭异闻；人之一焉，量则有深浅。视深窥浅，咸由肯学而成；以贤测愚，莫不因学而成智。昔偷光慕道，善自前闻；刺股悬头，传之往典。孔子曰："未有不法而自正，不教而自为。"《淮南子》曰："未有舍舟楫而涉江海，弃衔勒而御马者也。"故典籍于人，亦犹是矣。《礼记》云："玉不琢、不成器；人不学，不知道。"刘通曰："茧质含丝而出，人性怀智。须学乃成。"老子曰："修之于身，其德乃真。"《论语》云："修饰以成人，至如小人君子，向背不同，取舍由身，易于反掌。"周公曰："善自作福，恶自作灾。"孔子曰："吉凶由人，祸福由身，行善则吉，行恶则凶，为人由己，岂由人乎？"是知道德礼仪，可修不可废，可法不可违。行之则君子见焉，违之则小人露矣。故以群书纂义，且济时须，删减繁文，通阐内外，援今引古，是要无遗，训俗安邦，号名家教，题标举目，示之云尔。夫屋破者，恒畏风雨；心邪者，常忧祸患。若补得屋则风雨不如其室，心得意则祸患不入其门，世人悉补屋以却风雨，不知正心以除祸患，何其愚惑者矣。①

序言详细列举和阐释了传统文化当中关于"九经"等知识经典对人的伦理道德知识学习的重要性，强调只有通过学习典籍，才能使人成为一个真正的君子。作者编纂此书的目的乃为"训俗安邦"，从本书所援引的典籍内容也可以看出，符合当时科举考试与教育的需要，尤其合乎民间教育的风气与内涵，适应普通大众的需求。

6.《百行章》

《百行章》作者杜正伦，是唐代的上层文士，此书也是官方编纂颁行的童蒙读物，其序又云：

臣察三坟廓远，谁晓其源？五典幽深，何能览悉？至如世之所重，唯学为先，立身之道，莫过忠孝。欲凭《论语》拾卷，足可成人；《孝经》始终，用之无尽。但以学而为存念，得获忠孝之名。

---

① 郑阿财、朱凤玉：《敦煌蒙书研究》，第299页。

虽读不依，徒示虚谈，何益存忠？则需尽节立孝，追远慎终。至于广学不仕明朝，待省全乖色养，遇沾高位，便造十恶之衍；未自励躬，方为三千之过。臣每寻思此事，废寝修餐，故录要真之言，合为《百行章》一卷。臣以情愚智浅，采略不周，虽非深奥之词，粗以诚于愚浊。①

从序言当中"至如世之所重，唯学为先，立身之道，莫过忠孝。欲凭《论语》拾卷，足可成人；《孝经》始终，用之无尽"一句就可以看出，作者编纂此书的目的亦不出教孝、劝孝的教育宗旨，虽为官方编纂，但与唐代其他庶民启蒙通行教材《太公家教》《新集严父教》《古贤集》等无二致。"臣以情愚智浅，采略不周，虽非深奥之词，粗以诚于愚浊"，显示出杜氏主要采用《孝经》《论语》等儒家经典中的精辟言论，编成浅显易懂的词句，以便于教化愚浊，其通俗性亦可得见。

二、知识类读物

1. 《杂抄》与《孔子备问书》

我国古代童蒙在接受了初步的识字教育之后，就开始生活实用知识的学习。知识类的蒙书内容包罗万象，流传广泛，举凡历史、掌故、自然、名物等等无不包括在内。

《杂抄》是敦煌石室所藏众多童蒙教材中的一种，计有13件写本：S.4663、S.5658、S.5755、S.9491、P.2721、P.2816、P.3393、P.3649、P.3662、P.3671、P.3683、P.3769、P.3906等。1942年，日本的那波利贞

---

① 郑阿财、朱凤玉：《敦煌蒙书研究》，第326页。

撰写《唐钞本〈杂抄〉考——唐代庶民教育史研究の资料》，是根据
P.2721号卷子所作的研究，他认为《杂抄》是中唐时代为一般庶民教育
所编的一部常识宝典，并认为此书是中晚唐时期的作品①。王三庆也指
出这类《杂抄》是"配合时代的需要及日常生活而编制，因此，除撰
文对策，作为文场参考外，也是具有百科全书式的功能，使读者能够
执简驭繁"②。其后，周一良也据P.2721号写卷认为是晚唐写本。《杂
抄》一卷全文共有五千字，前有序云：

> 《杂抄》一卷，一名《珠玉抄》，二名《益智文》，三名《随身宝》。
> 并序
> 盖闻：天地开辟以来，日月星辰，人民种类，阴阳寒暑，四时
> 八节，三皇五帝，宫商角徵羽，金木水火土，九州八音。山川道
> 径，受形之物。贵贱贤愚，帝代相传，生死不及，周而复始。天地
> 祖宗之源，人事之矣，并皆幽玄，莫能照（昭）察。余因暇日，略
> 述数言，以传后代耳。③

由序可知，《杂抄》一名《珠玉抄》，二名《益智文》，三名《随身
宝》。"抄"有抄录主要内容的意思，所谓"杂抄"，就是摘录一些与
日常生活知识相关的内容，随身携带，作为备忘之用。这一点从《杂
抄》的别名《珠玉抄》《益智文》《随身宝》也可以看出，其内容是对

---

① ［日］那波利贞：《唐钞本〈杂抄〉考——唐代庶民教育史研究の资料》，见那波利贞《唐代社会文化史研究》，东京：创文社，1974年，第197—200页。
② 王三庆：《敦煌类书》，高雄：丽文文化公司，1993年，第105页。
③ 王三庆：《敦煌类书》，第123页。

读者增长智慧有益的随身必备的宝物。从《杂抄》内容来看，其自"论三皇五帝，何名三皇"起始，至"言有八顽者"终，整卷采用一问一答的形式，叙述历史、地理、天文、节气、山川、帝王将相、经史、伦理、事物起源、社会常识、待人接物之道等，内容非常丰富，几乎无所不包，是一部介绍现实生活的最具有实用价值的综合性知识的启蒙教材，可以称得上是一部生活小百科全书。那波利贞就曾指出："它包括天地开辟以来的传说、日月星辰的知识，人民种族、四时八节的历数，山川形势、王朝更替、饮食器用的起源，忠臣孝子的轶事，阴德阳报的实话，社交心得、道德实践方法等。"①对于普通老百姓来说都是他们日常生活中比较琐碎的常识和实用规范。

敦煌卷子中的《杂抄》类写本有一些记有抄写题记，P.3393号卷子《珠玉抄》前题有"辛巳年十一月十一日三界寺学士郎梁流庆书记之也"②；P.3649号《杂抄一卷》题有"丁巳年正月十八日净土寺学士郎贺安住自手书写读诵过记耳"③。三界寺、净土寺均是敦煌地区的僧寺，当时敦煌地区的寺院办有寺学，可见《杂抄》被寺院寺学当作学习教材来使用。敦煌写本《十二时》中提到随身宝："食时辰，偷光凿壁事殷勤，丈夫学问随身宝，白玉黄金未足珍。"④可知随身宝一类教材是学子随身携带、便于查找学习的工具书。

传统的童蒙教材就内容而言，除了认字以外，灌输伦理道德知识、培养其高尚的道德情操为第二要务，之后则是要求掌握识字工具，具

① [日]那波利贞:《唐钞本〈杂抄〉考——唐代庶民教育史研究の资料》,见那波利贞《唐代社会文化史研究》,第222页。

② 李正宇:《敦煌学郎题记辑注》,第35页。

③ 李正宇:《敦煌学郎题记辑注》,第36页。

④ 任半塘:《敦煌歌辞总编》,上海:古籍出版社,1987年,第1288页。

备基本的读写能力，同时掌握一定的自然知识、生活知识与历史知识。《杂抄》正是这类教材，其内容丰富，与民众的日常生活需要相符合。关于历史知识的内容，如论"三皇五帝"时：

> 何名三皇？伏羲、神农、黄帝。三皇何姓？伏羲姓风，神农姓姜，皇（黄）帝姓姬。何名五帝？颛顼帝、帝、轩辕帝、尧帝姓伊祁，舜帝姓姚。

有关地理的知识，如"论三川八水五岳四渎"：

> 何名三川？秦川、洛川、蜀川。何名八水？泾水、渭水、灞水、浐水、沣水、滈水、潦水、潏水。何名五岳？东岳泰山，豫州；西岳华山，华州；南岳衡山，衡州；北岳恒山，定州；中岳嵩山，嵩城县。何名四渎？江、河、淮、济。各出何山？江出岷山，河出昆仑山，淮出桐柏山，济出王屋山。

关于天文、时序、立法等知识：

> 何名三光？日、月、星。何名六暗、六齐（气）？岁、时、日、月、星、辰、阴、阳、风、雨、晦、明。何名三农？春蚕、夏麦、秋禾。何名元正？岁首、正月、元日。何名三朝？冬、腊、岁。

有关四时八节：

何名四时？春、夏、秋、冬。何名八节？立春、春分、立夏、夏至、立秋、秋分、立冬、冬至。

有关伦理道德方面的内容：

何名四德？一、妇德，贞顺；二、妇言，辞命；三、妇容，婉悦；四、妇功，丝麻。何名三从？妇女在家从父，出嫁从夫，夫死从子。何名五德？仁、义、礼、智、信。

有关典章制度的知识：

何名乡党？万二千五百家为乡，五百家为党，五家为邻，五邻为里。论三公九卿。《礼记》曰："从伏羲以来，天子有三公、九卿、廿七大夫、八十一元士。"三公：前御后承，左辅太尚书，右弼者廷尉，万人（一）有失，问之傅（博）士。三公者：太尉、司徒、司空。何名九卿？宗正卿、太常卿、司农卿、鸿胪卿、太尉卿、光禄卿、大理卿、太傅卿。

《杂抄》对于节日起源、年节时令方面的知识记载颇多，其中的一些应该是反映敦煌地区特点的内容：

辨年节日。昔人皇九头，兄弟九人，人别居住，是以因次，即立九州。年月一日易十日，十日易百日，故以三百六十日为一岁。二月社者何谓？社者是地之主。神农尝五谷，后稷播种。……祝融造铛、釜、犁、铧，燧人出火，勾龙能平水土，故以春秋二社祭之。三月三日何谓？昔幽王临水而游，妻将亡，女斋酒食至河上咷盥观看作渠，解除幽王恶事，及收艾大良。……十四十五日何谓？为大目乾连母青提夫人，缘将儿功德之物，避儿广买鸡肫造诸恶业，堕在十八重地狱中，即至饿鬼狱中，受种种苦。目连投佛出家，后禅定观之，遂告诸佛，啼泣救母。令七月十五日，造盂兰盆供养，因此一切七代先王父母，并皆得食吃自余，时因为罪重卜坚贪，故作猛火水，亦复然也。……

关于事物起源方面的知识：

辨古人留教迹。何人种五谷？神农。何人造五味饭食？阳造。何人造酱酢？云雷。何人穿井？伯益。何人造绫罗？帝赤。何人造衣裳？龙苟。何人造曾（甑）？皇（黄）帝。何人造狱颂？皋陶。何人造酒？杜康。何人造弓箭？蚩尤。何人造车？悉仲。何人造琴瑟？师旷。何人造六甲？须子人。何人辨禽兽名？桓坛公。何人造瓦器？伯扶。何人造靴鞋？宁武子。何人造箫笛？嵇重康。何人造礼乐？周公。何人演易？文王。何人造织机？老子。何人造刺绣？唐虞。何人造计算？庖丁。

关于处世态度方面：

论忍事。天子忍之成其大，诸侯忍之国无害，吏人忍之名不废，兄弟忍之则欢泰，夫妻忍之终其代，身躬忍之无患害。论不忍事。天子不忍群臣疏，诸侯不忍国空虚，吏人不忍刑罚诛，兄弟不忍别异居，朋友不忍情义疏，夫妻不忍令子孤，小人不忍丧其躯。

关于待人处世的名言以及应对进退等社会交往的经验总结：

事无大小，关心者忧。人无信不立，车无轨轨不行。……君子千里同风，小人隔陌异俗。孔子补邻，不卜宅。蓬生麻中，不扶自直；白玉投泥，不污其色。一夫不耕，必受其饥；一妇不织，必受其寒。食一粟，知耕夫之倦；服一彩，知织女之劳。日月虽明，不照覆盆之下；刀剑虽利，不斩无罪之人。……不枉法不得财，若得财则枉法，既枉法则害身，财将何用？兄弟如手足，妻子如衣服，衣服破而再新，手足断而难续。……赐子千金，不如教子一艺。德润身，富润屋。……

诸如此类的语句均是民间生活经过长期实践得出的经验总结，经过历史的积淀而成为一种适用的处世哲学。与此相类似的内容也出现在敦煌其他写本中，如《太公家教》《辩才家教》《王梵志诗》《新集文词九经抄》等，在当时及其之后的一段时期内广泛流传，成为中国古代封建社会民间文化的基本内容之一。

除了这些日常生活所必备的常识性知识以外，《杂抄》还为学习者提供了进一步学习深造的工具书，基本上是为应付科举考试列出了所需要阅读的教材，也是最通行、最具实用性的一份推荐书目。其中"论经史何人修撰制注"一段，列出了当时庶民教育所需要的课本，如：

《史记》　司马迁修。《三国志》　陈寿修。《春秋》　孔子修，杜预注。《老子》　河上公注。《三礼》　孔子修，郑玄注。《周易》　王弼注。《离骚经》　屈原注（作）。《流（刘）子》　刘协（勰）注（作）。《尔雅》　郭璞注。《文场秀句》　孟宪子作。《庄子。　郭象注。《切韵》六（陆）法言作。《毛诗》《孝经》《论语》　孔子作，郑玄注。《急就章》　史献（游）撰。《文选》　梁昭明太子召天下才子相共撰，谓之《文选》。《汉书》班固撰修。《典言》　李德林撰之。《尚书》　孔安国注。《尚书》　几家书？虞、夏、商、周。《兔园策》　杜嗣先撰之。《开蒙要训》　马仁寿撰之。《千字文》　钟繇撰，李暹注，周兴嗣次韵。

经学者统计，"敦煌《杂抄》所论及的书目，如经学类书目与当时科举考试科目明经考试所要求的内容相一致；其史书类书目虽与科举考试内容不完全一致，却也是因袭传统而又适应科举考试变革所致；子部所列为道举所试科目；集部所列书目虽非科举考试必读之书，但与科举考试不无关系；其他如《典言》《文场秀句》《兔园册府》均为科举考试应对必读之书。"①

《孔子备问书》与《杂抄》内容和体例相涉，均以一问一答的形式细数当时一般民众所亟须了解与记诵的基本知识，也是对当时被广大社会民众所经常问及问题的综合，依托孔子曾问礼于老聃的故事，杂集通俗历史知识、处世箴言、社会风俗、天文科技等知识，其中亦不

---

① 屈直敏：《从敦煌写本〈励忠节钞〉看唐代的知识、道德与政治秩序》，《兰州大学学报》2006年第2期，第28页。

乏与科举考试有关的内容。《孔子备问书》内容针对天文、历法、时序、阴阳、地理、人伦、民间信仰、佛教知识等，也可称为是当时的百科全书。

2. 《古贤集》

《古贤集》是唐五代民间流行的有关历史知识的蒙书之一。全篇以歌咏、赞叹历史人物的孝友、忠贞、诚信、勤学上进等优秀事迹为主，对诱导童蒙勤学、向善提供了很好的教化榜样，透过历史人物的行为典范来教导孩童忠孝仁义的品德，同时对普及大众的历史知识也有很好的作用。敦煌写本《古贤集》共有写本9件，分别收藏在英国、法国及俄国，编号分别为：P.2748、P.3113、P.3174、P.3929、P.3960、P.4972、S.2049、S.6208、Дх2776。全篇80句共560字，内容涉及以特殊表现晋升仕宦者、勤学不倦终至有成者、圣贤为后人景仰者、思想行为实为高士者、效忠国君者、报恩复仇、矢志不忘者、神话传说故事、特殊友谊堪足传扬者、孝亲堪为表率者[1]。

录文如下：

秦皇无道枉诛人，选士投坑总被坟。范雎折勒人疑死，谁言重的相于秦。相如盗入胡安学，好读经书人不闻。孔丘虽然有圣德，终归不免厄于陈。匡衡凿壁偷光学，转锥刺股有苏秦。孙景（敬0悬头犹恐睡，姜肱玩业不忧贫。车胤聚萤而映雪，恒荣得贵赍金银。造赋题篇曹子建，罗含吞鸟日才新。宁戚驰车秦国相，朱买贫穷被弃身。晏子身微怀智计，双桃方便煞三臣。许由洗耳颍川渠，

---

① 郑阿财、朱凤玉：《敦煌蒙书研究》，第260—262页。

巢父牵牛涧上驱。夷齐饿首阳山下，游岩养性乐闲居。荆轲入秦身未达，不解秦吟反自诛。苏武落蕃思汉帝，身凭雁足与传书。燕王被囚乌救难，干将造剑丧其躯。为父报仇眉间尺，直谏忠臣伍子胥。结草酬恩魏武子，万代传名亦不虚。灵辄一食扶轮报，随候赐药获神珠。太公少年身不遇，八十屠钓自钓鱼，有幸得逢今帝主，文王当唤召同车。江妃泪染湘川竹，韩朋死守叹贞夫。蜀地救火有鸢巴，发使腾星检不赊。东方入海求珍宝，船头回面笑官家。董仲书符去百恶，孙膑善卜辟妖邪。张骞奉使寻河路，王母乘龙戴宝花。叹念阎浮汉武帝，赍粮奉命度流沙。谁见牵牛别织女，唯闻海客镇乘查。延陵留剑挂松枝，坟下亡人具（讵）得知。伯桃并粮身受死，参辰无义竟妻儿。庭树三荆恨分别，恒山四鸟叹分离。割袖分桃汉武帝，杨朱歧路起慈悲。曾参至孝存终始，一日三省普天知。王寄三牲犹不孝，慈母怀酬镇抱饥。孟宗冬笋供不阙，郭巨夫妻生葬儿。董永卖身葬父母，感得天女助机丝。高柴泣血伤脾骨，蔡顺哀号火散离。思思可念复思思，孝顺无过尹伯奇。文王得胜忘朋友，放火烧山觅子推。子夏贤良能易色，颜渊孔子是明师。集合古贤作聚韵，故令千代使人知。

从内容上不难看出这是一篇比较完整的民间通俗历史教育类的诗歌，这些内容经由学童传诵，成为广大民众历史知识的来源，而且极大地影响了民众的历史观。正如诗的最后两句所言："集合古贤作聚韵，故令千代使人知。"其主要内容也是叙述孝友、勤学、仕宦、诚信、忠贞等先贤美好事迹，并且以历史人物为主线，配合相关历史事迹，灌输历史故事，从中吸取经验与教训，起到启发童蒙的作用。

就《古贤集》中诗歌的功能而言，是以简单通俗的诗句，概括历史人物的优秀经历，有利于学童通过朗诵、记忆等方式快速地掌握历史故事，积累相关历史知识，同时还可以在诗歌韵律的熏陶中培养诗人气质，那些古人先贤的勤学上进事迹还可以诱导童蒙奋发勤学，鼓励他们积极上进。另外，《古贤集》中对历史人物事迹的叙述，呈现出的是庶民的历史观，富于民间解读历史的特殊意识，与传统的史传或人物的咏史诗不同，《古贤集》中出现了许多正史资料中所不辑录的人物事迹，有的见于稗官野史，有的则是出于民间传说，例如"江妃泪染湘川竹，韩朋死守叹贞夫""董仲书符去百恶，孙膑善卜辟妖邪""谁见牵牛别织女，唯闻海客镇乘查""董永卖身葬父母，感得天女助机丝"等，其中有些人物实际上是敦煌地区通俗文学作品中所描写的题材，体现了《古贤集》的通俗性，其中所歌咏的人物事迹，除了与敦煌蒙书所涉内容互现外，也有见于敦煌变文、敦煌俗曲、歌谣中的，也说明这一写本反映的是底层社会的历史文化现象。不仅如此，对于这些历史人物的品评，各类文学形式都有共同性，均直接而形象，体现出社会底层百姓所具有的共同的历史观、价值观与道德观。

总之，《古贤集》"集合古贤作聚韵，故令千代使人知"，采用七言诗体，集合古代贤人的事迹加以歌咏。它的作用是普及历史知识，内容则通俗易懂，契合广大民众的心理需求，而且在价值观、道德观方面与敦煌当时广泛流行的通俗读物、说唱变文、歌谣俗曲等相同，这些都是广大民众思想、文化的投射，同时也是一般民众获取历史知识比较便捷的载体。这种由蒙学、进而渗入到民间讲唱、民间俗曲、歌谣当中，口耳相传、潜移默化的方式，成为民间历史知识的主要来源，在历史上很长一段时期内发挥了正史资料所不能企及的影响力，引导了民间百姓的历史观。

三、家训读物

（一）《太公家教》

敦煌蒙书中，除了识字类的《千字文》《开蒙要训》外，写本数量最多、流行最广的非《太公家教》莫属了，是唐、五代民间通俗教育中最为流行的一种家教类蒙书。直至宋元时期仍然流行，而且在日本、韩国、越南等邻近国家都有所流传，并成为这些国家学习汉文化的重要教材之一。敦煌藏经洞存《太公家教》写本共有44件之多，其中有抄写题记的9件，从抄写题记中可以明确这些抄本的抄写时间在唐大中四年（850年）到大宋开宝九年（976年）之间，抄写者多为寺学的学生。从抄写者所记的月份来看，抄写时间集中在十月到次年二月之间，即每年秋收之后的农闲时间，也即"冬学"期间，说明《太公家教》的教育对象主要是农村子弟。《太公家教》是当时敦煌寺学教育的教材之一，下层民众子弟也主要就学于寺院，寺院当时盛行俗讲活动，P.2418《父母恩重经讲经文》中就援引了《太公家教》中的内容来阐释经文，其中有："又《太公家教》：父子事亲，晨省暮省，知饥知渴，知暖知寒。忧则共戚，乐即同叹。父母有病，甘美不餐。食无求饱，居无求安，闻乐不乐，见戏不看，不修身体，不壅衣冠，待至疾愈，整亦不难。"①除此之外，其他一些民间通俗读物，如《新集文词九经抄》《文词教林》等，都大量引用《太公家教》中的安身立命、道德修养的箴言。

---

① 《法国国家图书馆藏敦煌西域文献》第13册，第305页。

从《太公家教》作者叙述的写作背景和跋文中也可以看到，这是一位历经沧桑的乡村老者，为了教导儿童，拣择诗书、坟典中的警言嘉句，以韵文形式整合、编纂成书，正如作者序文中所指出的："讨论坟典，拣择诗书，依经傍史，约礼时宜，为书一卷，助诱童儿，流传万代，幸愿思之。……本不呈于君子，意欲教于儿童。"其内容也是旨在教导子弟进修德业，安身立命而已。从叙述语言来看，完全是一个家庭的长者为教育族内儿童而编写的通俗读物。关于书的内容，大抵以儒家传统的道德伦理思想为基础，强调修身、齐家、治国、平天下，以及日常的为人处世的原则和方式，是一种家教式的传统教育。涉及的都是与日常生活紧密相关的细节，无非教忠教孝，教导学习洒扫应对进退之节，日常饮食、言语、动作，使得儿童能够在言行上达到从容应对、周旋自如的程度，实际上就是从一些很小的细节处进行引导，达到潜移默化的作用。

例如，教人尽忠的语句："事君尽忠，事父尽孝。礼闻来学，不闻往教。舍父事师，必望功效。先慎口言，却整容貌。善事须贪，恶事莫乐。真实在心，莫作诈巧。"教孝语句："孝子事亲，晨省暮参，知饥知渴，知暖知寒，忧则同戚，乐则同欢。父母有疾，甘美不餐，食无求饱，居无求安，……弟子事师，敬同于父，习其道术，学其言语，有疑则问，有教则受。黄金白银，乍可相与，好言善述，莫漫出口……一日为君，终日为主；一日为师，终身为父。"教子之道："教子之法，常令自慎，勿得随宜，言不可失，行不可亏。他篱莫蓦，他户莫窥，他嫌莫道，他事莫知，他贫莫笑，他病莫欺，他财莫愿，他色莫思，他强莫触，他弱莫欺，他弓莫挽，他马莫骑。弓折马死，偿他无疑。"谦让柔忍等在唐代是比较盛行的处世哲学："立身之本，义让为先""柔必胜刚，弱必胜强；齿坚则折，舌柔则长""他强莫触，他弱莫欺""忍能积恶，必须忍之"。生活教育当中的行为规范，如："与人共食，慎莫先尝；与人同饮，莫先举筯；行不当路，坐不背堂；路逢尊者，侧立路旁；有问善对，必须审详。子从外来，先须就堂；未见尊者，莫入私房；若得饮食，慎莫先尝，飨畀宗祖，始到爷娘；次沾兄弟，后及儿郎。食必先让，劳必先当；知过必改，得能莫忘。"关于男女儿童言行规范的，如："养子之法，莫听诳言；育女之法，莫听离母。男年长大，莫听好酒；女年长大，莫听游走。丈夫好酒，揎拳掳肘，行不择地，言不择口，触突尊卑，斗乱朋友；女人游走，逞其姿首，男女杂合，风声大丑，惭耻宗亲，损辱门户"；"妇人送客，不出闺庭；所有言语，下气低声；出行逐伴，隐影藏形；门前有客，莫出闻听；一行有失，百行俱倾；能依此礼，无事不精"；"新妇事君，敬同于父，音声莫听，形影不睹，夫之父兄，不得对语。孝养翁家，敬事夫主，亲爱尊卑，教示男女；行则缓步，言必细雨，勤事女功，莫学歌舞；少为人子，长为人母，出则敛容，动则庠序，敬慎口言，终身无苦"。

检验文本语句，可知主要来自我国孝道经典《孝经》、记述日常生活细小行为规矩的《礼记·曲礼》、儒家为人处事之论的《论语》，以及《荀子》《老子》《庄子》《淮南子》《颜氏家训》《汉书》《晋书》《千字文》等。有的是摘录原文，有的是依据经典增减改易字句，全篇采用传统蒙书的四言韵语，间杂有五言韵语等。除此之外，还集录了大量当时社会上比较流行的谚语，可谓雅俗融合，即使今天朗读起来仍然朗朗上口，倍感亲切。

（二）《新集严父教》与《崔氏夫人训女文》

中国自古以来就重视家庭教育，而且父母分工，男女有别。《晋书·夏侯湛传》记载："受学于先载，纳诲于严父慈母。"①敦煌变文《父母恩重经讲经文》中也说"男女渐长成人子，一一父娘亲训示""自小阿娘抬举，长成严父教招"②。敦煌童蒙教材的编纂也出现以不同施教者口吻编纂的书籍，如以母亲口吻编撰的《崔氏夫人训女文》，以祖父老者口吻编撰的《太公家教》，同时还有以严父口吻编成的《新集严父教》等。

敦煌石室遗书《新集严父教》写本就目前所知共有5件，分别为S.3904、S.4307、S.4901V、S.10291及P.3979，其中的S.4307号抄卷首尾完整，首题"新集严父教一本"，后有题记曰"雍熙三年岁次丙戌七月六日安参谋学侍（士）郎崔定兴写严父教记之耳""丁亥年三月九日定难坊巷学郎崔定兴自手书记之耳"。审阅全篇内容则可以看出，《新集严父教》是10世纪后期敦煌地区一部极为通俗的家教类教材，全篇内容较短，移录如下：

《新集严父教》一本

家中所生男，常依严父教。养子切须教，逢人先作笑。礼则大须学，寻思也大好。

遣子避醉客，但依严父教。路上逢醉人，抽身以下道。过后却来归，寻思也大好。

忽逢斗打处，但依严父教。饶取□□□，叉手却陪笑，忍取最

---

① 《晋书》卷五五《夏侯湛》，第1497页。

② 《法国国家图书馆藏敦煌西域文献》第13册，第308页。

为精，寻思也大好。

　　不用争人我，但依严父教。能得寄□活，不久相看老。骂詈徉
不闻，寻思也大好。

　　家中学侍用，孝顺伯亲老。处分莫相违，但依严父教。枷仗免
及身，寻思也大好。

　　市头学经纪，但依严父教。斗称莫崎岖，二人相交□。买卖事
须平，寻思也大好。

　　欲拟出门前，但依严父教。无乃莫夜行，免交人说道。日在即
来归，寻思也大好。

　　我劝世间人，但依严父教。君子有固穷，小人贫窃盗。三乞胜
一偷，寻思也大好。

　　酒后触忤人，不知有新老。过后却来归，好个煞□□。记取严
父教，寻思也大好。①

　　这一篇以严父口吻所撰写的通俗读物与《崔氏夫人训女文》性质相
近，只是训示的对象有所不同。《崔氏夫人训女文》是针对即将出嫁的
女儿而写，而《新集严父教》则是为教诫家中子弟，使其养成比较规范
的日常行为而编写，全篇将现实生活与社会活动中的为人处世法则与人
格规范，以简短易读的韵文编写成篇，大意是教诫子弟忍辱退让，远离
是非，遵循礼法，规矩行事。不仅内容通俗浅显，符合广大民众的日常
生活，用语更是亲切、生动，其所表达的思想内容与司马相如的《诫子
书》、刘向《诫子歆书》、郑玄《诫子益恩书》、诸葛亮《诫子书》、嵇康

---

　　① 项楚：《敦煌诗歌导论》，第199—200页。

《家诫》等同属一类，但文辞却更为浅近鄙俚。

　　《崔氏夫人训女文》计有S.4129、S.5643、P.2633三件写本，虽然数量不多，但是却非常珍贵。根据P.2633号抄本的文末有"上都李家印崔夫人一本"的字句可知这个抄本属于"印本"传抄，突显了这类读本的受欢迎程度，而且从"上都"长安流传到了西北边陲的敦煌地区。P.2633号卷子是一个同时抄有多个写本的长卷，文书正面抄有《齼䶄新妇文一本》《正月孟春犹寒一本》《酒赋一本》《崔氏夫人训女文一本》及《杨满山咏孝经壹拾捌章》，背面为《燃灯文》等杂抄数行。全篇《崔氏夫人训女文》内容移录如下：

　　　　崔氏夫人训女文一本
　　　　香车宝马竞争辉，少女堂前哭正悲。
　　　　吾今劝汝不须哭，三日拜堂还得归。
　　　　教汝前头行妇礼，但依吾语莫相违。
　　　　好事恶事如不见，莫作本意在家时。
　　　　在家作女惯娇怜，今作他妇信前缘。
　　　　欲语三思然后出，第一少语莫多言。
　　　　路上逢人须敛手，尊卑回避莫荡前。
　　　　外言莫向家中说，家语莫向外人传。
　　　　姑嫜共语低声应，小郎共语亦如然。
　　　　早朝堂上起居了，诸房伯叔并通传。
　　　　妯娌相看若鱼水，男女彼此共恩怜。
　　　　上和下睦同钦敬，莫作二意有慵偏。
　　　　夫婿醉来含笑问，迎前服侍送安眠。

莫向人前相辱骂，醒后定是不和颜。

若能一一依吾语，何得翁婆不爱怜。

故留此法相教示，千古万秋共流传。①

白侍郎赞

崔氏训女，万古传名。

细而察之，实亦周备。

养育之法，方拟事人。

若乏礼仪，过在父母。

诗一首

亭亭独步一枝花，红脸青娥不是夸。

作将喜貌为愁貌，未惯离家住婿家。

又诗一首

拜别高堂日欲斜，红巾拭泪贵新花。

徒来生处却为客，今日随夫始是家。

上都李家印　　崔氏夫人一本②

全篇内容叙述的都是母亲对临嫁女儿如何在夫婿家中安身立足、博取公婆欢心的锦囊秘诀，反复叮咛的都是关于女儿出嫁以后，在夫

---

① 项楚：《敦煌诗歌导论》，第190页。

②《法国国家图书馆藏敦煌西域文献》第17册，2001年，第17—18页。

家所应注意的事项，特别是人际相处所应遵守的原则，总括起来就是要以和为贵。第一，要慎言少语。对夫婿要"莫向人前相辱骂，醒后定是不和颜"；与夫家人相处则须"欲语三思然后出，第一少语莫多言""好事恶事如不见，莫作本意在家时"，更要"外言莫向家中说，家语莫向外人传"。第二，要夫妇和乐。这是中国古代男尊女卑、夫为妻纲思想在民间日常生活中的具体指导，"夫婿醉来含笑问，迎前服侍送安眠""今日随夫始是家"，强调的是夫家才是家，为人妻子更需要转变角色，扮演好"和顺""卑弱"的基本态度。第三，要孝敬守礼，上和下睦。与夫家家人关系的处理几乎是女儿出嫁以后所要面对的最重要和复杂的人际关系，也是传统妇女教育的重点之一，可以说直接关系到妇女在夫家的地位和幸福。出嫁之后，除了侍奉好夫婿以外，夫家的眷属，包括婆媳、妯娌、伯叔等，都是有相应的规范需要遵守的，对公婆的晨昏定省自不必待言，"姑嫜共语低声应，小郎共语亦如然""早朝堂上起居了，诸房伯叔并通传""妯娌相看若鱼水""上和下睦同钦敬，莫作二意有慵偏"。这些都是相当具体实用的与夫家家族和睦相处的行为规范。

《崔氏夫人训女文》作为民间女子教育的典型代表，体现了庶民百姓的实用特色与功能，同时也可以据此看出古代对女子教育的内容及方式。

四、蒙学读物

（一）培养儿童良好的行为习惯

由于儿童的可塑性强，加强对其行为习惯的培养对儿童的终身发展都有益。在中国古代社会，行为习惯的培养主要包括洒扫、应对、进退、饮食起居、待人接物、与人交谈等各个方面，各类蒙学读物对这类行为规范的规定也比较具体。《太公家教》中有多处相关的描述："与人共食，慎莫先尝；与人同饮，莫先举觞；行不当路，坐不背堂；路逢尊者，侧立路旁；有问善对，必须审详。子从外来，先须就堂；未见尊者，莫入私房；若得饮食，慎莫先尝，缞其宗祖，始到爷娘；次沾兄弟，后及儿郎。食必先让，劳必先当；知过必改，得能莫忘。"内容涉及日常饮食、穿着、住宿、行走、待人接物等琐碎的礼仪规范，而且具体明确容易理解和掌握，对于培养儿童良好的行为习惯具有积极作用。

（二）重视伦理道德规范

敦煌童蒙教育历来受到学者关注，敦煌文书中的许多通俗读物逐渐被学者认为是教育童蒙的教材，这些童蒙教材中无不渗透着儒家的孝道思想，童蒙通过学习、背诵、传抄教材接受孝道教育。

敦煌民间流传着一首吟咏史事的长篇诗歌《古贤集》，在敦煌文书中共有9种写本，分别是S.2049、S.6208、P.2748、P.3113、P.3174、P.3929、P.3960、P.4972以及俄罗斯圣彼得堡所藏Дx.2872等。这是一篇集合古代贤人的事迹加以歌咏的故事集。它的作用是普及历史知识，相当于通俗的历史教科书。"……其中集中写了一些古人勤学的故事，如'匡衡凿壁偷光学，专锥刺股有苏秦。孙景悬头犹恐睡，姜肱习业不忧贫。车胤聚萤而映雪，桓荣得贵赍金银'，这不是偶然的，因为《古贤集》具有蒙书的性质，所以用这些古人勤学的故事来激励童蒙勤奋学习。和官方提供的史书有所不同，这本《古贤集》中并没有按照惯常依次从三皇五帝、尧舜禹汤开始叙述，也没有罗列那些关于改朝换代的历史过程，更没有重说帝王将相的作用，而是将三教九流、神话传说、民间故事当中的各色人等包括了进来，对这些人物事迹的追述，实际上寄托了广大下层民众的是非善恶观念、道德标准，而不是统治者的道德规范。所以《古贤集》更能体现普通民众的思想意识，是一本最通俗的历史教科书。"①其中就不乏教孝的词句和例证："曾参至孝存终始，日日三省普天知，王寄三牲犹不孝，慈母怀愁镇抱饥，孟宗冬笋供不阙，郭巨夫妻生葬儿，董永卖身葬父母，感得天女助机丝，高柴泣血伤脾骨，蔡顺哀号火散离，思之可念复思之，孝顺无过尹博奇。"这些古代孝行故事既可以增加孩童的历史知识，又教给他们行孝的诸多益处，从而激发他们内心的孝道伦理意识。

敦煌诗歌、曲赋除了反映民间的生活，传达民间的情意，还具有劝忠、教孝、劝善，陶冶性情、美化人生、敦厚人伦、转移风俗等教化功能。通过这些诗歌、曲赋的流传，会对人产生潜移默化的教化作用。P.4094《夫子劝世词》：

资财谁不爱，富贵是人羡。先业自如斯，争肯依人愿。生死天曹注，衣食冥司判。祸福不由人，并是神官断。有禄端然受，无禄虚使唤。只令吃粗粮，莫想重罗面。希见世间人，不解审思叹。自是虾蟆身，拟学天边雁，飞者搏青天，走者泥中陷。……②

P.2498《李陵答苏武往还书》卷末题记"天成三年戊子岁正月七日，学郎李幸思书记"，并有诗："幸思比是老生儿，投师习业弃无知。父母偏怜惜爱子，日讽万幸（行）不迟滞。"③

P.2746《孝经一卷》有题记曰："岁至庚辰，月造季秋，日逮第

---

① 项楚：《敦煌诗歌导论》，第184页。
②《法国国家图书馆藏敦煌西域文献》第31册，2001年，第131页。
③ 李正宇：《敦煌学郎题记辑注》，《敦煌学辑刊》1987年第1期，第31页。

三，写诗竟记，后有余纸，辄造五言拙诗一首。"诗曰："读诵须勤苦，成就如似虎。卜辞杖捶体，愿赐荣躯路。"①

S.614《兔园册第一》卷末有诗："高门出贵子，好木出良才，男儿不（下缺）。"②

历史往往也具有教育意义。敦煌自古作为中原王朝经营西域的军事要塞受到重视，又是历代中西文化交流的咽喉之地，再加上周边多个西域少数民族往来互动频繁，"安史之乱"后又经历了吐蕃统治半个多世纪，张、曹两氏为代表的敦煌归义军政权维持独立格局近200年，可以说敦煌的历史可圈可点，其历史本身对于当地民众心理产生的影响也是巨大的，当地的历史变迁、英雄人物的事迹等都会对民众产生巨大的教育意义。如P.3128《菩萨蛮》"只恨隔蕃部，情恳难申吐"③；P.2809《望江南》"敦煌郡，四面六蕃围。生灵苦屈青天见，数年路隔失朝仪，目断望龙墀。新恩降，草木总光辉，若不远仗天威力，河湟必陷戎夷，早晚圣人知"④。这种对家乡被外族占领，与中原王朝隔绝的怅然之情跃然纸上，足以感染和激发后来人对家乡的热爱之情。其后张议潮率领归义军收复河湟，重归唐朝，敦煌曲中又流露出重归中原的喜悦，并以教忠教孝为勉，希望国泰民安，边境安宁，使圣君教化延及边地，胡汉子民，同沐唐风。如P.3128《感皇恩》："四海天下及诸州，皆言今岁永无忧。长图欢宴在高楼，寰海内，束手愿归投。朱紫尽风流，殿前卿相对，列诸侯。叫呼万岁愿千秋，皆乐业，鼓腹满田畴。"⑤

① 李正宇:《敦煌学郎题记辑注》,《敦煌学辑刊》1987年第1期,第34页。
② 李正宇:《敦煌学郎题记辑注》,《敦煌学辑刊》1987年第1期,第38页。
③《法国国家图书馆藏敦煌西域文献》第21册,第352页。
④《法国国家图书馆藏敦煌西域文献》第18册,第343—344页。
⑤《法国国家图书馆藏敦煌西域文献》第21册,第352页。

S.2607《赞普子》："本是蕃家将，年年在草头。夏日披毡帐，冬天挂皮裘。语即令人难会，朝朝牧马在荒丘。若不为抛沙塞，无因拜玉楼。"①

这些诗词、歌曲在事实上担负起了记录史实，并对后代进行历史教育的任务，教人民"尽忠孝，向主立功勋，靖难论兵扶社稷"；然后"弃毡帐与弓箭，不归边地，学唐化，礼仪同，沐恩深"。

敦煌文献中还有一些劝人勤学行孝的歌谣，读《敦煌曲校录》中的定格联章，如《五更转》《十二时》《百岁篇》《十恩德》等，可知其中有儿歌，例如其中的一则《五更转》，是专门教人识字、劝人勤学的：

一更初，自恨长养枉生躯；耶娘小来不教授，如今争识文与书。
二更深，孝经一卷不曾寻；之乎者也都不识，如今嗟叹始悲吟。
三更半，到处被他笔头算；纵然深达得官职，公事文书争处断。
四更长，昼夜常如面向墙；男儿到此曲折地，悔不孝经读一行。
五更晓，作人已来都未了；东西南北被驱使，恰如盲人不见道。②

借五更转的次序，道出不勤学的下场，劝少年人宜勤学识文字、读孝经。

另外，《孝经》也作为童蒙教育的主要读本，敦煌文书可见多卷本附有敦煌学郎题记的《孝经》及各类孝道教育题材的识字和文学作品。P.3369《孝经一卷》题记："索康八、画养、索像像、冯像有、索明明、索文赞、索奴奴、索养力、氾钵单、氾阴屯、氾钵钵、张骨，乾

---

① 《英藏敦煌文献》第4册，第114页。
② 任二北：《敦煌曲校录》，上海：上海文艺出版社，1955年，第91—99页。

符三年十月二十一日学生索什德书卷，书记之也。……咸通十五年五月八日沙州学郎索什德。"①S.707《孝经一卷》题记"三界寺学郎元深……同光三年乙酉岁十一月八日三界寺学仕郎曹元深写记"，背题有"同光三年乙酉岁十月八日，同光三年学郎君曹元深书卷"②；S.728《孝经一卷》题记记载"丙申年五月四日灵图沙弥德荣写过。后辈弟子梁子松。庚子年二月十五日灵图寺学郎李再昌已。梁子松"③。

（三）传递中华民族的优秀传统美德

中华民族传统文化中有许多优秀的传统，如孝悌、礼让、勤奋刻苦、勤俭惜时等。传统美德是中华民族文化的内核，是儿童所亟须的精神食粮，因此需要大力发扬。传统的蒙学作品之所以能够在漫长的历史发展中历久弥新，最重要的原因就是其具有的对中国传统美德的传承和发扬的功能。

第二节　说唱类文学作品

唐代是我国古代社会的鼎盛时期，也是敦煌历史上的全盛时期。这时的敦煌经济繁荣，社会政治稳定，尤其是经过吐蕃统治近半个多世纪之后，张议潮率领的归义军政权收复河西，恢复农业生产，为敦煌文化的繁荣发展提供了较为稳定的政治环境。同时，这一时期唐王朝在政治、经济上强盛，尤其是城市经济发达，市民阶层兴起，中外文

① ［日］池田温：《中国古代写本识语集录》，第429页。
② ［日］池田温：《中国古代写本识语集录》，第468页。
③ ［日］池田温：《中国古代写本识语集录》，第477页。

化交流频繁，同时中原地区的音乐、美术、文学以及宗教等方面的生气勃勃都为说唱艺术的发展提供了空间。自张议潮任归义军节度使，建立归义军政权，其侄张淮深、女婿索勋、孙张承奉先后任归义军节度使，主瓜、沙政权，直至终唐之世计七十余年。继张氏领归义军节度使称号的曹议金等曹氏政权，一直将归义军政权延续到宋初灭于西夏王朝。张、曹领导下的归义军政权一面抵御周边敌人的侵扰，一面积极致力于恢复河陇地区的繁荣农业生产，这一时期，敦煌一地的生产力出现了新的面貌，经济快速发展，社会稳定。敦煌文书P.5007号记载有咏敦煌诗三首，其中一首就是歌咏敦煌归唐后百姓安居乐业的情景："万顷平田四畔沙，汉朝城垒属蕃家。歌谣再复归唐国，道舞春风杨柳花。仕女上□天宝髻，水流依旧种桑麻。雄军往往施鼙鼓，斗将徒劳猃狁夸。"[①]时人张籍的《凉州词》中这样描述敦煌作为丝绸之路重镇的繁荣商业贸易往来的盛况："边城暮雨雁飞低，芦笋初生渐欲齐。无数铃声遥过碛，应驮白练到安西。"[②]敦煌的人口，以最盛时期的天宝十三载（754年），大约有户六千三百九十五，口三万二千二百三十四，到了吐蕃占领时期由于战乱等的影响，人口数量应该有所下降，但是到了归义军时期，经过归义军政权恢复生产，人口数量逐渐回升[③]。根据敦煌文书中保存的大量籍账、差科簿、会计历、契约文书等的记载，当时的居民中以农民为最多，其次包括牧民、酒户、梁户、毡匠、石匠、泥浆、塑匠、木匠、皮匠、弓箭匠、画工、画手、打

---

① P.5007号《唐人诗卷四首》，见黄永武《敦煌宝藏》第140册，第589页。

② 《全唐诗》卷三八六《张籍五》，北京：中华书局，1980年，第4356页。

③ 齐陈骏：《敦煌沿革与人口》，《敦煌学辑刊》1980年创刊号，第32—40页；齐陈骏：《敦煌沿革与人口（续）》，《敦煌学辑刊》1981年第2集，第59—72页。

窟人、胥吏差役、歌伎乐工、僧尼道士等，他们共同构成当时敦煌社
会的基础。"他们在紧张的工作之余，为了娱乐，得到消遣，就要寻求
适合自己口味、表现自己思想感情的文艺活动，而形式通俗、演出简
便，又能反映现实生活，引起共鸣，排忧解愁、增长见闻，了解世态
人情、陶冶情趣的说唱艺术，就受到了他们的青睐，他们是这种新兴
文艺的爱好者和发展的推动者。"①

当时的社会基层组织"社"组织曾在敦煌盛行一时，社组织具有浓
厚的宗教性和社会性，参加社组织的主要是村民、市民、僧尼道士以
及各级下层官吏。根据现存有关吐蕃和归义军时期的社约、社条、入
社、退社状、转帖、社斋文等社邑文书的记载，社邑活动主要是集资
修造佛窟、绘画写经、燃灯供佛、诵经斋会以及各种吉凶、营葬互助
活动，在建福、斋会、春秋二社等节庆之时，社成员就要按要求缴纳
一定的财物，共同举行祭赛、宴饮和娱乐活动。S.6537《社条样式》明
确规定："春秋二社，旧规随根源亦需饮宴，所要食味多少，计饭料
各自税之。五音八乐进行，切须不失礼度。"②S.381《龙兴寺毗沙门天
王灵验记》载："大蕃岁次辛巳闰二月十五日，因寒食在城官僚百姓
就龙兴寺设乐。……尊卑雾集，大小云奔。笙歌竞奏而秋留，法曲争
陈而槽拨。"③P.3405《正月十五日窟上供斋文》："佛声接晓，梵响以
萧管同音；宝铎弦歌，惟谈佛德。"④P.3405《安伞文》："梵音以佛声
震地，箫管弦歌，念诵倾心，共浮云□争响。"⑤诸如此类的娱乐活动

① 张鸿勋：《敦煌说唱文学概论》，台北：新文丰出版公司，1993年，第8页。
② 《英藏敦煌文献》第11册，第95页。
③ 《英藏敦煌文献》第1册，第166页。
④ 《法国国家图书馆藏敦煌西域文献》第24册，第118页。
⑤ 《法国国家图书馆藏敦煌西域文献》第24册，第120页。

在当时的敦煌地区是相当频繁的，这一定会引导一些民众文艺，如歌舞、声乐、俗讲、转变之类的演出。敦煌藏经洞保存的大量舞谱、曲谱、俚曲小调、讲经文、变文等即是其反映。民众对娱乐活动的需求就成为敦煌讲唱类文学兴起的物质基础。

统治者的喜好也推动了讲唱文艺的兴盛。《唐会要》卷三四《论乐》"杂录"记载：

> （神龙二年）九月，敕三品以上听有女乐一部，五品以上，女乐不过三人……开元二年，上以天下无事，听政之暇，于梨园自教法曲，必尽其妙，谓之皇帝梨园弟子。
>
> 天宝十载九月二日敕：五品以上正员清官，诸道节度使及太守等，并听当家蓄丝竹以展欢娱，行乐盛时，覃及中外。[1]

同卷又载：

> 宝历二年九月，京兆府奏：伏见诸道方镇，下至州县军镇，皆置音乐，以为欢娱。岂惟夸盛军容，实因接待宾旅。伏以府司每年重阳上已两度宴游，及大臣出领藩镇，皆须求雇教坊音声，以申宴钱。……[2]

在敦煌地区也是如此，P.4531《张淮深变文》中就有"日置歌筵"的记载。归义军时期，官府设有专门的乐营机构，榆林窟第6窟西壁题

---

[1] ［唐］王溥撰：《唐会要》卷三四《论乐》，第628—629页。

[2] ［唐］王溥撰：《唐会要》卷三四《论乐》，第631页。

记有云："乐营石田奴三十余人□□年每载于榆林窟上烧香燃灯。"③
三十余人的乐营机构，规模已经是相当庞大了。乐营机构内的从业人员
又有自己行业内的社邑组织，P.4995背《儿郎伟》记载了乐行的邓军
使、社内尊长李乐荣、社内录事刘生和等："……李乐荣社内尊长，万
事总办祗当，今载初修功德，社人说好谈量。面饭早夜少吃，都来不饮
黄汤。教训乐行徒弟，每日事仕君王。承受先人歌调，鼓吹并没低昂。
便是乐营果报，必合寿命延长……"①归义军衙门除了设有乐营机构以
供日常歌舞、宴饮活动外，说唱艺人也常常被招入府邸演出。P.2187
《破魔变》为后晋天福九年（944年）写本，其中的赞颂歌词提道：

自从仆射镇一方，继统经幢左（佐）大梁。至孝仁慈超舜禹，
文萌宣略迈殷汤。分茅烈（列）土忧三面，盰食临朝念一方。经上
分明亲说著，观音菩萨作仁王。观音世□宰官身，府主唯为镇国君。
玉塞南边消弥气，黄河西面静烟尘。封疆再政〔整〕还依旧，墙壁
重修转更新。君圣臣贤菩萨化，生灵尽作太平人。圣德臣聪四海传，
蛮夷向化静烽烟，邻封发使和三面，航海余深到九天。大治生灵垂
雨露，广敷释教赞花偏，小僧愿讲经功德，更祝仆射万万年。②

这里的"仆射"，据孙楷第研究认为指的是曹议金③，从最后一句
"小僧愿讲经功德，更祝仆射万万年"可以看出这位讲经僧应该是被归

---

① 谢稚柳：《敦煌艺术叙录》，第449页。
②《法藏敦煌西域文献》第33册，第347页。
③ 项楚：《敦煌变文选注》（增订本），北京：中华书局，2006年，第633页。
④ 孙楷第：《读变文（二则）》之二《唱经题之变文》，见周绍良、白化文编《敦煌变文论文录》
（上册），上海：上海古籍出版社，1982年，第373页。

义军节度使请去专门为他们演出的。P.3618《秋吟》是一位旅居敦煌、衣食无着的俗讲僧人请求贵人资助的表白：

> □□□□寻篋笥，点检箱囊，资缣无一金半金，素帛有三缕□□。□（袄）即空存段（断）领，裙裤乃惟碎腰。袈裟分叶相□□，□（座）具分方（芳）兰绝有。想王张（章）之说困，由（犹）卧牛衣，叹颜子□□□，且被鹑服。僧以厨亏琼粒，望元（原）宪而似石崇，架□□装，见远衔（?）而如观杨秀。迟委地，卒话难周，既逢□□之人，方述旅伤之恨。……伏惟某官，清同秋水，行比春兰，□□子建之能，武播田文之略，东堂贵客，无非朱紫之流，□□□宾，并事（是）绮罗之艳拽。既辞朱夏，看逼新秋，希□□□，济殊之释众。①

充分说明当时寺院和世家大族对说唱技艺的支持。

佛教渗透到敦煌社会生活的各个角落，在政治、经济、伦理、哲学、文学、艺术等方面，都可以看到它巨大的影响，说唱文学也不例外。现存敦煌莫高窟492个洞窟中，那40000多平方米的壁画和2000余身彩塑，几乎全是佛、菩萨和以佛经为题材的经变画、佛传故事画、因缘故事画等。这些壁画把烦琐枯燥的佛教经典，高度提炼为各种艺术形象，寓教义于画面，像连环画似的展示给观众，使其耳濡目染，潜移默化，烂熟于心。讲经文、因缘变文等，取材也是直接来源于佛经或佛经故事，与上述壁画往往取自同一题材，可以说一个是以绘画来

---

① 任二北:《敦煌歌辞总编》(中)，上海：上海古籍出版社，1967年，第1051—1057页。

表现佛教经义，一个是以文辞来表现佛教经义，异曲同工。即使是史传故事，也往往是杂有因果报应、地狱轮回、人生无常之类的佛家思想，为这些世俗故事涂染了宗教色彩。而说唱故事那种光怪陆离、变幻诡异、曲折跌宕的想象和幻想，平易朴实的口语化描写语言都与佛经翻译文学的启迪分不开。就是说唱文学那种以散文叙述、韵文歌唱的体例，在某种程度上也是受到佛经的影响。

　　另外，诗歌发展到唐代，已经相当成熟，仅从数量上来看，近50000首的《全唐诗》是从西周到南北朝1600多年中遗留下来的诗篇总数的三倍以上，足见人民群众对诗歌的喜爱和诗歌传唱的社会风气之浓厚。以白居易的诗为例，"二十年间，禁省观寺垂候墙壁之上无不书，王公妾妇牛童马走之口无不道。至于缮写模勒衒卖于市井，或持之以交酒茗者，处处皆是。"①唐代诗歌的另一个特点是音乐文艺的发展与成熟，自古诗歌就与音乐有着水乳交融的密切联系，《尚书·尧典》载："诗言志，歌咏言，声依咏，律和声。"②古代诗歌中就有配雅乐的《诗三百》、配清乐的《乐府》，隋唐时期，从西北各民族传入的燕乐，更是受到朝野上下的欢迎，当时民间流行的俚曲小调和异域少数民族的乐曲相互融合，呈现出新的艺术风貌。为了配合这种新的音乐，就按照乐谱的节拍制作长短句，并逐渐形成语言通俗生动、生活气息浓厚的新体诗——曲子词。敦煌发现的曲子词是现存最早的民间词，其中有普通杂曲、定格联章和大曲。

　　在文化、教育资源比较稀缺的中国古代社会，各种为人们所喜闻乐见、易于流传的通俗文学不仅是广大民众最主要的娱乐方式，也是

---

①［唐］元稹：《白氏长庆集序》，见文渊阁《四库全书·集部》卷一五一。
②［清］阮元校刻：《十三经注疏·尚书正义》，北京：中华书局，1982年，第117页。

他们借以习得各种社会规范的主要途径，因此，各类通俗文学也就成了历代王朝和各大教派争相向基层民众传播思想和教义的重要工具。《辞海》对"通俗文学"的解释为："适合文化层次较低的读者阅读，明白易懂，流传较快的文学样式。多取材于群众关心和熟悉的现实生活，也可以是历史故事的演义，通过加工制作，寄予群众比较容易理解和接受的思想情感，在题材、主题、情节、人物、心理及其表现手法上，都带有明显的复制性和模式化特点。"①

变文讲唱这一通俗文学样式是以宣传非儒学思想为主的，周绍良认为："变文之得名，应该是由于它是从某一种体裁的东西改编成另一种体裁的缘故，如依佛经改编成说唱文，或依史籍记载改编成说唱文，都称为变文。"②徐志啸先生则进一步认为："'变'实际上是一种创作手法或谓表达方式，它所体现的乃是将某种既定的形式改编成（或改换成）另一种更适宜于表达作者自身旨意，更为读者或听众所能接受的通俗化表现形式。具体对变文而言，即是将佛教经义、佛教故事及历史与民间传说改编成通俗的、宜于宣讲的有说有唱的、散韵相间的故事化文字。"③可知变文讲唱主要针对的是文化水平不高的广大普通民众，因此，这些作品都是以浅显易懂的语言进行表述的。

敦煌说唱文学作品中，讲述前代历史故事的有《伍子胥变文》《汉将王陵变》《大汉三年季布骂阵词文》《李陵变文》《王昭君变文》《韩擒虎话本》等。这类作品大多数是以历史事件或历史人物为底本，撷取轶事趣闻，但又不受真实历史事件原貌和内容的制约，而是进行

---

① 《辞海》，上海：上海辞书出版社，1999年，第2997页。
② 周绍良、白化文编：《敦煌变文论文录》（上册），上海：上海古籍出版社，1982年，第408页。
③ 徐志啸：《敦煌文学之"变文"辩》，《中国文学研究》1997年第4期，第34页。

了加工渲染再创造，"大抵史上大事，即无发挥，一涉细故，便多增饰，状以骈俪，证以诗歌，又杂诨词，以博笑谑。"①它们除形象地再现特定历史时期的历史面貌外，历史事实在这里往往只是一个框架和依托，表达的是当时人们的思想和情绪，民众可以从这些历史故事中认识生活，学习历史，分辨真善假丑，评论贤愚忠奸，明白是非好恶，成为百姓一种独特的历史教科书。

一、敦煌变文中对忠君爱国思想的宣传

敦煌变文虽然主要以宣传佛教思想为主，但是对于忠君爱国与其他世俗文学一样，持肯定、颂扬的态度。《王昭君变文》中描述王昭君远嫁匈奴后虽然单于极力讨好她，想使她快乐起来，但是不论哪种方式都无法改变昭君对家国的强烈眷恋之情和一颗坚贞的赤子之心，变文在描写单于告报诸蕃非时出猎，用昭君作中心，昭君登上高岭不禁愁肠百结时有言：

> 昭君一度登千山，千回下泪，慈母只今何在？君王不见追来。当嫁单于，谁望喜乐！良由画匠，捉妄陵持，遂使望断黄沙，悲连紫塞，长辞赤县，永别神州。虞舜妻贤，啼能变竹；玘梁（杞良）妇圣，哭裂长城。乃可恨积如山，愁盈若海。②

诸如此类的描述在变文中随处可见，读整篇《王昭君变文》时时可以感受到变文作者对昭君眷恋家乡之情的深情描述。在敦煌变文中出

---

① 鲁迅：《中国小说史略》第十二篇《宋元话本》，北京：人民文学出版社，2010年，第324页。
② 项楚：《敦煌变文选注》（增订本），第270页。

现这种现象，应该是与敦煌当时当地的历史背景相吻合的。敦煌地区远在西陲，陷蕃的沉痛历史深深地烙在了当地民众的心中，他们对唐王朝的向往、对家国的眷恋之情与王昭君有异曲同工之处，通过王昭君的故事变相地表达了出来，这类变文的演唱正符合了当地民众的心理。

《汉将王陵变》则突出了汉将王陵对高祖皇帝的忠诚和陵母大义凛然的英雄母亲形象，在描述陵母受楚军折磨时说道：

> 忆昔汝父临终日，尘莫（漠）天黄物未知。道子久后于光祖，定难安邦必有期。阿娘长记儿心腹，一事高皇更不移。斫营拟是传天下，万代我儿是门眉（楣）。不见乳堂朝荣贵，先死黄泉事我儿。①

以上是反映中国古代历史人物题材的变文。对于敦煌本地的人物事迹，最能体现忠君爱国思想的要数《张议潮变文》和《张淮深变文》了。张议潮、张淮深叔侄领导沙州军民抗击吐蕃外族、回归唐朝国都的行为在变文中被塑造成能征惯战、忠心报国的民族英雄形象，他们的事迹代表着整个沙州居民的民心所向，其中对张议潮的事迹描述为：

> 忽闻犬戎起狼心，叛逆西同把险林。星夜排兵奔疾道，此时用命总须擒。雄雄上将谋如雨，蠢蜗蕃戎计岂深？自十载提戈驱丑虏，三边犷悍不能侵；何期今岁兴残害，辄尔依前起逆心。今日总须摞贼首，斯须雾合已沉沉。……敦煌上将汉诸侯，却弃西戎朝凤

① 项楚：《敦煌变文选注》（增订本），第170页。

楼，圣主委令权右地，但是匈奴尽总仇。昨闻猃狁侵伊镇，俘劫边
甿旦夕忧；元戎叱咤扬眉怒，当即行兵出远收。两军相见如龙斗，
纳职城西赤血流。我将军义气怀文武，威胁蕃浑胆已浮。犬羊才见
唐军胜，星散回兵所在抽。远来今日须诛剪，押背擒罗岂肯休。
……汉主神资通造化，殄却残凶总不留。①

除《张议潮变文》以外，敦煌僧人唐悟真所作P.3554V《谨上河西
道节度公德政及祥瑞五更转兼十二时共十七首并序》和P.3770《张族庆
寺文》两篇，也同样表现了张议潮的英勇形象以及当地民众对他的崇
敬赞扬之情。

P.3554V《谨上河西道节度公德政及祥瑞五更转兼十二时共十七首
并序》中的诗歌已经不可见，仅存序云：

　　……总六合以［为］家，笼八荒而建国……则我当今大中皇帝
之有天［下］也。既有非常之士，必有非常之臣，善政犹传，君臣
同德，劬劳百载，经营四方。争亡吐蕃，终基汉室者，则我尚书之
美也。伏惟我尚书渥洼龙种，丹穴凤雏，禀气精灵，生便（辩）五
色。讨凭陵而开一道，奉献明王；封秘策而通二庭，安西买贡。天
骄旧族，辄伏而归，吐谷羌浑，自投戮力。誓为肱骨，讨伐犬戎，
请拨沉埋，引通唐化。尚书量同海［阔］，智等江深，遂申一统之图，
兼奏九戎之使。既彻天听，圣主忻欢，迁任尚书河西节度，拣择专

---

① 张鸿勋：《敦煌讲唱文学作品选注》，兰州：甘肃人民出版社，1987年，第214—215页。

使，计日星奔，令向沙州，殷勤宣赐者，则我尚书之德政也。①

这篇序文旨在歌功颂德，但是文中对张议潮收复瓜、沙、肃、甘、伊等事迹的描述及其率军讨伐回鹘及吐谷浑之事均是符合历史事实的，从中可以看出敦煌民众对张议潮历史功绩的肯定和赞扬。《张族庆寺文》是唐悟真为张氏家族修建寺塔而作的赞文，其中也提到张议潮事迹：

> 伏惟尚书，渥洼龙种，丹穴凤雏；禀气精灵，生便五色。金门锡照，天委忠心；便戎马之南郊，成礼乐之风俗。拥旄负节，竭力尽忠；报主酬恩，丹诚恳切。所以握明条而开一道，怀机密而谋四方；秣马三危，横行五郡。兵雄陇上，守地平原；教武则剑气横空，搜练则阵云朝合。劬劳为战，决胜三处，有死而荣，无生而辱。故以惠解孤惑，信沐恒洁。②

《张淮深变文》叙述张淮深击败回鹘，表奏朝廷，天使赴沙州赐封时的情景：

> 黄华西上赴龙庭，驲骑骈阗出凤城。昭命貂冠加九锡，虎旗龙节曜双旌。初离魏阙烟霞静，渐过萧关碛路平。盖为远衔天子命，星驰犹恋陇山青。行歌圣日临荒垒，土（玉）勒相催倍去程，遥望

---

① 《法国国家图书馆藏敦煌西域文献》第25册，第235—236页。
② 郑炳林：《敦煌碑铭赞辑释》，第258页。

敦煌增喜气，三危峰翠目前明。到日毬场宣诏谕，敕书褒奖更叮咛。尚书既睹丝纶诰，蹈舞怀惭感圣聪："微臣幸遇陶唐化，得复燕山献御容。报国愿清戎落静，烟消万里更崇墉。今生岂料亲临问，特降天官出九重。锡赏缣绅难捧受，百生铭骨誓输忠！"……自从尚书归阙后，有我尚书独进奏。□节河西理五州，德化恩沾及飞走。天生神将□英谋，南破西戎北扫胡，万里能令烽火灭，百城黔首贺来苏。几回献捷入皇州，天子临轩许上筹。"卿能保我山河静"，即见推论拜列侯。河西沦落百余年，路阻萧关雁信稀，赖得将军开旧路，一振雄名天下之。……①

可见敦煌民众对于张议潮、张淮深叔侄的行为是给予了极高赞誉的，变文对他们英雄事迹的宣扬一方面可以让更多的老百姓了解本地的历史，另一方面也能宣扬忠君爱国观念，引起广大民众的心理共鸣，从而产生强大的民族凝聚力。另外，从变文中还可以看出，沙州陷蕃近百年，还能在极大程度上保持大唐风俗，反映出当地民众对唐王朝的眷恋与向往。这种民族感情也随着张氏家族的正义事迹得到强化。在当时中原内地藩镇割据、战乱不已、无力西顾之际，张氏统治孤悬河西，大体保持了这里的安定和平，鉴于这样特殊的历史背景，变文对他们的歌颂就不是一般意义上的歌功颂德，而是体现了当地民众热爱故乡故国的真情实意，无疑能起到鼓舞民众斗志的积极作用。

---

① 张鸿勋：《敦煌讲唱文学作品选注》，第225—226页。

二、敦煌变文中对民族英雄事迹的演说

《汉将王陵变》《伍子胥变文》《李陵变文》中对民间英雄的描写和赞颂体现了当地民众朴素的英雄观。他们拥有非正统的性格特点和行为习惯，他们的英雄事迹与正史资料中的君王形象形成强烈的对比，并且他们的谋略、善战、快意恩仇都极大地适应了最下层民众的心理需求，受到百姓的拥护与支持，也是敦煌变文作品能在当地广泛流传的原因所在。

《汉将王陵变》中描述王陵英勇过人，他以三百将士之力涌进项羽的六十万大军斫营，并且还表现得轻而易举，其传奇性不言而喻：

> 羽下精兵六十万，团军下却五花营。将士夜深浑睡着，不知汉将如偷营。王陵抬刀南畔斫，将士初从梦里惊。从帐下来去犹未醒，乱煞何曾识姓名。暗地行刀声劈劈，帐前四者乱纵横。项羽领兵至北面，不那南边有灌婴。灌婴揭幕纵横斫，直拟今宵作血坑。项羽连声唱祸事，不遣诸门乱出兵。二将蓦营行数里，在后唯闻相煞声。①

在描写楚汉战争，汉军的输状：

> 汉帝谓张良曰："三军将士，受其楚痛之声，与寡人宣其口敕，号令三军，怨寡人者，任居上殿，摽寡人者，送与西楚霸王。"

---

① 项楚：《敦煌变文选注》（增订本），第150页。

三军闻语，哽咽悲啼，皆负戈甲，去汉王三十步地远下营去。①

《伍子胥变文》是一篇历史题材的变文说唱作品，记述的是伍子胥为父兄报仇、反抗暴君的故事。《左传》《公羊传》《国语》《吕氏春秋》等都有记述，历代对伍子胥其人都推崇备至，立庙祭祀不绝。敦煌的《伍子胥变文》在古文献基础上，由说唱艺人不断演化为变文，内容更丰富，情节更曲折。敦煌文书现存4个残卷，分别为P.3213、S.6331、S.328、P.2794，连缀拼合后大约有一万六七千字。故事讲述的是伍子胥的父亲伍奢，他为人性情刚直，忠贞节义，位为楚平王的上相，但是却敢于犯颜直谏。楚平王荒淫无道，抢夺其儿媳为妃，伍奢勇于直谏却招来杀身之祸。楚平王为了斩草除根、以绝后患，想连同伍奢的儿子伍子胥和伍尚一同杀害。伍尚性格懦弱、逆来顺受，终于同父亲一同死于楚平王刀下；伍子胥识破了楚平王奸计，幸而逃脱。楚平王下令悬赏捉拿伍子胥，伍子胥忍辱负重，跋山涉水、风餐露宿逃向吴国。在逃亡的路上，他得到了善良人们的帮助，其中有浣纱女的饭食周济，又有渔父的渡船过河和出谋划策，克服了重重困难，终于来到了吴国，被吴国国王重用。他辅佐吴王治国，励精图治，使得吴国国富兵强，后来吴国支持伍子胥率兵伐楚，打败了楚军报仇雪恨。整个故事迂回曲折、感人肺腑，用极其夸张的手法赞颂了伍子胥不畏强暴、不辞艰辛、百折不挠的复仇精神，同时又无情地鞭笞了楚王的荒淫暴虐、吴王的昏庸和刚愎自用。而其中以浣纱女、渔父为代表的广大劳动人民不慕富贵、不畏生死、热情相助的人物形象，又表现了劳动人

① 项楚:《敦煌变文选注》，第152—153页。

民反抗暴政，同情、热爱忠臣义士的高贵品质。故事的主人公伍子胥机智勇敢、沉着坚定、临危不惧的精神则又体现了大众不屈不挠的反抗意志。伍子胥在复仇时懂得民心可用，从而利用广大民众力量取得成功的情节则反映了变文的演绎者已经懂得朴素的人民历史观，懂得只有依靠广大民众的力量才能取得战争的最终胜利，得民心者得天下的道理在一千年前人们的观念中已经产生并通过说唱艺人传达出来，这是非常难能可贵的。这种历史题材的说唱作品通过说唱艺人的演绎，以其丰富、曲折的故事情节吸引了广大民众的注意力，在娱乐的同时，从中获得了历史知识、历史观，以及强烈的情感熏陶，对于鼓舞民众士气、增加爱国情绪具有很好的宣传作用，其社会教育意义也是不言而喻的。

另外还有一些说唱作品是取材于民间传说的，如孟姜女的故事，董永故事，舜子至孝故事，韩朋故事，孔子项托、刘家太子、秋胡等故事，更贴近民众的生活，也更能为民众所理解和接受，从而在思想上产生共鸣。

三、敦煌文学作品对孝道思想的倡导

自汉代董仲舒提出"罢黜百家，独尊儒术"的文教政策之后，历代统治者莫不"以孝治天下"。而对下层民众的孝道教育，统治者大都采取由官方透过政治措施或通过宗教的、文学的传布活动来进行，这种方式源于孔子"化民以成俗"的教化理念。

《论语·为政》篇云："或谓孔子曰：'子奚不为政？'子曰：'孝乎惟孝，友于兄弟，施于有政。是亦为政，奚其为为政？'"①则知孔子

---

① ［清］阮元校刻：《十三经注疏》，第1461页。

为政植根于孝道。从以孝治家，扩展为以孝治乡，推其极致则以孝治国。《礼记·祭统篇》有云："忠臣以事其君，孝子以事其亲，其本一也。"①《孟子·梁惠王》篇上云："谨庠序之教，申以孝悌之意，颁白者不负载于道路矣。"②又《滕文公》篇上有云："设为庠序学校以教之。庠者，养也；校者，教也；序者，射也。夏曰校，殷曰序，周曰庠，学则三代共之，皆所以明人伦也，人伦明于上，小民亲于下。"③

敦煌归义军政权在统治期间，同样重视孝道在教化民众方面所起的作用，并通过各种方式积极推行孝道教育，作为其推行社会教育的重要策略之一。

唐高宗曾下令，举子考试以《孝经》为上经：

仪凤三年（678）五月敕：自今以后，《道经》《孝经》并为上经，贡举人并须兼通，其余经及《论语》，任依常式。④

可见，在唐代早期，朝廷已经利用以考试引导学习的方法，引导和加强了士人熟读《孝经》。至玄宗时，皇帝更是两次亲自为《孝经》作注。《唐会要》载："（开元）十年（722年）六月二日，上注《孝经》，颁于天下及国子学。至天宝二年（743年）五月二十二日，上重注，亦颁于天下。"⑤《十三经注疏》本《孝经》的序文是唐玄宗所作，文中

---

① ［清］阮元校刻：《十三经注疏》，第1602页。

② ［清］阮元校刻：《十三经注疏》，第1665页。

③ ［清］阮元校刻：《十三经注疏》，第1701页。

④ ［宋］王钦若：《册府元龟》卷六三九《贡举部·条制一》，台北：台湾中华印书馆，1972年，第7669页。

⑤ ［宋］王溥：《唐会要》卷三六，第658页。

指出他亲自作序的动机是：

> 朕闻上古其风朴略，虽因心之孝已萌，而资敬之礼犹简；及乎仁义既有，亲誉益著，圣人知孝之可以教人也，故因严以教敬，因亲以教爱，于是以顺移忠之道昭矣，立身扬名之义彰矣。子曰："吾志在春秋，行在孝经。"是知孝者德之本欤！①

天宝二年（743年）五月重注《孝经》时又说：

> 化人成俗，率繇于德本；移忠教敬，实在于《孝经》。朕思畅微言，以理天下，先为注释，寻亦颁行，犹恐至赜难明，群疑未尽；近更探讨，因而笔削，兼为叙述，以究源流。将发明于大顺，庶开悟于来学，宜付所司，颁示中外。②

正是基于这种《孝经》有益于政、教的认识，唐玄宗除了命令有关机构将它所注释的《孝经》"颁示中外"以外，他还下了一道命令，要求天下家家都要有《孝经》，而且学校要作为重点科目教授。天宝三载（744年）十二月，敕："自今以后，宜令天下家藏《孝经》一本，精勤教习；学校之中，倍加传教，州县长官，明申劝课焉。"③

敦煌写卷P.2721号《新集孝经十八章皇帝感》云：

---

① [清]阮元校刻：《十三经注疏·孝经序》，第2540页。
② [清]董诰等编：《全唐文》卷三二，北京：中华书局，第354页。
③ [宋]王溥：《唐会要》卷三五，"经籍"条，第645页。

新歌旧曲遍州乡，未闻曲籍入歌场。新合孝经皇帝感，聊谈圣德奉贤良。开元天宝亲自注，词中句句有龙光。①

P.3910《新合千文皇帝感辞》亦歌颂云：

言谐四海贵诸宾，黄金满屋未为珍。虽然某乙无才学，且听歌里说千文。天宝圣主明三教，追寻隐士访才人。金声玉管恒常妙，近来歌舞转加新。御注孝经先公唱，又谈千字献明君。②

受唐朝廷对《孝经》加倍的重视和推广的影响，远在敦煌地区，《孝经》的传抄也比较广泛。就目前所公布的敦煌文书来看，《孝经》的抄本多达41个卷号③，主要有S.728、S.1386、S.3993、S.5545、S.5821、S.6177、P.2545、P.2674、P.2715、P.2721、P.3378、P.3382、P.3428、P.3698、P.4775、P.4897等。此外还有许多《孝经》注疏类的作品，如P.3274卷《御注孝经疏》，P.3369、P.3830卷《孝经白文》，S.3824卷《御注孝经集义并注》等。同时，还有一些劝孝歌词，如P.3910卷《新合孝经皇帝感辞》；P.2633、P.3386、P.3582卷《杨满山咏孝经十八章》；S.5739卷《孝经赞》；S.6074卷《劝孝歌》；P.3943、P.4560卷《孝顺乐赞》；P.3680卷《孝子传》；P.2418卷《失调名·阿娘悲泣》歌辞三首等，通过歌词、歌赞的形式宣扬孝亲观念。此外，大量的变文说唱文学作品当中有许多关于孝亲的故事演绎，如《董永变》《目连变》

---

① 《法藏敦煌西域文献》第17册，上海：上海古籍出版社，2002年，第359页。
② 《法藏敦煌西域文献》第29册，第200—202页。
③ 许建平：《敦煌经籍叙录》，北京：中华书局，2006年，第387页。

《父母恩重讲经文》等，由此可见儒家孝亲观念在唐代敦煌的普及程度。

以民间传说为蓝本的变文《舜子至孝变文》《刘家太子变》等讲述的故事虽然与真实的历史人物或历史事件有关，但是仅仅借用其名，实际上演绎的都是民间传说。舜的事迹源于古代神话，后来经过儒家的渲染，逐渐成为儒家理想的历史人物，儒学典籍《孟子》《荀子》《史记·五帝本纪》《列女传》等都有相关记述，尤其演绎出舜子的至孝故事来。在敦煌本《舜子至孝变文中》，更是极力地宣扬舜子逆来顺受，至孝感动天地，故事采用夸张的手法描述后母的狠毒、狡黠，父亲瞽叟的轻信、昏聩，舜子之机智、至孝等，具有较强的吸引力。

总之，敦煌说唱类文学艺术以人民群众喜闻乐见的民族艺术形式、丰富的想象、曲折动人的故事情节、丰满生动的人物形象、通俗活泼的语言强烈地吸引着人们。这类说唱艺术形式与其他供案头阅读品味的文学作品不同，它是渗透在民众日常生活当中，由说唱艺人以富于节奏的腔调，辅以歌唱、韵律、表演等方式讲述故事，供一般民众在紧张的劳动之余听说听唱，排愁解闷，娱乐消遣。这种说唱故事能够以其思想的深刻性寓教于乐，使听众增长见闻、洞晓世事、了解生活、掌握历史、明辨是非，起到很好的教化作用，更多的是使得听众通过听觉获得某种美的享受，满足其娱乐性的要求。

第三章　敦煌归义军时期的音乐活动及音乐教育

　　礼乐文明是中国古代文化的核心，也是实施社会教化的基石。中国古代音乐理论的形成，从考古发掘成果来看，应该始于远古时期，河姆渡遗迹出土的埙表明，早在距今6000年左右，我国就已经正式确立了宫、商、角、徵、羽的五音音阶，曾侯乙墓乐器群中的编钟显示出先秦时期已经建立了基本完整的乐学理论。商代以前，已经出现了专门的音乐文化教育机构。

　　《五礼通考》卷一一七记载："《周礼·春官》大司乐掌成均之法，以治建国之学政而合祭于瞽宗国之子弟焉，凡有道者、有德者、使教焉，死则以为乐祖。"①成均、瞽宗可看作是中国古代最早的音乐教育场所，代表了世界上最早、最完整的音乐教育体系的建立。《舜典》载："帝舜命夔，教胄子而曰：直而温，宽而栗，刚而无虐，简而无傲，则其成也。"②《乐书》卷四载："古之人致乐以治心，致礼以治躬，故中心斯须不和，不乐而鄙诈之心入之矣，非乐何以修内乎，外貌斯须不庄不敬而易慢之心入矣，非礼何以修外乎？乐虽修内，未尝

---

　　① ［清］秦蕙田撰：《五礼通考》卷一一七，第3页；《文渊阁四库全书·经部·礼类》，第137册，第795页。
　　② 王世舜：《尚书今译》，成都：四川人民出版社，1982年，第449页。

不发形于外，礼虽修外，未尝不交错于中，《易》曰：蒙杂而著交错于中，所以为杂发形于外，所以为著教世子以礼乐使之至于杂，而著则其德成矣，故乐之成也，心术形而悦怡。礼之成也，恭敬而温文，三王之于世子，必始终于此而已，不易之道也。"①刘师培在《古政原始论》中曾指出，"古代教民，口耳相传，故重声教。而以声感人，莫善于乐"，"六艺之中，乐为最崇，故以乐教为教民之本哉"②。可见，音乐教育在一开始就被统治者赋予了社会道德教化的功能，并与中国传统的礼制思想相提并论。

关于音乐的本质，《乐记》中进行了阐述："凡音之起，由人心生也，人心之动，物使之然也。"③"凡音者，生人心者也，情动于中，故形于声；声成文，谓之音""乐者，音之所由生也，其本在人心之感于物也"④。关于音乐的社会教育功能，儒家主张"礼、乐、刑、政，其极一也，所以同民心而出治道"⑤，"是故先王之政乐也，非以极口腹耳目之欲也，将以教民平好恶，而反（返）人道之正"⑥。也就是将音乐与社会治理、伦理教育等相配合，以端正社会风气。统治者在充分掌握民风民情的基础上，以礼乐的形式对民众加以引导，达到上行下效、社会和谐的理想状态。"乐在宗庙之中，君臣上下同听之，则莫不和敬；在族长乡里之中，长幼同听之，则莫不和顺；在闺门之内，父子兄弟同听之，则莫不和亲。故乐者，审一以定和，比物以饰节，节奏和以

---

① ［宋］陈旸：《乐书》卷四，第2页，见《文渊阁四库全书·经部·乐类》，第211册，第40页。

② 刘师培：《清儒得失论——刘师培论学杂稿》，北京：中国人民大学出版社，2006年，第189页。

③ 中央音乐学院理论组：《乐记批注》，北京：人民音乐出版社，1976年，第1页。

④ 中央音乐学院理论组：《乐记批注》，第5页。

⑤ 中央音乐学院理论组：《乐记批注》，第1页。

⑥ 中央音乐学院理论组：《乐记批注》，第6页。

成文，所以合和父子君臣，附亲万民也，是先王立乐之方也。"①周公首次将远古至殷商的礼乐进行整理，形成了一套系统化的典章制度和道德规范，《尚书大传》中记载："周公摄政，六年制礼作乐。"②《左传·文公十八年》记："先君周公制周礼，曰：则以观德，德以处事。"③继周公之后，孔子更加注重继承和发展礼乐文明，发挥礼乐社会教化的思想，并积极付诸实践。他首先追述三代之礼，写《书传》，将古代流传的《诗》"去其重，取可施于礼义，上采契、后稷、中述殷周之盛，玉幽厉之缺"④，从中挑选出精美的305篇诗歌，"皆弦歌之，以求合韶、武、雅、颂之音。礼乐自此可得而述，以备王道，成六艺"⑤。其次，亲自学习和体会音乐对一个人精神方面的影响和作用，《史记·孔子世家》记载："孔子学鼓琴师襄子，十日不进。师襄子曰：'可以益矣。'孔子曰：'丘已习其曲矣，未得其数也。'有间，曰：'已得其数，可以益矣。'孔子曰：'未得其志也。'有间，曰：'已得其志，可以益矣。'孔子曰：'丘未得其为人也。'有间，曰：'有所穆然深思焉，有所怡然高望而远志焉。'曰：'丘得其为人，黯然而黑，几然而长，眼如望羊，如王四国，非文王而谁能为此也。'师襄子避席再拜，曰：'师蓄云文王操也。'"⑥可见孔子是极其认真地在学习音乐，并认真体会音乐对人的思想意识和精神道德的提升作用。子贡就曾称赞孔子："见其礼而知其政，闻其乐而知其德。"⑦在此基础上，孔子还大力宣传和强

---

① 中央音乐学院理论组：《乐记批注》，第54页。
② 伏生：《汉魏遗书钞·尚书大传》，刻本，德州：雅雨堂，1765年，第11页。
③ ［春秋］左丘明：《左传》，北京：中华书局，2005年，第294页。
④ ［汉］司马迁：《史记》，北京：中华书局，2005年，第1923页。
⑤ 崔述：《洙泗考信录》，北京：商务印书馆，1937年，第97页。
⑥ ［汉］司马迁：《史记》，第1925页。
⑦ 杨伯峻：《孟子译注》，北京：中华书局，1980年，第58页。

调礼乐对人的社会教化意义，他说："礼乐不兴，则刑罚不中；刑罚不中，则民无所措手足。"①认为治理国家，就需要进行礼乐的教化，音乐可以导人入善，顺从天理，"以六乐防万民之情，而教之和"②。《孝经》中一再提到以乐配礼、移风易俗，主张以乐化民，以音乐中的调和为要素，"和也者，天下之达道也"③。以音乐调和民心，涵养民德，以音乐的美感去除民众的野性，从而达到"仁""善""温文尔雅"，徐复观就认为："孔子通过音乐所呈人生而艺术的最高境界，即是善（仁）与美的彻底和谐统一的最高境界，实践'仁'要由自身做起，再从和自己关系最贴近的人的相处中去落实，而后，以此为基础，扩大到跟自己关系更远的层面上去。'兴于诗，立于礼，成于乐。'"④胡秋原也认为："孔子之礼乐，是要使政治基于道德的秩序，而道德则基于艺术的调和，人与人，人与宇宙之调和。"⑤

《乐记》中对音乐的社会教化功能的阐述随处可见，乐由中出，礼自外作，"礼节民心，乐和民性""乐者为同，礼者为异。同则相亲，异则相敬。乐胜则流，礼胜则离""礼义立，则贵贱等矣。乐文同，则上下和矣""乐至则无怨，礼至则不争""致乐，以治心者也；致礼，以治躬者也""乐者，天地之合也。礼者，天地之序也。和，故万物皆化；序，故群物皆别"⑥。

除此之外，音乐的娱乐性、感染性、穿透性也是不容忽视的。《孝

---

① 杨伯峻：《论语译注》，北京：中华书局，1980年，第134页。
② 孙诒让：《周礼正义》，北京：中华书局，1987年，第402页。
③ 杨天宇：《礼记译注》，上海：上海古籍出版社，2004年，第531页。
④ 徐复观：《中国艺术精神》，天津：春风文艺出版社，1987年，第17页。
⑤ 胡秋原：《古代中国文化与中国知识分子》，北京：学术出版社，1988年，第7页。
⑥ 中央音乐学院理论组：《乐记批注》，1976年，第7、13、13、14、51、17页。

经》说："移风易俗，莫善于乐。"刘向《说苑·修文》说："凡从外入者，莫深于声音，变人最极。"有鉴于此，音乐的教化功能在儒家文化中被广泛重视，统治阶层也乐于利用音乐的这种特性来教育、感化民众，从而达到移风易俗的目的。音乐教化的实施，离不开政权阶层的积极引导和强化，更离不开各类音乐人才和从业人员的演化与传播，地方政府在培养各类音乐人才、积极举办各种音乐娱乐活动，引导民众的音乐价值取向方面具有不可推卸的责任。

在中国中世纪，音乐教育还没有被纳入官、私学教育体系，各类音乐人才的培养与管理由专门的机构和官员负责。唐代的音乐教育管理机构是在太常寺下设立太乐署、鼓吹署，另有教坊、梨园等机构专门从事音乐教育和表演活动。教坊的设立对我国古代宫廷乐舞，尤其是俗乐的发展起到了极其重要的作用。教坊的地位自唐初武德时期设立内教坊之后逐渐增强，并一度高于太常。唐开元二年（714年），玄宗于蓬莱宫侧设置教坊，宫外设立左右教坊。《新唐书·百官志》载内教坊与左右教坊的变故：

武德后，置内教坊于禁中。武后如意元年，改曰云韶府，以中官为使。开元二年，又置内教坊于蓬莱宫侧，有音声博士、第一曹博士、第二曹博士。京都置左右教坊，掌俳优杂技。自是不隶太常，以中官为教坊使。①

教坊地位的提高与教坊演艺俗乐有关。因为历代太常主管宫廷典

---

① ［宋］欧阳修：《新唐书·百官志》，第1244页。

礼，是当时比较正式的乐舞机构，不宜典俗乐，而实际上来自民间的俗乐其观赏性和娱乐性越来越受到欢迎。司马光《资治通鉴》卷二一一对此有描述：

> 旧制，雅俗之乐皆隶太常，上精晓音律，以太常礼乐之司，不应典倡优杂技，乃更置左右教坊，以教俗乐。命右骁卫将军范及为之使。①

这就使得俗乐的发展较之前代更胜。

唐代设有地方教坊，郑处海《明皇杂录》卷下载：

> 玄宗在东洛，大酺于五凤楼下，……府县教坊，大陈山车旱船，寻橦走索，丸剑角抵，牛马斗鸡。②

后代地方教坊的设置当是源于此制。

敦煌远在西陲，中央王朝的教坊制度与音乐教育是否影响到了这里呢？从敦煌归义军政权乐营机构的组织及行政人员的构成可以看出，归义军作为一个独立性很强的地方政府，受宫廷音乐教育的影响，也设立了类似于地方教坊的组织——乐营，培养和训练音乐人才，为归义军政府的音乐、娱乐活动服务。同时归义军政府还支持和参与各类设乐活动，这类活动往往举办次数频繁，且大多是全民参与的娱乐性

---

① ［宋］司马光：《资治通鉴》，见文渊阁影印《四库全书》第308册，台北：台湾商务印书馆，1986年，第672页。

② 郑处海：《明皇杂录》，北京：中华书局，1997年，第27页。

活动，为敦煌地区广大民众享受音乐的熏陶、感染，调动民众的积极性，并且在娱乐、感化民心方面起到了不可忽视的作用。

第一节　归义军乐营及官府音声人

一、归义军乐营机构

敦煌归义军政权的乐营机构仿照唐代中央政府的乐营设置，如P.3882《府君元清邈真赞并序》曰：

> 府君讳元清，字大静，即河西一十一州节度使承天托西大王曹公之亲外甥也……先任太常乐部，勾当不失于公方；教习伶伦，训诲广能于指示。专心奉上，推忠以助国君。①

此"元清"为曹议金的外甥，时任"太常乐部"，可以推断曹氏归义军时期音乐官制的设置奉中原王朝为正朔，与中央"太常寺太乐署"类似。

敦煌归义军政权与唐后期五代的其他藩镇一样，设置了乐营机构及乐营使等乐营班子成员。榆林窟第6窟西壁洞口题记载：

---

① P.3882《府君元清邈真赞并序》，见郑炳林《敦煌碑铭赞辑释》，第532页。

乐营石田奴三十余人□□年每载于榆林窟上燃灯。①

P.4640《唐己未年—辛酉年（899—901年）归义军衙内破用布、纸历》记载：

又支与乐营使张怀惠助葬粗布两匹。同日，支与音声张保昇造胡滕衣布贰丈肆尺。［二月］十四日，支与王建铎队武舞额子粗纸壹帖。②

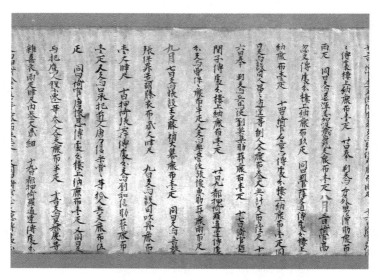

P.4640　唐己未年—辛酉年（899—901年）归义军衙内破用布、纸历

---

① 谢稚柳：《敦煌艺术叙录》，上海：上海古籍出版社，1996年，第449页。
② ［日］池田温著，龚泽铣译：《中国古代籍帐研究》，北京：中华书局，1984年，第606、609页。

P.3490《于当居创造佛刹功德记》有：

厥今有清信弟子押衙兼当府都宅务知乐营使张某乙。①

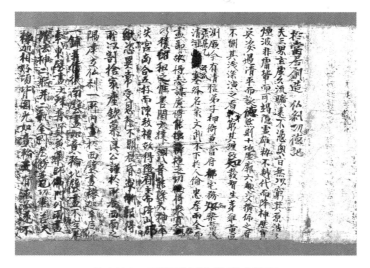

P.3490　于当居创造佛刹功德记

乐营的长官称"乐营使"，其副贰为副乐营使。乐营使、副都是当地雅善宫商的名家，有的可能还是当地音乐世家②。乐营使及副使以下有"都史"一职，见P.4055背《归义军乐营都史严某转帖》载：

奉处分：廿九日毬乐，切要音声。

不准常时，故须鲜净。应来师子、水出

（饰）、零（铃）剑、杂物等，不得缺少

一事。帖至，今月廿九日平明，于毬场

门前取齐。如不到者，官有重罚。其帖

① 郑炳林：《敦煌碑铭赞辑释》，第529页。
② 李正宇：《归义军乐营的结构与配置》，《敦煌研究》2000年第3期，第73页。

　　　　立递相分付。如违，准上罚。

　　　　五月廿八日都史严宝□（帖）

　　　　（后略）①

　　都史应该也是乐营中的吏员。乐营使、乐营副使及乐营都史组成乐营行政班子。

　　关于归义军乐营组织的规模，李正宇根据莫高窟第156窟《张议潮出行图》、第100窟《曹议金出行图》中所绘制的音乐队伍人数及组成，进行了有理的推测。"莫高窟156窟《张议潮出行图》画有前导鼓吹8人，后面又有舞队20人（舞者8人，操乐12人），共28人；莫高窟100窟《曹议金出行图》中，有前部乐舞仪仗24人（击鼓、吹角6人，舞者8人，伴奏乐队10人），后部乐舞供奉多人。榆林窟第12窟北宋供养人墨书题记《斋粮记》云：'乐营石田奴三十余人'，可为瓜州乐营人数提供最低限度的参考数据。至于归义军乐营的人数，则应超过瓜州乐营，据其拥有的技艺门类推断，估计约在50—100人之间。"②

二、归义军乐营的音声人

　　《新唐书·礼乐制》记载："唐之盛时，凡乐人、音声人、太常杂户子弟，隶太常及鼓吹署，总号音声人，至数万人。"③晚唐五代宋初敦煌归义军时期，也有音声人的记载，分为官府音声人和寺院寺属音

---

　　① 李正宇：《归义军乐营的结构与配置》，《敦煌研究》2000年第3期，第76页。图版见黄永武：《敦煌宝藏》第132册，第587页。

　　② 李正宇：《归义军乐营的结构与配置》，《敦煌研究》2000年第3期，第73页。

　　③《新唐书》卷二二《礼乐》，第477页。

声人，称"音声人""乐人""歌郎""学郎""弟子""徒弟"等。官府音声人依附官府而生存，受官府指派提供音乐服务。他们可以有一定份例，演出后可以依例领取微薄津贴。吐蕃时期的文书P.3730号《酉年乐人奉仙等状并荣照判词》云：

奉仙等四人，弟子七人，中心忻喜，贵荷非常。所赐赏劳，对何司取？请处分。

后接判词云：

检习博士卿卿、奉仙、君君、荣荣以上四人，各赏绢一匹；太平以下弟子七人，各赏布一匹。付傀司，依老宿商量判量，支给分付。廿日，荣照。①

可见，官府音声人可以获得一定的实物作为演出酬劳。

音声人根据身份和分工的不同，又有乐官和乐工两种具有师徒、尊卑等级关系的区别。关于乐官，唐代教坊有乐官之名，《唐会要》卷三四载：

元和五年二月，宰臣奏："请不禁公私乐。"从之。时以用兵，权令断乐。宰臣以为大过，故有是请。至六月六日，诏减教坊乐官衣粮。②

---

① 唐耕耦、陆宏基：《敦煌社会经济文献真迹释录》第四辑，第113页。
② ［宋］王溥：《唐会要》卷三四，第630页。

《通典》卷三五《职官七》中"太乐署""鼓吹署"条：

> 太乐署：周官有大司乐，掌成均之法，亦谓之乐尹，后汉永平三年，改太乐为大予乐令，掌伎乐人，凡国祭飨，掌诸奏乐。魏复曰太乐令、丞，晋亦有之。齐铜印墨绶，进贤一梁冠，绛朝服。梁、陈因之。后魏置太乐博士。北齐曰太乐令、丞。后周有大司乐，掌成均之法。后改为乐部，有上士、中士。隋有太乐令、丞各一人。大唐因之。掌习音乐、乐人薄籍。
>
> 鼓吹署：周礼有鼓人，掌六鼓四金之音。后汉有承华令，典黄门鼓吹，属少府。晋置鼓吹令、丞，属太常。元帝省太乐并鼓吹，哀帝复省鼓吹而存太乐。梁有鼓吹令、丞，又有清商署。北齐鼓吹令、丞及清商部并属太常。隋有鼓吹、清商二令、丞，至炀帝，罢清商署。大唐鼓吹署令、丞各一人，所掌颇与太常同。①

乐官实际上就是担任乐营的教坊使、教坊副使、都知等官员。乐工即一般的演职人员。敦煌音声人的乐师称"乐官"和"博士"，负责教授乐工技艺。史书关于音乐艺人的教育与训练情况，鲜见记载。《旧唐书·职官志》载太常乐人的训练与升迁：

> 凡习乐，立师以教。每岁考其师之课业，为上中下三等，申礼部，十年大校之，量优劣而黜陟焉。②

---

① ［唐］杜佑：《通典》卷三五《职官七》，第695—696页。
② ［五代］刘昫：《旧唐书·职官志》，第1875页。

《新唐书·百官志》则云：

> 长上级别教未得十曲，给资三之一。
>
> 不成者，博士有谪，内教博士及弟子长教者，给资钱而留之。①

敦煌文书S.3711、S.5892卷《悉达太子修道因缘》云：

> 凡因讲论，法师便似乐官一般，每事须有调置。②

其中记载的"乐官"应该相当于总乐师或是总指挥之类的头衔。P.3730卷《酉年乐人奉仙等状并荣照判词》中有"检习博士"的记载③，"检习博士"似乎是吐蕃时期对乐人的称谓，就是一般乐人的老师，主要负责教导和指挥乐人的各种音乐活动。

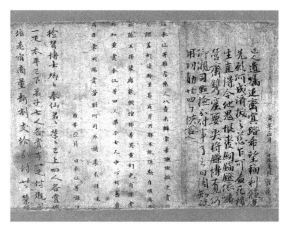

P.3730　酉年乐人奉仙等状并荣照判词

---

① ［宋］欧阳修、宋祁：《新唐书·百官志》，第1243页。

② 《英藏敦煌文献汉文佛经以外部分》第5、9册，第142、196页。

③ 《法藏敦煌西域文献》第27册，2005年，第166页。

P.4995《社邑修功德记》是一件结社文书，所记社内尊长李乐荣，是教授训练乐行徒弟的乐师，"徒弟"即乐营弟子，也称乐行徒弟。

[前略] 李乐荣社内尊长，万事总办祗当，今载初修功德，社人说好谈量，面饭早夜少吃，都来不饮黄汤。教训乐行徒弟，每日仕事君王。承受现人歌调，齐吹并没低昂。便是乐营果报，必合寿命延长。身材一似饿儿，行步似失儿母狼。养甚十男九女，时常干走干忙。牙齿早年疏陋，坐处先索盘肠。 [后略] ①

除以上记载外，敦煌归义军音声人多见于驱傩歌词中。中国有古老的驱傩传统，《周礼·夏官·方相氏》记载：

方相氏掌蒙熊皮，黄金四目，玄衣朱裳，执戈扬盾，帅百隶而时傩，以索室驱疫。②

这是先秦时期有关季春、仲秋、季冬三时驱傩的记载。到了唐代，则每年举行一次驱傩仪式。《唐六典》卷二五"太卜署"条载：

凡岁，冬季之晦，帅侲子入于宫中，堂赠，大傩，天子六队，太子二队。③

① 黄永武：《敦煌宝藏》第135册，第149页。
② [清]阮元校刻：《十三经注疏·周礼注疏》卷三一，第851页。
③ [唐]李林甫撰，陈仲夫点校：《唐六典》卷一四，第413页。

《通典》卷三五"太卜署"条：

> 殷官太卜为六太。周官太卜掌三兆之法。秦汉有太卜令，后汉
> 并于太史，自后无闻。后魏有太卜博士。北齐有太卜局丞。后周有
> 太卜大夫、小卜上士、龟占中士。隋曰太卜，令、丞二人。大唐因
> 之。①

唐代地方州县也于年终举行一次大傩礼，《通典》卷七八"时傩"
载：

> 周制，夏官方相氏掌蒙熊皮，黄金四目，玄衣朱裳，执戈扬
> 楯，帅百吏而时傩，以索室殴疫。月令：季春，命国傩，九门磔
> 攘，以毕春气。仲秋：天子乃傩，以达秋气。季冬：命有司大傩旁
> 磔，以送寒气。
>
> 后汉季冬先腊一日，大傩，谓之逐疫。其仪：选中黄门子弟年
> 十岁以上，十二以下，百二十人为侲子。皆赤帻皂制，执大鼓。方
> 相氏黄金四目，蒙熊皮，玄衣朱裳，执戈扬楯。十二兽有衣毛角。
> 中黄门行之，冗从仆射将之，以逐恶鬼于禁中。夜漏上水，朝臣
> 会，侍中、尚书、御史、谒者、虎贲、羽林朗将执事，皆赤帻陛
> 卫。乘舆御前殿。
>
> ……
>
> 大唐制，季冬大傩，及州县傩礼，并如《开元礼》。②

---

① ［唐］杜佑：《通典》卷三五，第697页。
② ［唐］杜佑：《通典》卷七八，第2122—2124页。

驱傩仪式一般都有歌唱和伴奏，又有专门的人来参与。《通典》卷一三三《军礼二》"大傩"条：

> 大傩之礼
>
> 前一日，所司奏闻。选人年十二以上、十六以下为侲子，著假面，衣赤布袴褶。二十四人为一队，六人作一行。执事者十二人，著赤帻褌衣，执鞭。工人二十二人：其一人方相氏，著假面，黄金四目，蒙熊皮，玄衣朱裳，右执戈，左执楯；其一人为唱帅，著假面，皮衣，执棒；鼓角各十，合为一队。队别鼓吹令一人，太卜令一人，各监所部巫师二人。以逐恶鬼于禁中。有司先备每门雄鸡及酒，拟于宫城正门、皇城诸门磔攘设祭。
>
> ……①

敦煌音声人中专门负责习唱的人被称为"学郎"或"歌郎"。敦煌文书S.2055《除夕钟馗驱傩文》云：

> 学郎不才之忧，敢情供奉音声。

此处"学郎"应该指的是唱歌者，而不是学校学生。

唐代敦煌也于每年岁终举行驱傩仪式。敦煌藏经洞文书中保存了很多《儿郎伟》，李正宇认为属于敦煌当地的驱傩新词。这种驱傩词从汉代就开始了，汉代称作古辞，是一种歌曲古调，至唐代依然沿袭。

---

① ［唐］杜佑：《通典》卷一三三，第3420—3422页。

《大唐六典》中就记载有驱傩词。敦煌的《儿郎伟》属于新调，其名称和唱法已经失传①。《司空表圣文集》卷一〇《障车文》一首中有"儿郎伟，且仔细思量""儿郎伟！重重祝愿，一一夸张""儿郎伟！总担将过去，教你喜气洋洋"②。敦煌文书 S.6207 即是一首《障车词》：

> 儿郎伟！无篇（偏）无当（傥），王道荡荡，春苻（符）分明，凭何辄障？
> 儿郎伟！我是诸州小子，寄旅他乡，形容窈窕，武媚诸朗，含珠吐玉，束带矜庄，故来障车，须得牛羊。③

藏经洞还保存了数量可观的"驱傩儿郎伟"文书，主要有 P.3552、P.3270、P.4055、S.2055 等。这里仅举 P.3270《驱傩儿郎伟》（第五首）为例，录文如下：

> 儿郎伟
> 盖闻二仪交运，故制四序奔驰，
> 若说迎新送故，兼及近代是非。
> 总交青龙部颈，送过葱领（岭）海隅
> 敦煌神砂（沙）福地，贤圣助力天威。
> 灾病永无侵遶（扰），千门保愿安居。

---

① 李正宇：《敦煌傩散论》，《敦煌研究》1993 年第 2 期，第 132 页。
② ［唐］司空图撰：《司空表圣文集》卷一〇《障车文》，上海：上海古籍出版社，1994 年，第 161—162 页。
③《英藏敦煌文献》第 10 册，第 184 页；录文参见李正宇《敦煌傩散论》，第 113 页。

皆是太保位分，八方俱伏同知。

河西是汉家旧地，中隘猃狁安居。

数年闭塞东路，恰似小水之鱼。

今遇明王利化，再开河陇道衢。

太保神威发愤，遂便点缉兵衣。

略点精兵十万，各各尽还（撮）铁衣。

直致甘州城下，回鹘藏窜无知（地）。

走入楼下乞命，逆者入火愤（焚）尸。

大段披发投告，放命安□城际。

已后勿愁东路，便是舜日尧时。

内使亲降西塞，天子慰曲（屈）名师。

向西直至于阗，纳供（贡）献玉瑠（琉）璃。

四方总皆跪伏，只（至）是不绝汉仪。

太保深信三保（宝），寿与彭祖同时。①

敦煌的驱傩仪式不仅沿袭古代传统逐鬼驱疫的仪式，还进一步延伸了"鬼"的含义，将现实生活中阻碍和影响社会稳定、破坏交通、危害国家的人和事都称作"鬼"。将敦煌《驱傩儿郎伟》中的驱傩歌词与《唐六典》《通典》《新唐书》中所记载的唐代宫廷驱傩唱词比较，可以发现敦煌驱傩词既传承了古代传统驱傩仪式，还加入了新的反映时代特色的内容，让我们得以了解在宫廷正规的仪式之外，地方民间驱傩仪式的特色。

①《法藏敦煌西域文献》第22册，2002年，第333页。

　　敦煌文书当中还有许多驱傩歌词，P.3270号文书共抄录有5首驱傩歌词，P.2569号文书共抄录有6篇。S.2055《驱傩儿郎伟》结尾处有"学郎不才之庆，敢请宫（供）奉音声"的提示语，说明音声人在等待儿郎们唱完歌词之后再开始奏乐。

　　根据李正宇的研究，唐宋时期，敦煌官办傩队共有三队：都督府队、州队、县队。除此之外，敦煌资料透露出敦煌民间的驱傩队还有坊巷队、佛教队、祆教队等①。值得注意的是，参加驱傩合唱队的侲子，在敦煌地区是由学生们担当的。除P.2055号"学郎不才之庆，敢请宫（供）奉音声！"的记载外，还有如下例证：P.4055《驱傩儿郎伟》"从兹学郎呪愿，社稷劫石同阶"；P.2058《驱傩儿郎伟》载："若说驱傩子弟，国内最是英灵。今夜殄除灾孽，合得金盏银瓶。诸人总莫铿惜，子孙总得高荣。阿镶（嬢）拟与疋帛，阿耶（爷）和柜便提，如此赏设学士，万代福寿利（泐）铭。"上述驱傩队伍中的"学郎""子弟""学士"，都是唐宋时期敦煌学生的称谓，既可以称呼官学生，也可以称呼乡学和私塾、寺院的学生。李正宇认为："官办傩队中的侲子，当由官学生充任；坊巷傩队中的侲子当由乡学或私塾学生充任。此外，还有佛教团体组织的驱傩队，其侲子当由寺学学生充任。"②

　　李先生的这一推测自有道理，但笔者不揣冒昧作进一步的推测。归义军官府乐营是培养乐人的主要教育机构，而参加驱傩合唱队的"侲子"也必须首先要学会唱词和歌调，然后才能参加驱傩活动。归义军乐营的音声人也有称"弟子""学郎"的，那么是不是可以认为官学"学郎"们的学习内容中也包括驱傩等唱词，乐营机构和州县官学都属

---

　　① 李正宇：《敦煌傩散论》，《敦煌研究》1993年第2期，第111—122页。
　　② 李正宇：《敦煌傩散论》，《敦煌研究》1993年第2期，第120页。

于归义军官办组织，对官学生教授一些歌曲唱词是完全可以实现的。

三、归义军时期的官府设乐活动

归义军乐营内集中了最具专业化的音乐演艺人员并集中培养、排练，其中包括多种技艺行当。归义军乐营的音乐教育也是根据当时地方政府和民众的实际活动需要而开展的。

演奏雅乐。起源于周代的雅乐主要是指用于宫廷祭祀活动和朝会仪式中的音乐与歌舞。沙州每年都要祭祀社稷、山川、庙宇、风伯、雨师、马神、青苗神等，释奠是学官四时祭奠仪式，《礼记·文王世子》曰："凡学，春官释奠于其先师，秋冬亦如之。"郑注："释奠者，设荐馔酌奠而已，无迎尸以下之事。"[①]从夏商周以来，举凡学子必须在学官的率领下，依时释奠于先圣先师，通过这样一种礼仪来弘扬儒家师道。敦煌州学每年春秋二时释奠先圣先师，P.2005《沙州都督府图经残卷》记载沙州有州学一所："右在城内，在州西三百步。其学院内，东厢有先圣太师庙堂，堂内有素（塑）先圣及先师颜子之像，春秋二时奠祭"；有县学一所："右在州学西连院，其院中东厢有先圣太师庙堂，内有素（塑）先圣及先师颜子之像，春秋二时奠祭"。P.2481《儒学第三》中有《释奠乖礼》一篇，曰："至如释奠之礼，早鬱常途，陈荐之规，无非旧准。莫不青襟曹子，雍容广坐（座）之前；硕学鸿儒，肃穆□筵之上。鸣钟奏鼓，和韵分音；露鼓雷鼗，□声叶曲。既展师资之礼，又敦如在之仪。"[②]文中反映了敦煌当年举行释奠之礼，众学子及博士齐聚一堂，钟鼓齐鸣、声乐铿锵的氛围。

---

① 李学勤主编：《礼记正义》（上），北京：北京大学出版社，1999年，第630页。
② 谭蝉雪：《敦煌岁时文化导论》，台北：新文丰出版有限公司，1998年，第97页。

除此之外，一些政权阶层之间的迎来送往、贺胜祝捷之类的活动都需要举行雅乐，其职责只能由归义军乐营承担。P.3882《□元清邈真赞》当中的"太常乐部"其实就是归义军的乐营机构，P.2569背《驱傩儿郎伟》中有"太常抚（拂）道向前"一句，可知敦煌归义军乐营组织内有太常礼仪雅乐设置，其中参与乐舞表演的乐人肯定是由乐营机构自己来培养，并且在归义军时期或之后出现了几位京城或敦煌本地的音乐官员——协律郎。如P.2622《新集吉凶书仪》中记载张敖："河西节度使掌书记儒林郎试太常寺协律郎……大中十三年四月四日午时写。"姜亮夫认为此"太常寺协律郎"之职"则当随使入朝的职官"。P.4660《都僧统唐悟真邈真赞并序》中有苏翚，文书中称其为"前河西节度掌书记太常寺协律郎苏翚"。P.3519号文书记载有协律郎韩□："摄观察衙推将仕郎试太常寺协律郎韩□。"P.3718《唐故宣德郎试太常寺协律郎行敦煌县令兼御史中丞上柱国张府君写真［赞］并序》记载有张清通："试太常寺协律郎。"①姜伯勤据此研究认为，协律郎在太常寺内负责乐章曲谱的编制，并且担任音乐演奏的指挥任务。在唐代"安史之乱"的影响下，一些乐章亡佚，乐工也随之星散，但在敦煌地区却仍然保存了大量的乐舞、曲谱资料，说明此时社会上仍有不少音乐人才。

归义军政权举办的祭祀、庆典等活动中要设乐，例如在新年伊始，敦煌地区有踏舞设乐活动，敦煌藏经洞所出P.3272号文书是北宋初期一位名叫定兴郎君的牧羊人向州府呈报的牒状："伏以今月一日……定兴郎君踏舞来，白羯羊一口，未蒙判凭，伏请处分。丙寅年正月。"②

---

① 郑炳林：《敦煌碑铭赞辑释》，第441页。
②《法藏敦煌西域文献》第22册，2002年，第336页。

李白《赠汪伦》诗中有："李白乘舟将欲行，忽闻岸上踏歌声。桃花潭水深千尺，不及汪伦送我情！"踏歌是中国古代的一种群众舞蹈形式，以脚踏地，边歌边舞。关于踏歌的记载，最早见于葛洪的《西京杂记》卷三《戚夫人侍儿言宫中事》："戚夫人侍儿贾佩兰，后出为扶风人段儒妻。说在宫内时，见戚夫人侍高帝，尝以赵王如意为言，而高祖思之，几半日不言，叹息凄怆，而为之其术，辄使夫人击筑，高祖歌大风诗以和之。又说在宫内时，尝以弦管歌舞相欢娱，竞为妖服，以趣良时。十月十五日，共入灵女庙，以豚黍乐神，吹笛击筑，歌上灵之曲。既而相与连臂，踏地为节，歌〈赤凤凰来〉。至七月七日，临百子池，作于阗乐。乐毕，以五色缕相羁，谓为相连爱。"①也就是有一群人手挽着手，载歌载舞。敦煌文书中所记载的这位"定兴"，据谭蝉雪研究："定兴者，是在他率领下的一个舞队。"②另有P.4640号文书记载："（二月）十四日，支与王建铎队舞额子粗纸一贴。""'舞额子'指跳舞用的额子，额子的本意是指无顶之头巾，只围在额上者，用粗纸做成的'舞额子'，恐怕就是戴在额上的一种假面舞具了。我国中原地区有元正闹社火之俗，而无踏舞的记载，敦煌此俗可能受西域的影响。"③

但根据敦煌文书记载来看，敦煌归义军时期举行的设乐活动大多是依托于寺院来进行的。下文中对寺院设乐活动的研究，实际上除了寺院宗教类活动外，大多是寺院为协助归义军政权的各种祭祀、庆典

---

① [晋]葛洪撰，周天游校注：《西京杂记》卷三《戚夫人侍儿言宫中事》，西安：三秦出版社，2006年，第146页。

② 谭蝉雪：《敦煌岁时文化导论》，第9页。

③ 谭蝉雪：《敦煌岁时文化导论》，第9页。

活动而进行的。

四、归义军时期的敦煌音乐教育

（一）音乐家族的世代传承

除了归义军乐营机构负责专门教授和培养音乐人才外，据李正宇推测，一些优秀的音乐人也将技艺传授于家族后代，形成音乐世家。如晚唐光化元年（898年）有乐营使张怀惠（见P.4640《归义军军资库司布纸破用历》）；后唐天成三年（928年），P.3490《归义军押衙兼当府都宅务、知乐营使张某于当居创造佛刹功德记》中记载有一位知乐营使张某，"承受先人歌调"。这两个人同为张氏家族成员，且都精于音韵之学，二人相距时间大约三十年，恰好是两代人之间的年龄差距，"似不排除张氏一门承业的可能性。再如，后唐天成、长兴年代有一位李乐营使，多年后，北宋时又有一位'弹纹五音足，歌唱四声全'的李存惠〔见S.289背（1）《李存惠邈真赞》〕，也不应排除李氏一门承业的可能性"①。

（二）乐营音乐教材

敦煌还保存了燕乐歌舞绘画、燕乐谱字、琵琶乐谱、舞谱、曲子词等文书，这些都可看作是唐五代燕乐教育的珍贵教材。敦煌歌舞壁画如莫高窟第156窟南壁下部《张议潮统兵出行图》。画面上的燕乐歌舞场景都集中在画面前端的仪仗队伍部分。绘于同一石窟的《宋国河内郡夫人宋氏出行图》，也有表现燕乐歌舞的场面。

敦煌文书中还保存了唐五代燕乐歌舞的谱子，P.3501和S.5643两个卷

---

① 李正宇：《归义军乐营的结构与配置》，《敦煌研究》2000年第3期，第113页。

子中抄录了七种乐曲的二十种谱子，此七种乐曲均为唐教坊曲，二十种谱子是当时流行甚广的燕乐曲段。唐五代时期曲子词为燕乐的新体歌词，敦煌迄今发现了共200首左右的曲子词，其中词调可考的有46个[①]。

从敦煌文书中发现的舞谱、乐谱、谱子和歌词以及保存于敦煌莫高窟的壁画乐舞伎等音乐方面的资料，可视作当时乐舞教学的教材。另外，敦煌文书中有三个卷子抄写的是有关的名称、演奏手法及声乐发音用字的汇编。S.610《杂集实用要字一千三百言·音乐部第三》共集以下诸字：

琵、琶、筝、笛、箜篌、筚篥、欲、笙、笳、萧、钟、铃、磬、铎、埙、篦、击筑、弹但弦、剔、拨、拊、柏、琴、瑟、鼓角、吹嬴、讃、咏、讽、诵、歌舞、叫唤、橄、蔼、诃、口歇 。[②]

P.6208《新商略古今字样提其时要并行正俗释》上卷"音乐部"汇集以下诸字：

琵琶、琴、瑟、箜篌、方响、铜钹、拍板、击筑。[③]

P.2578《开蒙要训》汇集如下字：

① 汤君：《敦煌燕乐歌舞考略》，《文艺研究》2002年第3期，第94—100页。
② S.610《杂集实用要字一千三百言·音乐部第三》，录自郑阿财、朱凤玉《敦煌蒙书研究》，第58页。图版见黄永武：《敦煌宝藏》第5册，第127页。
③ S.6208《新商略古今字样提其时要并行正俗释》，录自郑阿财、朱凤玉《敦煌蒙书研究》，第58页。

　　□宴会嘉（加）宾、奏设伎乐、酤（甘）咉饮酒、劝酌酬醒（程）、讽（风）诵吟咏（永）、吼蔑踪（纵）横、喧笼歌舞（武）、闹动音声、琵琶鼓角、琴（吟）瑟（虱）萧（逍）筝（争）、箜篌筚篥、竹螯笛笙。①

　　在识字类儿童课本中融入乐器、演奏手法等与音乐相关的字词，既增加了识字课本内容的丰富性，也有利于音乐知识的教育与传播。

　　（三）培养儿童乐舞的风尚

　　古代敦煌向来重视对儿童音乐舞蹈技能的培养，而且对男性儿童与女性儿童同样重视。男性儿童学习音乐的记载见于 P.4525（2）Vº《调海兴押衙歌》，所云："残奴唱弹，保进便和；忽闻歌齐，七遍往过。"②学校的学郎们还要参加每年的岁末驱傩活动，这是一种集体音乐活动，学郎们集体吟唱驱傩歌词，如 P.3270《儿郎伟驱傩文》记载："儿郎齐声齐和，皆愿彭祖同年。"女性儿童音乐才能的培养可见敦煌写卷 P.2418《父母恩重经讲经文》记载："女要裁缝及管弦""学音声，屈博士，弄钵调弦浑舍喜；长大了择时聘与人，六亲九族皆欢美"③。这是对女性儿童学习声乐、音律的要求，目的是提高自己的才能，创造条件觅个好夫婿。

　　另外，敦煌壁画中也有不少童子演奏乐器和舞蹈的画面。盛唐第148窟东壁门南《观无量寿经变》中绘四童子合奏图：四童子分列两侧，正演奏排箫、腰鼓、竖笛和笙，中间两只白鹤翩翩起舞。两两相

---

① P.2578《开蒙要训一卷》，录自郑阿财、朱凤玉《敦煌蒙书研究》，第58页。
② 《法藏敦煌西域文献》第31册，第355页。
③ 《法藏敦煌西域文献》第22册，第333页。

对的童子，身着背带裤，活泼可爱，充满童稚。又如中唐第231窟东壁门南《报恩经变》中的水池桥梁上，生动地描绘二童子正在奏乐和一童子翩翩起舞。中唐第361窟南壁《阿弥陀经变》中，则绘一裸体儿童腰间系鼓，双手做拍打状，左侧一只迦陵频伽正和着鼓点起舞。这些栩栩如生的有关儿童乐舞场面的描绘充分反映出敦煌地区对儿童乐舞的重视，据此也可见对儿童乐舞的教育与训练在当时是一种风尚。

音乐活动同样也属于民俗，莫高窟壁画中有大量反映社会生活的音乐表演场面，如百戏图、嫁娶图、宴饮图中的音乐表演等，非常生动地反映了中国古代西北地区的社会生活和音乐实况。

嫁娶图是敦煌壁画中弥勒经变里常见的一个情节，例如莫高窟第495窟和榆林窟第38窟的婚礼图中描绘了举行婚礼时，来宾祝贺、表演乐舞的欢乐情景。乐舞助兴是嫁娶图中不可或缺的内容，其中的伴奏乐队比较真实地反映出当时当地民间音乐的发展状况。

宴饮图中亦有乐舞表演的场景，如莫高窟第360窟晚唐时期所绘制的《维摩诘经变》中的宴饮图，绘有一长桌，宴饮者分坐两侧，同时有舞伎在一旁伴奏。

百戏是中国古代的一种表演艺术，包括杂技及歌舞说唱等形式，敦煌壁画中有许多百戏图，如第156窟《宋国夫人出行图》中的表演，在第72窟、第61窟等洞窟壁画百戏图中一般都有小型乐队在一旁伴奏，演奏各种乐器。

民间也有乐队，莫高窟第23窟为盛唐时期开凿的洞窟，其北壁法华经变中绘有一幅乡村游春图，描绘的是在田间地头，庄稼茂盛，人们欢歌笑语的场面。其中就有聚沙成塔、礼拜、音乐供养等情节，在长方形毯上坐着六名乐伎，分别演奏横笛、跋、拍板、腰鼓、竽篥等。

出行图是中国古代绘画中的传统形式，秦汉时期即已出现，多见于贵族墓室。共有四个洞窟中描绘了出行图：莫高窟第156窟《张议潮统军出行图》《宋国夫人出行图》；莫高窟第100窟《曹议金出行图》《回鹘公主出行图》；莫高窟第94窟《张淮深出行图》《张淮深夫人出行图》；榆林窟第12窟《慕容归盈出行图》《慕容公主出行图》等。其中莫高窟第156窟西壁《张议潮统军出行图》中的乐舞场面宏大，有舞伎四男四女分为两行，边行边舞；其后为两排乐队，十身男乐伎均穿着绣帽长袍，其中一人背大鼓，另一人双手持长槌敲击，其余人分别演奏琵琶、竖笛、横笛、拍板、腰鼓、鸡娄鼓、笙和箜篌。这些壁画都是研究敦煌地区音乐发展的珍贵资料。

敦煌壁画当中的乐器品种多样、数量繁多，而且乐器图形极具装饰性。古人视乐器为艺术品，更把乐器的制作看作是一项高雅、精致的艺术，每件乐器都精雕细刻。各类乐器上也都绘制有图案装饰纹样，而且造型精美、逼真。这些丰富的壁画乐器材料不仅给人以美的享受，而且能使民众通过壁画了解乐器的种类和功用，丰富了他们的乐器知识，增长了见闻。

第二节　敦煌归义军时期的寺院设乐与音乐传播

一、寺属音声人

众所周知，佛教戒律坚决反对僧人音乐娱乐。后汉安世高所译《大比丘三千威仪》中记载："（比丘）不得歌咏作唱伎，若有音乐，不得观听。"①东吴支谦译《佛开解梵志阿飏》曰："沙门不得吟咏歌曲、弄舞调戏及论倡优。"②隋代阇那崛多译《佛本行集经》卷五〇曰："若有比丘，依世歌咏而说法者有五失，何等为五？一者自染歌声，二者他闻生染而不受义，三者以声出没便失文句，四者俗人闻时毁呰议论，五者将来世人闻此事已，即依俗行以为恒式。若有比丘，依附俗歌而说法者，有此五失，不故不得依俗歌咏而说法也。"③关于佛教反对僧人演习音乐的原因，隋代天台大师智顗《修习止观坐禅法要》卷上载："诃声欲者，所谓箜篌筝笛、丝竹金石音乐之声，及男女歌咏赞诵等声，能令凡夫闻即染着，起诸恶业。如五百仙人雪山住，闻甄陀罗女歌声，即失禅定，心醉狂乱。如是等种种因缘，知声过罪。"④在僧尼八戒中，其中一戒就是："不得歌舞作唱，及故往观听。"⑤敦煌文书中也有禁止僧尼歌舞作乐的内容，如S.4624《受戒文》云："第六不得花鬘缨洛香油脂粉涂身者，亦不得歌舞作昌（唱）。"⑥

唐代律令也规定，寺院僧人是禁止从事音乐演奏和拥有乐器的，《唐六典》卷四《祠部郎中员外郎》云：

若巡门教化，和合婚姻，饮酒食肉，设食五辛，作音乐、博

---

① 《大正藏》第24册，NO.1470，第916页上。
② 《大正藏》卷一，第261页上。
③ 《大正藏》卷三，第884页下。
④ 《大正藏》卷四六，第463页下。
⑤ 《大正新修大藏经》卷五四。
⑥ 黄永武：《敦煌宝藏》第37册，第121页。

戏，毁骂三纲、凌突宿者，皆苦役也。①

但是佛教对音乐艺术并不是采取全盘否定的态度，佛教经常会用音乐来赞颂佛法、劝化信众。为了解决这一矛盾，佛教根据音乐表演主体的不同，分为僧、俗二众，不同身份的表演者在具体的佛事音乐活动中所起的作用和分工是不同的。王小盾在《原始佛教的音乐及其在中国的影响》一文中对原始佛教的音乐进行了三分法的论述：

> 从表演者角度看，它是伎乐供养音乐、佛陀说法音乐、僧侣诵经音乐的三分；从音乐体裁角度看，它是歌舞音乐（用于礼赞佛陀）、呗赞音乐（用于歌咏经偈）、吟诵音乐（用于唱诵经文）的三分。按中国习惯，这三种体裁分别称作"佛曲""呗赞""转读"。②

虽然佛教想要戒除僧侣习乐，远离音乐，但是却不排斥俗人用音乐供养诸佛，认为用音乐供养诸佛非但不违背戒律，而且是大有功德的。甚至为了弘扬和宣传佛教，十分重视音乐的教化作用，为了解决这一矛盾，佛教建立起了寺属音声人的制度。

敦煌文献中记载了关于寺院寺属音声人的材料。最早关注这一问题的学者是姜伯勤，他在《敦煌音声人略论》③中，对于敦煌的寺院设乐及寺属音声人、敦煌乐营、乐营使、乐行与官府音声人等问题作了考

---

① ［唐］李林甫等撰，陈仲夫点校：《唐六典》卷四《祠部郎中员外郎》，第126页。
② 王小盾：《原始佛教的音乐及其在中国的影响》，《中国社会科学》1999年第2期，第160页。
③ 姜伯勤：《敦煌音声人略论》，《敦煌研究》1988年第4期，第1—9页。

察；张弓在其《汉唐佛寺文化史》①一书中对敦煌佛寺当中的"音声"和"乐人"作了深入研究；乜小红在姜伯勤、张弓两位先生研究的基础上，进一步对敦煌文献中所见唐五代时期音声人的社会地位问题进行探讨，指出唐代敦煌寺属音声人不论是在官府还是在寺院，他们都是自由的平民百姓，并非寺户、贱口或贱民，其社会地位较一般的平民百姓为高②；李小荣在《敦煌佛教音乐文学研究》③一书中专辟一节讨论"敦煌寺院的音声人"，并对敦煌文献中一些零星的材料作了相关推断。

敦煌寺院设乐并不是由出家僧人担任表演者，而是寺院培养了一批寺属音声人。敦煌寺属音声人简称"音声"，P.2613《咸通十四年（873年）正月沙州某寺徒众常住交割历》记载：

> 故破鼓腔贰　内壹在音声；紫檀鼓腔壹　在音声。④

即指作为寺院财产的乐器，由寺院音声保管。

S.6452《壬午年（982年）净土寺常住库酒破历》：

> 廿七日，酒壹瓮，李僧正对与音声。……廿九日，酒叁斗，音声就店吃用。⑤

---

① 张弓：《汉唐佛寺文化史》，北京：中国社会科学出版社，1997年，第854—865页。
② 乜小红：《唐五代敦煌音声人试探》，《敦煌研究》2003年第3期，第74—80页。
③ 李小荣：《敦煌佛教音乐文学研究》，福州：福建人民出版社，2007年，第739—744页。
④ ［日］池田温：《中国古代籍帐研究》，第580—581页。
⑤ 《英藏敦煌文献》第11册，第75页。

P.4542《年代不明（10世纪）某寺粟麦豆破用历》：

（前缺）

1. ……升充堂子。又粟肆斗，充与音声

2. 硕壹斗。押。十五日，出粟壹斗，充音声；又更

3. 粟肆斗，充看捷山日沽酒用。押。十五日，出麦

4. 壹斗，看□□□充□□□用。十九日，豆五升，充

5. 与堂子用；又麦壹斗，充何寺主买胡饼用，充

6. 看牧子用。廿三日，出豆壹斗，充何寺主用。押。

7. 廿三日，出麦贰斗、粟叁斗，充与音声；又豆

8. 壹斗，充与堂子；押。又麦贰斗，充买纸墨

9. 用。廿五日，又麦壹斗，充与堂子。押。廿九日，出粟肆

10. 斗，充与音声。卅日，出粟伍斗，充与音声；又麦

11. 壹斗，充堂子。二月一日，出麦伍斗、粟伍斗，充音声；

12. 又麦壹斗、粟壹斗，充堂子；又粟贰斗，充

13. 石安子；又粟贰斗，充牧马人；又粟贰斗，充与

14. 宅内把斗人；又出粟陆斗，充沽酒，充月尽日破用。

（后缺）①

此件文书显然是某寺院支付粮食之类的破用历，从记载可以看出，该寺院有至少5名音声人。音声人出现的时间，集中在正月的十五、二十三、二十九、三十日及二月初一，其时间与佛教斋会中的六斋日相

---

① 唐耕耦、陆宏基：《敦煌社会经济文献真迹释录》第三辑，第131页。

符，是该寺院做佛事活动时表演音乐的音声人，而且从一月十五日至
二月一日期间，五次出麦粟供养音声人，足见在元宵节前后寺院举行
音乐活动非常频繁。

S.6064《未年正月一日至十六日报恩寺入破历》：

> ［正月］十一日，麦一十石，乞音声。①

敦煌寺院的寺属"音声人"主要负责音乐演出活动，他们一般不
涉及世俗乐舞，而是负责法师在俗讲时的配乐，除此之外的俗乐部分
则由寺院延请的乐营音声人完成。P.3730《酉年乐人奉仙等状并荣照判
词》记载的乐人奉仙等即是世俗人在寺院设乐的例子，"太平以下弟
子七人，各赏布一匹。付傤司，依老宿商量，断割枝给分付"②，说明
寺院还要对世俗音乐表演者支付一定的报酬。

P.4976《儿郎伟》记载：

> 旧年初送玄津，迎取新节青阳。……谨请上方八部，护卫龙沙
> 边方。伏丞（承）大王重福，河西道泰时康。……每岁善心不绝，
> 结坛唱佛八方。缁众转《金光明》妙典，大悲亲见中央。如斯供养
> 不绝，诸天助互阿郎。次为当今帝主，十道归化无疆。天公主善心
> 不绝，诸寺造佛衣裳。现今宕泉造窟，感得寿命延长。如斯信敬三
> 宝，诸佛助护遐方。夫人心行平等，寿同劫石延长。副使司空忠
> 孝，执笔七步成章。文武过于韩信，谋才得达张良。……今夜驱傩

---

①《英藏敦煌文献》第10册，第65页。
②《法国国家图书馆藏敦煌西域文献》第27册，第165页。

之后，直得千祥万祥。音声①

唱词当中的"音声"就是这次举行驱傩活动的音乐人，"他们可能是由归义军政府派出的官府乐人，有可能是曹议金家族功德寺中的音声人"②。其中还有乐器伴奏，应该是另外一些人承担这一工作。

S.5957e《转经文》：

（前略）

1. 合境虔恭，倾城恳

2. 颡，供延（筵）大会，该法界而召净人；备馔七珍，味烈香积。遂乃音声前引，

3. 铃梵相从。幢幡匝匝于盈场，钟呗鸿鸣而城满。

（后略）③

这是一次佛教转经斋会，文中描绘了斋会邀请寺院净人参加佛事音乐演奏的场景。另一篇S.0343V《亡兄弟文》是为兄弟亡故后所作的斋文，其中亦有关于延请音声的语句：

厥今坐前斋主所申意者，奉为兄弟某七追念之加（嘉）会也。……故于此晨（辰）设斋追福。是日也，请三世诸佛，敷备清宫；邀二部静（净）人，洪（弘）宣妙偈。厨馔香积，炉列名香；幡花匝匝

① 黄征、吴伟校注：《敦煌愿文集》，长沙：月麓书社，1995年，第961—962页。
② 李小荣：《敦煌佛教音乐文学研究》，第740页。
③《英藏敦煌文献》第9册，第235页。

而盈场，领（铃）梵鸿（洪）鸣而满室。①

寺院寺属音声人表演的音乐，主要有乐器表演和声乐表演两类。关于音声人演奏乐器，敦煌寺院相关佛事活动类文书和各类籍账、破用历文书中都有反映。P.2613《咸通十四年（873年）正月四日沙州某寺就库交割常住什物色目》载："故破鼓腔贰，内壹在音声……紫檀鼓腔壹，在音声。"②S.4642V《敦煌都司仓诸色斛斗入破计会》曰："粟贰斗，迎弄钹大师用。"③鼓和钹都是佛教打击乐中的常用乐器。S.1441va《二月八日文》曰："八音竞凑（奏），声摇兜率之宫；五乐琼箫，向（响）振精轮之界。"④P.2854《行城文》曰："梵呗迎空而沸腾，鸣钟鼓而龙吟，吹笙歌而凤舞。"⑤P.3405《正月十五日窟上供养》又云："佛声接晓，梵响以箫管同音；宝铎弦歌，唯谈佛德。"⑥这些都说明寺院举行法事活动有音乐表演是非常常见的。

在敦煌俗讲变文中也有音声人参与演出的记载，P.2187a《破魔变》讲到六宫彩女与诸仙女"直从上界，来到佛前"时的场景是："歌舞齐施，管弦竞奏，云云。"这里的"云云"二字应该是省略了相关歌舞曲词的内容。在俗讲过程中，承担讲唱任务的是法师、都讲和梵呗，P.2249v、S.3711v、S.5892《悉达太子修道因缘》记载："凡因讲论，法师便乐官一般，每事需有调置。曲词适来先说者，是《悉达太子押座

---

① 《英藏敦煌文献》第1册，第148—149页。
② 《法藏敦煌西域文献》第16册，第255—256页。
③ 《英藏敦煌文献》第6册，第192页。
④ 《英藏敦煌文献》第3册，第42页。
⑤ 《法藏敦煌西域文献》第19册，第124页。
⑥ 《法藏敦煌西域文献》第24册，第118页。

文》。且看法师解说义段……小师略与门徒弟子解说，总交（教）省知。"①

　　P.2044va《闻南山讲》曰："唯齐公上人知贤外举，敷授视之高座，设频藻之盛筵；会人天于法堂，开毗尼之妙典。命余宣赞，纪述馨香，对金人捧文而祝。于是张翠幕，列画图；扣洪钟，奏清梵。"②

二、寺院设乐

　　早在吐蕃时期，敦煌寺院就已经有乐人参与音乐活动。P.3730《酉年乐人奉仙等状并荣照判词》：

　　　　奉仙等虽沾乐人，八音未辩，常蒙抚恤，频受赏荣，突课差科，优矜至甚。在身所解，不敢隐欺。自恨薄德无能，不升褒荐。数朝惶怖，希其重科，免有悚遗，却加重赏。凤仙等四人，弟子七人，中心欣喜，贵荷非常。所赐　赏劳，对何司取？请处分谨牒。
　　　　酉年正月日，凤仙等谨牒（检习博士乡乡、凤仙、君君、荣荣已上四人，各赏绢一匹。太平以下弟子七人，各赏布一匹。付懒司，依老宿商量，断割枝给分付。廿日，荣照）。③

　　这里的酉年，池田温认为是841年，吐蕃统治时期的释门教授荣照对乐人奉仙等人的判词中提到"检习博士"，姜伯勤认为应该是寺院乐人中的乐师，而"太平以下弟子七人"中的"弟子"则为一般学徒。

---

　　①《法藏敦煌西域文献》第10册，第75页；《英藏敦煌文献》第5册，第142页；《英藏敦煌文献》第9册，第196页。
　　②《法藏敦煌西域文献》第3册，第126页。
　　③［日］池田温：《中国古代籍帐研究》，第551页。

S.0381《龙兴寺毗沙天王灵验记》中记载有：

　　大蕃岁次辛巳闰二月十五日，因寒食在城官察（僚）百姓就龙
兴寺设乐。①

S.4705《某寺破历》中有：

　　寒食踏歌羊价麦九斗，麻四斗。音声麦粟二斗。

P.2638《后唐清泰三年（936年）六月沙州僧司教授福集等状》称：

　　（布）贰阡柒伯壹拾尺，三年中间沿僧门，八日法师。七月十
五设乐，三窟禅僧衣直，布萨、庆阳吊孝等用。

　　以上记载都说明寺院常常会举行音乐演奏等活动。归义军节度使经
常会在岁时举行一些大规模的佛教、道教、祆教活动，并伴随有大型
乐舞。李正宇称这种宗教活动中的曲调为"法曲"②。"法曲是早期输
入的佛曲、胡曲与清乐及道教曲调的融合。"③ S.2146《行城文》有
"笙歌竟奏而啾嘈，法曲争陈而槽拨"，P.3216《散华乐》中有朱笔加上
去的两行文字，其中有"音□法曲诣（指）皆僵"④。

---

　　① 黄永武：《敦煌宝藏》第3册，第281页。
　　② 李正宇：《归义军乐营的结构与配置》，《敦煌研究》2000年第3期，第74页。
　　③ 姜伯勤：《敦煌艺术宗教与礼乐文明》，第546页。
　　④ 饶宗颐：《敦煌曲》，Airs de Touen-Houang (with an Adaptation into French by Prof Paul Demieville): Centre National de la Recherhe Sientifique, Paris，1971, p.217.

所以归义军乐营中备有法部乐是必然的事情。P.3490《归义军押衙兼当府都宅务、知乐营使张某于当居创造佛刹功德记》记载张乐营使"调八音能降天神"，说明归义军乐营有法乐专门用来供养"天神"。除此之外，在一些岁时节日、庆典活动当中，寺院也要举行大规模的法事活动，并伴随有乐舞表演，兹列举几例如下。

P.3149《新岁年旬上首于四城角结坛文》云：

> 厥今旧年将末，新岁迎初，结坛于四门四隅，课念满七辰七夜。心传密印，散净食于十方；灯朗神明，光照昏冥于三界；香焚百和，起雾遍于娑婆；礼忏六时，梵响吼于鹫岭者，有谁所作，时则有我河西节度使厶公，先奉为龙天八部，护卫敦煌；梵释四王，镇安神境。……所以逐年岁后，膺首迎祥，九会结坛，七辰珍沴。于是昼开梵句随句论而消殃；经转华严，随音听而瘴灭；食来香积，散食而□口升霞；财舍坚牢，献马而怨家解释；……①

在每年的岁末年初，夜以继日、连续七天的四门结坛活动就是由敦煌地区最高行政长官归义军节度使直接主持。寺院承办的官方祭祀活动，即在州城门的四角设立坛台，悬挂佛像、焚香、燃灯、散食，由寺院僧徒轮番诵经、念唱佛名，同时由佛弟子参与礼拜、念诵斋文，颂扬节度使功德，祈福禳灾。

---

① 《法藏敦煌西域文献》第22册，2002年，第41—42页。

安伞旋城

在归义军时期，敦煌每年都要举行一次安伞旋城的佛事活动，如
P.2854号张议潮时期《竖幢伞文》两件：

> 今嘱（属）三春令月，四序初晨，延百福以竖胜幢，殄千殃而
> 旌白伞……其谁施之？则我释门僧正和尚，爰及郡首、都督、刺史
> 等，奉为当今大中皇帝建兹宏业也。①

P.340张承奉时期的《安伞文》：

> 上元下叶，是十斋之胜辰；安伞行城，实教中之大式。所以声
> 钟击鼓，排雅乐于国门，命二部之僧尼，大持幡盖，莲花千树，登
> 城邑而周旋；士女王公，悉携香而布散。梵音以佛声震地，箫管弦
> 歌共浮云争响。我皇降龙颜于道侧，虔捧金炉，为万姓而期（祈）
> 恩：愿丰年而不俭，五稼倍收于南亩，三农不废于桑麻，家给年
> 登，千厢是望。②

另有曹氏归义军时期的P.2679背面《书仪》中有一段《安伞旋城
文》，曰：

> 今则三春首月，四序初旬，安白伞于八方，置胜幢于九阁。僧
> 尼绕府于莲叶，若鹿母之行踪；官吏旋城鼓乐，象文殊之圣会。香

---

① 黄永武：《敦煌宝藏》第124册，第479—483页。
② 黄永武：《敦煌宝藏》第123册，第275页。

云叆叇，佛响喧鸣，殄旧岁之灾殃，祈新春之善瑞，总斯行城功德……①

上元燃灯

敦煌的上元燃灯分民俗和佛俗两方面。关于民俗燃灯的记载较少，P.2631《释门文范》记载的是张议潮时期的斋文范文，其中有一段关于正月十五燃灯仪式：

初入三春，新逢十五。灯笼火树，争燃九陌；舞席歌筵，大启千灯之夜。②

文书记载较多的是关于佛俗燃灯的情况。晚唐张承奉时期的一则编号为P.3405斋文反映了当时上元燃灯的盛况：

《正月十五日窟上供养》：三元之首必燃灯以求恩，正旦之长盖缘幡之佳节。宕泉千窟，是罗汉之指踪；危岭三峰，实圣人之遗迹。所以敦煌归敬，道倾心俗，年驰妙供于仙岩，大设馨香于万室。振洪钟于旬檐，声彻三天。灯广车轮，照谷中之万树。佛声接晓，梵响以箫管同音。宝铎弦歌，唯谈佛德；观音妙旨，荐我皇之徽酋犬；独煞将军，化天兵于有道。③

① 《法藏敦煌西域文献》第17册，2001年，第218页。

② 《法藏敦煌西域文献》第17册，2001年，第1页。

③ 黄永武：《敦煌宝藏》第128册，第221页。

赛天王

从中唐以来，由于沙州战乱不息，人民为求安定，便更加频繁地向天王祈赛，P.2807记载了吐蕃时期祭祀天王的斋文三件（摘写两件如下）：

《天王意》：缁侣颙颙，衣冠济济，捧炉跪膝而届神前，吹风箫，叫羌笛，振万舞，歌九功，如上福田，先用上资龙天八部……

《天王文》：……今者栾（缘）道俗二众，其（祈）祷四王，或图像而瞻仰尊颜，或馔香食而恭行设奠。奏八音于阶下，虔一心于像前，冀灵神而降临……①

归义军时期，对天王的祈赛有增无减，P.2854晚唐张议潮时期的佛事斋文，亦有天王文两件如下：

《四天王文》：……四王靡化，各王一方，将使魔鬼慑服而潜藏，群品康灾而安乐……故一月两祭，奠香乳分动笙歌；三心重陈，焚海香而奏鱼梵……

《祭四天王文》：粤至圣者，唯我世尊；至神者，则天王矣。……故得道俗同志，官吏倾心，清宝地而列真仪，辟梵延（筵）而陈香馔。八音竟奏，声嘹亮于祇园；三宝争驰，福禳利于沙界……②

---

① 黄永武：《敦煌宝藏》第124册，第267页。
② 黄永武：《敦煌宝藏》第124册，第479页。

　　祭祀天王仪式是在佛寺的天王像前进行，除了焚香设供外，亦伴之以歌舞。

　　以上敦煌寺院所举行的活动都有音乐的伴奏，足见音乐活动在当时民间的广泛传布与运用。如此频繁而大规模的寺院设乐活动，对广大民众产生了巨大的吸引力，也为底层民众享受音乐提供了机会，从而使得原本只能在宫廷中王公贵族享受的音乐得以在民间普及与传播。

第四章　敦煌归义军时期的艺术教育

　　敦煌自前秦时期起，就有佛教僧人在鸣沙山东麓及其沿线山崖的崖面上开始开凿石窟，经过1600多年的持续开凿，如今为我们留下了莫高窟、榆林窟、西千佛洞、东千佛洞、五个庙等多个石窟群，总计有洞窟795个，壁画约70000平方米，彩塑3000多身。在佛教传入中国之前，敦煌已经是一个文化和经济以及东西方往来交流非常发达的地区。5世纪初，西凉国王李暠临死前对儿子说："此郡（敦煌）天下全盛时，海内犹称之，况复今日，实是名邦……"①

　　除敦煌石窟艺术外，敦煌及周边地区还发掘出土了佛爷庙晋墓砖画②、嘉峪关墓室砖画③、酒泉丁家闸墓室砖画④等，内容涉及农业、畜牧业、桑蚕养殖、营垒、坞壁等生产场景，以及杀猪、宰羊、烹饪、

---

① 《晋书·李玄盛传》；《十六国春秋·西凉录》。
② 韩跃成、张仲：《敦煌佛爷庙湾五凉时期墓葬发掘简报》，《文物》1983年第10期，第51—60页；甘肃省文物考古研究所：《甘肃敦煌佛爷庙湾墓群2014年发掘简报》，《文物》2019年第9期，第4—24页；甘肃省文物考古研究所：《2015年敦煌佛爷庙湾——新店台墓群Ⅲ区西晋十六国墓葬发掘简报》，《文博》2019年第5期，第12—27页。
③ 嘉峪关市文物清理小组：《嘉峪关汉画像砖墓》，《文物》1972年第12期，第24—30页。
④ 吴礽骧：《酒泉、嘉峪关晋墓的发掘》，《文物》1979年第6期，第1—17页；张朋川：《酒泉丁家闸古墓壁画艺术》，《文物》1979年第6期，第18—21页；孙彦：《河西魏晋十六国壁画墓研究》，北京：文物出版社，2011年。

宴饮、歌舞等生活场景，都是3世纪后半期至4世纪初的艺术珍品，代表了汉晋时期敦煌及河西地区艺术发展的水平。可以说，在石窟艺术发展之前，汉晋传统艺术、文化已经在敦煌地区有了深厚的基础。

敦煌地区的古代艺术，主要包括石窟艺术和墓葬艺术两大领域。以往的研究重点关注艺术的形式、内容、风格特色以及与中西方艺术之间的传承影响关系等，鲜有从教育及技艺传承的视角讨论敦煌的美术教育。

第一节　归义军之前的敦煌美术教育探蠡

一、汉以前中国美术教育发展概况

宋代之前敦煌的美术教育资料稀少，我们只能根据中国古代汉唐美术教育的发展状况以及敦煌石窟开凿情况作大致的推想。

中国古代学校的设立可以上溯至上古时期。西周成康年间，以礼、乐、射、御、书、数"六艺"为教学内容的教育制度已经基本完备。其中的"礼"和"乐"是先秦时期对民众教化的两个方面，"礼"是对外在行为的规范，"乐"是通过钟鼓、歌舞、五音八声等乐舞艺术陶冶性情，并以此通达伦理的艺术教育方式。乐教的核心在于以音乐晓谕道德伦理，其本身也是一种艺术教育形式，培养对艺术的感知、品位和素养等。这种乐的教育从客观上来说有助于探究艺术的规律，培养人们的艺术素养，所以对后来美术教育的发展也有积极意义。

"六艺"教育中，与美术相关者唯有"书"学教育。《周礼·地官·保氏》云："保氏掌谏王恶，而养国子以道，乃教之六艺：一曰五礼，二曰六乐，三曰五射，四曰五驭，五曰六书，六曰九数。"①其中的"书"指的是文字和书写，教学内容为识读和书写文字。

关于中国文字的起源，有"仓颉造字"的传说。《荀子·解蔽》曰："好书者众矣，而仓颉独传者，壹也。"这里的"传"指的是文字的流传和教授。出土的殷商甲骨文中有一件契刻，上面的文字共有5行，抄写了从甲子到癸酉的十个干支名，但其中一行书刻熟练、字形精美，其余四行则笔画稚拙，有些字的笔画错落，几乎构不成一个完整的文字②。这件甲骨书契很可能就是当时书写示范和练习的实物。

《礼记·学记》载："古之教者，家有塾，党有庠，术有序，国有学。"③识读和书写文字是各类学校教育中的基本内容。上举周朝保氏教国子以"书"，就是以字书作为教材的一种识字书写教育。《礼记·内则》云："六年，教之数与方名。七年，男女不同席，不共食。八年，出入门户。及即席饮食，必后长者，始教之让。九年，教之数日。十年，出就外傅，居宿于外，学书、计。衣不帛襦裤。礼帅初，朝夕学幼仪。请肄简谅。十有三年，学乐诵《诗》，舞《勺》。成童，舞《象》，学射、御。二十而冠，始学礼。"④这是对当时教育程序的记载。

除了书与乐外，先秦时期的教育体制中并没有美术教育的内容，但是考古发现了大量这一时期制作的器物及艺术品，这种艺术工艺的传承主要是以工艺样式的传承为主，在先秦时期社会教育体制中处于边缘地位。

---

① 李学勤主编：《周礼注疏》（上），北京：北京大学出版社，1999年，第352页。
② 郭沫若：《殷契粹编考释》，北京：科学出版社，1965年，第1468片。
③ 李学勤主编：《礼记正义（下）》卷三六《学记》，北京：北京大学出版社，1999年，第1052页。
④ 李学勤主编：《礼记正义（上）》卷二八《内则》，第869页。

春秋战国时期，随着周王室衰落，西周完备的官学教育体制也随之衰退，即所谓"天子失官，学在四夷"（《左传·昭公十七年》），原来官学教育中教授六艺的教师纷纷四散外流，各地私学兴起。信而好古、崇尚经典，以及以孔子为代表的儒家思想成为这一时期占据主导地位的教育思想。

《孟子·尽心上》：

公孙丑曰：道则高矣美矣，宜若登天然，似不可及也，何不使彼为可几及，而日孳孳也。孟子曰：大匠不为拙工改废绳墨，羿不为拙射变其彀率。君子引而不发，跃如也，中道而立，能者从之。①

《孟子·尽心下》：

孟子曰：梓匠轮舆，能与人规矩，不能使人巧。②

这些记载都说明了这一时期在工艺美术教育方面，父子相传、师徒相授的教育和传承方式，其中讲到百工对"规矩"的遵守是这一时期百工技艺传授的核心。

《孟子·离娄上》曰：

离娄之明，公输子之巧，不以规矩，不能成方圆。③

---

① ［清］阮元校刻：《十三经注疏》卷一三《孟子注疏》，北京：中华书局，1992年，第2768页。
② ［清］阮元校刻：《十三经注疏》卷一三《孟子注疏》，第2778页。
③ ［清］阮元校刻：《十三经注疏》卷一三《孟子注疏》，第2720页。

这种教育思想在很多经典和百家的言论中都有体现，如"周还中规，折还中矩"①"规矩诚设，不可欺以方圆"②。

正是因为对"传统"和"规矩"的重视，才有了《考工记》这样详细记录百工技艺规范的经典。《考工记》从"攻木""攻金""攻皮""设色""刮摩""搏埴"六大类别出发，分别对轮、舆、弓、庐、匠、车、梓、筑、冶、凫、段、筐、玉、函、鲍、韦、裘、陶等三十个工种的工艺规范、材质加工处理、制作技巧等方面进行了全面而又系统的描述和记录。这部经典首次提到了"百工"的概念，对百工的分工详细程度反映了当时工艺技艺的专门化程度已经很高了。

其中的"画缋之事"一节中记载：

> 画缋之事，杂五色。东方谓之青，南方谓之赤，西方谓之白，北方谓之黑，天谓之玄，地谓之黄。青与白相次也，赤与黑相次也，玄与黄相次也。青与赤谓之文，赤与白谓之章，白与黑谓之黼，黑与青谓之黻，五采备谓之绣。土以黄，其象方，天时变，火以圜，山以章，水以龙，鸟兽蛇。杂四时五色之位以章之，谓之巧。凡画缋之事，后素功。③

这种以星云、天文历法、水火、龙蛇等天文地理来统摄和规范青白五色、黼黻绣绘的做法，反映了先秦时期百工技艺教育中对文化的重视与依托，也体现了这一时期人们对色彩等美术绘画艺术的理解。

---

① 李学勤主编：《礼记正义》卷三〇《玉藻》，第914页。
② 李学勤主编：《礼记正义》(下)卷五〇《经解第二十六》，第1371页。
③ 李学勤主编：《周礼注疏》(下)卷四〇《画缋》，第1115—1116页。

湖北云梦睡虎地出土一千多枚云梦秦简，以《秦律杂抄》《秦律十八种》为主要内容，时代从战国一直到秦始皇三十年（前217年）之间。其中的《秦律杂抄》简中记载了有关秦代官府作场中工师、丞、曹长的内容，比如，对工匠的惩罚制度、对工匠制作工艺技能的明确要求等。

> 省殿、赀工师一甲，丞及曹长一盾，徒络组廿给。省三岁比殿，赀工师二甲，丞、曹长一甲，徒络组五十给。①

> 非岁红（功）及毋（无）命书，敢为它器，工师及丞赀各二甲。县工新献，殿，赀啬夫一甲，县啬夫、丞、吏、曹长各一盾。城旦为工殿者，治（笞）人百。大车殿，赀司空啬夫一盾，徒治（笞）五十。②

从上述秦简文字可知，这些百工所制作的产品如果品质不够好，或者没有按照官府的规定制作，负责监管百工的工师、丞和曹长都要连带受到处罚。

另有《均工》简记载：

> 新工初工事，一岁半功，其后岁赋功与故等。工师善教之，故工一岁而成，新工两岁而成。能先期成学者谒上，上且有以赏之。盈期不成学者，籍书而上内史。③

---

① 陈伟主编：《秦简牍合集》（上），武汉：武汉大学出版社，2014年，第177页。
② 陈伟主编：《秦简牍合集》（上），第178页。
③ 陈伟主编：《秦简牍合集》（上），第111—112页。

《秦律》中还对工匠制作的进度、新老工匠技艺提出了不同要求，新工匠第一年要达到产额的一半，第二年按照定额生产。工匠师傅要认真传授技艺，有一定经验的新工匠要一年出师，如果学业优异提前出师的可以得到奖赏，如果超过规定时间还不能出师则要上报姓名①。

工师担任教育百工的职责，不仅有管理百工的行政职责，还有监督、考核百工产品质量的职责，同时也教授百工技艺。教授的成绩以百工的学成时间和技艺为判别标准，提前或者延迟均有相应的奖惩。

汉承秦制，汉代美术得到了长足的发展，在建筑、雕塑、绘画、书法等艺术方面繁荣发展。西汉武帝采用董仲舒提出的"罢黜百家、独尊儒术"的思想，设置了太学，置博士一职，并创置秘阁以聚图书。《汉书·霍光传》记载有"上使黄门画者画周公负成王朝诸侯图以赐光"，可知汉代有"黄门画者"一职，专门应宫廷征召作画，这是汉代宫廷首次设置专职画工的记载。《霍光传》颜师古注曰："黄门署职任亲近，以供天子，百工在焉，故亦犹画工。"②《西京杂记》载："元帝后宫既多，不得常见，乃使画工图形，案图召幸之。"③《汉书·金日磾传》载："金日磾母教诲两子甚有法度，上闻而嘉之，诏图画于甘泉宫。"④说明汉代有专门为皇室作画的画工。

东汉明帝在黄门署之外又设置了"画室署"及"尚方画工"，其长官称"画官"或"画室署长"，这一机构的设置要比西汉时期的黄门署更高，也更完备。《后汉书·百官志》云："黄门署长、画室署长、王

---

① 《睡虎地秦墓竹简》，北京：文物出版社，1978年，第75页。
② 《汉书》卷六八《霍光金日磾传》，第2932页。
③ ［晋］葛洪：《西京杂记》卷二《画工弃市》，西安：三秦出版社，1995年，第69页。
④ 《汉书》卷六八《霍光金日磾传》，第2938页。

堂署长各一人，丙署长七人，皆四百石，黄绶。"①虽然职位并不高，但是因为可以亲近天子，所以具有特殊的地位。

黄门画工、尚方画工的主要任务就是受皇室诏令，在宫廷或者庙堂图画圣贤、忠臣、烈士、孝子等的形象。《汉书》《后汉书》中颇多相关记载，"法其形貌""图画形象""图画其像""画像其形"②等都是对他们工作内容的描述。

《历代名画记》中记载了汉代画工毛延寿的事迹，称"毛延寿画人，老少美恶，皆得其真。陈敞、刘白、龚宽并工牛马，但人物不及延寿。阳望、樊育亦善画，尤善布色"③。可见每个人所擅长的画种都不同。毛延寿善画人像，还有一个关于他的故事，"元帝后宫既多，不得常见，乃使画工图形，案图召幸之。诸宫人皆赂画工，独王嫱不肯，遂不得见。后匈奴入朝求美人为阏氏，上案图以昭君行。既去，召见，貌为后宫第一，帝悔之，而名籍已定，乃穷案其事，画工毛延寿等，皆同日弃市。"④

汉代继承了秦代对于百工的管理和教育模式。汉代设少府监主管官府的作场，下设尚方令、考工令、东西织室令丞等，分别掌管金属器具、丝织品等手工艺品的制作。在地方郡县还设有掌管铜、铁、漆的

---

① 《后汉书》《志》第二六《百官三》，第3594页。
② 《汉书·苏武传》："汉宣帝甘露三年，单于始入朝，上思股肱之美，乃图画其人与麒麟阁。"《后汉书·独行传》："蜀平，光武下诏表其闾。益部记载其高节，图画形象其形貌，署其官爵姓名。"王延寿《鲁灵光殿赋》："图画天地，品类群生，杂物奇怪，山神海灵，写载其状，托之丹青，千变万化，事各缪形，随色像类，曲得其情。"《后汉书·方术传》："晨于都宫为杨起庙，图画形象。"《后汉书·烈女传》："郡县表之，为雄立碑，图像其形焉。"
③ ［唐］张彦远，俞剑华注释：《历代名画记》卷四，上海：上海人民美术出版社，1964年，第85页。
④ ［晋］葛洪：《西京杂记》卷二《画工弃市》，第68—69页。

官员，形成了一套自上而下的管理系统。《太平御览》卷八二六引崔元始《正论》曰："仆前为五原太守，土地不知缉绩，冬至，积草伏卧其中。若见吏，以草缠身，令人酸鼻。吾乃卖储峙，得二十余万，诣雁门广武迎织师，使巧手作机及纺，以教民织。具以上闻。"①

贵州清镇平壩出土西汉时期的耳杯11件，其中属于广汉郡制造的有两件，形制大小与花纹相同，铭文体例也一致，只有工匠名字和一些文字的保存程度不同。其中一件耳杯高4.3厘米，口径长16.5厘米，宽10.6厘米。杯子内底为黑漆，内壁为朱漆，双耳作新月形，耳边缘嵌鎏金铜边饰。耳的背面绘几何图案，杯外口缘下绘旋涡纹，再下绘凤纹，接近底部有四道朱绘弦纹，两道一组，两组之间的黑地上针刻着隶书铭文，曰：

> 元始三年，广汉郡工官造乘舆髹羽画木黄耳桮。容一升十六籥。素工昌、休工立、上工阶、铜耳黄涂工常、画工方、羽工平、清工匡、造工忠造。护工卒史恽、守长音、丞冯、掾林、守令史谭主。②

还有一件蜀郡制造的耳杯，大小、花纹均与广汉郡的两件相同，仅朱绘颜色鲜艳一些。杯子上亦有铭文，曰：

> 元始三年，蜀郡西工造乘舆髹羽画木黄耳桮。……工丰、髹工建、上工常、铜耳黄涂工武、画工典、羽工万、清工政、造工

---

① 《太平御览》卷八二六《资产部六》，北京：中华书局，第3680页。
② 贵州省博物馆：《贵州清镇平壩汉墓发掘报告》，《考古学报》1995年第1期，第99页。

□造。护工卒史章、长良、丞凤、椽隆、令史竟主。①

这件杯子的铭文真实而又完整地记述了汉代宫廷器物制作的管理和审核制度。一件器物的制作需要多种技术参与，不同的工匠负责不同的工艺，各人相互协作，共同完成。参与的工种有素工、休工、上工、铜耳黄涂工、画工、羽工、清工、造工等8种。负责管理的官员有护工卒史、守长、丞、椽、守令史等5人。

创办于汉灵帝光和元年（178年）的鸿都门学，是中国最早的专科学校。《后汉书·孝灵帝纪》载："（光和元年）己未，始置鸿都门学生。鸿都，门名也，于内置学。时其中诸生，皆敕州、郡、三公举召，能为尺牍、辞赋及工书鸟篆者相课试，至千人焉。"②鸿都门学主要以文学和书画艺术才能取士。

2000年5月，在长沙东牌楼7号古井发现了200余枚东汉简牍，其中包含建宁（168—171年）、熹平（172—177年）、光和（178—183年）、中平（184—189年）等年号，恰好属于汉灵帝在位期间③。这些简牍的书体包括篆、隶、草、行、正等五种。有研究认为这些书法的特色有可能是鸿都门学所具有的④。

但鸿都门学迅速兴起后又迅速衰落，其所倡导的书法、绘画艺术的兴盛却是大势所趋。鸿都门学以书画、辞赋受到重视，为后代的诗

---

① 贵州省博物馆：《贵州清镇平壩汉墓发掘报告》，《考古学报》1995年第1期，第99页。

② ［南朝宋］范晔撰，［唐］李贤等注：《后汉书·孝灵帝纪》卷八，北京：中华书局，1999年，第340—341页。

③ 长沙市文物考古研究所：《长沙东牌楼7号古井（J7）发掘简报》，《文物》2005年第12期，第4—30页。

④ 刘涛：《长沙东牌楼东汉简牍所见书体及书法史料价值》，《文物》2005年第12期，第76—81页。

赋取士提供了一个重要的历史参照[1]。

二、汉晋敦煌美术教育

汉代之前，敦煌地区被月氏、乌孙、匈奴等游牧民族占据，汉文化尚未全面影响到这里。敦煌的教育要从汉代开始说起。

公元前121年，霍去病取得河西之战的胜利，匈奴浑邪王降汉，使得河西走廊从此归属中原汉王朝统治。汉王朝为防止匈奴南下争夺，同年秋在河西走廊设置四个郡：武威、张掖、酒泉、敦煌。四郡下辖35个县。从此，汉王朝对河西走廊开展了大规模的开发和经营。首先是"移民实边"，将大量的中原人迁徙到河西地区，据《汉书·地理志》记载，四郡共移民七万一千户、二十八万余口，使得河西地区总人口达到四十万人以上[2]。这些移民带来了中原先进的技术和儒家传统文化，再经过一系列屯田和修筑边塞的措施，河西的经济、军事和文化迅速发展。

敦煌设立学校，大概是从西汉设郡之后开始的[3]。公元3、4世纪，李暠建立的西凉政权，在敦煌"兴立泮宫，增高门学生五百人"[4]，标志着敦煌学校的规模已经发展到很高的水平。到初唐武德七年（624年）二月，"己酉，诏：诸州有明一经以上未仕者，咸以名闻；州县及乡皆置学"[5]。除了这些零星的记载外，汉魏期间敦煌教育的发展状况我们所知甚少，但是通过其他信息，仍然可以窥见敦煌教育的发展进程。

---

① 陈君：《鸿都门学之兴衰及其历史启示》，《中国典籍与文化》2007年第2期，第44页。

② 齐陈骏、陆庆夫、郭锋：《五凉史略》，兰州：甘肃人民出版社，1988年，第13页。

③ 李正宇：《唐宋时代的敦煌学校》，《敦煌研究》1986年第1期，第39页。

④《十六国春秋辑补·西凉录·李暠》；P.2005《沙州都督府图经》。

⑤ [宋]司马光编著，[元]胡三省音注：《通鉴》卷一九〇《唐纪六》，第5976页。

十六国时期在中国历史上是一个动荡的时代，中原地区战争不断，经济遭到破坏，文化也几乎被扫荡殆尽。而位于西北地区的河西走廊，却是学者云集，人才辈出，史称"区区河右，而学者埒于中原"①。

首先表现为开办公私学校，为统治阶层培养大批人才。前凉张轨出身儒学世家，早年曾与著名学者皇甫谧友善，在凉州任刺史期间非常重视儒学，兴办学校，"征九郡胄子五百人，立学校，始置崇文祭酒，位视别驾，春秋行乡射之礼。"②"别驾"是仅次于刺史的州一级官员，可见当时对儒学的重视。继张轨之后的张重华任敦煌刺史期间，酒泉人祁嘉任儒林祭酒，博通经史，精究大义，史称"在朝卿士、郡县守令彭和正等受业独拜床下者二千余人"③。

一些少数民族政权也积极学习儒家文化。北凉沮渠蒙逊、沮渠牧犍任用有学问的人主持文教。这一时期的代表人物阚骃"博通经传"，拜为秘书考课郎中；拜刘昞为国师，索敞、阴兴为助教。

除学校教育外，地方名儒也积极开办私学，如前凉宋纤，隐居酒泉南山中，从各地奔袭而来向他求学的弟子多达三千人④。郭瑀隐居临松薤谷，专门从事著书授业，著录弟子千余人⑤。

在这样繁荣的教育推动下，河西地区的学术文化异常繁荣，著书讲学之风盛行。敦煌、酒泉、武威、金城等地代有学者，有的是借助家学，世代传承；有的是就学名师，苦练成才。他们在经史、地理、天文、历法、文学及艺术方面做出了显著成就，如郭瑀曾著有《初秋墨

---

① ［唐］李延寿撰：《北史》卷八三《文苑》，北京：中华书局，1974年，第2778页。
② 《晋书》卷八六《张轨传》，第3221—3225页。
③ 《晋书·隐逸》卷九四《祁嘉传》，第2456页。
④ 《晋书·隐逸》卷九四《宋纤传》，第2453页。
⑤ 《晋书·隐逸》卷九四《郭瑀传》，第2454页。

说》《孝经错纬》；祁嘉将他研究《孝经》的心得撰写成《二九神经》
一书；宋纤毕生为《论语》作注；阚骃曾给王朗所著《易传》作注；
刘昞曾给《周易》等经典作注。他们还注重对当代史的编写，仅对五
凉的历史就编写了如《凉记》《凉国春秋》《凉书》《西河记》等11
种史书，虽大多数都散佚了，但却给《十六国春秋》《晋书》等史籍
的编纂提供了丰厚的资料。

他们还对天文地理、历法、文学艺术也有研究。前已提及，索氏家
族在十六国时期涌现了一批天文历法名家：索紞"明阴阳天文、善术
数占候"①；索袭"游思于阴阳之术，著天文地理十余篇，多所启发"②。
地理方面的著作有阚骃《十三州志》，颜师古在为《汉书·地理志》作
注时，曾多处引用此书。《水经注》《括地志》《太平寰宇记》等地
理名著中也多处采用了此书的内容。前凉刺史张骏不仅在政治上有所
作为，而且在文学方面也多有建树，著有文集八卷，虽然大部分遗失
了，仅有若干首乐府诗留存，其中一首诗《薤露行》：

> 哲妇呈幽虐，宗祀一朝倾。
>
> 储君谥新昌，帝执金墉城。
>
> 祸衅萌宫掖，胡马动北坰。
>
> 三方风尘起，猃狁窃上京。
>
> 义士扼素腕，感慨怀愤盈。
>
> 誓心荡众狄，积诚彻昊灵。③

---

① 《晋书·艺术》卷九五《索紞传》，第2493页。

② 《晋书·隐逸》卷九四《索袭传》，第2448页。

③ ［宋］郭茂倩：《乐府诗集》卷二七，上海：上海古籍出版社，1998年，第396页。

另一首《东门行》：

> 庆云荫八极，甘雨润四垌。
> 昊天降灵泽，朝阳耀华精。
> 嘉禾布原野，百卉敷时荣。
> 鸠鹊与鹜黄，间关相和鸣。
> 芙蓉复灵沼，香花扬芳馨。
> 春游诚可乐，感此百日倾。①

此外，还有酒泉太守谢艾的《葡萄酒赋》②被广泛传诵。酒泉太守马岌在拜访名儒宋纤不得后，写下一首题壁诗：

> 丹崖百丈，青壁万寻，
> 奇林蓊郁，蔚若邓林。
> 其人为玉，维国之琛，
> 室迩人遐，实劳我心。③

艺术方面，以书法为最。西晋书法家索靖善草书，史称其书法"有若山形中裂，水势悬流，雪岭孤松，冰河危石，其坚劲则古今不逮"④。与索靖并称"二妙"的卫瓘与索靖齐名。敦煌还发现了西凉建初七年

---

① [宋]郭茂倩：《乐府诗集》卷三七，第551页。
② 《太平御览》卷九七二，北京：中华书局，1995年，第4308页。
③ 《晋书·隐逸》卷九四《宋纤传》，第2453页。
④ [唐]张怀瓘：《书断》卷中《神品》，文渊阁四库全书本。

日本中村不折藏北凉承平十五年（457年）书写的《佛说菩萨藏经》

（411年）书写的《妙法莲花经》，北凉承平十五年（457年）书写的《佛说菩萨藏经》，笔法古朴，结构端严，楷书中略带隶法，是这一时期书法的代表。德国柏林艺术博物馆藏《北凉沮渠安周造佛寺碑》，年代为承平十三年（455年）。

音乐艺术方面，隋代九部乐中的"西凉乐"是河西本地盛行的音乐。《隋书·音乐志》记载：

西凉者，起苻氏之末，吕光、沮渠蒙逊等据有凉州，变龟兹声为之，号为"秦汉伎"。魏太武既平河西得之，谓之《西凉乐》。……
今曲项琵琶、竖头箜篌之徒，并出自西域，非华夏旧器。《杨泽新
声》《神白马》之类，生于胡戎。胡戎歌非汉魏遗曲，故其乐器声
调，悉与书史不同。其歌曲有《永世乐》，解曲有《万世丰》，舞曲
有《于阗佛曲》。其乐器有钟、磬、弹筝、搊筝、卧箜篌、竖箜篌、
琵琶、五弦、笙、箫、大筚篥、长笛、小筚篥、横笛、腰鼓、齐
鼓、担鼓、铜钹、贝等十九种，为一部。①

可以看出，"西凉乐"是将西域传入河西的龟兹音乐加以改造，
然后注入河西少数民族音乐的因素，从而形成五凉地区特有的音乐。
所采用的乐器、乐曲都融合了胡汉及西域音乐，是三方融合而成的产物②。
龟兹乐、天竺乐也是同样的类型。

第二节　五代、宋时期敦煌画行、
画院的设立及其教育模式

20世纪以来，许多学者都对敦煌曹氏画院作过论述，早年在敦煌
考察的向达③，后来在敦煌研究院专门从事敦煌石窟壁画临摹与研究工

---

① ［唐］魏徵：《隋书》卷一三《音乐下》，北京：中华书局，2019年，第408—409页。
② 齐陈骏、陆庆夫、郭锋：《五凉史略》，兰州：甘肃人民出版社，1988年，第154页。
③ 向达：《敦煌艺术概论》，《文物参考资料》第2卷第4期，1951年；《莫高榆林二窟杂考》，《文物参考资料》第2卷第5期，1951年；向达：《唐代长安与西域文明》，重庆：重庆出版集团、重庆出版社，2009年，第413—414页。

作的段文杰①、史苇湘②，以及饶宗颐③等都有专文论述这一问题。姜伯勤在《敦煌的"画行"与"画院"》④等文中做过较为详细的考察。他主要从敦煌藏经洞文书S.3929《节度押衙董保德建造兰若功德颂》的两件文书出发，就文书所反映的敦煌归义军时期"画行"设置，以及画师、画工的职衔、收入等问题进行了分析。又从榆林窟壁画题记中的"都勾当画院使""知画手"等材料推断，敦煌至迟在宋太宗太平兴国元年至宋真宗咸平五年之间（976—1002年）就已有了画院，此时正值曹氏归义军曹延禄统治时期。宋代画院是供奉皇家的机构，而敦煌画院是为曹氏归义军政权服务的。敦煌画院设有"画院使"等职⑤。

姜伯勤《敦煌的"画行"与"画院"》文认为："早在十世纪的敦煌，在归义军曹氏时期，沙州不仅已经出现了民间的'画行'，还建制了隶属官府的'画院'。"⑥关于画院设置时间，作者依据的材料是榆林窟第35窟主室东壁南侧第三身供养人的题名中有"敦煌王曹延禄"，其在位时间为976—1002年之间。作者又进一步推论认为：

> 如果我们关于"院生"的上述推证不误，则早在上件文书所系之939年顷，即在北宋开国之前的五代之时，敦煌已置有画院。这从930年顷已有"伎术院"之设，以及"画院使"不是宋制而属唐

① 段文杰：《试论敦煌壁画的传神艺术》，《敦煌研究》1981年第1期，第1—12页。

② 史苇湘：《丝绸之路上的敦煌与莫高窟》，见敦煌文物研究所编《敦煌研究文集》，第98—99页。

③ 饶宗颐：《敦煌白画导论》，见《画顜》，1993年，第151—152页。

④ 姜伯勤：《敦煌的"画行"与"画院"》，见《敦煌艺术宗教与礼乐文明》，北京：中国社会科学出版社，1996年，第13—31页。

⑤ 姜伯勤：《敦煌的"画行"与"画院"》，第13—15页。

⑥ 姜伯勤：《敦煌的"画行"与"画院"》，第13页。

五代节度使僚佐系统，都可作为沙州画院产生于五代的旁证。由于沙州和成都地区有频繁的交通，沙州画院之设，无疑是受了前、后蜀的影响。①

据此，韩刚撰文否定了五代时已有画院的推论②，认为五代十国无画院，宋初才设立"画院"，雍熙元年（984年）正式创立"翰林图画院"。曹氏画院很可能是在宋初"画院"的影响下，于敦煌曹延禄在位期间（976—1002年）设立的③。

《宋会要辑稿》载：

> 《神宗正史·职官志》：翰林院勾当官一人，以内省押班、都知充，掌艺学供奉之事，总天文、书艺、图画、医官四局。天文局掌……书艺局掌……图画局掌……医官局掌……有使、副使、直局、（尚）药奉御、太医丞、医官、医学祗候。副使以上五年一迁。虽历东班使、副，亦兼领本资，其赐服、叙品、选任有法，而翰林院皆统隶焉。分案四，设吏五。④

> 翰林图画院，雍熙元年（984年）置，在内中苑东门里，咸平

① 姜伯勤：《敦煌的"画行"与"画院"》，第24—25页。
② 韩刚：《西蜀画院有无考辨》，《贵州大学学报（艺术版）》2003年第2期，第5—12页；《北宋翰林图画院制度渊源考论》，石家庄：河北教育出版社，2007年，第137—140页。
③ 韩刚：《敦煌曹氏归义军宫廷绘画机构与官职考略》，《美术研究》2021年第7期，第58页。
④ 徐松辑：《宋会要辑稿》职官三六之一〇六，北京：中华书局，1957年，第3119页。

元年移在右掖门外，以内侍二人勾当，待诏等无定员……①

可知，至迟在北宋雍熙元年（984年）之后，翰林图画院就设立了"勾当画院使"和"副使"等职。敦煌曹氏画院时期出现的"都勾当知画院使""副监使"等画院职官都是依照北宋翰林图画院的制度所设。

姜伯勤另一篇论文《敦煌的画师、绘画手与丹青上士》②对敦煌的各级各类画工做了研究。尤其将不同时期敦煌壁画的风格与张家样、阎立本、曹家样、吴家样、周家样等风格和样式进行对比，认为敦煌壁画受到中原流行的"画体"和"画样"的影响颇多。马德《敦煌画匠称谓及其意义》③翻检敦煌藏经洞文书资料和敦煌石窟壁画题记，对"普通画工画匠的称谓"和"官吏画匠与画匠官吏之称谓"作了讨论，并指出："以董保德为首的画工群体，大多为无名工匠，创造和反映的是集体成果。董保德活动的时间是在宋代初期，略早于中原宋代文人画的时代。因此，敦煌的佛教艺术史是具有独特地方风格的本土文化，还不能完全套用中国美术史的模式来研究。"④

刘高阳《敦煌"曹氏画院"研究》⑤是近年来针对曹氏画院问题的专论，对曹氏画院的建制、曹氏画院营建的石窟艺术等问题进行了初步探讨。

---

① 徐松辑：《宋会要辑稿》职官三六之一○六，第3124页。
② 姜伯勤：《敦煌的画师、绘画手与丹青上士——敦煌的画家作品与六朝隋唐的"画体"及"画样"的比较研究》，见《敦煌艺术宗教与礼乐文明》，北京：中国社会科学出版社，1996年，第32—54页。
③ 马德：《敦煌画匠称谓及其意义》，《敦煌研究》2009年第1期，第1—5页。
④ 马德：《敦煌画匠称谓及其意义》，第4页。
⑤ 刘高阳：《敦煌"曹氏画院"研究》，江南大学硕士学位论文，2016年6月。

韩刚《敦煌曹氏归义军宫廷绘画机构与官职考略》对上述研究提出的敦煌曹氏归义军时期"画行"与"画院"设置的时间，以及画院下设的分支机构和官职提出了不同意见[①]。

通过以上相关研究的梳理，研究者在对曹氏归义军时期的画行与画院的讨论过程中，大多将视角聚焦在晚唐五代宋时期敦煌绘画机构以及从业人员的构成等问题上，尚未从教育视角来讨论这个问题。

一、曹氏画行与画院

中国古代没有"美术教育"一词，但在自先秦至明清的画论、书论以及有关工艺美术、建筑、雕刻等史籍中却有一些记载，一般都以"评""品""断""议""赞""录""跋"等形式记录。除了依据文献资料的记载外，从考古发现和传世艺术品中也可以发现些许美术教育的痕迹。

中国古代美术教育起自孔子，由于统治阶层奉行"德成而上，艺成而下"的观念，百工技艺的传授主要靠父子相承、师徒相传、世代相继的形式，也即师徒传承的教育模式。傅抱石曾说："中国绘画，自六朝微露了两种分崤，至李唐而益著。……士人之画，不专事技巧的讲求。作家之画，乃专心形似的工致。因此，前者又叫作文人画，后者又称画工。"[②]

"画行"的记载始见于五代归义军曹氏时期。S.3929《节度押衙董保德建造兰若功德颂》共有两个文稿，分别是草稿和定稿，其中定稿曰：

---

① 韩刚：《敦煌曹氏归义军宫廷绘画机构与官职考略》，《美术大观》2021年第7期，第58—64页。

② 傅抱石：《中国绘画变迁史纲》，上海：上海古籍出版社，1998年，第13页。

……厥有节度押衙<u>知画行都料董保德</u>等，谦和作志，温雅为怀，抱君子清风，蕴淑人之励节，故得丹青增妙，粉墨稀奇。手迹及于僧繇，笔势邻于曹氏。画蝇如活，佛铺妙似于祇园；邈影如生，圣风雅同于鹫岭。……每虔受于缠盘，亦厚沾于赏赐，家资丰足，人食有余，乃与上下商宜，行侣评薄，君王之恩隆须报，信心之敬重要酬，共修功德，众意如何？寻即大之与小，尊之与卑，异口齐欢，同音共办。……①

沙州当时有画行，董保德任画行都料。关于董保德的绘画水平，文书中描述为"手迹及于僧繇，笔势邻于曹氏"，僧繇即张僧繇，是南朝梁武帝时期的著名画家，擅长壁画；曹氏即北齐曹仲达，张彦远《历代名画记》云：

曹创佛事画,佛有曹家样、张家样及吴家样。②

董保德所处的年代与曹仲达、张僧繇相去甚远，不可能存在师承关系。但是张、曹二人在中国古代画史上影响极大，尤其在佛画方面贡献卓著，引领一时之风。从文书中对董保德画功的描述，推测董宝德有意模仿和学习他们的画风；另一种可能是这件文书只是为了颂扬董

---

① 录文参考《敦煌遗书总目索引》，北京：商务印书馆，1960年，第188—189页；姜伯勤：《敦煌的画行与画院》，见《1983年全国敦煌学术讨论会文集·石窟艺术编（下）》，兰州：甘肃人民出版社，1987年，第172—191页；马德：《〈董保德功德颂〉述略》，《敦煌研究》1996年第3期，第14—16页。

② ［唐］张彦远著，俞剑华注释：《历代名画记》卷二，第31页。

保德绘画技能的高超而假托两位前代名画家的名声而已。但是，不论是哪一种可能性，都说明当时敦煌地区对于张、曹两位壁画师的绘画技能相当尊崇，奉为圭臬。

文书中还有关于画行中大小、尊卑关系的描述："寻即大之与小，尊之与卑，异口齐欢，同音共办。"稿本中亦有"住宿多时，居停日久，乃与侣上下，时伴尊卑，异口商议"。姜伯勤认为："这种尊卑、上下、大小的区分应与都料、博士、学徒的区分有关，亦与画师与画匠的区分有关。"[①]

敦煌寺院的账目中，多次出现"画师"和"画匠"的记载，如P.2032背b《己亥年净土寺破历》载："粟玖硕，与画人手工用；粟两石叁斗伍升，卧酒、钟楼上灰泥、看画匠、塑匠、记众僧三时食用；粟伍斗，于画师买粿用。"另如P.2049背a《后唐同光三年（925年）正月沙州净土寺直岁保护手下诸色入破历》载："粟一硕，先善惠手工与画柒（漆）器先生用；粟柒斗，卧酒贴僧官屈画匠局席用；粟二斗，诸判官窟上看画师日沽酒用。油一胜半，僧官屈画匠贴顿用。"可以看出画师和画匠的区别，"画师""塑师"当为画业、雕塑业中教授生徒的师傅，画匠即弟子。

关于归义军"画院"，榆林窟第35窟主室东壁南侧第三身供养人题名："□［施］主沙州工匠都勾当画院使归义军节度押衙银青光禄大夫检校太子宾客（竺）保一心供养。"[②]证明当时归义军政权阶层有画院使这一职务，相当于唐五代节度使衙僚佐一类。

---

① 姜伯勤：《敦煌的"画行"与"画院"》，第17页。

② 李浴：《榆林窟佛教艺术内容调查》，见敦煌研究院编《榆林窟研究论文集》（上册），上海：上海辞书出版社，2011年，第25页。

　　既有"画院使"这一职务，必然就有"画院"这一机构的存在。在中国古代绘画史记载中，"画院"之设最早见于五代时期，南唐画院中有"翰林待诏""翰林祗候"等职，是专门供奉皇家的机构，那么在敦煌地区，画院之设自然是为供奉归义军政权阶层而设。"画院使"一般都有"押衙"职衔。"敦煌归义军时期押衙多如牛毛，它或者反映了富户贿买荣名，或者反映了节度使衙企图以此名号的委派而染指于可以积累财富的行业。"①除有押衙称号外，沙州"画院使"竺保还带有"银青光禄大夫"的散官头衔。唐天成二年曾敕令："诸都将衙官使下系名目者，只得衣紫皂衣，庶人商旅，只著白衣。"②而银青光禄大夫为从三品，按照唐代规定可以服紫服。可见当时民间庶人工商业者的服色已经超过了这个限制，画工的地位已经由原来的"众工"上升到皇家供奉者的地位，沙州画院的画工亦如此。

　　画院中除了众多画工，还有一种画人被称为"院生"。P.2032v《己亥年（939年）净土寺破历》中有："面叁胜，粟叁斗，沽酒，看院生画窟门用。"同号《己亥年西仓破》有："粟叁硕，付院生用。"这里的"院生"应该是对画院的弟子、学生的称呼。张承奉时期，即五代宋初，沙州官属的阴阳卜筮天文历算人员组成了"伎术院"，其学生称为"弟子"或"礼生"，如P.3716卷末题记，"天成五年庚寅岁五月敦煌伎术院礼生张儒通写"。据《文献通考》卷三五《选举八》记载，唐代把阴阳卜筮、图画工巧都看作一类。既然沙州的"画院"与"伎术院"几乎同时出现，伎术院中有"弟子""礼生"之类，那么画院中亦当有"弟子"或诸生，"院生"当即画院学生。

---

① 姜伯勤：《敦煌的"画行"与"画院"》，第16页。
② ［宋］王溥撰：《五代会要》卷六《杂录》，上海：上海古籍出版社，1978年，第100页。

前文提到敦煌有"画行""画院"等绘画、雕塑手工业专业组织，事实上，敦煌的画业工匠，还见于归义军节度使衙的官府作坊。榆林窟第32窟主室南壁残存4身供养人画像与题名，其中第4身题记为"画匠弟子□（李）□（圆）心一心供养"。榆林窟第33窟主室东壁第8身供养人题名为"清信弟子节度押衙□画厢都画匠作，银青光禄大夫白般纭　□一心供养"①。在一些归义军官府用酒、用纸入破历当中也有关于归义军作坊司的相关记载，P.2629《官酒破历》中有"供门楼上画匠及勾当人逐日……断中"；P.2641《归义军节度使宴设司牒案》中有"百尺下修神堂画匠""偿设画匠"等记载。又P.4640《唐己未年至辛酉年（899—901年）归义军衙内破用布纸历》中有："（己未年十二月十六日）同日，支与作坊司画钟馗细纸两，粘登（灯）笼粗纸拾张；（庚申年）十四日支与作坊粗纸一贴；（四月）廿七日，支与作坊造扇细纸一束两贴；（十二月）廿一日，支与作坊使造钟馗细纸两贴，粘灯笼用粗纸一拾伍张；（辛酉年正月）廿二日，支与作坊司细纸一贴；（四月）廿六后，支与作坊使宋文晖造肩细纸一束两贴。"可证归义军使衙下设"作坊司"，设"作坊使"作为主管者，作坊司内聚集大量画匠专事作画。可见，绘画、雕塑等从事文化艺术活动的行业，有专门的行业组织进行管理，那么其技术的传承势必更加规范化。

二、师徒相授的教育模式

隋唐时期，佛教盛行，大规模的造寺画壁活动带动了民间美术教育中师徒传授的教育方式。这种师徒传授教育方式的另一个特点是通

---

① 李浴：《榆林窟佛教艺术内容调查》，第24页。

过师徒合作，共同完成壁画内容的方式达到"亲授"的目的。《历代名画记》卷三记载，画师描写成形后"落笔便去"，剩下的诸如成色施彩的任务则交由弟子来完成。在这种师徒合作绘画的过程中，弟子通过在一旁观察、学习、领会、揣摩笔迹以及画像颜色而习得技法，师父则通过实地操作、亲自画壁展现自己的绘画技法以达到教授徒弟的目的。韩愈《师说》言："巫医乐师百工之人，不耻相师。"①指出了当时作为百工之人的绘画技工，在绘画过程中互相观摩、学习的情形。《唐六典》卷一四"太乐署"有："凡习乐立师以教。"②其中的"师"与"弟子"都是相对而言的，那么相较于敦煌归义军时期的绘画教育，文书当中的"画师""塑师"所指应该是绘画业、雕塑业当中技术较高且教授生徒的师傅。莫高窟隋代第303窟中心塔柱东向面上层中央有供养人题名"僧是大喜，故书壹字。　画师平咄子"。隋代第305窟西壁北侧发愿文有"……大业□（元）年八月十六日……者伏羲氏之□天下□画师□（之）书"。五代时期，有张盈润一家聘请良师画壁，P.3390《孟授上祖庄上浮图功德记并序》云："厥有弟子节度押衙张盈润，奉为故和尚在日造浮图一所。虽则泥垒已就，彩画未图。良师运笔之间，妖（妖）奔走于逝路。"③榆林窟第29窟有题记云："乾祐二十四年□□□日画师甘州住户高崇德小名那征到此画秘密堂记之。"这里的"师"即绘画手工业当中的师父，是拥有较高绘画技能的工匠，他们与

---

① ［唐］韩愈撰，骈昶校注，马茂元整理：《韩昌黎文集校注》，上海：上海古籍出版社，2014年，第43页。

② ［唐］李林甫等撰，陈仲夫点校：《唐六典》卷一四《太常寺》，北京：中华书局，1992年，第402页。

③ 郑炳林：《敦煌碑铭赞辑释》，第534页。

普通的工匠形成尊卑、师徒关系。这种师徒关系不仅在绘画行业如此，在其他手工业当中，同样存在具有尊卑等级关系的师徒传授的教育形式。

绘画、雕塑等手工行业中还出现了都料，是唐五代敦煌手工业中比较常见的一种职业。上文所引董保德作为画行都料，显然画功极高，属于画师等级。郑炳林研究认为，"他们是唐五代敦煌的建筑师"①。在敦煌莫高窟供养人题记和诸杂账类文书中大量可见关于"都料"的记载，而且多与"工匠""博士"相对，显示出在手工业当中，都料与"博士""工匠"属于不同的等级，"都料又名都匠，是唐五代敦煌手工业阶层中非常活跃的人，他们既是工匠又是都料。从文书及壁画题记看，有纸匠都料、木匠都料、铁匠都料、金银匠都料、泥匠都料、毡匠都料等及画行都料、塑匠都料等。由此推测，在唐五代敦煌手工业各行业中都有都料，地位高于一般工匠，是手工业行业中的首领，领导一班工匠从事某种产品的制作和出售。在敦煌的建筑行业中，需要多种工匠间互相配合，为了行业间的相互协调，需要统一领导，出现了跨行业的都料。从籍账记载看，为完成一项工程而设置的都料，这种都料既是承建工程的代表、主要的建造者和设计者，又是某一行首领。"②

绘画、雕塑业作为唐五代手工业行业之一，虽然从业人员的社会地位相较其他行业而言有所提高，但是仍然与其他手工业同被归义军

---

① 郑炳林：《唐五代敦煌医学酿酒建筑业中的粟特人》，《西北第二民族学院学报》1999年第4期，第19—25页。

② 郑炳林：《唐五代敦煌手工业研究》，《敦煌学辑刊》1996年第3期，第24页。

"作坊司"管理。敦煌吐鲁番文书中，吐鲁番阿斯塔纳153号墓所出72TAM153：29、30号6世纪《高昌入作人、画师、主胶人等名籍》记载：

> （前缺）
>
> ［僧保］员头六子马神尊廉善熹
>
> （　）相胡竺阿堆王辰虎次主胶人：张伽战
>
> （　）刘胡奴浑善相李祐宣张石儿康（众）□
>
> □□□、赵善熹，索熹祐，索安熹，张安住，冯善明，宋客儿
>
> ……
>
> 五月廿九日入作人：刘胡奴，浑善相，李祐宣，白希熹，张石儿
>
> □□□□客儿。次画师，将宝欢，石相胡，王辰虎
>
> □□□□胡，张养子，廉善熹，黄僧保，马
>
> □□□□合卅五人，六月二日，入作人画师：将宝
>
> （后缺）①

这件文书反映了画师在唐代还是属于匠籍，并按日上值。唐代河西地区，画匠仍被配役。吐鲁番210号墓所出《唐西州都督府诸司厅、仓、库等配役名籍（二）》，其中73TAM210：12—1（2）记载："（前缺）□塞子　铜匠　以上并配本司　□海熹　弓匠　　□□海　画匠　以上

---

① 国家文物局古文献研究室、新疆维吾尔自治区博物馆、武汉大学历史系编：《吐鲁番出土文书》第二册，北京：文物出版社，1983年，第333—334页。

（后缺）。"①反映出画匠与其他工匠如铜匠、弓匠、木匠、铁匠、甲匠、
韦匠、皮匠、杀猪匠、油匠一起被分配到官府应役。虽然有董保德这
样拥有少量资本的画匠，但是世俗仍然将画工或画师看作是公乐杂户。
唐太宗时，阎立本曾"退戒其子曰：吾少好读书属词，今独以丹青见
知，躬厮役之务，辱莫大焉！尔宜深戒，勿习此艺"②。

　　以上是从藏经洞文书、敦煌石窟题记当中梳理出的反映敦煌画师、
画工之间师徒传授教育模式的资料。在洞窟壁画中，也可以看到很多
属于师徒合作共同完成一幅或者一壁绘画作品的实例。一般我们将一
幅画面中，绘制精美，笔力遒劲、流畅的线条视为高级画师的作品，
而线条羸弱，造型不够精确的作品视作工匠弟子所作。

三、藏经洞部分画稿或为画工习作考

　　敦煌保存下来石窟壁画45000多平方米、塑像3000多身，可谓数量
庞大。虽然这些壁画和塑像并不是一时代之作品，而是延续千年才形
成的，但即便是放在某一个时间段来看，其营建的数量也是可观的。
隋代国祚30余年，竟修建完成了70多个洞窟，成为各代洞窟营建数量
最多的朝代。如此数量庞大的壁画是如何生产出来的呢？藏经洞发现
了100多件被称作"粉本""画稿"的绘画作品，经过与洞窟壁画详细
比对，很多学者研究认为其中的大多数都可以与洞窟相应题材的壁画
对应，是当时画工在洞窟绘制壁画时所使用的"稿本"。南北朝时期，
顾恺之的《模写要法》和谢赫的《古画品录》中都强调了"传移摹写"

---

　　① 国家文物局古文献研究室、新疆维吾尔自治区博物馆、武汉大学历史系编：《吐鲁番出土
文书》第五册，北京：文物出版社，1983年，第89页。
　　② 张彦远：《历代名画记》卷九，第169页。

在绘画中的作用。壁画制作者对粉本和画稿的继承与发展，就是一种绘画的实践与学习方法。当代艺术史家贡布里希在《艺术与错觉——图画再现的心理学研究》一书中，提出了"图式—修正""制作—匹配"的艺术再现程式。这一图画再现的模式在中国古代石窟壁画的制作中得到完美印证。

不得不承认，这些藏经洞绘画"粉本"中，还有一部分作品看似与洞窟某类经变画题材有关联，却并不"完整"，或者说无法与洞窟内这一绘画题材完整对应，而是仅仅与洞窟画面的部分元素"相似"。德国汉学家雷德侯认为，中国艺术创造范式以"模件化""规模化"为基本特征，这是基于对古代中国器物、文字、绘画、建筑等制作过程的详细考察而得出的结论。"零件可以大量预制，并且能以不同的组合方式迅速装配在一起，从而用有限的常备构件创造出变化无穷的单元。"①这就为进一步深入了解敦煌石窟壁画的制作过程和当时的绘画教育提供了更多佐证。

隋唐时期，大规模的造寺画壁活动带动了民间美术教育中师徒传授的教育方式。这种师徒传授的教育方式，另一个特点是通过师徒合作共同完成壁画内容的方式达到"亲授"的目的。《历代名画记》卷三记载，画师描写成形后"落笔便去"，剩下的诸如成色施彩的任务则交由弟子来完成。

在这种师徒合作绘画的过程中，弟子通过在一旁观察、学习、领会、揣摩笔迹以及画像颜色而习得技法，师父则通过实地操作、亲自画壁展现自己的绘画技法，以达到教授徒弟的目的。韩愈《师说》言：

---

① 雷德侯著,张总等译:《万物:中国艺术中的模件化和规模化生产》,北京:生活·读书·新知三联书店,2005年版,第4页。

"巫医乐师百工之人，不耻相师。"指出了当时作为百工之人的绘画技工，在绘画过程中互相观摩、学习的情形。《唐六典》卷一四"太乐署"①有："凡习乐立师以教。"其中的"师"与"弟子"都是相对而言的，那么相较于敦煌归义军时期的绘画教育，文书当中的"画师""塑师"所指，应该是绘画业、雕塑业当中技术较高且教授生徒的师傅。莫高窟隋代303窟，中心塔柱东向面上层中央有供养人提名"僧是大喜，故书壹字。画师平咄子"②。隋代305窟西壁北侧发愿文有："……大业□（元）年八月十六日……者伏羲氏之□天下□画师□（之）书。"③五代时期，有张盈润一家聘请良师画壁，P.3390《孟授上祖庄上浮图功德记并序》云："厥有弟子节度押衙张盈润，奉为故和尚在日造浮图一所。虽则泥垒已就，彩画未图。良师运笔之间，妖（妖）奔走于逝路。"④榆林窟29窟有题记云："乾祐二十四年□□□日画师甘州住户高崇德小名那征到此画秘密堂记之。"这里的"师"即绘画手工业当中的师父，是拥有较高绘画技能的工匠，他们与普通的工匠形成尊卑、师徒关系。不仅在绘画行业领域，在其他手工业行业当中，同样存在这种具有尊卑等级关系的师徒传授的教育形式。

粉本是专门供画工参照的画稿，我国古代绘画作品中更对此多有记载。如元代汤垕《画论》云："古人画稿，谓之粉本。前辈多宝畜之，盖其草草不经意处有自然之妙，宣和绍兴所藏之粉本多有神妙者。"⑤郭若虚《图画见闻志》载："王殷，工画佛道士女，尤精外国

① ［唐］李林甫等撰，陈仲夫点校：《唐六典》，北京：中华书局，1992年，第402—403页。

② 敦煌研究院编：《敦煌莫高窟供养人题记》，北京：文物出版社，1986年，第125页。

③ 敦煌研究院编：《敦煌莫高窟供养人题记》，第127页。

④ 郑炳林：《敦煌碑铭赞辑释》，第534页。

⑤ ［元］汤垕：《画论》，于安澜《画论丛刊》上卷，郑州：河南大学出版社，2015年，第60页。

人物……有职贡、游春士女等图，并粉本佛缘传于世。"①《寺塔记》中更是详细地记载了范长寿画西方变采用了阎立德粉本的情况："三阶院西廊下，范长寿画西方变及十六对事宝池，池尤妙绝。谛视之，觉水入深，壁院门上，白画树石，颇似阎立德。予携立德行天祠粉本，验之无异。"②可见，画稿在古代绘画中是极为常见的形式。《历代名画记》卷二《论画体工用拓写》：

> 好事家宜置宣纸百幅，用法蜡之，以备摹写。古时好拓画，十得七八，不失神采笔踪。亦有御府拓本，谓之官拓。国朝内库、翰林、集贤、秘阁，拓写不辍。承平之时，此道甚行，艰难之后，斯事渐废。故有非常好本，拓得之者，所宜宝之，既可希其真踪，又得留为证验。③

粉本、画稿在古人作画时起到非常重要的作用，是画工子弟学习用的画样。"多宝畜之"说明古人对有些精美画样非常看重，不会轻易示人或者丢弃。唐代韩偓《商山道中》诗中有云："云横峭壁水平铺，渡口人家日欲晡。却忆往年看粉本，始知名画有功夫。"④画史中有关吴道子等人画稿粉本和摹写拓本的记载很多。李复《潏水集》卷七题张元礼所藏杨契丹、吴道玄画条云："此画乃《朝元图》草本尔。昔年于长安陈汉卿比部家亦见有吴生亲画《朝元》本，绢甚破碎，首

---

① 郭若虚：《图画见闻志》卷二《纪艺上》。

② 段成式：《寺塔记》。

③ ［唐］张彦远：《历代名画记》卷二，北京：人民美术出版社，1963年，第28页。

④ ［唐］韩偓：《商山道中》，《全唐诗》第二十册，卷六八二，北京：中华书局，1979年，第7826—2827页。

尾不完，物象亦未备具，人物、楼殿、云气、草木与此图有不同处，而命意笔法多相似。"①而他在画嘉陵江水时却不曾用粉本反被玄宗追问，《唐朝名画录》云："明皇天宝中，（吴道子）忽思蜀道嘉陵江水，遂假吴生驿驷，令往写貌。及回日，帝问其状。奏曰：臣无粉本，并记在心。"②

《志雅堂杂钞》卷下"图画碑帖续钞"云："辛卯六月十三日，偕郭北山祐之细观书画于镊子井提控家。画之佳者，有吴道子《药师佛》，绝佳。其次粉本《坐神》《三天王像》，有刘大年收藏题字，仲元收附。"③同卷下壬辰四月十日条云："偕修竹访月涧，出御府所藏《兰亭类考》十册，凡百余种。高宗临《十七帖》，……是日同访郭祐之，出三天王画：一吴道子纸粉本，仅盈尺，而作十一人，凡数千百笔，繁而不乱。上有题字云：'曹仲元，吴生画本。'见者皆以为绝妙。"④以上所记都是粉本。《金石萃编》卷一四〇宋十八"吴道子笔"条云："二观音乃唐吴道子笔。余以母氏苦目疾，访求累年，近方获于长安。僧惠谭因摹刻诸石，又系之以二赞，且俾世人瞻敬供养，同结善缘云尔。元祐辛未仲夏望日河南吕由圣遵古题。"⑤如吴道子、郑法士之名家作画尚且依赖粉本，民间画工的情形更可想而知。杨泓、姜伯勤、沙武田、胡素馨、韦陀（Roderick Whitfield）等学者都探讨过

---

① ［清］钱大昕：《十驾斋养新录》卷十四《潜水集》，南京：凤凰出版社，2000年。
② 朱景玄：《唐朝名画录·神品上一人（吴道玄）》。
③ ［宋］周密：《志雅堂杂钞》，《全宋笔记》第八编（一），郑州：大象出版社，2000年，第247页。
④ ［宋］周密：《志雅堂杂钞》，《全宋笔记》第八编（一），第251—252页。
⑤ ［清］王昶撰：《金石粹编》，《续修四库全书》八九〇《史部·金石类》，上海：上海古籍出版社，第452页。

敦煌粉本与壁画之间的关系①。不论是敦煌归义军时期沙州民间的"画行",抑或是官府的"画院"及官府作场,都会经常使用粉本和画稿在洞窟中作画,那么壁画的样稿则自然就起到了教材和范本的作用。

敦煌藏经洞出土的卷子中藏有100多件壁画粉本,如Ch.00143、eh.00146、eh.00424、P.3835、P.3905为尊像手印白描稿,是各式各类不同手印合集,并配有相应的文字说明,有的还有相应的尊像配合说明,以供画师画匠学习参考或实地作画参考使用。P.4517是在硬纸上刺孔,

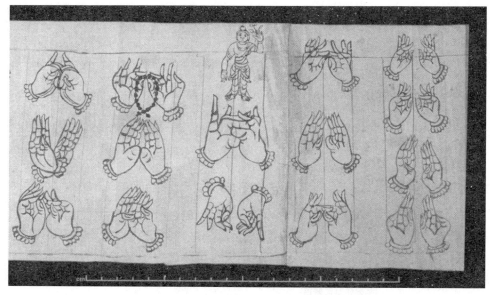

Ch.00143　手姿白描稿（图片来自IDP网站）

---

① 杨泓:《意匠惨淡经营中——介绍敦煌卷子中国的白描画稿》,《美术》1981年第10期;姜伯勤:《敦煌艺术宗教与礼乐文明》,北京:中国社会科学出版社,1996年;沙武田:《敦煌画稿研究》,北京:中央编译出版社,2007年,第32—54页;胡素馨:《敦煌的粉本和壁画之间的关系》,《1994年敦煌学国际学术研讨会论文提要》,1994年,另见《唐研究》第3卷,北京:北京大学出版社,1997年;Sarah e. Fraser, Regimes of Production: The Use of Pounces in Temple Construction, Orientations, November 1996; Sarah E. Fraser, The Artist Practice in Tang Dynasty China（8th–10th Centuries）, University of California, Berkeley, Fall 1996, UMI Microform 9722974; Roderick Whitfield, Dunhuang: Buddhist Art from the Silk Road, Textile and Art Publications, London, 1995, p.335.

P.3835　观世音菩萨秘密藏无障碍如意心轮陀罗尼经一卷

通过透墨法印制佛像画的底稿，目前保存下来有三张印模刺孔佛像和两张采用刺孔透墨法印成的佛像。

　　P.2012《白描密教曼陀罗壁画粉本》也是一幅壁画底稿，正反面都画有画稿。全画共描绘了47尊菩萨像，分四个部分，每部分有总布局图，总图之后分画各尊佛像，旁边还注明了底色和佛像拟用的颜色，显然是为画壁画所作的画稿。这件画稿的右下角有"第一，东门净地菩萨，白色"，据此可以推测，敦煌石窟壁画在绘制之前，都经过了整

P.4517　纸本刺孔佛像

P.2012　白描密教曼陀罗佛菩萨壁画粉本

体的设计，窟内每个位置画什么内容、采用什么颜色都是提前确定好的，画工只需要拿着画稿去实施就可以了。

敦煌粉本对研究敦煌壁画的形成过程具有重要意义，也为古代敦煌工匠师徒传承的美术教育模式提供了有力证据。

画稿、粉本的提前设计和在洞窟中的具体使用过程，就牵涉到对洞窟壁面的空间布局问题了。南朝著名艺术理论家谢赫（479—502）首先提出绘画的"六法"，即气韵生动、古法用笔、应物象形、随类赋彩、经营位置、传模移写[1]。其中"经营位置"即图像在画面中的安排，也就是通常所说的"构图布局"。

古代对绘画内容的位置如何搭配的问题，最有代表性的是传王维（701—761）写的《画学秘诀》："初铺水际，忌为浮泛之山；次布路歧，莫作连绵之道。主峰最宜高耸，客山须是奔趋。回抱处僧舍可安，

————————————
[1]［南齐］谢赫：《古画品录》，载《佩文斋书画谱》卷一七；另见［唐］张彦远：《历代名画记》卷一，北京：人民美术出版社，1963年，第13页；俞剑华：《中国绘画史》（上），北京：商务印书馆，1998年，第59、60页。

水陆边人家可置。"①另有李成（919—967）《山水诀》中写道："凡画山水，先立宾主之位，次定远近之形，然后穿凿景物，摆布高低。"②

藏经洞保存了一类被称为"坛城图"的画稿，沙武田谓之"特殊性需要之设计示意图稿"③，实际上是洞窟的布局草图。S.4193v是某个洞窟的布局草图，与藏经洞所藏其余画稿不同，与画史所记载的画稿与绘画成品之间的关系不同，这是一幅表现洞窟空间关系和图像在洞窟中布局排列的示意图。此外还有P.398、P.3937、P.3955、P.3982、S.848v、S.2139、S.2498、S.4690、S.5626、S.6264、S.6345、S.6348等，是密教曼荼罗白描稿，也是佛教实践中用于密教仪式的坛城布局示意图。从图中可以看出坛城有圆形和方形等多种形式，作为一个空间场所，首先需要确定方位，每个区域和位置邀请哪些神参与、摆放什么法器等，在画稿上都有一些简单的示意。

P.2868写卷为正反两面，正面写《天尊说随愿往生罪福报对次说预修科文妙经一卷》，背面为一幅经变画的白描稿。施萍婷《敦煌遗书总目索引》④、黄永武《敦煌宝藏》⑤中都有辑录。胡素馨认为这是一幅"观无量寿经变画稿"，右面绘"十六观"，左边绘"观世音菩萨救诸苦难"中的五个情节⑥。沙武田认为此画稿为"药师经变稿"，并作了较为详细的论述⑦。

---

① （传）王维：《画学秘诀》，引自于安澜编著：《画论丛刊》，第13页。

② （传）李成：《山水诀》，引自于安澜编著：《画论丛刊》，第33页。

③ 沙武田：《敦煌画稿研究》，第31页。

④ 施萍婷：《敦煌遗书总目索引》，北京：商务印书馆，1962年，第274页。

⑤ 黄永武：《敦煌宝藏》第124册，第577页。

⑥ Sarah E. Fraser, Performing the Visual: The Practice of Buddhist Wall Painting in China and Central Asia, 618—960, Stanford University Press, Stanford, California, 2004.

⑦ 沙武田：《敦煌画稿研究》，第53—66页。

P.2868V　经变画白描稿

本文完全赞同沙武田对该画稿的分析和描述。画面分为左、中、右三部分，画面中有较为明显的竖线将各部分画面隔开。右侧为条幅式三列，左侧分为两列，中间部分绘建筑等情节。沙武田将这三部分画面从左至右的内容识别为：九横死、放生等、十二大愿①。无误。

画稿中的人物和建筑都用极为简单的类似符号的构图表示，相当于示意图。如佛像用头光或者背光的圆圈表示，不画五官和四肢细部；建筑只画轮廓线以及建筑与建筑内人物关系的示意图。值得注意的是画面中有标注顺序的数字，右侧部分有"一"至"十二"数字，左侧部分有"一"至"七"数字。

虽然其他学者将这幅画稿与莫高窟壁画中的《药师经变》进行详细比对，以探讨画稿与壁画之间的关系问题，但本文关注的是这幅画稿最初可能的用途。

_____

① 沙武田：《敦煌画稿研究》，第55页。

　　敦煌壁画中的药师经变自隋代产生，至初唐莫高窟第220窟通壁大幅药师净土变，到盛唐第148窟药师净土变，再到中唐屏风画的出现，形成了敦煌药师经变画面构成的三种基本结构：1. 条幅式；2. 中间净土说法会，两侧分布十二大愿、九横死及斋僧、燃灯、挂幡等内容；3. 主体说法会，下方配以屏风画，在屏风画中描绘十二大愿、九横死、斋僧等内容。

　　P.2868v药师经变画稿省略了中间的说法会，只描绘条幅或者屏风内容。这幅画稿的年代也应该在中唐以后至曹氏归义军统治之间。即便是最早出现药师经变条幅内容的中唐时期，这种构图也已经非常普遍了，据统计，中唐吐蕃时期有11个洞窟西壁龛内屏风画都描绘了十二大愿、九横死等情节。晚唐、宋时期，这类药师经变数量就更多了。而且不论是十二大愿还是九横死各情节的画法，自盛唐以后就基本固定了。

　　所以，作为晚唐时期的画家来说，他们完全看得到前代洞窟壁画，本画稿作为粉本的意义其实是不存在的。元代汤垕《画论》所谓"古人画稿，谓之粉本。前辈多宝畜之，盖其草草不经意处有自然之妙"，而这件画稿其实并不具备值得珍藏或者在洞窟绘制壁画时反复使用的价值。

　　将这幅画稿与敦煌洞窟中的药师经变进行比对，发现画稿与壁画的构图相似，或者只有其中的某几个情节与画稿一致，并没有与画稿内容完全一致的壁画存在，这就更进一步否定了这件画稿作为洞窟壁画粉本的可能性。且画稿省略了说法会部分，只描绘条幅或者屏风画中的情节，人物和建筑也都只画轮廓，没有表现细节，如果将此画稿作为粉本拿到洞窟用于绘制壁画的参照是远远不够的，最多只能提供画面空间结构和画面布局的一个参照。

画面中的这些标号也值得推敲。给画面进行标号的做法，早在南朝时期的拼砖画中就有过熟练使用。罗宗真主持发掘宫山墓之后，曾对这种大型拼砌砖画的制作程序有过推想："估计是先在整幅绢上画好，分段刻成木模，印在砖坯上，再在每块砖的侧面刻就行次号码，待砖烧就，以此拼对而成的。"①这种制作方法最大的问题就是当画面内容很多、砖块数量庞大的时候，很容易出现拼接错误的情况，将绘画中的图像印在模具上时也会出现镜像错误的问题。为确保墓砖正确拼合的办法主要是在砖平面上手写编号文字。

同样P.2868v画稿中的编号除了标识每个画面的空间位置外，还可以避免出现错误。沙武田注意到：

在洞窟壁画中，无论何种结构形式，以上画面在洞窟中的顺序并不完全按照佛经顺序，变化很大，同时画面也并不全面，部分洞窟只画其中的几横。另外从莫高窟第454、76、55窟等保留有榜题的壁画中可以发现，不仅各横顺序混乱，而且更为有意思的是，画面内容与榜题所示完全不一样，不相对应。这种情况的多次出现，再一次表明画家们绘制洞窟壁画，对经变画本身的情节顺序并不十分关心，他们的主要任务就是作画，把画面表现清楚即可。②

其实从洞窟壁画中出现的各种错漏现象，可知画工很容易在作画时弄错。这件画稿也从另一个方面证实了这一点。为了区分画面的顺

① 南京博物院、南京市文物保管委员会：《南京西善桥南朝墓及其砖刻壁画》，《文物》1960年第8、9期合刊，第41页。
② 沙武田：《敦煌画稿研究》，第61页。

序，特意为每个画面情节作了标号，以免混淆或者错画、漏画。

另外，与壁画中完整的药师经变相相比，画稿中除了省略说法会部分外，也没有对应的文字说明，如沙武田推断，可能绘画与书写文字是分属不同画工的任务，但在这件画稿中也没有留下可供书写题记的位置，这就更加排除了此画稿作为洞窟粉本使用的可能。

综上，我们判断此画稿极有可能是当时普通画工的练习之作。根据对莫高窟壁画的观察，经变画中的说法会部分绘制精美，一定是高级画工亲自执笔绘制，而周围相对"次要"位置的描绘有时却不如说法会部分那么精美，推测是次级画师或者徒弟所作。P.2868v画稿的内容一般位于药师经边的两侧或者下方的屏风画内，且这部分壁画情节复杂，很容易与其他经变画混淆，也容易出现错误和疏漏。画工需要在纸上反复练习，以达到熟悉每个环节的内容和所处的位置，方能熟练掌握，以保证在洞窟绘制壁画不出差错。而且，画工绘画技能的提高需要经过很长一段时间的练习，达到一定程度后才可以在墙壁上实践，这种练习只能是在纸上进行，这就为我们留下了很多画工的习作。藏经洞保存下来的大多数类似画稿都不是独立成幅，要么是与其他画面共同出现在一张纸的正背面，要么画稿的背面用于抄写文书，至于这页纸是抄本废弃后用来画画，还是画稿废弃后用来抄写的，则需要具体问题具体分析。

编号为P.2869v的画稿是归义军时期的一幅白描稿，《敦煌宝藏》第124册定名为"经变画草图"，施萍婷编的《敦煌遗书总目索引新编》中定名为"画稿（树下诞生、九龙灌顶、还宫）"①。沙武田详细识别

---

① 施萍婷：《敦煌遗书总目索引新编》，第258页。

了画面内容，将画面从左到右分为9个场景，分别用1—9的数字标号，并逐一与石窟壁画内容作比对。其中画面5、7、9分别为"树下诞生""九龙灌顶""太子回城"等佛传故事画面，也是历代佛传故事中常见的经典画面。可以与莫高窟北周第290、294窟和五代第61窟、宋代第454窟相对照①。P.2869v为晚唐、五代、宋时期的画稿，可排除是北周佛传故事画画稿的可能性。通过比照，这幅画稿的画面1中绘"空中飞行的僧人"，画面4位于"云端的僧人和禅定坐姿的僧人"、画面6"坐在方形高坐上为前面两跪姿男子说法的场景"，这些内容似乎无法在常见壁画故事画中找到类似画面。反而在榆林窟第25窟弥勒经变画中似乎找到了可以与这件画稿对比的画面，沙武田因此将之定为吐蕃时期②。

P.2869v　白画八相成道图

① 沙武田：《敦煌画稿研究》，第38页。
② 沙武田：《敦煌画稿研究》，第43页。

本文认为，应该将P.2869v画稿定为是画师或者画工的习作更为恰当。编号为1、4、6的画面构图其实无法在敦煌石窟壁画或者藏经洞其他画稿中找到相似内容，而从画面中的单个绘画母题来看，却可以在壁画中找到很多类似的母题。所以这幅画稿并不是专门为某一幅壁画所作的粉本或画样，而是画工在日常学习过程中，为了提升绘画能力所作的日常绘画练习。

S.0259背面的白描稿绘制了《弥勒下生经变》的九个情节：婚嫁图、牛耕图、说法、听法、路不拾遗、夜不闭户、树上生衣、老人入墓、拜塔、收获图。完整呈现了弥勒下生经变的故事情节。但与壁画中弥勒经变画面各个故事情节极具空间感的布局方式不同，此件画稿以横排方式从右至左展开故事情节，画稿原件长240.5厘米，且左侧还有未完成部分。人物画法简洁明了，只作大概勾勒，不作详细描绘。故事顺序也没有按照佛经的讲述顺序进行，似为随意安排。与诸如S.painting76《观无量寿经》《维摩诘经变》等体现壁画空间布局的画稿也不同。本文认为亦可视作画工习作，不是壁画的粉本。这些都是画工在日常学习作画的过程中，对照已有的故事画或者经变画的既有图式，先在纸上反复练习，这也是学习绘画的基础。在这个基础上，进一步学习画面的空间布局和设计。当然，这些练习与在洞窟墙壁上实际的绘画练习可以交替进行。画师有绘制洞窟的任务后，会带着几名弟子共同完成，师傅完成画面的设计、布局以及重要画面的构图工作，设色和画面外缘次要位置的装饰等内容可以由弟子完成。

P.2671《观无量寿经变稿》①分正反两面，整个卷子是由三张卷子

---

① 沙武田命名。参见《敦煌画稿研究》，第73—74页。

粘合在一起的长卷，组成长卷的三张小纸正反面都有内容，粘贴成一幅长卷后，画面内容就由六部分构成，虽然显得有些杂乱，但沙武田对画面作了清晰的梳理。画面内容由《维摩诘经变稿》《甲戌年（914）四月沙州丈人邓定子、妻邓庆连致肃州僧李保祐状》及《观无量寿经变稿》三部分构成。

其中《观无量寿经变稿》中又分为"未生怨"和"十六观"两部分内容，具体内容在沙文中已有详细描述，此不赘述。这里要关注的有两个细节，一是该卷画面与壁画相应内容的关系；二是该画稿与此卷其余内容的关系。

从画面来看，此《观无量寿经变稿》正面抄写有《大乘无量寿宗要经》，画稿原卷从右至左依次为佛经、破历文书、僧人名录、习字。显然此画稿是画在废弃写卷的上面。这种情况与画史中记载的古人对画稿粉本的"珍视"情况恰恰相反。试想，一幅画稿是要在壁画绘制过程中使用的，是极其珍贵而且需要反复用的稿本，怎么可能是画在废纸上的呢，因此如果将之定为莫高窟《观无量寿经变画》的粉本，似不妥。本文认为，更像是画工的练习之作。绘画和书法都需要反复的练习才能达到熟练程度，敦煌藏经洞很多文书是当时学生或者经生的习字作业，这类画稿是否也是当时画工的练习画稿呢？为了确定这一点，我们可以将画稿内容再与壁画作详细比对。

同样，此画稿也省去了经变画中"说法会"的场景，只画"未生怨"与"十六观"内容。画面分为左右两个部分，左侧画"未生怨"，右侧绘"十六观"，中间以一条墨线分开。画面中的人物也不作细致刻画，只是轮廓示意，各部分都有空白榜题标示。"十六观"画面只画了15个情节，没有画第十六观的内容，其中第8、9、13、14画面基本一致，15与12画面一致。经过与壁画比对分析，沙武田认为，"观无量寿经变无论是洞窟壁画，还是绢画等，均没有出现有如此未生怨与十六观合在一起表现的例证"，"画面简明扼要，以高度浓缩的绘画语言表现故事情节"，"人物、建筑物等出现的各类事物均不详细勾勒，只是一个大概的模样"，"绘画纸本原正背面为一使用过的纸张"①。这些分析都再次确定本画稿并不适合作为洞窟壁画的粉本来使用，应该是画工为熟悉画面的内容和画法而在纸上进行的反复练习。

另外，沙文将这件画稿与莫高窟壁画中的多幅观无量寿经变进行比对，最终发现此画稿与莫高窟第55窟主室南壁的观无量寿经变最为相似：

　　无论是画稿还是壁画，所依佛经均为综合善导《观无量寿佛经疏》与《照明菩萨经》而成，内容也均为观无量寿经变中的"未生怨""十六观"；无论是画稿还是壁画，画面布局与绘制顺序相一致……画稿与壁画中未生怨画面内容基本是相对应的……画稿与洞窟壁画中的人物服饰一致，韦提希夫人均为头束高髻花饰，大袖裙襦，王者像均头戴通天冠，身着深衣大袍，一般士卒为幞头袍衣；画稿与壁画中未生怨中的宫殿建筑形制也相似；画稿中人物不勾勒细部，另外如十六观中的日观与未生怨中的打杀仙人和猎兔场面简单，无山水环境大场面描绘。同时未生怨中不见如洞窟壁画中的大型宫殿建筑群落，而且画稿中画面布局杂乱又显得拥挤。②

① 沙武田：《敦煌画稿研究》，第76页。
② 沙武田：《敦煌画稿研究》，第83页。

基于以上判断，本文进一步分析认为，敦煌藏经洞画稿中的观无量寿经变稿和壁画中的观无量寿经变画大多都是依照善导《观无量寿佛经疏》和《照明菩萨经》绘制，也是早已在敦煌流行的绘画形式。据统计，敦煌石窟自中唐时期就已经开始绘制带有"未生怨"和"十六观"内容的观无量寿经变，说明此类经变的画稿早已形成，而 P.2671 画稿绘于曹氏归义军时期，此时的观无量寿经变已经是洞窟中常见的绘画题材了，画工早已烂熟于心。至于画稿中的绘画布局、人物服饰、建筑物与壁画中的相应内容相似，也只能进一步说明此类绘画在当时已经是约定俗成的既有形式，这个时候在洞窟内画壁画并不需要用一个大家都已经非常熟悉的画稿作为参照了，更何况此件画稿画面杂乱又拥挤，只可能是技术还不够成熟的画工在纸上所作的练习习作。

第三节　敦煌归义军时期的书法教育

一、中国早期书法教育概况

（一）甲骨文书写教育的实物资料

中国书法自汉字产生之后，书法的世代传习也就开始了。李学勤在《中国文字与书法的孪生》一文中说："文字一经产生，书法也开始萌芽，文字与书法两相结合，彼此伴随，实系共出一源，不妨比喻为孪生姊妹。"[1]早期书法教育依附于文字教育展开，识字与书写并行，

---

① 李学勤：《中国文字与书法的孪生》，《中国书法》2002年第11期，第51页。

因而中国书法的发展史也是文字书写教育的发展史。

甲骨文是目前所见到的中国最早的成熟文字，在甲骨文中就有关于文字书写教育的实物资料。商人用甲骨干支表作为范本教授学生刻字。郭沫若对殷商甲骨习辞中的干支表考释后认为，其中第一四六五片："此干支表之残，字甚恶劣，如初学者涂鸦者然。首行仅存'甲子、乙丑、丙寅、丁'。次行'甲戌、乙亥、丙子、丁丑'三行，'甲申、乙酉、丁'四行，'甲午、乙未'五行，'甲辰、乙巳'。甲寅以下之十日未刻。"[1]对第"一四六八片"的考释曰：

> 此由二片复合，与前片当同是一骨。内容乃甲子至癸酉之十日，刻而又刻者。中第四行，字细而精美整齐，盖先生刻之以为范本。其余歪斜刺劣者，盖学刻者所为。此与今世儿童习字之法无殊。足征三千年前之教育状况，甚有意味。又学刻者诸行中，亦间有精美之字，与范本无殊者，盖亦先由先生从旁执刀为之。如次行之辰、午、申，三行之卯、巳、辛诸字，是也。[2]

郭沫若《殷契萃编》中粗略统计的干支习字刻辞有16片。容庚《殷契卜辞》录入了最完整的殷墟甲骨习辞干支表[3]，是了解秦代之前中国书写教育的确凿材料。

干支纪年与我国古代社会日常活动紧密相关，学习和掌握干支纪年的书写和计算方法就是殷商至汉代童蒙书法学习的首要内容。在干

---

① 郭沫若：《殷契萃编·考释》，北京：科学出版社，1965年，第733页。
② 郭沫若：《殷墟萃编·考释》，第734页。
③ 容庚著：《殷契卜辞》，见莞城图书馆编《容庚学术著作全集》，北京：中华书局，2011年。

支纪年中，十个天干（甲、乙、丙、丁、戊、己、庚、辛、壬、癸）与十二地支（子、丑、寅、卯、辰、巳、午、未、申、酉、戌、亥）依次相配得到六十甲子。干支表的起首都是"甲"字，所以"甲子""甲戌""甲申""甲午""甲辰""甲寅"等"六甲"是每一行的领头，因此干支表又称为"六甲"，共有六行，又称"六篇"或者"六书"。《周礼》中"六书"的本义就是干支表的六甲。六甲是殷商时期童蒙学习文字书写的第一步，同样也是汉代童蒙书法教育的第一课。

裴锡圭《文字学概要》中认为：

> 《周礼》把"六书"跟九数并提，二者都是儿童学习的科目。九数就是九九表，"六书"的内容也应该很浅显，恐怕只是一些常用的文字。把"六书"截石位"造字之本"，大概是汉代古文经学学派的"托古改制"。①

陈梦家认为："殷墟出土商代甲骨上的六甲或有商代卜史习刻之作，可证自古以来，六甲为学童学写认字的第一课。"②六甲应该是目前所见中国古代文字最早的书写教育史料，也是中国书法教育最早的范本。这一书法教育内容，一直延续到魏晋南北朝，至唐初逐渐被《千字文》等字书所取代。

（二）西周"书"学

西周学校教育以"六艺"为主。《周礼·地官司徒·大司徒》：

----

① 裴锡圭：《文字学概要》，北京：商务印书馆，1988年，第115页。
② 陈梦家：《中国文字学》，北京：中华书局，2006年，第211页。

大司徒以乡三物教万民而宾兴之：一曰六德，知、仁、圣、义、忠、和；二曰六行，孝、友、睦、姻、任、恤；三曰六艺，礼、乐、射、御、书、数。①

郑玄注曰：

六书：象形、会意、转注、处事、假借、谐声也；九数：方田、粟米、差分、少广、商功、均输、方程、赢不足、旁要，今有重差、夕桀、勾股也。②

"六书"即文字书写教育。汉代以来，人们都以为"书"是对文字结构的六种方法的教育，即郑玄所说的"象形、会意、转注、处事、假借、谐声"。清末，康有为、吕思勉、张正烺等学者提出反对意见，认为《周礼》"六书"并不是许慎《说文解字》之"六书"③。那么《周礼》"六书"的教育内容到底是什么呢？有研究认为，应该就是用以记日的"六甲"④。

---

① 郑玄注、贾公彦疏：《周礼注疏》卷一四《保氏》，阮元校刻本，北京：中华书局，1980年，第707页。

② 郑玄注、贾公彦疏：《周礼注疏》卷一四《保氏》，阮元校刻本，第731页。

③ 康有为撰，姜义华、张荣华编校：(国家清史编纂委员会·文献丛刊)《康有为全集》第一集《新学伪经考·汉艺文志辩伪第三下》，北京：中国人民大学出版社，2007年，第407页；吕思勉：《文字学四种·论六书》，上海：上海教育出版社，1985年，第150—152页；张正烺：《六书古义》，见国立中央研究院历史语言研究所集刊编辑委员会编辑《历史语言研究所集刊》(第十册)，北京：中华书局，1987年，第1—22页。

④ 李正庚：《先秦至唐书法教育制度研究》，首都师范大学博士学位论文，2009年5月，第26页。

西周文字书写教育中还有《史籀篇》。这是我国最早的一部字书，其字为"籀文"，汉代称作"大篆"。

《汉书·艺文志》：

> 《史籀》十五篇。周宣王太史作大篆十五篇，建武时亡六篇矣。

《说文解字·叙》：

> 及周宣王太史籀，著大篆十五篇，与古文或异。

可知，籀是人名，官至太史。今日学者均认为，"史篇"是字书之祖，是最早的官定字书①。

张怀瓘云：

> 按大篆者，周宣王太史史籀所作也。或曰柱下史始变古文，或同或异，谓之为篆，篆者传也，体其物理，施之无穷。甄酆定"六书"，三曰篆书。《八体书法》一曰：大篆，又《汉书艺文志》史籀十五篇。并此也，以史官制之，用以教授，谓之史书，凡九千字。②

---

① 王国维：《观堂集林》卷一《史籀篇疏证序》，北京：中华书局，1959年，第251页；陈梦家：《中国文字学》，北京：中华书局，2006年，第151页；启功：《古代字体论稿》，北京：文物出版社，1993年，第13页；李国均、王炳照主编：《中国教育制度通史》第一卷，山东教育出版社，1999年，第84页；辞海编辑委员会：《辞海》(缩印本)，上海：上海辞书出版社，1980年，第726页。
② 张彦远：《书法要录》卷七《张怀瓘〈书断〉(上)》"大篆"条，见《丛书集成初编》，北京：中华书局，1985年，第106—107页。

湖北出土的《张家山汉简》之《史律》中就有关于《史籀篇》的内容。《史律》记载：

　　试史学僮以十五篇，能风（讽）书五千字以上，乃得为史。有（又）以八体试之，郡移其八体课太史，太史诵课，取最一人以为其县令史，殿者勿以为史。三岁壹并课，取最一人以为尚书卒史。四七五—一四七六号简①

这件汉简中所记述的内容在《汉书·艺文志》《说文解字·序》《北史·江式传》中都有类似的描述。

《汉书·艺文志》：

　　汉兴，萧何草律，亦着其法，曰："太史试学僮，能讽书九千以上，乃得为史。又以六体试之，课最者以为尚书、御史、史书令史。吏民上书，书或不正，辄举劾。"②

《说文解字·序》：

　　尉律："学僮十七已上始试，讽籀书九千字乃得为吏，又以八体试之。郡移太史并课，最者以为尚书史，书或不正，辄举劾之。"③

───────────

　　① 张家山二四七号汉墓竹简整理小组：《张家山汉墓竹简［二四七号墓］》，北京：文物出版社，2001年，第203页。
　　②《汉书》卷三〇《艺文志》，北京：中华书局，1962年，第1720—1721页。
　　③［汉］许慎，［宋］徐铉校定：《说文解字》，北京：中华书局，1998年，第315页。

张家山二四七号汉墓竹简中还提到学童的入学年龄问题：

史、卜子年十七岁学。史、卜、祝学僮三岁，学佴将诣太史、太卜、太祝，郡史学僮诣其守，皆会八月朔日试之。①四七四号简

可推知，《史籀篇》并不属于一般儿童文字书写的启蒙教材，而是十七岁即将要从事文吏的人的学习教材。

（三）秦代"学室"及秦简中的习字简

秦王朝建立了我国第一个统一的多民族国家，文教方面采取"书同文""行同伦""设三老以掌教化""禁私学、以吏为师"的政策。《说文解字·叙》：

秦始皇帝初兼天下，丞相李斯乃奏同之。罢其不与秦文合者。斯作《仓颉篇》，中车府令赵高作《爰历篇》，太史令胡毋作《博学篇》。皆取史籀大篆，或颇省改，所谓小篆者也。

自尔秦书有八体：一曰大篆，二曰小篆，三曰刻符，四曰虫书，五曰摹印，六曰署书，七曰殳书，八曰隶书。

秦代"以吏为师"，出于对大量文吏的培训和教育需要，政府设置了"学室"，由官吏对弟子进行训练，培养小吏。云梦睡虎地秦简《秦律十八种·内史杂》反映了秦代的教育情况，规定只有"史"的弟子才

---

① 张家山二四七号墓竹简整理小组：《张家山汉墓竹简［二四七号墓］》，北京：文物出版社，2001年，第203页。

能进入学室学习，其他人不得入内，"非史子者，毋敢学学室，犯令者有罪"①。简中还记载了墓主"喜"的《编年纪》，其中记录了"喜"曾经在"学室"学习三年，后来参加考试②。

"学室"教育的主要内容就是学作文吏，第一要务就是学习书写。《史记·项羽本纪》载：

> 项籍少时，学书不成，去；学剑，又不成。项梁怒之。籍曰："书足以记姓名而已。剑一人敌，不足学，学万人敌。"③

以书法课吏是秦代选拔官吏的一项标准，所以书法的好坏会影响官员晋升。

学室培养中所使用的书写教材主要是《仓颉》《博学》《爰历》等，其实是对《史籀篇》的扬弃。这些教材的字体是官方规定的小篆，因此小篆也成为这个时期的标准字体。同时，秦政府也不排斥古隶文字。张怀瓘《书断·隶书》：

> 案隶书者，秦下邽人程邈所作也。邈字元岑，始为衙县狱吏，得罪始皇，幽系云阳狱中，覃思十年，益大小篆方圆而为隶书三千字，奏之，始皇善之，用为御史。以奏事繁多，篆字难成，乃用隶字，以为吏人佐书，故名"隶书"。④

① 武汉大学简帛研究中心等编：《秦简牍合集》，武汉：武汉大学出版社，2014年，第148页。
② 李正庚：《秦代的书法教育摭谈》，《书画世界》2008年第4期，第34页。
③ ［汉］司马迁撰：《史记》卷七《项羽本纪》，北京：中华书局，2014年，第376页。
④ ［唐］张彦远撰，刘石点校：《法书要录》卷七《张怀瓘〈书断〉（上）》，沈阳：辽宁教育出版社，1998年，第117页。

可见秦代不仅用篆书作为标准文字，同时也使用隶书，因为隶书更加方便实用。除此之外，还有其他书体，如刻符、虫书、摹印、署书、殳书等，不同的字体用于不同的场合。学制为三年，然后于第三年的八月一日参加考试。云梦睡虎地秦简所记"喜"的经历就与秦制相符。

里耶秦简中有很多习字简，在秦代简牍中首见。《里耶秦简（壹）》和《里耶秦简（贰）》公布5664枚秦简①。陈伟在《里耶秦简牍校释》第一卷和第二卷中识别出了部分习字简②。李园《秦汉习字简研究》③、蒋伟男《里耶秦简习字简初步研究》④等论文专门对里耶秦简中的习字简进行梳理研究。

目前，秦汉简牍中发现的习字简大多都写在废弃的文书空白处或者背面。里耶秦简上的习字内容通常书写不够规范和工整，文字没有连贯意义，而且有的是多种字体杂糅在一起，具有明显的书写者练习书法的特点⑤。简8—566、8—882是单面书写的习字简；8—176+8—215、8—1435号简是正反两面书写。简8—176+8—215的文字为：

迁陵库吏有库吏库 I

武城武武武库库□壁蔷壁壁有论曰有有事□□有论未 决有 □有

造造琴有事 II

---

① 湖南省文物考古研究所编：《里耶秦简（壹）》，北京：文物出版社，2012年；湖南省文物考古研究所编：《里耶秦简（贰）》，北京：文物出版社，2017年。

② 陈伟：《里耶秦简牍校释（第一卷）》，武汉：武汉大学出版社，2012年；陈伟：《里耶秦简牍校释（第二卷）》，武汉：武汉大学出版社，2018年。

③ 李园：《秦汉习字简研究》，《古籍整理研究学刊》2017年第1期，第86—89页。

④ 蒋伟男：《里耶秦简习字简初步研究》，《中国文字学报》2020年，第169—179页。

⑤ 蒋伟男：《里耶秦简习字简初步研究》，《中国文字学报》2020年，第169—179页。

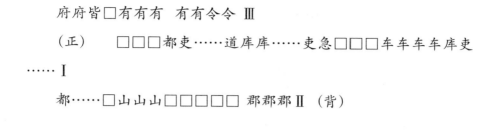

府府皆□有有有　有有令令 Ⅲ

（正）　　□□□都吏……道库库……吏急□□□车车车车库吏
……Ⅰ

都……□山山山□□□□□ 郡郡郡 Ⅱ （背）

简9—1892：

迁少内少少少少前前　Ⅰ

迁少少少□之春春春迁 Ⅱ

迁　春之春之少少少□Ⅲ

之之□Ⅳ

（正）之之迁迁□ Ⅰ

妾妾妾止之之之□Ⅱ

之之迁迁迁□□□之之之□Ⅲ

之迁之□之□之Ⅳ

之之之之之之之之之之之之Ⅴ （背）

　　这两只秦简中的文字反复书写，是书写者为了掌握字形和笔画所
作的练习，如"少""之""迁"等字的反复书写一般是为了练习撇
画和捺画。还有一些简上的文字大小不一，字与字之间的间隔也不相
同，书写潦草，或为童蒙和初学者的练习之作，如简8—713、8—798、
8—882等。8—753正Ⅱ简中篆书和隶书混合书写，上部是秦隶，下部
是小篆。这些秦简与汉简对比，可以清晰地看出从秦至汉书体演变的
过程。秦代小篆和隶书同时使用，到了汉代，隶书逐渐成熟，小篆逐

渐被废弃。

关于里耶秦简中习字简的文字来源，沈刚认为主要包括文书用字与字书简两类，文书指的是边塞基层吏员练习书写公文时常用的年号、地名、职官名、文书习语等内容，字书指的是边塞士卒利用废弃简抄写《仓颉篇》《急就章》等字书上的文字①。里耶秦简中的习字简大部分内容都出自文书简。8—708、8—1041+8—1043、9—51、9—1884等简文的主要内容为日期和文书的习惯用语；8—807、8—753、8—1444等简主要抄写的是地名。

从这些秦简中大致可以看出秦代书法教育的一些特征。书写字体以秦隶为主，也夹杂用一些篆书。书写以实用为目的，以现有的文书为参照摹本，以求快速掌握书吏文书书写要求。为了达到书写规范，书写者反复书写，以便熟悉运笔和字体结构。还有一种练习方法是将字形相近或者读音相近的字归结到一起来练习，人们会自觉或者不自觉地将文字按照字形、读音和含义进行归类，然后分类书写练习，以达到快速掌握某一类字的效果。这种书写和分类习惯也影响了后来字书的编纂，比如，《说文解字》是按照字形进行编撰的，《尔雅》则是按照字的含义进行分类，《切韵》就是按照读音来分类。有学者研究发现，长沙东牌楼汉简中就有按照字形归类练习的例子，"羊""差""羡""羞""羹"等字都是从"羊"部②。

秦简中的习字简还具有一个汉代练习简不具备的特点，就是记录了用字的变化和古文字的字形③。李园列举了"可"和"何"字的用法变

① 沈刚：《居延汉简中的习字简述略》，《古籍整理研究学刊》2006年第1期，第29—31页。

② 长沙市文物考古研究所、中国文物研究所：《长沙东牌楼东汉简牍》，北京：文物出版社，2006年，第127页。

③ 李园：《秦汉习字简研究》，《古籍整理研究学刊》2017年第1期，第88页。

化，指出：

　　"何"在放马滩、睡虎地、岳麓秦简中都写作"可"，目前所刊
布的秦简牍中只有里耶秦简中"可""何"并用，除去练习简、不
完整辞例和用为人名者，"何"出现了25次，只有3次用"可"表
示，这说明至迟到战国末期"可""何"已经分化，用为疑问代词
的"何"不再用"可"表示，而是借用表示"负荷"的本字"何"
来表示。①

　　此类例子还有"謾"字代替"詑"字，"野"字代替"埜""壄"
字等。

二、汉代敦煌的书法教育

　　书法教育发展至汉代就开始了自觉的书法教育阶段②。汉代"鸿都
门学"的设置促进了当时的艺术教育，书法艺术自此从识字教育中分
离出来成为独立的教育单元，民间私学教育对书法教育的重视和实践
使得书法教育获得了前所未有的发展。

　　两汉官学分中央官学和地方官学。中央官学又有太学和为皇室贵
族子弟办的官邸学、汉末灵帝设立的鸿都门学，还有被称作"宦学"
的职官学校。《汉书·艺文志》记载：

---

　　① 李园：《秦汉习字简研究》，《古籍整理研究学刊》2017年第1期，第88页。
　　② 常爽：《汉代蒙童书法教育摭谈》，《大众文艺》2010年第9期，第202—203页。

汉兴，萧何草律，亦著其法曰："太史试学童，能讽书九千字以上，乃得为史。又以六体试之，课最者以为尚书御史史书令史。吏民上书，字或不正，辄举劾。"①

这里的学童一般指的是宦学的生徒。可知宦学主要学习写作官文书、熟悉法令和为官之道，而书学首当其冲。汉代文字书写教材，可以考诸《汉书·艺文志》：

汉兴，闾里书师合《仓颉》《爰历》《博学》三篇，断六十字以为一章，凡五十五章，并为《仓颉篇》。武帝时司马相如作《凡将篇》，无复字。元帝时黄门令史游作《急就篇》、成帝时将作大匠李长作《元尚篇》，皆《仓颉》中正字也。《凡将》则颇有出矣。至元始终，征天下通小学者以百数，各令记字于庭中。扬雄取其有用者以作《训纂篇》，顺续《仓颉》，又易《仓颉》中重复之字，凡八十九章。臣复续扬雄作十三章，凡一百二章，无复字，六艺群书所载略备矣。②

汉代在秦代字书的基础上又新编了一些字书，其中以《急就篇》最流行，囊括了当时人们日常生活所需的大部分用字和知识。日本学者富谷至认为：

---

① ［汉］班固撰，［清］颜师古注：《汉书》卷三〇《艺文志》，第1720—1721页。
② ［汉］班固撰，［清］颜师古注：《汉书》卷三〇《艺文志》，第1721页。

　　见于《急就章》上面的文字，是行政、司法中使用的即为特殊的专门用语，而且在于学童几乎无缘的边境烽燧出土了大量练习废弃的实物。由此看来，需要《急就篇》的是勤于烽燧的吏役和士兵，《急就篇》《仓颉篇》等字书，更可能是书写行政和司法文书的人们的参考书。书记官未必全史谙熟文字的老手，职历尚浅的新人还必须学习必要的字句，《急就篇》和《仓颉篇》就是这方面的字书。①

（一）敦煌汉简所反映的书法教育

　　关于汉代书法教育的实施情况，除了官方史书的少量记载外，20世纪以来，河西地区出土了大量汉简，包括流沙坠简、悬泉汉简、居延汉简和武威汉简等，出土地点集中在汉初河西所设四郡区域内，为研究汉代书法教育提供了较为丰富的资料。由于这些简牍均集中在两汉时期，且以敦煌周边出土汉简数量为最，一般统称为"敦煌汉简"或"河西汉简"。

　　斯坦因1907年第二次中亚考察时，在敦煌以西汉代烽燧遗址中发掘出了汉晋简牍700多枚。之后在瓜州、酒泉等地发掘得到汉简100余枚。1990年在悬泉置遗址发掘出20000多枚汉简，学界称之为"悬泉汉简"。1930年，中瑞西北科学考察团在额济纳河流域北部的居延都尉与南部的肩水都尉所辖地段的城鄣、烽燧遗址发掘出了10000多枚汉简，统称为"居延汉简"。1972—1974年，对甲渠候官（瓜州破城子）和肩水金关遗址再次发掘，出土汉简近20000枚，称"居延新简"。1957—1959

---

①［日］富谷至著，刘恒武译，黄留珠校：《木简竹简述说的古代中国》，北京：人民出版社，2007年，第92页。

年，甘肃省博物馆在武威地区先后清理了37座汉墓，其中磨嘴子六号墓发现了469枚《仪礼》木简和7枚日祭木简、十八号墓出土了10件王杖诏令木简，学界称为"王杖十简"。1972年，在武威旱滩坡汉墓出土了92枚医药类简牍。

现存两汉简帛书法不仅数量巨大，而且书体多样，包括篆书、隶书、草书等，但以隶书为多。这些汉简也清晰地展示出书体的演变轨迹，由秦至汉最突出的书体演变是"隶变"，即由篆书向隶书的演变①。敦煌西汉时期的简牍书法带有古隶、篆书的痕迹，到了东汉时期，开始显露出楷书、行书的痕迹。可以说，敦煌简牍完整再现了从西汉到东汉书体演变的全过程。敦煌汉简书法所涵盖的约400年时间，也是中国古文字向今文字转变的重要历史阶段。

敦煌汉简和长沙马王堆一号墓出土的"遣策简"以及山东临沂银雀山墓出土的汉简，包含大量西汉初年的简册，有篆书和隶书两种书体，且已经出现了草率的隶书，到了宣帝、元帝时期，隶书中的草味逐渐浓厚。汉成帝时期出现了纯粹的草书书法。敦煌汉简、居延汉简、武威医药简牍、肩水金关汉简中的部分简牍就展现出明显的章草风格，如敦煌汉简2165号《天汉三年（前98年）十月牍》《可次殄灭诸反国简》《入十一月食·一斛简》等。1974年出土于居延甲渠候官遗址第22号房址内的《误死马驹册》，书于东汉光武帝建武三年（27年），章草隶体。全篇章草，一气呵成，潇洒飘逸，既是一篇重要文献，又是一幅书法珍品。可释读者409字，文义连贯，内容完整，简背有书吏之签署，内容是一份追查死驹责任的文书。本简现藏甘肃省

---

① 于信：《汉代简帛书法三题》，《美术大观》2017年第6期，第54页。

出土于居延甲渠候官遗址第22号房址的《误死马驹册》

简牍博物馆。

清代学者钱泳在《书学》中说道：

> 隶书之名，见《前后汉书》，又曰八分，见晋书卫恒传。八分者，即隶书也。盖隶从篆生，程邈所作。秦时已有，亦谓之佐书，起于官狱事繁，用隶人以佐书之，故曰隶书，取简易也。篆用圆笔，隶用方笔，破圆为方而为隶书，故两汉金石器物俱用秦隶，至东京和安以后，渐有戈法波势，各立面目，陈遵、蔡邕，自成一体，又谓之汉隶。[1]

说到敦煌汉简书法，就不得不注意到汉代敦煌写简用的毛笔。在敦煌马圈湾遗址中出土了一支实心竹制的毛笔，笔杆的一头钻孔，孔内插入笔毛，再用丝线扎紧，笔长19.6厘米，圆径0.6厘米，笔毛狼毫，

---

[1]［清］钱泳：《履园丛话·书学》，见毛万宝、黄君《中国古代书论类编》，合肥：安徽教育出版社，2009年，第614—615页。

长1.2厘米，锋径与锋长之比为1:2①。

沃兴华比较了敦煌马圈湾毛笔与南方战国楚笔的异同，发现楚笔的笔锋是西北毛笔的3倍，且笔毛围在笔杆四周，中间是空的，而西北毛笔的笔毛中间是实心的。这种差别造就了南北地区书写风格的差异。西北毛笔书写的字体线条轻重粗细变化较大，点画形式丰富，起笔和收笔处可以处理成浑圆厚实的形式②。在敦煌汉简中多见字体撇画和捺画的夸张笔势，就是这种毛笔特有的书写形态的展现。

1. 敦煌汉简中的干支纪年简

如前所述，两汉时期，边疆学习书法的书写教材主要是"六甲六书"、《仓颉篇》和《急就篇》等。《汉书·食货志》记载："是月，余子亦在于序室。八岁入小学，学六甲五方书计之事，始知室家长幼之节。"③

居延汉简中也有相当数量的干支表简牍，或分六行书写在一整片汉简中，或分别书写在六片简中，也有分行写在觚的六个侧面的情形。如居延新简中出土了一枚以六甲为首，一面三行、正反两面的简，即"六甲"简（E.P.T52：115A、B），以甲字起首：

□甲子乙丑丙寅丁卯戊辰己巳庚午辛未壬申癸酉·

甲戌乙亥丙子丁丑戊寅己亥庚午辛巳壬午癸□·

甲申乙酉丙戌丁亥戊子己丑庚寅辛卯壬午癸巳·

EPT52：115A

---

① 秦川：《敦煌书法》，北京：清华大学出版社，2019年，第29页。

② 秦川：《敦煌书法》，第30页。

③ ［汉］班固撰，［清］颜师古注：《汉书》卷二四上《食货志》，第1122页。

甲辰乙巳丙子丁未戊申己酉庚⋯⋯・

甲寅乙卯丙辰丁巳戊午己未庚申辛酉壬戌癸・

甲辰乙巳丙午丁未戊申己酉庚戌辛亥壬子癸・

□寅乙卯丙辰丁巳戊午己酉庚申辛酉壬子癸亥・

EPT52:115B[①]

此简中干支表的排列形式与甲骨刻辞中的干支表完全一致[②]。

《居延新简》中的EPT43.113A和EPT43.113B两简中，甲子和乙丑重复书写多次，而且书写随意草率，稍显稚嫩，推断是当时人们书法练习的墨迹。

2. 敦煌汉简中的习字简

与秦简中的习字简内容来源类似，敦煌汉简中习字简的主要内容也有两类：文书用字和字书简[③]。秦代就重视书法教育，并以书写水平作为选拔官吏的一项重要内容，汉代更是将书写优劣作为官吏任用和奖擢的重要考核指标。萧何制定汉律九章，规定"学童十七以上始试，讽籀书九千字乃得为吏。又以八体试之。郡移太史并课，最者以为尚书史。书或不正，辄举劾之"。[④]汉代的文职官员，即便是级别最低的诸曹掾史官员，都必须识字九千。这种对文官书写技能的重视，从敦煌汉简中也可看到明确的反映。居延汉简E.P.T50：10："居延甲渠侯

---

① 李迎春著：《居延新简集释（三）》，兰州：甘肃文化出版社，2016年，第269页。

② 罗振玉、王国维：《流沙坠简》，北京：中华书局，1993年，第88—92页。

③ 沈刚：《居延汉简中的习字简述略》，《古籍整理研究学刊》2006年第1期，第29页。

④ ［汉］许慎：《说文解字·叙》，［清］段玉裁注，上海：上海古籍出版社，1981年，第758页。

官第十燧长公乘徐谭功将，能书会计，治吏民，颇知律令文……"①；居延汉简57.6："张掖郡居延甲渠塞有秩侯长公乘淳能书会计，治吏民，颇知律令文，年卅六岁，长七尺……"②居延汉简562.2："侯长公乘蓬土长当中劳三岁六月五日，能书会计，治吏民，颇知律令武……"③此类记录在居延汉简中数不胜数。

"能书会计"的基层官员一般是史令或书佐。《史记·汲郑列传》如淳集解曰："律，太守、都尉、诸侯、内史、史各一人，卒史、书佐各十人。"④江苏东海尹湾西汉墓中发现的集薄一号木简记载："太守一人，丞一人，卒史九人，属五人，书佐十人，啬夫一人，凡廿七人。"⑤《后汉书·百官志》郡下本注曰："阁下及诸曹各有书佐，干主文书。"⑥居延汉简中的这些"能书会计"的人应该是卒史、书佐一类的人。沃兴华梳理了西北简牍中有书佐署名的简34枚，如《流沙坠简》簿书类137"书佐遂昌"，簿书类13"书佐通成"；《敦煌汉简》1838"书佐连卿"，《居延汉简甲编》40.2B"书佐安世"、192.25"书佐鑲得传圭里赵通"、303.21"书佐樊奉"；《居延汉简乙编》16.4B"书佐横、实、均"、20.7"书佐建"、75.6B"书佐苏良"、116.16"书佐郭外人"；《居延信件》17.1D"书佐贺"、51.657"书佐音助"、53.33B"书佐德"、57.23B"书佐恭"、22.462B"书佐参"等。

西北边疆的戍守小吏，也要勤加练习书法，敦煌汉简中就有很多

① 甘肃省文物考古研究所等编：《居延新简——甲渠候官与第四燧》，北京：文物出版社，1990年，第152页。

② 中国社会科学院考古研究所编：《居延汉简甲乙编》（下册），北京：中华书局，1980年，第41页。

③ 中国社会科学院考古研究所编：《居延汉简甲乙编》（下册），第283页。

④《史记》卷一二〇《汲郑列传》第六〇，第3747—3748页。

⑤ 谢桂华：《尹湾汉墓新出〈集簿〉考述》，《中国史研究》1997年第2期，第31页。

⑥《后汉书》志第二八《百官五》，第3621页。

内容是他们练习书法留下来的。书写官文书中的常用字，是练习书法的一项重要内容，如官名、地名、年号、文书习语等。

居延汉简中的习字简还有如下几例：

158·12　　史史　令史　史史　史史①

180·9　　候长长长候②

183·8　　元元康五年六年五五五五五③

198·15　　大司农　司农④

229·5A　　元元寿寿二年十月……⑤

229·5B　　居延延延延居遣居延都尉府……⑥

262·35A　　士吏　士吏⑦

《居延汉简》45.10B残简从头至尾写了30多个"以"字⑧；507.2A简

---

① 中国简牍集成编辑委员会编：《中国简牍集成》第六册《居延汉简（二）》，兰州：敦煌文艺出版社，2001年，第136页。

② 中国简牍集成编辑委员会编：《中国简牍集成》第六册《居延汉简（二）》，兰州：敦煌文艺出版社，2001年，第180页。

③ 中国简牍集成编辑委员会编：《中国简牍集成》第六册《居延汉简（二）》，兰州：敦煌文艺出版社，2001年，第189页。

④ 中国简牍集成编辑委员会编：《中国简牍集成》第六册《居延汉简（二）》，兰州：敦煌文艺出版社，2001年，第216页。

⑤ 中国简牍集成编辑委员会编：《中国简牍集成》第七册《居延汉简（三）》，兰州：敦煌文艺出版社，2001年，第26页。

⑥ 中国简牍集成编辑委员会编：《中国简牍集成》第七册《居延汉简（三）》，兰州：敦煌文艺出版社，2001年，第26页。

⑦ 中国简牍集成编辑委员会编：《中国简牍集成》第七册《居延汉简（三）》，兰州：敦煌文艺出版社，2001年，第134页。

⑧ 中国简牍集成编辑委员会编：《中国简牍集成》第五册《居延汉简（一）》，兰州：敦煌文艺出版社，2001年，第128页。

上连写6个"教"字，且字体不一，推测是老师的示范字①；《敦煌汉简》中的一枚习字简中反复书写了"临"字与"赐教"，再次说明书法练习得到了老师的指导。

临写字书范本是汉代书法练习的另一种方式。在敦煌、居延、玉门、阜阳等地发现的汉简中有很多《仓颉篇》和《急就篇》等字书的习字简。敦煌木简844、1459A、1459B、1460A、1460B、1461A、1461B等简都抄写有《仓颉篇》的内容：

844：仓颉作书以教后嗣幼子承诏谨慎

1459A：仓颉作书以教后嗣幼子承调谨慎敬戒勉力讽

1459B：昼夜勿置勉成史计会辨治超等

1460A：仓颉作书以教后嗣幼子承调谨慎敬戒勉力讽诵

1460B：昼夜勿置苟勉力成史计会辨治超等

1461A：仓颉作书以教后嗣幼子承调谨慎敬戒勉力讽诵昼夜

1461B：勿置苟勉力成史计会辨治超等

居延汉简中也有以《仓颉篇》第一章作为习字内容的简：

125.38A　　子承诏谨慎

　　　　　　力力力力力

　　　　　　置苟勿成史

125.38B　　幼子承诏

① 中国简牍集成编辑委员会编：《中国简牍集成》第八册《居延汉简（四）》，兰州：敦煌文艺出版社，2001年，第136页。

勿勿勿勿勿

尽①

居延新简：

EPT50.1A：仓颉作书以教后嗣幼子承昭谨慎敬戒勉力风诵昼夜勿置苟务成史计会辨治超等轶群出尤别异。

EPT50.1B：初虽劳苦辛必有意愨愿忠信微密俆言言赏赏②

EPT56.27A：以教后嗣幼子承诏谨慎敬戒勉③

肩水金关汉简：

72EJC：200B：史史超等超

73EJT37:1098B：入计会辨治超等等轶群出尤

额济纳汉简：

2000ES7SF1:123—124：仓颉作书以教后嗣幼子承诏

1977年，阜阳双古堆一号汉墓出土了完整的《仓颉篇》简，现存541个字，内容如下：

---

① 中国简牍集成编辑委员会编：《中国简牍集成》第六册《居延汉简（二）》，第49页。
② 扬眉：《居延新简集释（二）》，兰州：甘肃文化出版社，2016年，第483页。
③ 扬眉：《居延新简集释（二）》，第380页。

仓颉作书以教后嗣幼子承调谨慎敬式勉力讽

昼夜勿置务成史计会辩治超等

((77 J H S: 12A B)

仓颉作书以教后嗣幼子承调谨慎敬式勉力讽诵

昼夜勿置苟务成史计会辩治超等

(77 J H S: 13A B))

仓颉作书以教后嗣幼子承调谨慎敬戒勉力讽诵昼夜

勿置苟务力成史计会辩治超等

((77 J H S: 14A B)①

从居延汉简可以看到，字书范本既有如《仓颉篇》《急就篇》等官方书写的教材，也有当时熟练书手写的文书、历书等范本。居延新简T50:1是用正规汉隶抄写的《仓颉篇》第一章，内容如下：

仓颉作书，以教后嗣，幼子承昭，谨慎敬戒，勉力风诵，昼夜勿置，苟务成史，计会辩治，超等轶群，出尤别异，初虽劳苦，卒必有意，愨愿忠信，微密俗言，言赏赏。②

在斯坦因所获敦煌未刊汉文简牍中反复出现了《仓颉篇》第一章的内容，因为全部是残简，所以简中文字仅有一两句，如"幼子承昭，谨慎敬戒""勉力风诵，昼夜勿置，苟务成史，计会辩治""初虽劳

---

① 马文熙、张归璧等编著：《古汉语知识辞典》，北京：中华书局，2004年，第157页。
② 扬眉：《居延新简集释（二）》，第483页。

苦，卒必有意"①。根据阜阳汉简《仓颉篇》（C054）中的"□勿贼壮
犯□"句，张德芳对比找到斯坦因所获未刊简中有4枚简与此句内容有
关，分别是2506、2472、3430、3582，可辨识的有"禄贤知（智）赐予
分贷壮犯"②。在王国维、胡平生等学者根据各地汉简《仓颉篇》辑录
出仓颉篇单字基础上，张德芳根据这四枚未刊汉简中的单字，对《仓
颉篇》文字进一步补充，体现了这批未刊汉简的重要价值。

玉门花海汉代烽燧遗址出土的简牍中有《仓颉篇》三简、《甲子
表》练字书一简，可与阜阳双古堆一号汉墓出土《仓颉篇》相比。玉
门花海出土《仓颉篇》简为正反面连续书写，与居延汉简中的《仓颉
篇》文字大致相同，但字数更多③。2008年，在甘肃永昌水泉子汉墓出
土的《仓颉篇》简中含有不少古形、异形字④。

斯坦因在敦煌所获汉简中就有最早的《急就篇》，罗振玉、王国维
《流沙坠简》中最早对此件进行了辑录和研究⑤。张传官统计出敦煌、
居延汉简中的《急就篇》38枚⑥。敦煌汉简1972和2356为觚形简，上面
抄录了《急就篇》的内容。1972A、1972B号简长36厘米，共63字，内
容为《急就篇》的第一章：

————————————

① 张德芳、郝树声：《斯坦因第二次中亚探险所获敦煌汉简未刊部分及其相关问题》，见胡平
生、汪涛、吴芳思编《英国国家图书馆藏斯坦因所获未刊汉文简牍》，上海：上海辞书出版社，
2007年，第83页。

② 张德芳、郝树声：《斯坦因第二次中亚探险所获敦煌汉简未刊部分及其相关问题》，见胡平
生、汪涛、吴芳思编《英国国家图书馆藏斯坦因所获未刊汉文简牍》，第83页。

③ 李怀顺、黄兆宏：《甘宁青考古八讲》，兰州：甘肃人民出版社，2008年，第264页。

④ 王晓光：《新出汉晋简牍及书刻研究》，北京：荣宝斋出版社，2013年，第38页。

⑤ 罗振玉、王国维：《流沙坠简》，北京：中华书局，1993年，第79—82页。

⑥ 张传官：《急就篇校理》，北京：中华书局，2017年，第15页。

急就奇觚与象异罗列诸物名姓字分别部居不杂厕

用日约少诚快意勉力务之必有憙请道其章宋延年①

敦煌汉简第2356A、2356B、2356C简：

承尘户幰修缋纵镜敛疏比各有工贲熏脂粉膏晖笛

沐浴盉前械寡合同豫饬刻画无等雙臂琅玗虎魄龙②

1977年，在玉门花海乡汉代烽燧遗址中发现了一件七面棱形觚，所谓"觚"，就是将树枝刮削为几个面后在上面书写文字。觚长37厘米，内容分两部分，前半部分抄写了《武帝末诏书》的一部分，共133字；后半部为私人书信，共79字，前后两部分共计212字。简文内容如下：

前半部分：

制诏皇大子。朕体不安，今将绝矣。与地合同，众不复起。谨视皇大之笥，加曾朕在。善禺百姓，赋敛以理，存贤近圣，必聚莆士，表教奉先，自致天子。胡该自泛，灭名绝纪。审察朕言，众身毋久，苍苍之天，不可得久视，堂堂之地，不可得久履，道此绝矣。英告后世，及其孙子。忽忽锡锡，恐见故至，毋贰天地。更亡更在，去如邑庐，下敦间里，人固当死慎。毋取慢。

---

① 甘肃省文物考古研究所编：《敦煌汉简（上）》，北京：中华书局，1991年，第196页。

② 甘肃省文物考古研究所编：《敦煌汉简（上）》，第312页。

后半部分：

　　贱弟时谨伏地再拜请：翁系足下善毋恙。甚苦候望 事，方春不和，时伏愿翁系将侍近衣便酒食，明察蓬火， 事边，宽忍小人，毋行庶演。时幸甚幸甚，伏地再拜请。 时伏愿翁系有往来者便赐记，令时奉闻翁系级急严教。　《敦》1448①

　　这件觚上所抄写的《武帝诏书》，行笔拘谨，较为拙劣，临摹的意味颇浓。书中多行假借字，后半部分书信中有"时伏愿翁系有往来者便赐记，令时奉闻翁系级急严教"句，亦可证此觚系当时烽燧戍卒临摹的书法记录。

　　关于古代"觚"的形制和作用，罗振玉有较为翔实的考证：

　　觚之形制古说不一，通俗文：木四方为棱，八棱为觚。《史记·酷吏传·索隐》引应劭云："觚八棱有隅者"，颜师古注《急救篇》云："觚形或六面，或八面，皆可书。觚者，棱也，皆以六面或八面释。觚，今之所见乃为三面，异于前闻，惟说文柧棱也，柧棱，殿堂上最高之处也。徐锴引字书三棱为柧，以三棱为柧仅此一见。又班固《两都赋》上觚棱而棲金。爵今中州新出汉书石刻图函谷关东门画两爵分棲两观屋脊，知柧棱者，盖谓上自屋脊，下讫前后檐际，以次斜削正成三角形。作书之觚与柧棱之柧，其形正同柧以三棱为初形初义。故传世古代酒器之觚亦皆为三廉，其后由三棱

---

① 李永良、吴礽骧、马建华：《敦煌汉简释文》，兰州：甘肃人民出版社，1991年，第150页。

而六而八，寖失爵初此孔子所为叹。①

许慎《说文解字·巾部》中有：

幡，书儿拭觚布也。从巾，番声。

此"幡"即用来擦拭写在觚上面的文字的布头。可知在木头做的觚上写了文字后，可以用布擦掉。还有一种方法是用刀将文字墨迹削掉。玉门花海汉代烽燧遗址发现的这件觚多有刀削的痕迹，可见其为多次练习临摹所为②。推测是当时官吏临摹练字用的简。另外，据研究，这种觚本就是练习写字用的，可以反复擦除、刮削③。

3. 汉代敦煌书法教育模式

居延汉简中还有一定数量的习字简，如EPT59:747、EPT40：24B、EPT53：66B、EPT57：112A、EPT57：112B、EPT59：369A、EPT59：369B等简，都是练习运笔的习字简。从简中文字内容可以看出，练习者通过不断重复练习某一笔画，力图将字中的每一笔都写得规范美观。接下来就是反复抄写单个字，以达到熟练程度。EPT56：375在反复书写"置"字，EPT56：370在反复书写"食"字，EPT58：118在反复书写"不"字，EPT52：279B在反复书写"吏""大"二字，EPT52：297在反复书写"五"字且末尾为"凡九十五"四字，EPT52：300书写"振"

---

① 罗振玉、王国维：《流沙坠简》，第80—81页。
② 李怀顺、黄兆宏：《甘宁青考古八讲》，兰州：甘肃人民出版社，2008年，第263页；裴永亮：《汉代习字简与汉代书法发展相关问题》，《邵阳学院学报》2018年第4期，第90页。
③ 秦川：《敦煌书法》，北京：清华大学出版社，2019年，第31页。

字三次、"乙"字两次。类似进行单字重复练习的还有 EPT5：79、EPT6：42A、EPT6：42B、EPT59：381A、EPT59：381B、EPT51：229、EPT51：237、EPT51：383、EPT51：433、EPT51：604 A、EPT52：109A、EPT52：109B等①。

从笔画训练到单个字的练习，循序渐进。这种书写练习方式与今天我们练习书写的方法是一样的。

此外，还有书写公文时常用的年号、地名、职官名、文书习语等。居延EPT50：1B、EPT50：1A、EPT50：207 A、EPT50：207B等简抄写的就是当时的已有文书；EPT4：90A、EPT4：90B、EPT5：79、EPT27：2、EPT43：113 A、EPT43：113 B、EPT65：18、EPT65：19、EPT65：20、EPT65：21、EPT65：101A、EPT65：194、EPT65：195、EPT65：196、EPT52：115A、EPT52：115B等简抄写的历法方面的内容②。

劭江泊对居延新简中的85枚习字简进行统计，"发现有51.7%的简正反两面都进行了书写，这部分简在简的一侧进行习字，另一侧为一些文书或其他内容（应该是在弃之不用的文书简册上进行习字练习），……有34.1%的简正反面均为习字内容。这说明当时的书写者对简牍的使用是很节省的，出土的一些制作比较粗糙的简和觚多为习字简。甚至一些大小不过盈寸的检匣都不放过，如EPT6：42A、EPT6:42B。"③

在练字方法方面，多采用重复练习。居延新简中重复正文中某些字的简数量很多，如：

居延新简：

① 劭江泊:《居延习字简牍书写初探》,《大众书法》2021年第1期,第34—35页。

② 参见《居延新简集释(一一七)》所录居延新简中有关历法方面的简牍。

③ 劭江泊:《居延习字简牍书写初探》,《大众书法》2021年第1期,第35页。

EPT52.149B：伏地再拜

伏地

伏地伏地再拜伏地伏地再

伏地再拜伏地再拜□□①

EPT53:262　　□□吏吏记吏吏以以史掾□②

EPT56.84B：长请地伏再拜戍卒戍③

EPT57.45A：□地再拜

君足下

通伏地再拜④

EPT59:333　　始建国天凤六年三月丁酉第十候长敢言之之之之

之之之旦今旦⑤

居延汉简：

35.24A：伏地再拜伏

157.27A：□足　下以以足　□夫夫人

① 李迎春：《居延新简集释（三）》，兰州：甘肃文化出版社，2016年，第642页。
② 马智全：《居延新简集释（四）》，兰州：甘肃文化出版社，2016年，第349页。
③ 马智全：《居延新简集释（四）》，第398页。
④ 马智全：《居延新简集释（四）》，第489页。
⑤ 肖从礼：《居延新简集释（五）》，兰州：甘肃文化出版社，2016年，第334页。

肩水金关汉简：

73EJD：526B：伏地再拜地再拜
　　　　　　　之之之之伏地再拜伏地
73EJD：46：伏地地
73EJD：77：伏伏伏伏地伏地伏
73EJT6:44B：子文子文足下
73EJT23:734A：□□

　　分析这些习字简的用笔、结字、形式和内容，推测习字简的书写者有学童学书习字，也有吏卒日常书写练习①。儿童习字简的字体笔画稚拙，连笔较少，结体松散，重心不稳。吏卒书写的习字简并不是为了识字，而只是单纯为了练习书法，因此表现出重复书写的特点。

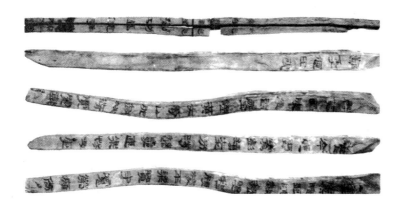

敦煌马圈湾出土的《仓颉篇》简　（79.DM.T7:26）

（胡平生、汪涛、吴芳思编：《英国国家图书馆藏斯坦因所获未刊汉文简牍》，上海辞书出版社，2007年，第74页。）

----

① 劫江泊：《居延习字简牍书写初探》，《大众书法》2021年第1期，第34—36页。

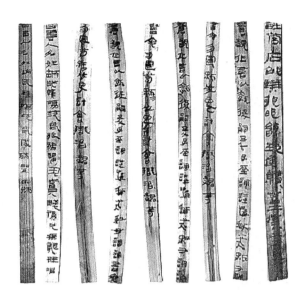

玉门花海烽燧遗址出土的《仓颉篇》简 （77.J.H.S：12–16）

（胡平生、汪涛、吴芳思编：《英国国家图书馆藏斯坦因所获未刊汉文简牍》，上海辞书出版社，2007年，第75页。）

习字简的书体大多是隶书，少部分是篆书和草书，从字形结构来看，汉代书写者已经有了潜在的审美意识驱动下追求书写艺术的痕迹①。简牍是可以反复使用的书写材料，如果写错了字，一般有两种修改方式，一种是为了快捷，在写好的字表面直接涂黑墨，以示删除，俗称"画除"②。英国图书馆藏敦煌残简中就有一些画除现象，如352–1282、1285、398–1786（2）、1786（19）等简，都可看到以黑墨画除的痕迹。《居延新简》中EPT44·3"第廿一燧长长孙建、第四助吏陈勋、第□"中"第四助吏陈勋"六个字的上方有一道黑线划过，就表示删除的意思。

---

① 黄艳萍：《从西北屯戍汉简看汉代书法的自觉意识》，《中国书法》2018年第12期，第26—27页。

② 李均明：《英藏斯坦因所获残简的文书学考察》，见胡平生、汪涛、吴芳思编《英国国家图书馆藏斯坦因所获未刊汉文简牍》，上海：上海辞书出版社，2007年，第92页。

第二种方式是将写了字的那一面削掉一层，再在新的表面写字。削掉的那一层英文称作shavings，即刨花；日文称作kezuri-kuzu，即削屑；中文一般称其为"削衣"。敦煌汉代玉门关遗址出土了几件汉简削衣，是汉代书佐练习书法时用刀从简牍上削下来的薄片，但刮削非常整齐，虽然薄如蝉翼，但上面的字迹依然很清晰。斯坦因第二次中亚探险所获未刊敦煌汉简中，就有一些削衣简。他在发掘报告中写道：

> 在烽燧（T6b）西北约16码处有一个奇怪的发现。这里发现了一大堆木刨花，上面写有汉字，而且总数很可能超过1000个。如果不是蒋师爷当时就注意到，这些字显然是一人写的，而且一些词组反复出现，我们就有可能错过一个重要发现。毫无疑问，他已正确地认识到，这是某位军官或文职职员练习、提高书法水平时所用的木片。他写满一面后，用刀削下来，又在新的表面上继续练习，如此反复多次。他所用的木料红柳和胡杨树枝，在附近沼泽盆地里到处都是。①

"削衣"简要么是为了修改错别字，要么就是对原来的书写不满意而重新书写，但都是汉代书法练习者留下的珍贵材料，彰显了汉代书写者的审美追求。

---

① 中国社会科学院考古研究所主持翻译：《西域考古图记》，桂林：广西师范大学出版社，1998年，第370页；斯坦因著，赵燕等译：《从罗布沙漠到敦煌》，桂林：广西师范大学出版社，2000年，第188页。

三、唐宋时期敦煌的书法教育

唐代书法教育达到了一个鼎盛时期，书学教育虽几经兴废，但并没有影响书法教育的发展，反而制度更加完善。《唐六典》："国子博士掌教文武官三品已上及国公子、孙、从二品已上曾孙为生者，五分其经以为之业，习《周礼》《仪礼》《礼记》《毛诗》《春秋左氏》传，每经各六十人，余经亦兼习之。习《孝经》《论语》限一年业成，《尚书》《春秋公羊》《谷梁》各一年半，《周易》《毛诗》《周礼》《仪礼》各二年，《礼记》《左氏春秋》各三年。其生初入，置束帛一篚，酒一壶，脩一案，号为束脩之礼。其习经有暇者，命习隶书，并《国语》《说文》《字林》《三苍》《尔雅》，每旬前一日，则试其所习业。"①对书法的重视直接推动了唐代的书法教育和书学风气。

唐代书法教育的发展也与唐王朝历代帝王的重视分不开。唐太宗、武则天、唐玄宗等21位唐代帝王都热衷书法研习。唐太宗喜爱王羲之书法，广泛搜集名家墨迹，对王羲之《兰亭序》的搜寻遂成历史佳话。唐代科举，无论是贡举还是铨选，书法都被列为重要科目。科举不仅对考生的书法水平有严格要求，对其他科目的书写水平也非常看重。唐代还实行铨选制度，即通过定期的考核来决定官员的变动或选拔，书写水平就是考量标准之一。《新唐书·选举制》记载："凡择人之法有四：一曰身，体貌丰伟；二曰言，言辞辩证；三曰书，楷法遒美；四曰判，文理优长。"②唐代有专门从事书写工作的"书手"。"官府书手最初是适

---

① [唐]李林甫等撰，陈仲夫点校：《唐六典·国子监卷》第二一，北京：中华书局，1992年，第559页。

② [宋]欧阳修、宋祁：《新唐书》卷四五《选举制》，北京：中华书局，1975年，第1171—1172页。

应职官制度的需要而产生的。唐代职官制度颇为完善，书手普遍设置于各图书文化机构，其职能非常明确，主要负责典籍、经文的抄写、校对等。除此之外，书手亦负责一些文书、档案的抄写。"①根据《唐六典》记载，弘文馆、集贤院、都省、著作局、司天台、崇文馆、司经局等机构都设有数量不等的楷书手②。民间也有大量以抄书为职业的文人、专门抄佛经的经生、撰写文书契约的书手以及墓志碑刻的书丹手等。职业的需求也极大地推动了书法教育的发展。

在这样一个大的历史背景下，唐代敦煌的书法教育也不甘其后，蓬勃发展。

（一）敦煌童蒙书法教育

唐代以前的蒙学教材以字书为主，著名的有西周时期的《史籀篇》、李斯《仓颉篇》、汉代《急就篇》等。唐代初期，《急就篇》仍然广泛流行，但后来逐渐被《千字文》所取代。敦煌藏经洞保存了40多个版本的《千字文》抄本，也证明《千字文》已是当时广泛使用的童蒙教材。

P.2647v《千字文》正面抄写《大乘无量寿宗要经》，背面是《晏子赋》《五更转》，最后才是《千字文》习字。这份千字文习字作业的内容是练习书写"千字文敕员外散绮（骑）恃（侍）郎周兴嗣韵"等字，每个字写两行，但这个学生只完成了前面六个字，并没有写完所有字。习字中还出现了错别字，比如"骑"写成"绮"、"侍"写成"恃"。

---

① 周侃：《唐代书手研究》，首都师范大学博士学位论文，2007年4月，第7页。
② 李慧琪：《唐代书法教育类型研究》，曲阜师范大学硕士学位论文，2020年6月，第12页。

P.2647v 千字文

　　另一件编号为S.2703的学生习字作业相对完整。原作被撕成了两段，作业写在唐代敦煌官府文书的背面。从这份作业可以看出，当时的学生书写需要接受专门的训练。老师先写好示范字，学生在后面临写，并且每个字写3行40遍左右。教师会当天批改作业，并写上批语和批改日期。老师在后面写下了"麗 水 玉 渐有少能，亦合甄赏。 休"，表示这几个字写得有进步。从这件文书亦可窥见唐代敦煌书法教育和学习的模式。

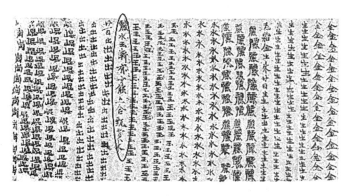

S.2703 习字作业

还有一种"字样""字宝""碎金"类的字书，也是汉字普及、规范的启蒙读物，同时也是民间认字、写字、普及教育的工具书，具有字典及课本的作用。

S.388 《正名要录》是一部完整的字样著作，旨在辨别字体，明确字的发音和字意。同时也是一部字体规范书，明确规范了书写时需要掌握古今字体的变化，这既是识字教育，也是书法教育的内容。

右依颜监字样甄录要用者考定折衷，刊削纰缪颜监字样先有六百字至于随漏，续出不附录者其数多，今又臣细参详取时用合宜者至如字虽是正，多正多废不行，又体殊浅俗，于义无依者，并从删减，不复编。题其字一依说文及石经字林等书，或虽杂两体者咸注云，正兼云二同或出字，诂今文并字林隐表其余字书，勘采择者咸注。通用其有字书不载，久共传行者乃云相承共用。

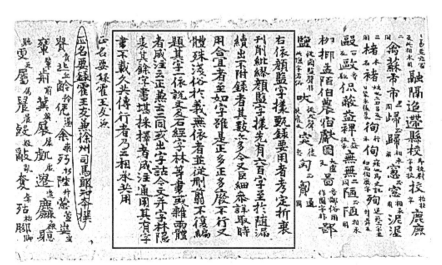

S.388　正名要录

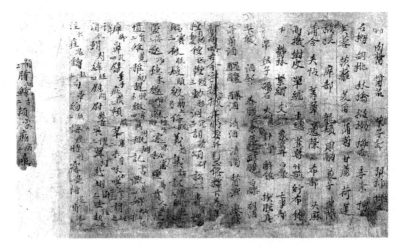

S.6208 新商略古今字样

右正行者，虽是整体，稍惊俗脚注随时消息用

右正行者正体脚注讹俗

右字形虽别，音义是同，古而典者居上，今而要者居下

右本音虽同，字义各别例①

智永和尚（生卒不详），南朝人，本名王法极，字智永，会稽山阴（今浙江绍兴）人，书圣王羲之七世孙。智永善书，对后世书法影响深远。对乃祖王羲之、王献之的书法极为钦佩，决心使乃祖的书法万古流芳。他传"永字八法"，为后代楷书立下典范。所临《真草千字文》

① S.388《正名要录》，见中国社会科学院历史研究所、中国敦煌吐鲁番学会敦煌古文献编辑委员会、英国国家图书馆、伦敦大学亚非学院合编《英藏敦煌文献》（汉文佛经以外部分）第2卷，成都：四川人民出版社，1990年，第173—178页。

800多份，广为分发，影响远及日本。即使现在，依然是书法学习的经典教材。

智永的真迹在唐代已很少见，但在藏经洞发现一件编号为P.3561的《真草千字文》，现藏于法国国家图书馆，图片分为三段，第一段20厘米，第二段42.5厘米，第三段38—39厘米，颜色均匀呈暗赭色，全卷尺寸约为25厘米×101厘米，存34行，书写内容形式与传世的《智永千字文》刻本极为相似，被认为是目前发现最早、最成功的临本。

藏经洞发现的这件《真草千字文》临本起于"（侍巾）帷房，纨

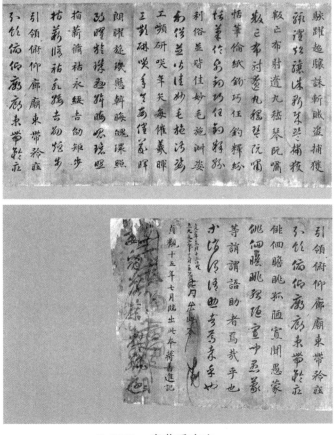

P.3561　真草千字文

扇贞洁"，终至末句"焉哉乎也"。卷尾有题记："贞观十五年（641年）七月，临出此本，蒋善进记。"敦煌蒋善进所临写的这份《千字文》，功力深厚，牵丝连带，平稳自然，精神气韵酷似智永所书之拓本的原貌，但此写本只存34行170字。此为初唐作品，可与智永的千字文相媲美。

（二）临写名人法帖

临写名人法帖是书法学习和教育中的另一项重要内容，自古至今传承不息。在敦煌文献中出现唐拓碑帖四种，包括唐太宗的《温泉铭》、欧阳询的《化度寺邕禅师塔铭》、柳公权的《金刚经》和王羲之的《十七帖》等。

在中国书法史上，唐太宗李世民在位23年，是以行书刻碑的第一人，他自撰自书的传世作品主要有《晋祠铭》和《温泉铭》等。《温泉铭》是公元648年唐太宗为骊山温泉撰写的一块行书碑文，同年立石。《温泉铭》在当时成为众人学习书法的临摹范本，惜原碑已毁，仅有文献记述。幸有敦煌藏经洞发现拓本，残存50行。可知这一书法范本也流传到了敦煌。

P.4508 唐太宗书《温泉铭》（拓本）"永徽四年（653年）八月五日"

欧阳询是唐初著名书法家。《化度寺碑》本为李百药撰文，欧阳询书，是欧阳询晚年的代表作，曾被宋朝书法家姜夔称为神品。原碑立于长安终南山佛寺，但原碑已毁，唐拓本也不见。

敦煌藏经洞发现拓本（P.4510+S.5791），高12.5厘米，共12页（其中前2页存法国，后10页存英国），每页4行，每行5字。也应该是敦煌地区的书法学习范本之一。

欧阳询《化度寺碑》楷书拓本（经折装）

柳公权为唐代书法名家，早年就以书法闻名。《旧唐书·柳公权传》载：

穆宗即位，入奏事，帝召见，谓公权曰："我于佛寺见卿笔迹，思之久矣。"即日拜右拾遗，充翰林侍书学士，迁右补阙、司封员外郎。[1]

据两唐书记载，柳公权不仅学习王羲之的书法，还广泛学习近世

书家的笔迹，并逐渐形成自己独特的书风。他的书法既取法于魏晋，又受到初、盛唐书家影响，自成一体。他写于长安西明寺的《金刚经》享誉当时。两唐书中均记载柳公权所书《金刚经》兼收钟繇、王羲之、欧阳询、虞世南、褚遂良、陆柬之等人的笔法，是他的得意之作①。宋代董逌所著《广川书跋》卷八《金刚经》条云："此经本书于西明寺，后亦屡改矣。经石幸存，不坠兵火。柳批谓备有钟、王、欧、虞、褚、陆之体。今考其书，诚为绝艺，尤可贵也。"②

P.4503 柳公权《金刚般若波罗蜜经》拓本首尾完整，28.5厘米×1166.6厘米，共468行。拓本末尾有五行题记："长庆四年（824 年）四月六日翰林侍书学士、朝议郎、行右补阙、上轻车都尉、赐绯鱼袋柳公权，为右街僧录准公书。强演、邵建和刻。"③而柳公权《金刚经》

P.4503　柳公权《金刚般若波罗蜜经》拓本

① 《旧唐书·柳公权传》卷一六五《柳公绰传附弟公权》，第 4310 页；《新唐书》卷一六三《柳公绰传附弟公权》。
② ［宋］董逌：《广川书跋》卷八，明代吴宽丛书堂红格钞本。
③ 《法国国家图书馆藏西域文献》第31册，第185页。

于824年写于长安西明寺，说明此经拓片不久就流传到了敦煌，并成为敦煌写经和书法临本。

这件藏经洞《金刚经》拓本最早记录在1909年罗振玉、王国维的《鸣沙山石室秘录》一书中[①]。日本学者内藤湖南于明治四十三年（1910年）转录了这件拓本的题记。1916年，罗振玉在其辑印的《墨林星凤》一书中，根据藏经洞发现的唐太宗《温泉铭》拓本上的"高宗永徽四年（653年）"的题记，将《金刚经》拓本定为唐代拓本[②]。

（三）名家书风影响

唐代出现了一批杰出的书法家，如颜真卿、柳公权、虞世南、褚遂良等，各家书风都对当时的书写者产生过影响，习字者莫不以学习和临写各家书体为务。很多研究者已经从海量敦煌文书中识别出受各种书风影响而成的写本，为我们了解唐宋时期敦煌一地的书法教育和书法艺术水平提供了丰富的材料。

唐代因为统治者推动，王羲之书风影响全国，使得敦煌书法受王羲之影响之深之广达到了高峰。在敦煌藏经洞发现了很多王羲之书法的临本，其中《十七帖》是王羲之的草书代表作，张彦远《法书要录》中记载：

> 《十七帖》长一丈二尺，即贞观中内本也，一百七行，九百四十三字。是煊赫著名帖也。太宗皇帝购求二王书，大王书有三千纸，率以一丈二尺为卷，取其书迹与言语类相从缀成卷。[③]

---

① ［日］内藤湖南：《内藤湖南全集》卷一四《湖南文存》卷六，东京：筑摩书房，1969—1976年，第148—149页。

② 罗振玉：《墨林星凤·序》，1916年。

③ ［唐］张彦远：《法书要录》，上海：上海书画出版社，1986年，第246—247页。

P.4642是唐人临王羲之《旆𩨷胡桃帖》的临本残片。罗振宇《贞松堂藏历代名人法书》收录《其书帖》一件，也是敦煌藏经洞文书。帖文的内容见于张彦远《法书要录·右军书记》：

> 得足下旆𩨷、胡桃药二种，知足下至戎盐，乃要也，是服食所须。知足下谓须服食，方回近之，未许吾志。知我者希，此有成言，无缘见卿，以当一笑。[1]

敦煌文书S.3753是唐人临写王羲之的《龙保帖》和《瞻近帖》，文书长25厘米，宽37.5厘米。字体结构和风格都是出自一人手笔，行笔过程显得特别流畅自然，可见得王羲之的神韵，堪称敦煌书法中的精品。帖文仍见于张彦远《法书要录·右军书记》：

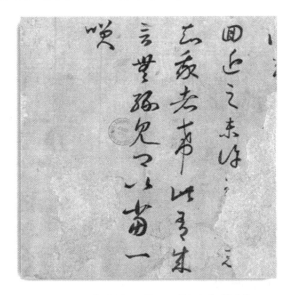

P.4642 唐人临王羲之《旆𩨷胡桃帖》

---

① ［唐］张彦远：《法书要录》，上海：上海书画出版社，1986年，第246—247页。

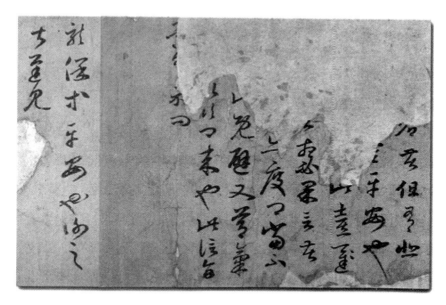

S.3753　唐人临王羲之草书《龙保帖》残纸

　　瞻近无缘省告，但有悲叹，足下小大悉平安也。云卿当来居此，喜迟不可言，想必果言告有期耳。亦度卿当不居京。此既避，又节气佳，是以欣卿来也。此信旨远，具示问。①

　　龙保等平安也，谢之。甚迟见卿舅，可早至，为简隔也。②

　　但敦煌临本与张彦远的记载稍有不一。敦煌临本《瞻近帖》中第一、四行的两个"苦"字，《十七帖》中刻作"苦"字，但《书法要录》中记作"告"字。

---

① ［唐］张彦远：《法书要录》，上海：上海书画出版社，1986年，第245—247页。
② ［唐］张彦远：《法书要录》，上海：上海书画出版社，1986年，第245—247页。

从敦煌临本书法水平来看，都已经达到了很高的水平，说明临写者已经对王羲之草书有了很深的认识，且能够在实践中自如书写。

除《十七帖》临本外，在敦煌遗书中还发现了王羲之《兰亭序》临本。如P.2544、P.3194v、P.2622v、P.4764、S.2601、S.1619等。其中P.2544是内容比较完整的一个临本，但是整篇抄写错讹较多，书法水平一般。郑汝中认为此写本"系经生所书"。P.3194v、P.2622v两件写本中均把"摹"字错写为"群"字，沈乐平据此认为"这两件是唐末五代之际以神龙本《兰亭序》为范本的练习之作"[①]。沃兴华认为P.4764是模仿褚遂良或者虞世南的临本[②]。S.1619《佛经疏释》卷末临写了《兰亭序》中的一段内容，仅"若合一契，未尝不临"几个字，每字都写两行，反复二十遍，每行开头一字书写水平很高，有示范的作用，可见这是一个习字作业。从中也可知王羲之《兰亭序》在书法教学中也是被作为经典范本来临写练习。

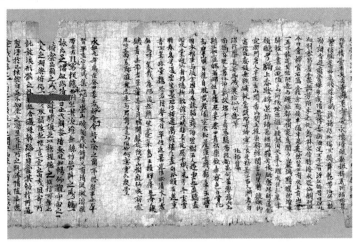

P.2544《兰亭序》临本

① 沈乐平：《敦煌书法综论》，杭州：浙江古籍出版社，2009年，第106—107页。
② 沃兴华：《敦煌书法艺术》，上海：上海人民出版社，1994年，第53页。

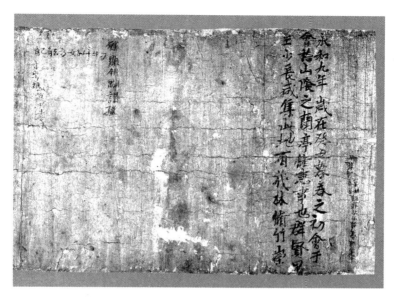

P.2622v《兰亭序》习字

　　藏经洞文书中还有一些写本虽不是临写王羲之作品，但书法风格与王羲之相近，似是学习王羲之书法而成。如P.2103《李进评企给公验牒》卷末的批注文书法有王羲之行书尺牍的神韵；P.2182《御注金刚般若波罗蜜多经音演》、P.2092《大般涅槃经疏释》、P.4660-12《沙州释门故张僧正赞》等写本字体都是典型的受王羲之书风影响的代表。P.3544《大中九年九月廿九日社长王武等再立条件》，书写风格也有王羲之书风，字形方面与《十七帖》的风格颇多类似。S.2575-2《天复五年（905年）八月灵图寺徒众请大行充寺状及都僧统判文》写本后有行书书写内容，取法王羲之，与后世右军尺牍抄本风格类似。钟明善评价这些写本的书法时说道："敦煌书家临摹王字，即使点画欠精，结体未工，但都有一种磊落潇洒的风姿，与王字精神暗合。这很可以为学

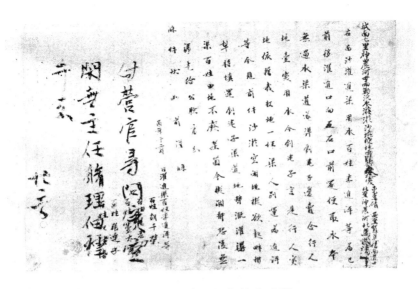

S.2103　李进评乞给公验牒

习二王者引以为鉴。"①

P.2555v卷有一组唐人诗集，其中突然写了"王羲之书宣示表"一段。《宣示表》原本为钟繇所作，此文张冠李戴，但书写者对王羲之作品较为熟悉，误写成"王羲之白"，也说明这两位名家在民间有相当的影响力。

颜真卿书体风格的写卷。敦煌藏经洞发现的收藏于英国国家图书馆编号为S.76《食疗本草》残卷，前残后缺，后书题名。残卷137行，每行20余字，共2774字，收药26味，朱墨分书。王国维、唐兰等将其与《证类本草》对校，确认为孟诜所撰《食疗本草》。这件《食疗本草》残卷是我国古代研究医药学的重要资料，同时也是研究孟诜不可多得的史料。这件写本的书法有颜真卿书风。

---

① 钟明善：《中国书法简史》，石家庄：河北美术出版社，1983年。

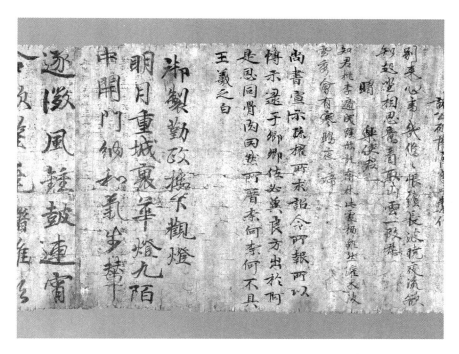

P.2555v　唐人诗集

S.76　《食疗本草》残卷

孟诜，汝州梁人也[①]。所撰《史料本草》是以食物成药方，用于治病的第一食疗方剂，"开元初（713），河南尹毕构以诜有古人之风，改其所居委子平里。寻卒，年九十三。"[②]由此推断孟诜生于公元621年，卒于713年。敦煌此写本应来自中原。

S.4277内容是《王梵志诗》残卷，经当时的学人整理此卷留存23首诗，与L.1456原为一卷，两卷合起来共有诗篇110首。L.1456有题记"大历六年（771年）五月一日"。这个时间正好是颜真卿晚年（709—785年），可断定此卷成于颜真卿晚年。此卷与颜真卿书法同时期，可说明颜氏书风并不是颜真卿个体创作出来的，而是时代特征。

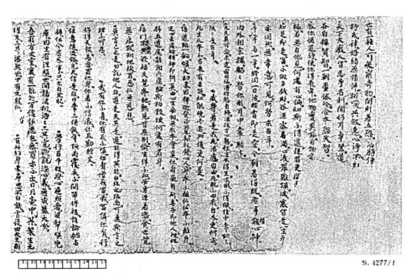

王梵志诗 （参照校勘编 ДХ1456）

S.4277　王梵志诗

---

① ［五代］刘昫：《旧唐书》卷一九一《方伎》，北京：中华书局，第3470页。

② ［五代］刘昫：《旧唐书》卷一九一《方伎》，第3470页。

　　S.721v内容为《净住子净行法门》中的《净住子卷第十八》。此卷与颜字最相似之处，在于宽博的结体和圆融的用笔，蚕头燕尾，且篆籀气厚重，行笔随性、熟练，十分连贯，故章法浑然一体。此卷书写恣意挥洒，随性略微过分，显得稍欠讲究。

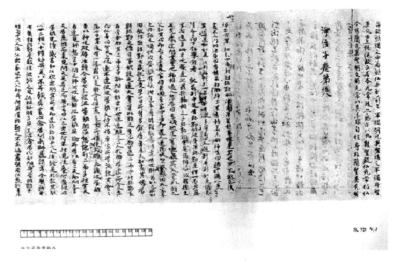

S.721v　净住子净行法门

　　S.1604是两篇内容完整的官方文件，分别为《天复二年（902年）四月廿八日沙州节度使张承奉致都僧统筹帖》和《河西都僧统贤照下诸僧尼寺纲管徒众帖》。其中后面一帖书法更胜，点画连贯，笔势通畅，用笔无意于工却不失工整的笔触，可见书者掌舵毛笔功夫不浅。

　　P.5544《类书酷吏传》是一个不完整的史籍抄本，大字楷书列首位人名，有李斯、赵高、董宣、朱穆、公孙鞅等吏官，人物简介部分为行草小字，笔锋出锋处明显，可见技巧比较成熟。

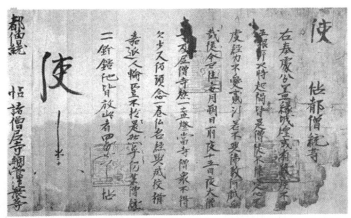

〔天复二年（902）〕四月廿八日沙州节度使张承奉致都僧统筹帖　　天复二年（902）四月廿八日河西都僧统贤
照下诸僧尼寺纲管徒众帖

S.1604　天复二年（902年）四月廿八日沙州节度使张承奉致都僧统筹帖、

河西都僧统贤照下诸僧尼寺纲管徒众帖

P.5544　类书酷吏传

P.2661《尔雅卷中》，卷中正面尾部落款处有"张真乾元二年（759年）十月十四日，略寻乃知恃所重亦不妄也"[1]。此落款书法有时贤研究与颜真卿《刘中使帖》非常相似。据研究，《刘中使帖》"吴希光已降"句，判断此法帖成书于大历十年（775年），正值颜真卿书法成熟时期的作品（当时颜真卿50岁），P.2661写卷书风厚重雄壮，气象有颜书风范，而书写时间要早于颜氏《刘中使帖》16年。

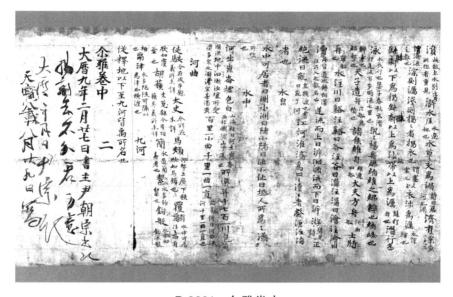

P.2661　尔雅卷中

P.3405《转经散道场文、大斋文、营窟稿……》，此件写本颜真卿书法味道足，使转灵活，行笔熟练，用笔及结体都有可学之处。

P.3720《沙州刺史张淮深奏白当道请立悟真为都僧统牒并敕文》写于咸通十年，内容为张淮深的奏请。在字的点画结构上具有明显的颜氏缩影，点画圆润饱满，浑厚有力，字形上窄下宽、上紧下松，整体呈现梯形结构。

---

① 《法国国家图书馆藏西域文献》第17册，第129页。

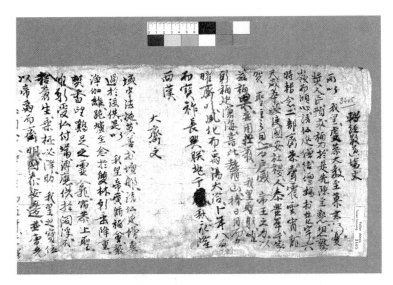

P.3405　转经散道场文、大斋文

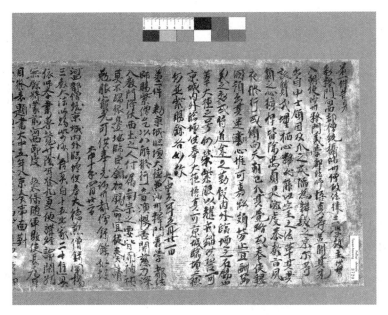

P.3720　沙州刺史张淮深奏白当道请立悟真为都僧统牒并敕文

　　P.3720v-1《莫高窟记》以行楷书写，从字的面貌来看，与颜真卿的行书颇有相似之处。

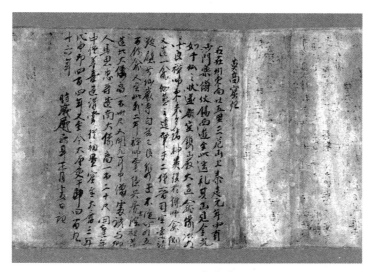

P.3720v-1 莫高窟记

（三）学习书法理论知识

王羲之书法理论也对敦煌书法有影响。P.5v、P.2005、P.2555、P.4936、S.214、S.3287等残卷都是有关书法理论的文本。 P.5v和P.4936两个写本内容传为王羲之所撰《笔势论》①。《笔势论》本是"一篇思想有一定体系的技巧论文"②，托名王羲之而流传于世。有关《笔势论》最早的记载是孙过庭的《书谱》，记载有"代传羲之与子敬《笔势论》十章"③，可知此论著在唐初就流传于世了。张彦远《法书要录》只存目录，没有录全文，至韦续《墨薮》中收录了全文，但题为《笔阵图十二章并序》。南宋陈思编《书苑菁华》中题为《笔势论十二章并序》，其后均以"笔势论"为名。陈祚龙考证敦煌藏经洞P.4936文书内容与各刊本

① 陈祚龙：《敦煌资料考屑》（上册），台北：台湾商务印书馆，1987年，第151页；蔡渊迪：《敦煌本〈笔势论〉残卷研究》，《敦煌研究》2010年第3期，第111—114页；王艺霖、李雪沆：《从敦煌遗书看王羲之对敦煌书法的影响》，《西泠艺丛》2019年第3期，第61页。

② 郑晓华：《古典书学浅探》，北京：社会科学文献出版社，1999年，第93页。

③ 孙过庭：《书谱墨迹》，杭州：西泠印社，2004年。

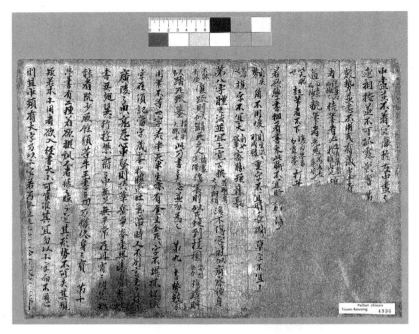

P.4936　笔势论

《笔势论》大致相同、相似，因此将这件文书定名为《笔势论》。关于敦
煌本《笔势论》残卷的价值，蔡渊迪明确指出，其一可推测《笔势论》原
有的篇目次第；其二可纠正刊本的文字错讹①。这自然是从文献学角度所
作的判断，但是从书法角度来看，此写本文字虽然残缺较多，且字迹
并不精到，但这篇理论著作本身为当时及后世的书论体系提供了理论
参考，在中国书法理论史上具有很高的历史价值。同时，敦煌本《笔
势论》作为迄今可被确认的宋元以前最古老的版本，为敦煌当地的学
者提供了有关王羲之最详尽的书法理论总结，也为敦煌地区的书法教
育提供了理论依据，足见敦煌地区书法风气之盛，《笔势论》这一书法
理论著作流传之广。

---

① 蔡渊迪：《敦煌本〈笔势论〉残卷研究》，《敦煌研究》2010年第3期，第114页。

（三）将书写水平作为官员政绩的品评标准

敦煌碑铭赞和敦煌藏经洞文书中保留了很多唐宋时期敦煌人物的传记资料，其中就有关于他们在书法方面造诣的描述和评论，体现了当时人们对官吏和士大夫阶层书写能力的要求。

S.1523《李光庭莫高灵岩佛龛碑并序》记载了唐代敦煌郡敦煌县悬泉乡人李光庭在莫高窟修建洞窟的事情，称他"虽复周孔栖遑，删诗书而定礼乐，抚龙图以临万物，握风篆而驭四方……敢扑略其狂简，庶仿佛于真宗"①，说明他不仅博览群书，擅长书画，而且在草书方面颇有造诣。又据《唐陇西李府君修功德碑》记载："时大历十一年龙集景辰八月有十五日辛未建。妹夫乡贡明经摄敦煌州学博士阴庭诫。"可知李光庭与阴庭诫乃姻亲，其时代应该在765—786年间②。

P.4638《大蕃故敦煌郡莫高窟阴处士公修功德记》③是敦煌阴氏家族阴嘉政的修莫高窟功德记，文中记载了敦煌阴氏家族的几位人物，其中提到阴嘉珍"大蕃瓜州节度行军并沙州三部落仓曹及支计等使，九九初生，心中密算；二王旧体，笔下能书"，显然是说他的书法学习了王羲之、王献之草书书风，且书法达到了一定的水平。

从这篇功德记中对阴氏家族的世系追溯可以看出，阴氏家族以军功和家学传家，在敦煌世代绵延，在莫高窟造窟不断，目前可考的阴氏家族有关的洞窟有西魏第285窟、初唐第431窟、盛唐第321窟、吐蕃第231窟、武周第96窟和217窟、归义军时期的第138窟等。阴嘉珍的书法造诣应该与其家学渊源和唐代敦煌地区对王羲之书法的临写风尚有

---

① 郑炳林：《敦煌碑铭赞辑释》，第16页。
② 郑炳林：《敦煌碑铭赞辑释》，第17页。
③ 郑炳林：《敦煌碑铭赞辑释》，第238—241页。

关。晚唐另一位阴氏家族成员阴法律为沙州释门，河西都僧统唐悟真为其写的邈真赞中说他"克札王书，文波谈吐"，也是说他的书法受到王羲之书风影响。

P.4640《大唐宗子陇西李氏再修功德记碑》是张议潮女婿李明振的第四子李弘益的功德碑，碑记追述李氏家族不但文化造诣深厚，而且擅长书法。李氏诸位兄弟或文或武，唯有李弘益书法卓然。P.4615、P.4010《李端公讳明振墓志铭》记载李弘益："三端俱备，六艺精通，工书有类于钟繇，碎札连芳于射戟。子云特达，文雅而德重王音。"①

P.4660《张兴信邈真赞》记载："敦煌豪族，墨池张氏。禀气精灵，怀仁仗义。政直存公，刚柔双美。"这里称张兴信是墨池张氏，表明他与敦煌书法家张芝的家族关系。另一位张氏家族《张禄邈真赞》中记载："闺门孝感，朋友言孚。家塾文议，子孙询德。"说明敦煌张氏家族中有家塾，因而家族书法教育与传承也应包含其中。

唐悟真是晚唐敦煌地区僧俗界一位非常有影响力的人物，曾参与张议潮收复敦煌的起义，并多次往来于敦煌和长安之间，受到唐宣宗皇帝的接见。敦煌藏经洞保存下来的与悟真有关的文书40多件，他本人文采斐然，曾为多位敦煌名人撰写邈真赞和碑铭赞文。悟真的书法水平也是很高的，多件文书都有关于他书法水平的描述。P.3720《悟真自述》云："河西都僧统京城内外临坛供奉大德兼都僧录阐扬三教大法师赐紫沙门悟真，自十五出家，二十进具，依师学业，专竟寸阴。年登九夏，便讲经论闲空无余。特蒙前河西节度使故太保随军驱使，长为耳目，修表题书……"说明他非常受归义军节度使张议潮的重用。

---

① 郑炳林：《敦煌碑铭赞辑释》，第293页。

悟真撰写的碑铭赞中有一件《敕河西节度兵部尚书张公德政之碑》，据研究是唐悟真所写，"碑文抄本字体甚佳，书法为隶楷体而风格独特，字体修长而书写流畅，经与唐悟真签名笔迹比较，当是唐悟真的墨迹。"①

　　还有一位释门书法高手康恒安，因书法出众，得以有机会抄写诸多名人的邈真赞。敦煌文书中保存了19件有康恒安题名的文书②，从抄写内容可以看出他从最初的普通抄经手发展为一名书法高手。由于相关文书较多，涉及很多重要历史信息，多位学者都做过相关研究。郑炳林《敦煌碑铭赞辑释》中在《康通信邈真赞》的文后注释中罗列了十多件有关恒安的文书信息③；荣新江《归义军史研究》中依据S.6405v书状，讨论了恒安书状中所感谢的司空应该是张议潮，而且认为他是供职归义军衙门的僧人④；郑炳林《唐五代敦煌的粟特人与佛教》中提到恒安作为康通信的从弟，也应姓康，粟特人，是唐代敦煌归义军建立之初粟特康氏在佛教教团的代表人物⑤；屈直敏在《敦煌高僧》中对恒安生平事迹进行了勾勒⑥；吴丽娱《P.3730v〈张氏归义军时期书状〉考释》⑦《P.3197v〈曹氏归义军时期甘州使人书状〉考

---

① 陈琪：《唐代书法人物辑考》，《甘肃社会科学》2007年第3期，第88—89页。

② 杨宝玉：《晚唐敦煌名僧恒安事迹稽考与相关归义军史探析》，见《隋唐辽宋金元史论丛》，2015年，第39—42页。

③ 郑炳林：《敦煌碑铭赞辑释》，第115页。

④ 荣新江：《归义军史研究》，上海：上海古籍出版社，1996年，第70页。

⑤ 郑炳林：《唐五代敦煌的粟特人与佛教》，见《敦煌归义军史专题研究》，兰州：兰州大学出版社，1997年，第443—444页。

⑥ 屈直敏：《敦煌高僧》，北京：民族出版社，2004年，第116—119页。

⑦ 吴丽娱、杨宝玉：《P.3730v〈张氏归义军时期书状〉考释》，见《出土文献研究》，2005年，第278—286页。

释》①二文对恒安写的书状进行了过录，并探讨了书状内容与归义军史事的关系。

恒安是甘州删丹镇遏使康通信的从弟，康通信的邈真赞就是他抄写的，他与唐悟真是同时代人。他在咸通六年（865年）之前就任敦煌灵图寺知藏，曾师从著名佛经翻译家吴法成，在敦煌佛教界地位很高。在知识造诣方面，他曾抄写过大量佛经，儒学功底和书法文笔也为时人所称道。

以上所举敦煌归义军时期部分官员和僧人的邈真赞等文书，反映出晚唐归义军时期书写能力仍然被视作评价文人和官员能力的标准之一。钟繇、王羲之等书法名家的字体是他们临习的榜样，书法以隶书和楷书为主，而且书法技艺已经达到为当时所瞩目的高度，应该与当时整个敦煌地区的书法传习和教育风气有关。

---

① 吴丽娱、杨宝玉：《P.3197v〈曹氏归义军时期甘州使人书状〉考释》，见《敦煌学辑刊》2005年第4期，第14—23页。

第五章　敦煌归义军农业、手工业技术的教育与传承

第一节　归义军农业生产技术教育

我国自古以来以农业立国，农业在漫长的历史发展进程中创造了灿烂辉煌的历史，为世界物质文明和精神文明的进步做出了不可磨灭的贡献。从神农氏"始教民为耒耜以兴农业……""始教耕稼"和后稷教民稼穑开始，以后各代逐步发展演变，形成了我国古代农业教育的独立领域。可以说农业教育是中国古代农业发展的重要动力。

中国的社会教育是中国传统文化的根基，对我国古代农业教育进行研究，将有助于了解中国古代传统文化的传播机制。众所周知，中国古代的学校教育主要是传统的文化教育，教育具有阶级性，而最广大劳动群众的受教育机会少，但是，以农为本、勤劳节俭等传统文化中这种积极向上的精神之所以能够深入人心、代代相传，农业教育起到了重要的作用。农业教育作为社会教育的一个范畴，其广泛性、实践性、实用性和群众性，对我们今天提高全民族科学文化素质、在全社会形成共同理想和精神支柱、促进社会精神文明等建设仍然具有重要意义。

晚唐五代宋初，敦煌的农业发展也有了很大进步，几乎与中原地区农业发展水平持平，这可以从敦煌壁画中的各种农耕图中反映出来。虽然有关这一时期敦煌农业教育的资料极其稀少，但是一些归义军政权的文书资料、邈真赞以及壁画石窟资料仍然为我们对这一问题的研究提供了一些线索。

中国古代农业教育的对象有两类，一是对农业官吏的教育，二是对农民的教育。敦煌地区的农业教育也不例外。

一、对农业官吏的督促与教育

（一）归义军政权及其"藉田"之制

"把官吏作为农业教育的对象，注重对官吏的教育，这是中国古代农业教育的一个十分明确的思想，在中国最早的典籍《周官经》中，就有'以九职任万民'，而九种职业前四类都是与农业有关的。"①这缘于在中国封建社会，农业的繁荣发展关乎民生和国家的安定，是国家最主要的产业，因此，历朝历代对农业官吏的管理和教育都比较重视。我国古代从周开始就有"藉田"之制，即在每年的春耕之前，皇帝带领亲族、诸侯亲自在他们所占有的封田里耕作，一是为了表示对农业的重视，二是可以起到对官吏和农民的教育督导作用。干宝《周礼注》曰：

> 古之王者，贵为天子，富有四海，而必私置藉田，盖其义有三焉：一曰以奉宗庙，亲致其孝也；二曰以训于百姓在勤，勤则不匮

---

① 张景书：《中国古代农业教育研究》，西北农林科技大学博士学位论文，2003年5月，第4页。

也；三曰闻之子孙，躬知稼穑之艰难，无违也。①

汉文帝前元二年（前178年）春正月丁亥诏曰：

夫农，天下之本也。其开藉田，朕亲耕以给宗庙粢盛。②

后代藉田据此沿用亥日，即正月任何一个亥日都可。至唐代，武德贞观时又重申：

孟春吉亥，祭帝社于藉田，天子亲耕。③

贞观三年（629年）正月，太宗亲祭先农，御耒耜于千亩之甸。

归义军时期，也举行"藉田"仪式。敦煌历日文书中有关藉田的文书较多，列举如下：

敦煌历日文书中的藉田文书

卷号	年代	有关藉田的记载
P.2765	大和八年（834年）	正月十二日癸亥，始耕
S.1439	大中十二年（858年）	闰正月十二日乙亥，藉田
P.3284	咸通五年（864年）	正月十二日己亥，藉田
P.2506	天祐二年（905年）	正月十四日乙亥，藉田
P.3247	同光四年（926年）	正月廿三日辛亥，藉田
S.0681	开运二年（945年）	正月二日己亥，藉田

① ［清］阮元校刻：《十三经注疏》，《周礼注疏》，第697页。
② 《资治通鉴》卷一六《汉纪八》。
③ 《旧唐书·礼仪志四》。

续表

卷号	年代	有关藉田的记载
S.1473	太平兴国七年（982年）	正月十九日辛亥，藉田
P.3403	雍熙三年（986年）	正月六日乙亥，藉田
P.3507	淳化四年（993年）	正月廿二日（辛亥），积（藉）田

（表格内容录自谭蝉雪：《敦煌岁时撷琐》，载《敦煌研究》，1990年第1期）

从表中也可以看出，敦煌的藉田之礼也都是在正月亥日举行，完全符合汉代以来的藉田古制。还有一些归义军时期有关藉田期间的用纸破历，也有力地反映了归义军政权对藉田之礼的施行。P.4640为光化年间张承奉时期的用纸破历：

庚申年（900年）正月廿日藉田，支钱财粗纸壹帖（伍拾张）。
辛酉年（901年）正月廿七日藉田，支钱财粗纸壹帖。

另一件敦煌文书P.2481《书仪》中有《祠祭第六》记载曰：

至若青阳纪律，玄鸟司辰，诸叶抽蒲，方展绀辕之礼；林花发杳，爰修戴耜之仪。是以翠幕烟舒，效躬耕于千亩；青坛岳峙，乃藉于三推，岂唯下劝地人，上供七庙。①

"效躬耕于千亩""下劝地人，上供七庙"充分反映了归义军政权

---

① 黄永武：《敦煌宝藏》第121册，第43页。

阶层对中国古代的这种藉田之礼的效仿，也反映出归义军长官寄希望于藉田之礼的施行一来劝课农桑，鼓励农民种田的积极性；二来也是希望以这种实际的行动感化天地，供养神灵，以期风调雨顺、国泰民安的心理。

《孝经援神契》曰："社者，土地之主。土地广博，不可遍敬，故封土以为社而祀之，报功也。"①《诗经·大雅·绵》："迺立冢土，戎醜攸行。"②《毛诗正义》曰："乃立冢土，戎醜攸行。冢既为大，土为社主，故知'冢土，大社'也。"③稷者乃谷神之名，"稷者五谷之长，五谷众多，不可遍祭，故立稷而祭之。"④祭社有官社、民社之分，官社由朝廷、官府主祭。《礼记·祭法》："王者自亲祭社稷何？社者，土地之神也。土生万物，天下之所主也，尊重之，故自祭也。"⑤《春秋左传》卷三〇《襄公七年》："郊祀后稷，以祈农事也。以报生成之恩，为万人求福报功也。"⑥

敦煌大量愿文、斋文资料中也都不乏祭祀各类农业神祇、祝愿社稷平安的祈愿。敦煌具注历中就有关于祭社的记载，P.2765："大和八年（834年），五日春分，七日戊子，社。"S.1439："大中十二年（858年），一日春分，六日戊戌，社。"P.3284："咸通五年（864年），六日春分，十一日戊辰，社。"P.3247："同光四年（926年），二日戊子、

①［明］陶宗仪纂：《说郛》卷五（下），北京：中国书店，1986年，

② 程俊英、蒋见元著：《诗经注析》，北京：中华书局，1999年，第763页。

③《毛诗正义》卷一六（之二），见李学勤主编《毛诗正义》（下），第989—990页。

④《孝经援神契》，四库全书本。引自［汉］应劭撰，王利器校注：《风俗通义校注》，北京：中华书局，1981年，第356页。

⑤《礼记正义》卷四六《祭法》，见李学勤主编《礼记正义》（下），第1296页。

⑥《春秋左传》卷三〇《襄公七年》，见李学勤主编《春秋左传正义》（中），第850—851页。

社，三日春分。"S.1473："太平兴国七年（982年），十六日戊寅、社，廿日春分。"P.3403："雍熙三年（986年），六日春分，十日戊申、社。"敦煌官府还设有社稷坛，依时祭奠。P.2005《沙州都督府图经残卷》记载："二所社稷坛：州社、稷坛各一，高四尺，周回各廿四步，右在州城南六十步，春秋二时祭奠。敦煌县社、稷坛各一，高四尺，周回各廿四步，右在州城西一里，春秋二时祭奠。"敦煌还有专门在祭祀社稷时念诵的《祭社文》（S.1725v/₁₋₂）：

敢昭告于社神：惟神德兼博厚，道著方直，载生品物，含养庶类。谨因仲春（仲春、仲秋），祗率常礼，敬（恭）以制弊犠齐，粢盛庶品，备兹明荐，用申报本，以后土勾龙氏配神作主。［尚响］！

敢昭告于后土氏：爰兹仲春（仲春、仲秋），厥日惟戊，敬修恒（常）士（式），荐于社神。惟神功著水土，平易九州，昭配之义，实惟通典（实通祀典），谨以制弊犠齐（谨以犠齐），粢盛庶品，式陈明荐，作主侑神。（［尚响！］）

敢昭告于稷神：惟神播生百谷，首兹八政，用而不遗（匮），功济萌黎。谨（恭）以制弊犠齐，粢盛庶品，祗奉旧章，备兹瘗礼。谨以后稷弃，配神作主。（［尚响！］）

敢昭告于后稷氏：爰以仲秋（仲春、仲秋），敬（恭）修恒（常）礼，荐于稷神。惟神功叶稼穑，善（阐）修农政，允兹以从祀，用率旧章。谨以制弊犠齐，粢盛庶品，式陈明荐，作主配神。（[尚响!]）①

　　为祈求保佑风调雨顺和庄稼顺利生长，敦煌还有结葡萄赛神、赛青苗神等祈赛仪式。沙州每年四月都要举行结葡萄赛神活动，即祝祷葡萄苗壮成长、多结果实。S.1366："（四月）准旧南沙园结葡萄赛神细供伍分、胡饼伍拾枚，用面叁斗肆升伍合，油肆合。"南沙园应该是敦煌归义军府衙的葡萄园所在地，这里的赛神费用应该由官府支出。关于敦煌的赛青苗神，P.4640《归义军衙府纸破历》载："己未年（899年）四月九日赛青苗神用钱财纸壹贴。""庚申年（900年）（四月）十六日赛青苗神支粗纸壹贴。""辛酉年（901年）（四月）十三日赛青苗神用钱财粗纸壹贴。"S.1366《衙府账目》载："（四月）准旧赛青苗神食十二分，用面叁斗陆升，油贰升肆合。"可见敦煌的赛青苗神都是在四月进行，需要焚烧纸钱、设供祭拜。据《齐民要术》卷一记载："苗生如马耳则镞锄。谚曰：欲得谷，马耳镞。"根据敦煌地区的气候特点，四月时，正是麦苗初长出时，也是耕耘之时，这个时候设神坛，祈求祛灾害、获丰收正是时机。《毛诗·小雅·莆田》记载："琴瑟击鼓，以御田祖，以祈甘雨，以介我稷黍。"注曰："设乐以迎祭先啬，谓郊后始耕也，以求甘雨，佑助我禾稼。"

　　另外，敦煌邈真赞当中对官员在督促农业生产方面的政绩也给予积极鼓励和高度评价，在本文第一章第一节中，有关敦煌县令职责的研究中已经论述了县令在劝课农桑方面的职能，更加有力地说明归义

---

① 宁可:《敦煌社邑文书辑校》,南京:江苏古籍出版社,1998年,第695—696页。

军政权对农业生产的重视和对农业官员的管理与教育。

（二）设立劝农官

中央朝廷还在地方上专门设立劝农官，利用地方政府的权力，对农业生产进行监督、引导，即所谓的"劝课农桑"，把政府的行政管理职能与对农民的教育、督导结合起来。为劝课农桑，督导生产，古代设置的农官名目繁多，"单是农官就有：农师、闾师、遂师、司稼、乡师、三老力田、大农令、大司农、农都尉、田官、督农劝长吏、司农卿、司农、田曹、司农参军、营田使、劝农使田正、劝农司、巡行劝农使、大司农司、大司农卿、农官等。名称各代不同，但是却有着相同的职责，即教育和督导农民。"①

据冯培红研究认为：

> 武则天统治末年，敦煌地区均田制已经很难再维持下去，民户逃亡现象严重，政府还设置了扩逃使。为招徕人户垦田耕种，做出规定：凡逃户之田业，由"官贷种子，付户助营"，改配给其他百姓耕种。这些改配他人营种的原逃户田地，当时就被称为营田。……唐代前期对敦煌营田的管理还设置了检校营田官，负责检括空闲土地，并与当县官吏一起判理改配田地事宜，劝人营种。②

大谷2836号文书《武周长安三年（703年）三月敦煌县录事董文彻牒》载：

---

① 张景书：《中国古代农业教育研究》，西北农林科技大学博士学位论文，2003年5月，第18页。
② 冯培红：《唐五代敦煌的营田与营田使考》，见《敦煌归义军史专题研究续编》，兰州：兰州大学出版社，2003年，第247页。

其桑麻累年劝种，百姓并足自供。望请检校营田官，便即月别点阅蓁子及布，城内县官自巡。……牒为录事董（文）彻劝课百姓营田判下乡事。①

唐睿宗景云二年（711年）之后，藩镇兴起，节度使之下设有支度营田使，河西节度使亦在凉州设置了支度营田使，其余各州分设州营田使。敦煌地区有沙州营田使，是从原来检校营田官的基础上演变而来的②。

到了归义军政权建立之后，积极致力于建立新的统治秩序，农业生产也逐渐恢复，进行了一系列的调查户口、整顿土地归属、登记造册、重新分配等事务。其中负责登记的官员就是都营田及其下属营田使。

都营田又称都营田使，归义军时期全称为管内都营田使，是营田机构中的都级长官，负责境内的营田事务，其下设有州、防戍都营田使③。

P.3718《阎子悦生前邈真赞并序》记载阎子悦曾担任河西节度使右马步都押衙，在他任职期间：

锡冶鸿波，愿勖重之哲。乃加管内都营田使，兼擢右班之领。一从任位，清廉不侔于异常。肯守严条，薄浴甘汤而有仗。遂使三农秀实，万户有鼓腹之欢。嘉露无乖，一人获康宓之庆。……曹公

① 唐耕耦、陆宏基：《敦煌社会经济文献真迹释录》第二辑，第328页。
② 冯培红：《唐五代敦煌的营田与营田使考》，第249页。
③ 冯培红：《唐五代敦煌的营田与营田使考》，第249页。

之代，拣异多缘。委均流泽，溉遍千田。殊功已就，馨名盛传。都衙之列，当便对宣。一从受位，无傥无偏。①

阎子悦在担任营田使职务期间"三农秀实、万户鼓腹"，其农业方面的功绩显而易见。都营田使一职在张、曹归义军时期长期存在，并由节度右马步都押衙兼领，足见其职权的重要程度。

敦煌文书关于营田使本身职务的记载有限，更多的是营田使日常的经济与社会活动，其资料的丰富也侧面反映出营田使之职员的职责之重。

一些与农业生产有关的节日庆典活动同样反映了官府对农业的重视和引导，中和节庆典活动即是其一。《唐会要》卷二九记载："（贞元）五年十一月敕，四序嘉辰，历代增置……自今以后，以二月一日为中和节，内外官司，并休假一日，请令文武百僚，以是日进农书，司农献种稯之种。王公戚里上春服，士庶以尺刀相遗，村社作中和酒，祭句芒神，聚会宴乐，名为乡句芒，祈年谷……"②二月一日是繁忙的农业活动即将开始的时间，因此才有"祈年谷"的活动，这样看来，元正、东至、春秋二社日、中和节的设置，实际是因为自然界变化，影响至于农事，所以逐渐形成唐代的节日。

二、对农民的教育

农民问题是中国古代农业教育的核心。统治阶级为了维护自身统治，积极致力于通过多种途径和利用多种手段对农民传授农业生产相

---

① P.3718《阎子悦生前写真赞并序》，见郑炳林《敦煌碑铭赞辑释》，第424—425页。
②《唐会要》卷二九，第544页。

关技术知识，主要有以家庭为单位的父子相承、通俗读物当中农业相关知识的传播、谚语传唱等方式。

（一）以家庭为单位的父子相承

由于农作物种类繁多，生态环境复杂，农作物常常因时空的不同而差异很大，因此每一个地区的耕作方法必须按照当地的土地和气候特点而进行，这些耕作技术往往被家族中的年长者所掌握，家庭本身作为社会的基本单位，具有抚养教育的功能，在家庭中，长者就是师傅，是最直接的农业生产技术的教育者和传播者。家庭成员通过共同参加农业生产劳动，在实践中将农业生产技术和经验传授给下一代。这种传授方式促成了中国古代尊老敬老社会风尚的形成，甚至有学者称"孝道是农业经济的产物"[1]。敦煌壁画中的农作图当中的耕作场面

莫高窟第23窟北壁盛唐"雨中耕作图"

---

① 肖群忠：《孝与中国文化》，北京：人民出版社，2001年，第331页。

大多画的是以家庭为单位的劳作场景。莫高窟盛唐第23窟北壁"雨中耕作图"中，一农夫头戴斗笠正在耕地，另一农夫肩上挑着一束麦子正在行进，还有一家四口坐在田边餐饮。莫高窟中唐第186窟的扬场场景为：一妇女端簸箕筛选，一男子持权扬场，一人持扫帚略扫。莫高窟中唐第240窟的场院画面为：一男子持连枷在摊开的粮食上轮打，另一男子持五齿权扬场，扬出的部分由一妇女双手端簸箕扬簸，另有一人持木锨扬场。莫高窟五代第61窟的场院情景为：一男子持木锨在一堆粮食前扬场，一妇女在另一堆粮食前双手端簸箕往下倾倒扬簸已净的粮食，另一男子持扫帚在粮食上略扫。榆林窟第20窟南壁也绘有一幅五代时期的农耕图。

榆林窟第20窟南壁五代农耕图

（二）农业相关知识的传播与学习

与农业生产相关的知识在敦煌蒙学作品中可以看到，这些通俗读物中记载的都是与人们日常的农业生产息息相关的知识，包括自然知识、生活常识等。在自然知识方面，一般以天地日月星辰、阴阳寒暑等天文概念，以及春夏秋冬、四时八节等历法知识为主。这些历来都被作为童蒙教材中有关自然科学教育的传统来对待。在正规官学当中的自然科学教育，主要以历代的科学书籍以及当代科学家的经验作为教育的主要内容，而在民间，自然科学知识的学习以日常实用的医学、天文历法为主。尤其是在中国古代社会以农业经济为主，与农业耕作息息相关的历法、节气等知识就显得尤为有用。例如梁朝周兴嗣所撰《千字文》一开头就叙述："天地玄黄，宇宙洪荒；日月盈昃。辰宿列张；寒来暑往，秋收冬藏。"即是对自然现象和变化规律的总结描述。《开蒙要训》开头也是叙述："乾坤覆载，日月光明。四时往来，八节相迎。"一直到了清代，《幼学故事琼林》开头还是这样："混沌初开，乾坤始奠；气之轻清上浮者为天，气之重浊下凝者为地。日月五星，谓之七政；天地与人，谓之三才。日为众阳之尊，月乃太阴之象。"可见民间通俗读物当中都有自然教育的传统。

敦煌写本《孔子备问书》，全篇内容针对天文、时序、地理、人事等日常生活的有关问题，经由一问一答的形式，向人们阐释了最基本的自然科学知识，是唐代民众日常生活所孕育出来的通俗作品，最能反映当时社会生活与庶民思想的真实面貌。据郑阿财、朱凤玉研究，"今知敦煌写本《孔子备问书》有4个写卷，均藏于法国巴黎国家图书馆，分别为编号P.2570、P.2581、P.2594、P.3756。"①并综合进行录文摘录如下：

《孔子备问书》一卷　　周公注

学道得道

孔子周公曰：何谓天地？

答曰：运气未分，幽幽冥冥，上下蒙洪，无影无形，不浊不清，难分之气，天地得成。清气上浮为天，浊气下沉为地。一黄一清，清浊之气分为阴阳，阴阳之气变为五行。阴阳交错万物得生，吾今为从，以为之根本。

问曰：天何谓禁？

答曰：天圆地方，运盖为禁也。

问曰：天为地盖者何？

答曰：天地之气，理大难侧。观之运盖，为之禁非，人难能决之。

问曰：天何以圆？地何以方？

答曰：天不圆，无运动；地不方，何以安靖。

问曰：天何以运动？地何以安靖？

答曰：天不运动，无以通气；地不安靖，无以生物。天运动则四时行，地安靖则万物生。

问曰：天动何旋？几时一匝？

天运西行谓之在旋，十二时一匝也。

---

① 郑阿财、朱凤玉：《敦煌蒙书研究》，第194页。

何谓十二时？

日之所处本具：正南午、日昳未、晡时申、日入酉、黄昏戌、人定亥、日出卯、食时晨、隅中巳、夜半子、鸡鸣丑，故曰十二时也。

何谓日月？

太阳之昌（晶）为日，太阳（阴）之昌（晶）为月，故曰日月也。

日月何行？

天西行谓之在行也。

日月东行，何以西没？

天西行，日月东行，天一日一夜一匝，日三百六十五日一匝，月三十日一匝。天行疾，日月行迟，天力大，日月力少，是以行迟也。

问曰：日月逆行，天顺行，日月去天远近？

日月者阴阳之气节，日月气（去）天远，去地近。天有卅重，地卅六万里。上至日月星晨（辰），高下无盖，所居长□如本地是也。

……

何谓四时？

春、夏、秋、冬，此之是也。

何为（谓）为春？

春：正月、二月、三月为春，暖也。

何谓为夏？

四月、五月、六月为夏，夏暑热也。

何谓为秋？

七月、八月、九月，秋者凉冷也。

何谓为冬？

十月、十一月、十二月为冬，冬者极寒也。

何谓四孟？

孟者始也。正月孟春，四月孟夏，七月孟秋，十月孟冬，此是四孟。孟者极也，盛也。

何谓四仲？

仲者中也。二月仲春，五月仲夏、八月仲秋，十一月仲冬，此是四仲也。

何谓四季？

季者，末也。三月季春，六月季夏，九月季秋，十二月季冬，此四季末也。

何谓八节？

立春、春分、立夏、夏至、立秋、秋分、立冬、冬至，此之节（是）也。

问：一节几日？

一节四十五日也。

何谓立春？

冬至后四十五日，阴气日变，阳气日升，百草萌芽，故曰立春也。

何谓立夏？

春分后四十五日，阳气日余，百草生长，万物茂盛，此之夏是也。

何谓立秋？

夏至后四十五日，阴气盛，阳气日衰，故曰立秋也。

何谓立冬？

秋分后四十五日，阳气日〔衰〕，阴气日上，百草皆死，故曰立冬也。

何谓冬至？

至者极也。立冬之后四十五日，阴气日极也，故曰冬至。

何谓夏至？

至者极也。立夏后四十五日，阴气极长，夏至极主，炎暑极上，故曰夏至也。

······

问曰：何谓三农、三要？

春蚕，夏麦，秋禾，此为上（三）要是也。

······

何谓五谷？

粟、麦、稻、黍、豆，此之是也。

何名六畜？

猪、羊、鸡、狗、牛、马是也。[1]

关于十二时计时法，就是将一日二十四时分作十二个单位，每一单位称为一时或一时辰，分别以十二地支进行命名。唐代佛曲歌赞、民间歌谣中就出现大量的定格联章的十二时，也就是全篇十二首，分写

---

[1] 郑阿财、朱凤玉：《敦煌蒙书研究》，第196—213页。

十二时辰，每一时辰一首的连续歌词组诗，敦煌写本中就有30多件类似的写本，如S.427《禅门十二时》、S.5567《圣教十二时》、P.2633《发愤长歌十二时》、P.2054《十二时普劝四众依教修行》等。关于节气，古代历法以阴阳合历为传统，创立了二十四节气，是专门结合农业系统而设的。二十四节气中的四立——立春、立夏、立秋、立冬，和春秋二分、冬夏二至合称为八节，八节正是季节转换的时候，可以据此明确地区分四季；小暑、大暑、处暑、小寒、大寒五个节气则反映物候现象及农事活动。掌握了二十四节气，就可以认识一年四季、寒来暑往的变化规律，有助于农事活动安排。敦煌写本P.2426《卢相公咏廿四气诗》，将二十四节气编为朗朗上口的诗歌，非常方便童蒙记诵。

可见，农业知识除了父子、师徒等经验的言传身教外，最普遍通用的农业相关知识在中国古代被知识分子编入童蒙教材当中，作为儿童发蒙的实用内容。中国古代社会以农业经济为主，童蒙对农业生产最熟悉，因此，与农业相关的知识也最贴近儿童的生活，容易理解和记忆。唐代流行最广的《千字文》《开蒙要训》等童蒙教材在内容上或多或少都涉及农业相关知识，比如有关宇宙的知识、季节变化、节气、农作物种类等。敦煌文书当中的童蒙教材在社会文书当中所占比重较大，学界对童蒙教材和童蒙教育的研究也最多、最全面，这些教材中就包含有农业生产相关知识，对传播农业知识发挥了积极作用。

1.《千字文》

目前发现的敦煌蒙书写本中，以《千字文》写本的数量最多，计有47个卷号，其中还有很多不同时期根据需要而编写的《千字文》注本，另有改编的《新合六字千文》。以P.3910《新合千文皇帝感一十一首》为例，其中有关农业知识引录如下：

……

天地玄黄辨清浊	笼罗万载合乾坤
日月本来有盈昃	二十八宿共参辰
宇宙洪荒不可测	节气相推秋复春
四时回转如流电	燕去鸿来愁煞人
三年一润是寻常	云腾致雨有风凉
暑往律移秋气至	寒来露结变成霜

……

海水由来有咸味	河水分流入建章
龙鱼带鳞潜戏水	鸳鸯刷羽远翱翔①

2.《开蒙要训一卷》

敦煌写本《开蒙要训》共计有37个写卷，分别藏于英、法、中、日、俄等国家，其中有介绍天文、地理、四时景象及山岳河川等自然景象：

乾坤覆载、日月光明。四十往来，八节相迎。春花开艳，夏叶舒荣、蓁林秋落，松竹冬青。雾露霜雪，云雨阴晴。……②

有关稼穑：

耧犁耕耩，锄刨垄畔。植薤稀疏，概密稠短。亢旱焦枯，沟渠

---

① 郑阿财、朱凤玉：《敦煌蒙书研究》，第40—41页。
② 郑阿财、朱凤玉：《敦煌蒙书研究》，第58页。

溉灌。①

还有农耕植物:

扫洒庭院,料理园场。畦苑种莳,栽插端行。槐榆椿楮,桐梓
柘桑。檀查桦柿,柑橘槟榔。苽桃李柰,枣杏梨棠。葱蒜韭薤,荽
荑椒薑。芸薹荠蓼,葫鏵芬芳。蔓菁葵芥,萝卜兰香。②

① 郑阿财、朱凤玉:《敦煌蒙书研究》,第59页。
② 郑阿财、朱凤玉:《敦煌蒙书研究》,第60页。

第六章　社邑组织的社会教化意蕴

第一节　再论敦煌私人结社的教育与教化功能

本书第一章至第五章着重论述敦煌归义军地方政府在推行社会教育方面所采取的各种措施，树立教化榜样，形成州、县、乡、里四个层级作为社会教育的制度保障，通过各种载体传播儒家道德伦理教化思想，并辅之以音乐、绘画等视听手段。如果说以上措施都是一种统治阶级自上而下的对民众实行的外部强化，那么，广泛流行于敦煌的民间私人结社"社条"文书所体现出来的则是民众自觉接受和提升自身道德素养，以完成自我道德教育为内驱力，积极实现自我的社会化。可以说，无论统治阶级采取何种教化措施，如果其本身不被广大的民众接受并积极配合和学习，那么其教化意义也就无法实现了。通过对敦煌民间私人结社教化意义的分析，我们可以发现，在晚唐五代宋初敦煌归义军时期，社会教育呈现出一种政府主导、广大民众积极参与配合的双向互动的形态，正是基于这样的社会教育形式，才使得我们更加容易理解在这一特殊历史背景下，敦煌一地出现如此丰富、活跃的文化现象的原因。"窃以敦煌胜境，地杰人奇，每习儒风，皆存礼教""敦煌一群（郡）礼仪之乡"之类的对敦煌地区风俗的描述和赞美随处可见，几乎成了敦煌各类范文写本的开篇套语。这种良好的社会风俗不光在敦煌地区汉民族人群中得到传扬，而且影响到了周边各民族，他们也积极吸收、融合汉民族的优秀文化，沿袭汉民族的优良社会风俗，使得这一时期各民族的汉化程度很高，这些都与归义军地方政府推行的社会教育策略分不开。

对敦煌地区私人结社问题的研究，学界从20世纪40年代就已经开始了关注。迄今为止，已经有大量的研究成果问世，可以说此项课题的研究已经相当成熟了。学者们一致认为，敦煌的民间结社组织是一种最基层的社会组织，既然是一种社会组织，必然有其社会功能。孟宪实《唐宋之际敦煌的民间结社与社会秩序》一文探讨了敦煌民间结社的功能，认为主要有丧葬互助、集体礼仪和共同消费、抗灾减灾等三种功能①。而不可否认的是，敦煌民间结社还具有社会教化的功能。郝春文于2006年发表了《唐后期五代宋初敦煌私社的教育与教化功能》一文，从敦煌私社所反映的儒教文化和佛教文化两方面分别论述，指出在儒家教化层面，敦煌私社重视尊卑之礼、朋友之义和忠孝观念的教育；而在佛教教育层面，敦煌私社从宣传佛与佛法的功德、从事佛教活动的益处及佛教教义的传播等三个方面进行佛教教育和教化，并进一步说明，敦煌私社对社人的价值取向与当时主流意识形态的价值取向是一致的，目标也是一致的。敦煌私社的教育和教化不仅有助于其成员道德的养成，有利于维护古代等级制度，有助于社会稳定和乡里和睦，对文化的传承也具有积极意义②。之后，乜小红发表

---

① 孟宪实：《唐宋之际敦煌的民间结社与社会秩序》，见《唐研究》第十一卷，2005年，第543—558页。

② 郝春文：《唐后期五代宋初敦煌私社的教育与教化功能》，见《敦煌吐鲁番研究》第九卷，2006年，第303—315页。

《论唐五代敦煌的民间社邑》，整理分析了三件俄藏敦煌社邑文书，并指出社邑有教化人、熏陶人的性质和功能，不过，此文对敦煌社邑的教育和熏陶功能的论述主要是依据新发现的三件俄藏敦煌社邑文书，其论点也不出郝春文先生的论述。他们在论述这一问题时，将研究视野放在敦煌私人结社这一基层组织对所有大众所具有的教化功能。本文在肯定前辈学者研究成果的基础上，将视角主要集中在私人结社对社内成员所具有的教育与教化功能方面，并认为晚唐五代敦煌的私人结社反映了敦煌民众在自我道德约束方面所具有的自觉性。

一、敦煌民间结社自我约束的自觉性

（一）社人大会

结社是众人和议完成，有学者将这种结社成员全体参与的形式称为"社人大会"①。社人大会共同制定社条，作为本社举行各项活动的规范。"社条是规定结社的基本原则，还称'条件''条''条流''大条''社格'等"；"结社的目的、组织方式、社人的权利与义务以及具体条例都属于社条的内容"；"社条是社的纲领，通常情况下，订立社条是结社的第一件工作"②。一些有意愿要成立某一种性质的社的民众自发集合起来，制定社条。S.2041《唐大中某年儒风坊西巷村邻等社约》载：

> 右上件村邻等众就翟英玉家结义相和，赈济急难，用防凶变。已后或有垢歌难尽，满说异论，不存尊卑，科税之艰，并须齐赴。

---

① 孟宪实：《论唐宋时期敦煌民间结社的组织形态》，《敦煌研究》2002年第1期，第59页。

② 孟宪实：《论唐宋时期敦煌民间结社的组织形态》，《敦煌研究》2002年第1期，第59—65页。

巳年二月十二日为定，不许改张。①

　　然而，社条拟定好以后，并不是一成不变，因为随着时间的推移，往往会出现新的情况，就需要对社条进行补充或改动，也一样需要社人共同商量决定，并形成文字，作为此后执行的依据。P.3544《唐大中九年（855年）九月廿九日社长王武等再立条件凭》云："社长王武，社官索顺润？录事唐神奴等，为城煌贼乱，破散田苗，社邑难营，不能行下。今大中九年九月廿九日就张禄子家，再立条件为凭。"②S.527《后周显德六年（959年）正月三日女人社再立条件》云："显德六年乙未岁正月三日，女人社因兹新岁初来，各发好意，再立条件。"③S.5759《社人索庭金等状》，从"今日已后，一依此状为定"一句，可以看出这是对社条提出补充修改的一种方式，即若干社人提出提案，由社内其他成员共同商议、批准，然后成为今后此类情况的处理准则。

　　S.1475背《申年五月社人王奴子等牒》是社人王奴子的兄弟姐妹因为远行，社人为之举行送行仪式，借此社司提出增加立社条件，如后：

　　　社司　状上
　　右奴子等，先天兄弟姊妹男女至亲及远行
　　条件软脚。今因李子荣斋，对社人商量，
　　从武光晖远行及病损致酒，社人置条件：
　　社内至亲兄弟姊妹男女妇远行、回及亡逝，人各

---

① 唐耕耦、陆宏基：《敦煌社会经济文献真迹释录》第一辑，第271页。
② 唐耕耦、陆宏基：《敦煌社会经济文献真迹释录》第一辑，第269页。
③ 唐耕耦、陆宏基：《敦煌社会经济文献真迹释录》第一辑，第274页。

助借布壹匹吊问。远行壹千里外，去日，缘公事送

酒壹瓮。回日软脚置酒两瓮。如有私行，不在送

限。请依此状为定。如后不依此状，求受重罚，请处

分。如有重限出孝，纳酒两瓮。

碟件状如前，谨碟。

申年五月日社人王奴子等碟

社人李明俊 (押)

（后略）①

"社司　状上"，即提出一个新的社条意见，社司提出由于社内有些
人"右奴子等"，因为没有兄弟姐妹为他们远行"软脚"，所以趁着在
李子荣家里设斋的机会，大家一起商量，决定以后如果有"社内至亲
兄弟姊妹男女远行回及亡逝，人各助借布壹匹吊问。远行壹千里外，
去日，缘公事送酒壹瓮。回日软脚置酒两瓮。如有私行，不在送限"②。
"此提议得到11个人的签名认可，该提案是由14个人提出的，这个提案
获得多数赞同通过，这一点可以从此社在同年五月廿一日发布的一条
社司转帖获知，通过第二天为社人武光晖做一次'起病软脚'的活动，
并要求'人各粟二斗，并明日辰时于赵庭璘家纳'。"③这件新提案虽然
不是对社人行为和道德提出的约束办法，但这种根据出现的新情况而
制定新办法的方式却体现了社人大会并不是一成不变地遵守"社条"
规定的"死"的条式，而是因时制宜地加以补充和改变，这对社内每

① 唐耕耦、陆宏基：《敦煌社会经济文献真迹释录》第一辑，第299页。
② 唐耕耦、陆宏基：《敦煌社会经济文献真迹释录》第一辑，第299页。
③ 孟宪实：《论唐宋时期敦煌民间结社的组织形态》，第62页。

一个成员来说都具有教育意义，每一个人都会积极投身社内事务当中，并且也会懂得争取自身的权利，要想自身的权利得到保障又必须同样地对他人付出自己的诚意，无形当中提高了社众的自我行为约束力。

（二）"三官"选举

为了规范和加强社组织的管理，每个社会选举出"社长""社官"和"录事"作为社的管理人员，统称为"三官"，许多社邑文书当中都用了"请"字来表明社众对三官权力的认同和权威的尊重。P.3989《唐景福三年（894年）五月十日立社条件凭记》曰：

> 众请社长翟庆文文,众请社官梁海润,请录事汜彦宗(彦宗)。①

S.3540《庚午年正月廿五日比丘福惠等修窟立凭》曰：

> 众内请乡官李延会为录事，放帖行文，以为纲目，押衙阎愿成为虞候，祗奉录事条式。②

S.6537（3V—5V）《立社条件》（样式）曰：

> 义邑之中切籍三官铃辖。老者，请为社长，须制不律之徒。次者，充为社官，但是事当其理。更拣无胆后德，智有先诚，切齿严凝，请为录事。凡为事理，一定致终。只取三官获裁，不许众社紊

---

① 唐耕耦、陆宏基:《敦煌社会经济文献真迹释录》第一辑,第273页。
② 唐耕耦、陆宏基:《敦煌社会经济文献真迹释录》第一辑,第278页。

乱。①

三官还可以改选，改选也是由社内众人商量以后决定。P.4960《甲辰年五月廿一日窟头修佛堂社条》记载此社内三官之间以及三官和社人之间发生冲突，使得原来修佛堂的事情难以顺利进行，于是决定改选三官②。三官一经选出，就拥有了一定的权威性，"自请三官已后，其社众并于三人所出条式，专照而行，不得违背。或有不禀社礼，不知君臣上下者，当便三人商量，罚目□（醴）醵一筵，不得违越者"。③"在残存的20件社条中，明确规定三官权力的也只以上三件。这三件，三官的权限也是在社条规定之内执行管理，三官并不凌驾在社条之上，也不能认为三官凌驾于其他社人之上"④。对三官权威的认可与尊重，是社众发自内心的，因为三官是他们自己选出来的，对三官权威的尊重体现了社众受社条和三官管理、约束的自觉性。也正是因为社众的这种自我约束的自觉性，敦煌大量的社组织活动才能有序地展开并形成一种社会风气。

二、成员管理

（一）尊卑有礼、长幼有序

从敦煌社邑文书的记载来看，敦煌私社的教育功能还体现在重视尊卑之礼、长幼之序，以儒家伦理道德规范作为社人行动的规范。几

---

① 唐耕耦、陆宏基：《敦煌社会经济文献真迹释录》第一辑，第281页。

② 孟宪实：《论唐宋时期敦煌民间结社的组织形态》，第63页。

③ 唐耕耦、陆宏基：《敦煌社会经济文献真迹释录》第一辑，第277页。以下所引社条文样全部引自此书，兹不缀引。

④ 孟宪实：《论唐宋时期敦煌民间结社的组织形态》，第63页。

乎每个社的社条当中都有关于遵守长幼之序的规定：S.6537V《某甲等谨立社条》（文样）云："窃以敦煌胜境，地杰人奇，每习儒风，皆存礼教。"P.3544《大中九年（855年）九月廿九日社长王武等再立条件》中有"敦煌一群（郡）礼仪之乡"。S.6537V《拾伍人结社社条》规定社邑在举行活动时应该"五音八乐进行，切须不失礼度""凡为邑义，虽（须）有尊卑局席斋延（筵），切凭礼法"。P.3989《景福三年（894年）五月十五日敦煌某社偏条》规定"以后街衢相见，恐失礼度""立条后，各自识大敬小，切虽（须）存礼，不得缓慢。如有醉乱拔拳充（冲）突三官及众社，临事重有决罚"。P.3536V《社条》（文样）规定："长幼已有□流，尊卑须之（知）范规。……义须礼仪，长幼有差。"而S.8160《公元940年前后亲情社社条》要求社成员"弟互适奉尊卑，自后传承轨则"。不仅要求遵守，还要求传承尊卑之礼，具有强烈的教育意义。S.6537V《拾伍人结社社条》（文样）则强调："家家不失于尊卑，坊巷礼传于孝义。"ⅡX.11038《索望社案一道钞》："今有仑之索望骨肉，敦煌极传英豪，索静弭为一脉，渐渐异息为房，见此逐物意移，绝无尊卑之礼，长幼各不忍见，恐辱先代明宗。"以上所述社条当中的"礼度""礼法"，主要指的是长幼尊卑之礼。

除了正面强调和规定社人必须遵守尊卑之礼以外，对不遵守规定的任何行为都要给予相应的处罚。S.2041《大中年间（847—860年）儒风坊西巷社社条》规定："以后或有诟歌难尽，满（漫）说异论，不存尊卑，……罚酒一瓮，决［杖］十下，殡（摈）出。"P.4525《太平兴国七年（982年）二月立社条一道》云："一十九人等并是高门贵子，文武超升。今则人厘，便须尊贵大小存立去胄。或若团坐之时，若有小辈啾唧，不听大小者，仍罚醴醿一筵。"S.5520《社条》（文样）

规定："结义以后，须存义让，大者如兄，小者如弟。若无礼□，临事看过衍轻重，罚醴醿一筵 。"S.6537V《上祖社条》（文样）规定："社内不谏（拣）大少，无格席上喧拳，不听上下，众社决杖卅棒。"S.527《显德六年（959年）正月三日女人社社条》规定："或有社内不谏（拣）大小，无格席上喧拳，不听上下言教者，便仰众社就门罚醴醿一筵，众社破用。"P.3489《戊辰年正月廿四日旌坊巷女人社社条》规定："或有大人颠言倒义，罚醴醿一筵 ；小人不听上人，罚羯羊一口，酒一瓮。"S.5629《敦煌郡等某乙社条一道》（文样）则强调"况一家之内，各各总是兄弟，便合职（识）大敬小，互相潸（？）重"。

以上所引社条均属于传统互助型的私社，这种类型的私社受到儒家文化的浸染，注重儒家尊卑之礼的教育和约束应该在情理中。除这种传统的私社以外，敦煌还有一些社是专门为从事佛教活动而组织的，在这种类型社条当中，同样可以看到对尊卑礼仪的规定。P.4960《甲辰年（944年）五月廿一日窟头修佛堂社再请三官凭约》规定："或有不禀社礼，□□上下者，当便三人商量罚目。"又北新882号《博望坊巷女人社社条稿》要求社人"上下和睦，识大敬小"。大小、上下均是指儒家伦理传统当中的尊卑、长幼。

如果想加入某个社邑组织，需要写一份"投社状"，就相当于现在的"申请书"。社人的投社状内容同样体现了私社重视尊卑之礼。俄藏дх12012《后唐清泰二年（935年）三月王粉子投社状》，载：

1. 投社人王粉子
2. 右粉子，贫门生长，不识礼仪。
3. 在于家中无人侍训，情愿侍奉

4. 三官，所有追凶逐吉，奉帖如行。

5. 伏望三官社众，特赐收名。应

6. 有入社之格，续便排备。牒件状如前，谨

7. 牒。清泰二年三月王粉子状上①

尊卑之礼、长幼之序是儒家对封建家庭伦理道德关系的约束，而在敦煌的私人结社当中，将社人之间的礼仪关系定义为尊卑、长幼关系，体现了社人将社组织视为自己的"家""家族"。虽然社人之间没有血缘关系，但却按照社内成员年龄的大小，比照家族内部的伦理道德关系视之为尊、卑、长、幼，明显是对家庭伦理关系的进一步延伸。

（二）忠孝之义

忠孝观念是儒家的重要伦常，这个观念在一些敦煌私社中也受到重视，多数情况下是忠孝并行。如P.3536V《社条》（文样）称："夫立义社，以忠孝为先。"S.5520《社条》（文样）云："所以孝从下起，恩乃上流。"P.3544《大中九年（855年）九月廿九日社长王屋等再立社条件》载："敦煌一郡，礼仪之乡。一为圣主皇帝，二为建窟之因，三为先亡父母追凶就吉，共结良缘。"此件将"为圣主皇帝"和"为父母追凶就吉"都作为结社的原因之一，不过是通过丧葬互助的方式帮助同社的成员尽孝。S.527《显德六年（959年）正月三日女人社社条》则规定："在社内正月建福一日，人各税粟一斗，灯油一盏，脱塔印沙。一则报君王恩泰。二乃以（与）父母作福。"此件是通过从事佛事活动来报答"君王恩泰"，并为"父母作福"。S.6537V《拾伍人结社社

---

① 乜小红：《论唐五代敦煌的民间社邑——对俄藏敦煌дx11038号文书研究之一》，《武汉大学学报》2008年第6期，第766—772页。

条》云："窃闻敦煌胜境，凭三宝以为基；风化人伦，藉明贤而共佐。居（君）白（臣）道合，四海来宾，五谷丰登，坚牢之本，人民安泰，恩义大行。""家家不失于尊卑，坊巷礼传于孝宜（义）"。此条对孝的强调是比较明确的。

在敦煌写本"社斋文""社邑印沙佛文""社邑燃灯文"和"社司功德记"中，也有关于忠孝的内容。P.3545《社斋文》、P.3765《社文》、S.6923《社文》、S.5953V《社斋文》、P.4536V《社斋文》、S.5593《义社印沙佛文》中都有"惟诸社众乃并是……出忠于国，入孝于家"。S.6923V《社邑印沙佛文》中有"伏惟诸社众乃……忠孝两全，文武双具"。P.3765《社邑燃灯文》中有"惟三官乃……文武双全，忠孝兼备"。S.5573《社斋文》中有"伏惟三官众社等高门君子，塞下贤礼资身，宽宏绝代，两金（全）忠孝，文武兼明"。S.5924《社邑燃灯文钞》中有"伏惟三官众社等，并是……礼乐资身，谦谦怀君子之风，各各抱忠贞之操"。S.6417《贞明六年（920年）二月社子某公为三长邑义社斋文》云："为（惟）合邑人等并是……衣缨子孙，孝弟（悌）承家。"P.2058V《社邑燃灯文》中有："惟社众乃并是……孝悌名家，礼乐资身，文武绝代。"P.2134V《亡考文兼社斋文》中有："至孝等自惟薄福，上延亡考望得久住高堂，常堪孝养。"P.2226V《社文》中有："惟合邑人等，……秉礼义以立身，首（守）忠孝以成性。"S.4860V《社邑建兰若功德记并序》中有："厥有当坊义邑社官某等二十八人，……孝实安亲，忠能奉国。"P.3276V《公元928—931年社邑印沙佛文钞》中有"惟诸社众乃……匡国报忠佐之意。"

以上社条文样等文书中都强调了忠孝、礼仪等儒家思想，虽然不免有些程式化的味道，但也体现了晚唐归义军时期基层社组织的一种文化氛围。社组织成员将社视为家庭伦理关系的一种延伸，遵从这种关系应有的尊、卑、长、幼顺序，而要持续地维持这种关系必须要有一种恒定的思想在人们心里，这就是儒家忠孝思想。遵从了这种伦理道德关系的顺序，其行为就被视为是"忠""孝"，而如果违背了此顺序，即是"不忠""不孝"。一旦一个人被定为是不忠不孝之人，则不光其自身的名誉受损，而且整个家族的名誉都会受到影响，这是任谁都不会轻易犯的错误。

（三）朋友之信

敦煌的私社，尤其是从事互助活动的私社，实质也是以朋友的方式形成的团体，社人之间以兄弟、姐妹、父子相称，体现为将家庭伦理关系进一步延伸的趋势。S.8160《公元940年前后亲情社社条》云："况斯社公并是名（鸣）沙重望，西赛（塞）良家，或文包九流之才，武穷七德之美，遂使互怀暮（慕）善，周结良缘。且为连辟（璧）之交，义后（厚）断今（金）之志。故云父母生身，朋友长志。道清添（忝）为契，结义等今（金）兰。"S.5520《社条》（文样）规定："结义以后，须存义让，大者如兄，小者如弟。"这种兄弟关系，既可以由同宗的兄弟结成，也可以由异宗兄弟结成，如S.4660《戊子年（988年）六月廿六日安定阿姐身亡转帖》记载的兄弟社和Дx.11038《索望社案一道钞》记载的私社，就都是由同宗成员结成的。而P.3536V《社条》（文样）云："古人有三州父子，五郡兄弟。"S.6114《三长邑义社斋文》称："惟官禄等并是别宗昆季，追朋十室之间；异族弟兄，托交四海之内。"S.5561《社斋文》云："惟官禄以下合邑人等，并是晋昌胜族，九郡名流，故能结异宗兄弟。"国图地字62号《社文》云："惟诸公等，并是宗枝豪族，异姓孔怀。"S.5629《敦煌郡等某乙社条一道》

（文样）云："况一家之内，各各总是弟兄。"这些分明都是把社内成员当作异姓兄弟。除此之外，也有称社内民众为父子的，如S.6537V《拾伍人结社社条》要求社成员"大者同父母之情，长时供奉；少者亦如赤子，必不改张"；P.3198《投社人状》"指示则如同父母"，都是将私社比作拥有父子兄弟关系的家庭构成。

　　既然社组织尤同家庭一样，那么，作为家庭成员就必须遵守长幼之序、兄弟之义、朋友之信，就应该互相帮助、互相扶持。P.3989《景福三年（894年）五月十五日敦煌某社偏条》称："敦煌义族后代儿郎，虽（须）择良贤，人以类聚，结交朋友，追凶逐吉。"国图地字62号《社文》也说他们是"兰是良朋，择诸贤友"。S.6537V《上祖社条》（文样）称："夫邑义者，父母生其身，朋友长其志，危则相扶，难则相救。"

　　敦煌私社关于朋友之义的教育，所涉及的实际是朋友之间交往的一般准则，因而其意义绝不限于社内，私社成员在社外与其他人形成良好的人际关系，对社会稳定和乡里和睦也具有积极的意义[1]。将居住在同一地区的人与人的关系比作是类似"父子""兄弟"之间的亲情关系，亦即朋友关系，这在无形当中拉近了人与人之间的距离，有助于保持社组织的稳定和团结，同样也是对社成员的一种行为道德约束。这实际上是告诉每一位社人，应该尊重长辈、爱护幼小、真诚地帮助兄弟姊妹、对朋友要忠诚。这种要求是谁提出来的呢？不是归义军行政长官，而是社人自己，因此，这种要求同时又体现了社众的一种自我道德约束的自觉性。

---

　　① 郝春文：《唐后期五代宋初敦煌私社的教育与教化功能》，见《敦煌吐鲁番研究》第九卷，2006年，第303—315页。

三、小结

学界普遍认为，敦煌的民间结社是一种民众自发组织起来的基层结社活动，其组织形式、活动内容以及处罚办法都是民众自愿制定出来的，换句话说，民众自愿选择加入社组织，并接受社组织的约束和管理，体现了基层民众自我约束的自觉性。虽然民众加入社组织中来最大的目的还是为了寻求一种精神上的寄托和物质层面的互帮互助[1]，但不可否认，由于敦煌的许多民间结社有更高的伦理道德追求[2]，社组织也在客观上提升了民众的道德约束力。敦煌民间结社将社内成员之间的关系视为家庭伦理关系的延伸，社人之间以"父子""兄弟（姊妹）""朋友"相比称，在客观上拉近了社人之间的距离，比较有利于社内的稳定团结，进而对于社会的稳定也有积极意义。

第二节　晚唐五代敦煌少数民族居民结社研究
——以粟特居民为例

粟特民族问题的研究历来受到学界的广泛关注，而敦煌文献的发现与公布更是为这一问题的深入研究提供了更多的材料。对敦煌所出粟特文文献的研究起于20世纪初西方学者的关注，斯坦因于1907年在敦煌以西烽火台所发现的8件粟特文古信札，引起了学界注意，并对文

---

① 宁可、郝春文:《敦煌社邑的丧葬互助》,《首都师范大学学报》(社会科学版)1995年第6期,第32—40页。

② 郝春文:《唐后期五代宋初敦煌私社的教育与教化功能》,第303—315页。

书年代进行了推测。对晚唐五代敦煌地区粟特居民及其聚落的考察，学界也经过了一番争论，主要是围绕反映粟特人在敦煌地区生活的《天宝十载差科簿》而进行的。池田温《八世纪中叶敦煌的粟特人聚落》一文，认为吐蕃占领敦煌以后，有势力的粟特人有的归还本国，有的散入回鹘控制地区，而留存在敦煌的粟特人几乎都沦为寺院的寺户，进而对敦煌粟特人聚居区从化乡的相关情况进行了深入研究①。张广达②、李鸿宾③指出，在敦煌等地留居了许多粟特人。荣新江通过对新疆和田、库车、吐鲁番，以及敦煌文书的研究，认为在古代于阗、楼兰、据史德、龟兹、焉耆等塔里木周边地区曾经有过粟特人聚落，可能包括粟特文化的遗存和受粟特文化影响的文物材料，体现了粟特人在中西文化交往中所扮演的重要角色④。杨铭也指出，在敦煌陷蕃之前就存在粟特人聚落从化乡。在吐蕃占领河西以后，在其统治地区设立有许多通颊部落，粟特人成为通颊部落的成员，大部分沦为寺户。归义军时期，曾释放了一部分寺户，使他们成为乡管百姓，归义军时期的通颊乡主要由被释放的粟特人组成，其位置当在原来的从化乡⑤。许新国《都兰吐蕃墓出土含绶鸟织锦研究》根据敦煌文献P.5038《丙午年九月一日纳磨草人名目》中的粟特人名推断，归义军时期仍然有许多

① 池田温：《八世纪中叶敦煌的粟特人聚落》，见《唐研究论文选集》，北京：中国社会科学出版社，1999年，第3—67页。

② 张广达：《唐代六胡州等地的昭武九姓》，《中央民族学院学报》1986年第2期，第71—82页。

③ 李鸿宾：《史道德族属及中国境内的昭武九姓》，《中央民族学院学报》1992年第3期，第54—58页。

④ 荣新江：《古代塔里木盆地周边的粟特移民》，《西域研究》1993年第2期，第8—15页；《西域粟特移民考》，见马大正等编《西域考察与研究》，乌鲁木齐：新疆人民出版社，1994年，第158—161页。

⑤ 杨铭：《吐蕃统治下的河、陇少数民族》，《西藏民族学院学报》1987年第3期，第56—65页。

粟特人裔民，并且长期活跃于沙州①。郑炳林和陆庆生主要从粟特人的汉化问题②、粟特人加入敦煌社组织③、粟特人与归义军政权关系④、粟特人与佛教的关系等方面深入研究，相关成果已经得到学界认可。

以上研究大多基于文书所载的粟特人的姓氏而展开，有学者提出了不同看法⑤，对此，郑炳林在《晚唐五代敦煌地区的胡姓居民与聚落》⑥一文中重新对居住在敦煌地区的粟特姓氏康、安、何、曹、罗、史、石等进行进一步证实，以期说明晚唐五代时期敦煌地区仍然生活着大量的粟特人，存在大量的粟特人部落。可见，以粟特人姓氏作为研究的出发点虽然也有一些不确定的因素，但却不失为一种就目前来说比较有效的方法。

敦煌社邑组织中有很多粟特人。陆庆夫、郑炳林通过社文书中的人名姓氏推测，敦煌地区有大量粟特人加入社组织，并担任社组织的领导。通过对参加社组织的粟特人的活动地点等材料，分析了唐末五代敦煌粟特人的区域分布与聚落情况，并认为以粟特人为中心的社组织主要以敦煌城及城周四园为中心，特别是以城东安城为中心，所谓康家庄、曹家庄、安家庄等粟特聚落，就在这一带⑦。陆庆夫《唐宋间敦煌粟特人之汉化》⑧一文中也指出了粟特人社组织举行佛教建福、加

① 许新国：《都兰吐蕃墓出土含绶鸟织锦研究》，《中国藏学》1996年第1期，第3—26页。
② 郑炳林：《敦煌归义军史专题研究续编》，第359—371页。
③ 郑炳林：《敦煌归义军史专题研究续编》，第391—399页。
④ 郑炳林：《敦煌归义军史专题研究续编》，第399—400页。
⑤ 荣新江：《敦煌学十八讲》，第239—240页。
⑥ 郑炳林：《晚唐五代敦煌的胡姓居民与聚落》《粟特人在中国——历史、考古、语言的新探索》，见《法国汉学》第十辑，北京：中华书局，2005年，第178—190页。
⑦ 陆庆夫，郑炳林：《唐末五代敦煌的社与粟特人聚落》。
⑧ 陆庆夫：《唐宋间敦煌粟特人之汉（七）》。

入行人社负责地方治安等活动。并认为，粟特居民的姓名大量出现在社司转帖中，反映了这些来自西域的民族对中土风俗的认同。

不仅如此，粟特人参加的社组织，不论是组织形式、结构特征、活动内容还是结社的性质，几乎与敦煌的其他社文书没有区别，足以证明居住于敦煌地区的粟特人已经完全接受了汉民族的文化传统，并进而同化为自己生活方式的一部分。

一、粟特人参加社组织的情况

敦煌社文书中数量最多的要数社司转帖类文书了，按事由划分，这些社司转帖可以分为身亡转帖，春座、秋座局席转帖，建福、设斋、设供等转帖，少事商量转帖，事由不明转帖，渠社、渠人转帖等类[①]。从表面上看，这批文书格式相同、内容雷同，似乎价值不大，但不同事由社司转帖数量的多寡可在一定程度上反映社邑不同活动的频度和重要程度，不同的时间、地点以及不同的人名也都包含着不同的学术信息，而这些都是我们对社邑进行深入研究、细致探讨所必须的[②]。社司转帖是社邑通知社人参加活动的通知单，敦煌文书中社司转帖文书有260多件，而实用者仅90多件。社司转帖一般要写明因何事、带何物、在什么时间、到什么地点去取齐，迟到者、不到者以及递帖延误者的罚则，发帖的时间和发帖者的职务、姓名等。多数实用社司转帖在帖文后要列上被通知者的姓名。这些姓名反映出晚唐五代时期敦煌地区参加社组织的不仅有汉族人，还有相当数量的粟特人；不仅有男性居民，还有粟特妇女。作者依据这些社司转帖后面所列被通知者姓名判

① 郝春文：《中古时期社邑研究》，台北：新文丰出版公司，2006年，第257页。
② 宁可、郝春文：《敦煌写本社邑文书述略》，《首都师范大学学报》1994年第4期，第11—15页。

断哪些文书是有粟特人参加的社司文书，并将其列表如下：

敦煌文书中有粟特人名的社文书

序号	文书编号	时间	粟特人姓名	粟特人人数	社内总人数	活动事由	聚会地点
1	P.2738号背	869年	贺龙龙、曹胡胡、曹击击、安黑风、康菓宗、康敬忠、安□□	7(35%)	20	常年局席	净土寺门前
2	P.2738号背	869年	安兴兴、左骨儿、石润子、何贾德、何安君、贺润儿、贺康屯、贺赞忠、石安君、石万通、安清子	11(12%)	95	秋座局席	官楼兰若
3	P.3764号背	10世纪	罗水官、安押衙、曹员庆、曹员清、董员□	5(25%)	20	秋座筵设	佛堂内(此件应该是渠人社转帖)
4	P.4720	922年	社官石□、康贤者、董德德、曹像友、曹儿子	5(56%)	9人左右	不明	主人家
5	P.6066	壬申年	曹波星、安虞候	2(15%)	13	局席	乾明寺
6	P.2817	辛巳年	康定昌、曹保通、曹友子	3(20%)	15	身亡转帖	长太兰若
7	P.3037	庚寅年	曹僧正、安僧正、罗僧正、翟僧正	4(20%)	21	建福	大悲寺门前
8	P.5593	癸巳年	史骨儿、康流子、曹安住、何江集	5(44%)	15	不明	不明
9	P.2680背	丙申年	黑社官、押衙曹、石章友、翟汉君、米幸者、曹员信	6(26%)	23	不明	□□□□若内
10	P.2680背(七)	丙申年	曹文子、贺员清、	2(20%)	10	不明	不明
11	P.3391	丁酉年	曹老宿、史文威、米元喜、罗佛利子	4(7%)不定	56	春秋局席	灵图寺门前

续表

序号	文书编号	时间	粟特人姓名	粟特人人数	社内总人数	活动事由	聚会地点
12	P.4063	丙寅年	石章七、安□、曹宁儿、白佛奴、董流定、翟唯受	6(15%)	39	春座局席	孔子门前
13	S.2894背(2)	972年	社官曹、社长安、安丑子、曹愿定、曹愿盈、安延子、董丑成	7(41%)	17	建福	曹家酒店
14	S.28941V—2V	972年	安员吉、康幸深、石海全、罗瘦儿、曹幸恒、白蔺捶、米不勿、史幸曹、何不勿	9(60%)	15	建福	罗家酒店
15	P.3372背	壬申年	社老康幸深、罗再宁、翟大眼、史流定、安丑子	5(20%)	24	建福	端严寺门前
16	P.4991	壬申年	曹和通、曹安定、曹定富、曹阇梨	4(11%)	35	身亡转帖	兰若内
17	P.5631	庚辰年	石錄、白保富、石愿子、白氾三	4(30%)	13	少事商量	普光寺门前
18	P.3441背	不明	社长石、安中盈、翟再温、康付子	4(25%)	16	筵席	灵修寺门前
19	P.3145	戊子年	曹保奴、景庆进、胡丑达、窦不藉奴、黑骨儿、麴山多、屈幸全、申衍悉鸡、傅粉槌、候遂子	10(47%)	21	春座局席	主人家(曹保奴家)(疑为粟特人结社)
20	P.3889背	不明	虞候安、贺阴子、安善住、石流信、曹阿□、曹章三、贺再庆、贺海清、贺憨奴、石进子、贺押衙、康定奴、史庆子	13(26%)	51	身亡转帖	兰若内
21	P.5016	不明	安查、安国宁、何养养	3(17%)	18	不明	不明

续表

序号	文书编号	时间	粟特人姓名	粟特人人数	社内总人数	活动事由	聚会地点
22	P.5003	不明	安自清、安国宁、翟常奴、石都都、	4(20%)	20	身亡转帖	官楼兰若
23	P.2242	不明	康郎、大康郎、康郎男、曹郎	4(30%)	14	身亡转帖	凶家(亲情社转帖)
24	P.3164背	乙酉年	康郎媳妇身故	0	26	身亡转帖	土门前
25	S.5632	967年	大石郎、小石郎、曹愿昌、大曹郎、小曹郎	5(25%)	32	身亡转帖	显德寺门前(亲情社转帖)
26	S.4660	戊子年	安定阿姐师身亡	0	38	身亡转帖	敦煌兰若门前(兄弟社转帖)
27	P.2842背	甲辰年	社官石、罗□□、罗英达、石义深	4(30%)	13	身亡转帖	录事家
28	P.2842背		石太平、白德子、安安子、安和平、史老、曹段段、安藏藏	7(43%)	16	不明	球场门前
29	北图周字66号	辛酉年	康来儿、翟福达、白昌住	3(20%)	15	身亡转帖	显德寺门前(安丑定妻亡)
30	Дх.1439	丙戌年	曹郎、何郎	2(11%)	17	身亡转帖	报恩寺
31	Дх.1401	辛未年	安再升、翟万住、慕容全马、安万瑞、安保千	5(25%)	20	拽佛	某寺内
32	Дх.4032	不明	何阿嵛	1		身亡转帖	报恩寺

续表

序号	文书编号	时间	粟特人姓名	粟特人人数	社内总人数	活动事由	聚会地点
33	Дх.11196	不明	安继时、安定昌、何愿兴	3			沙河桥头（渠人社）
34	Дх.10289	丁卯年	康□□、康□、安子□	3			大仓内
35	Дх.2162	庚子年	何子升、安录事、安社官、安幸全、安乡官、安判官、安定定、安住德、康清	10（50%）	20	身亡转帖	莲台寺
36	P.3070	897年	安三郎、罗汉（？）、米和儿	3（25%）	12	身亡	兰若门前
37	P.5032	958年	康遂子、康友子、辛善住、屈黑头、屈南山、安拙单、安怀盈、石住通、石丑子、石迁子、龙佛奴、麴阿朵、石庆奴、	13（52%）	25	身亡	新兰若

以上共拣择出有粟特人姓名的文书37件，其中判断为以粟特人为主的结社文书共5件，分别为P.4720、P.2894（1V—2V）、P.2894V、P.5032、Дx2162，其中的粟特人所占比例均超过半数，最高为60%；P.2894（1V—2V）《壬申年（973年）十二月廿二日常年建福转帖抄》是通知社人参加常年建福活动的通知书，其中粟特姓名占总人数的60%以上，集合的地点在罗家酒店，显然是一个典型的以粟特人为主的社。其余4件文书所载粟特人数分别占到总人数的56%、41%、50%、52%不等，且社官、社老都是粟特人，也可以断定为是粟特人为主的结社。除以上5件文书外，在其他以汉族人为主的社内，粟特人人数大约占社内总人数的20%以上。关于聚会地点，在寺院、兰若、佛堂内取齐的共23

件，占62%；在当事人家中取齐的共4件，占10%；酒店取齐的2件，孔庙取齐的1件，球场1件，大仓1件，土门1件，桥头1件。在活动内容方面，参加佛教建福活动的共5件，占全部活动内容的13%；参加春秋局席及各种局席筵设活动的共8件，占22%；参加社人身亡助葬活动的有14件，占40%。

二、粟特人参加的社组织的特点

（一）人口比例及居住区域

上表所列均为有粟特人加入的社司转帖，粟特人在各个社司组织中所占的人数比例反映出了晚唐五代敦煌粟特人加入社组织的情况。所占人数比例最高的达到60%，说明这些社是以粟特人为主建立的。这部分社司文书只占很少的比例，更大量的文书则反映了在以汉族人为主建立的社中，粟特居民所占人数比例大约在20%以上，这个比例与P.3236《壬申年（972年或912年）三月十九日敦煌乡官布籍》中反映出来的人口比例一致。P.3236所记载的布头和纳布户共84户，其中胡姓粟特人有安憨儿、安友住、罗山胡、罗友友、曹友子、安友恩、史富通、安庆达、康恩子、康全子、康宝请、曹阿惟、贺清儿、石骨子、罗安定、安佛奴、石庆子等17户，约占总人数的20%，说明粟特人参加社组织的人数比例与粟特人在敦煌地区的所占总人数的比例相当，在另外一些社组织当中甚至高于这一比例，说明上表所列数字基本上可以正确反映出晚唐五代时期敦煌粟特居民的结社情况。

如上表所示，敦煌有许多以粟特人为主建立的社，在这些社内粟特居民所占人数比例过半。逐一对这几件以粟特人为主的私社聚会地点进行分析，可以看出，他们大多围绕酒店（罗家酒店、曹家酒店）、寺院（莲台寺、净土寺、兰若）进行活动。关于晚唐五代时期敦煌莲台寺和净土寺的位置，李正宇《敦煌地区古代祠庙寺观简志》一文根据S.1438、P.3234两件文书考证出二寺在沙州城内①，那么这一部分粟特人也应该居住在敦煌城内，而且是以聚居的形式。而粟特人开办的几家酒店如罗家酒店、安家酒店、曹家酒店等，其地点都在敦煌城中，那么围绕这些酒店开展结社活动的粟特人也应该在敦煌城内无疑。而其他粟特人零星加入以汉人为主的社组织中，且聚会地点在主人家或各种兰若，推测这些粟特人居住于敦煌城周。这一结论已经被郑炳林发现并证实②。晚唐五代时期，敦煌粟特居民的这种人口比例和居住特点更加有利于他们充分与汉民族人民和汉文化进行广泛而深入的接触，有利于粟特居民接受汉民族的文化，也更易于归义军政权的统治。归义军设置部落使这一职衔来专门对胡姓居民进行管理，唐前期从化乡的建置虽然已经被取消，但这些胡姓居民的聚居方式仍然在延续，且由城内向城周及村落扩散，人数还有增加的趋势。归义军政权采取这种方式对胡姓居民进行管理，无疑是卓有成效的，他们已经完全接受了汉民族结社的传统并普遍加入其中，与社内其他成员享受着相同的权利和义务。

（二）粟特女性参加社组织的情况

从上表所列粟特人的姓名中很难判断出是否有粟特妇女也参加到社组织当中来。敦煌文书中的几件女人社社条文书反映出敦煌妇女加入社组织或成立女人社是很普遍的现象，其中S.527《显德六年（959年）正月三日女人社社条》记载的人名中有"录事印定磨柴家娘、社

① 李正宇：《敦煌地区古代祠庙寺观简志》，《敦煌学辑刊》1988年第1期，第75页。
② 郑炳林：《敦煌归义军史专题研究》，第391—399页。

人烧阿朵", 这两个人名很显然是少数民族人名, 但却无法判断是否粟特人名, 但也说明晚唐五代时期敦煌少数民族妇女有参加社组织的现象, 那么就不排除粟特妇女参加社组织的可能。另一件文书P.3489《戊辰年 (968年) 正月廿四日旌坊巷女人社社条》载有 "录事孔阇梨、虞候安阇梨", 这位安阇梨显然为粟特女性, 在这件文书当中她是以尼僧的身份出现, 不仅说明粟特妇女加入社组织, 也同时说明她们信佛并出家为尼。另外, 根据郑炳林研究, 晚唐五代时期敦煌的胡姓妇女深受粟特人风俗的影响, 从事与男性相同的社会经济生活①。P.3569《唐光启三年 (887年) 四月为官酒户马三娘、龙粉堆支酒本和算会牒附判词》记载了龙粉堆这一胡姓家庭中, 马三娘处于主导地位, 并且马三娘亲自经营酒店。P.2040《后晋时期净土寺诸色入破历算会稿》记载: "油伍胜, 于史生妇边买铁叶佛艳用。" 说明胡姓妇女和丈夫一起从事商业活动。敦煌文书还记载胡姓妇女从事借贷商业活动, P.3370《戊子年 (928年) 六月某寺公廨麦粟出便与人抄录》记载龙勒乡石章六便麦口承安友妻裴氏, 安友是一位胡姓居民, 而他的妻子裴氏却出面为石章六担保。S.4884《壬申年 (972年) 正月廿七日褐历》记载 "二月十日, 安胡妻一丈四尺" "讷儿悉曼一丈四尺" "康幸心妻一丈四尺" "康幸恩妻一丈四尺", 说明有一批胡姓妇女参与借贷。

既然晚唐五代时期敦煌粟特女性跟随男性从事与男性相同的经济活动, 那么她们肯定具有了一定的经济能力并可以独立支配, 这就为粟特女性参与社组织提供了经济基础。孟宪实曾经指出, "女性可以单独结社并开展一些独立的经济活动, 这证明她们有一定的经济独立性、

---

① 郑炳林:《晚唐五代敦煌地区粟特妇女生活研究》, 见《敦煌归义军史研究三编》, 第568页。

一定的经济能力和一定的经济地位"①；反过来说，正是因为她们拥有一定的经济独立性，才为她们参与社组织提供了经济基础。从以上资料可以推测，晚唐五代时期敦煌地区的粟特妇女一定也和粟特男性居民一样参加社组织，并进行各种结社活动。

（三）互助型社邑

在活动内容方面，参加佛教建福活动的共5件文书，占全部活动内容的13%；参加春秋局席及各种局席筵设活动的共8件，占22%；参加社人身亡助葬活动的有14件，占40%。从上表统计数据可以看出，晚唐五代时期，敦煌粟特人加入社组织的情况相当普遍，在敦煌保存的社邑文书中大多数都记载有粟特姓氏。他们参加社组织主要的活动内容是助丧和春秋局席，即帮助社内成员完成丧葬活动或定时举行社人筵席，这些社内活动都属于传统互助类型，而建福则属于佛教类活动。从数量来看，传统互助型私社所占的比例远远高于佛教活动为主的社。通知社人参加建福活动的转帖虽然有5件，但也不排除这些社是传统私社，只不过有时参加佛教建福活动罢了。唐俗重厚葬，上下因循，渐成风习："王公百官，竟为厚葬，偶人象马，雕饰如生，徒以炫耀路人，本不因心致礼，更相扇动，破产倾资，风俗流行，下兼士庶。"②韦挺在太宗时上的《论风俗失礼表》云："又闾里细人，每有重丧，不即发问，先造邑社，待营办具，乃始发哀。至假车乘，雇棺椁，以荣送葬。既葬，邻伍会集，相与醋醉，名曰出孝。"③长庆三年（823年），李德裕上奏，也指出百姓以厚葬相矜，为此盛设祭奠，兼置音乐等，

① 孟宪实:《试论敦煌的妇女结社》,见《敦煌吐鲁番研究》第八卷,北京:中华书局,2005年。
② [宋]王溥撰:《唐会要》卷三八《葬》,第697页。
③《全唐文》卷一五四,北京:中华书局,1983年,第1575—1576页。

而由于缺乏厚葬所需的葬资，只好"或结社相资，或息利自办"①。民间诗人王梵志诗云："遥看世间人，村坊安社邑。一家有死生，合村相就泣。"②民间社邑从事丧葬互助活动已经形成了一种社会风气，晚唐五代时期敦煌的粟特居民已经完全接受了中国汉民族以结社的方式进行互助活动的传统和风俗，而且从中受益，并积极投身于民间结社活动中来。

（四）粟特人结社与胡汉联姻及其汉化

几件亲情社、兄弟社文书颇值得引起注意。S.2242《某年七月三日亲情社转帖》记载"右缘张昌进身亡"，通知的社人名单中有"康郎、大康郎、康郎男、曹郎"，张昌进是汉人，而亲情社内却有粟特姓氏，说明康、曹两名粟特人后裔与汉人通婚，并与汉人亲属共同组成亲情社。另外一件P.3164《乙酉年十二月廿六日亲情社转帖》载"右缘康郎媳妇身故"，通知的社人名单中都是汉姓，同样说明，康姓粟特人与汉人通婚，并加入亲情社中来。

粟特人注重与汉族及其他少数民族之间的婚姻关系，特别是与汉族的联姻，接收汉民族的文化。S.2174《天复九年（909年）闰八月十二日神沙乡百姓董加盈兄弟分家书》记载：

> 天复九年己巳岁闰八月十二日神沙乡百姓董加盈、弟怀子、怀盈兄弟三人，伏缘小失父母，无主作活，家受贫寒，诸道客作，兄弟三人久久不溢。今对姻亲行巷，所有些些贫资，田水家业，各自

---

① ［宋］王溥撰：《唐会要》卷三八《葬》，北京：中华书局，1955年，第697页。
② ［唐］王梵志著，项楚校注：《王梵志诗校注》（增订本上册），上海：上海古籍出版社，2010年，第9页。

别居，分割如后：……右件家业，苦无什物，今对诸亲，一一具实分割，更不得争论。如若无大没小，决杖十五下，罚黄金一两，充官入用，便要后验。闰八月十二日，立分书。兄董加盈（押）；弟董怀子（押）；弟董怀盈（押）。见人阿舅石神神（押）；见人耆寿康常清（押）；见人兵马使石福顺（押）。①

这件文书当中充当见人的石神神、康常清、石福顺是粟特后裔，他们与董加盈兄弟是姻亲关系，兄弟分家由舅舅及乡里村内德高望重的耆寿等人来主持大局，作见证人，这是汉民族的传统习惯，也是乡里处理一般家庭纠纷的普遍方式。从分家的结果也可以看出，是遵照平等原则进行的，也是受汉民族文化的影响。

以上亲情社转帖和兄弟社转帖文书充分反映出粟特人与汉民族人民通婚并接受汉民族的一些习俗和习惯，其汉化程度已经达到相当高的程度。

第三节　从敦煌私社到元代社制——儒学教化的视角

一般认为，古代中国在乡村社会实行"乡里行政管理"，对乡村实行的是"宗法性与行政性高度结合"的政策，"历代乡里制度都是以对全体村民进行什伍编制，以'什伍相保''什伍连坐'为基本组织原则"②。这是对中国古代乡里制度整体趋势的把握，但是具体到每一

① 唐耕耦、陆宏基：《敦煌社会经济文献真迹释录》第二辑，第148—149页。
② 赵秀玲：《中国乡里制度》，北京：社会科学文献出版社，1998年，第12页。

个历史发展阶段，这种论述就显得过于笼统了。例如，中唐以前，由于旧的宗法势力还比较雄厚，乡里制度就有被削弱的迹象，到了宋元时代，随着旧宗法势力的逐渐解体，新的宗法宗族制还未建立起来，政府就加强了对乡村里坊的控制和管理，保甲制度应运而生，乡约、社约的作用逐渐被统治者所重视和利用。这样的话，所谓的"宗法性与行政性的高度结合"的论断就值得商榷了。本文将以晚唐五代宋初敦煌的私社、宋代吕氏乡约、元代乡社为考察线索，从社的儒学教化角度对基层民众结社的继承与发展关系作进一步探究。

一、晚唐五代敦煌私社——一种基于自我教育内驱力的民间团体

敦煌民间私社的儒家教化方式，主要是靠私社成员之间的相互监督和训诲，以保持礼教延续。S.5629《敦煌郡某乙社条一道》（文样）称："窃以人居在世，须凭朋友立身；贵贱一般，亦资社邑训诲。"可知社邑"训诲"的内容是关于"立身"之道的。P.3198《投社人状》（文样）称："右某乙贫门贱品，智浅艺疏，不慕社邑之流，全阙尊卑之礼。况闻明贤贵邑，国下英奇，训俗有立智之能，指示则如同父母。"这里将社邑的"训俗""指示"视为父母的教诲。S.5520《社条》（文样）云："若不结义为因，焉能存其礼乐？"将结社的教育意义提高到了保存"礼乐"的高度。S.6537背《拾伍人结社社条》在陈述结社的原因时说："恐时侥伐（代）薄，人情与往日不同，互生纷然，复怕各生己见。所以某乙等一十五人，从前结契，心意一般。"又P.4651《投社人张愿兴与王佑通状》云："右愿兴佑通等生居末代，长值贫门，贪纠社邑，不怪礼节。"结社是为了加强自己的"礼节"修养。

以上所举社条中都提到，结社的其中一个原因是以实现自我教育为内驱力，以丧葬互助和集体抗灾减灾等互助活动为外部动力而自愿结成的利益共同体，是一种基层民间自治组织，归义军政府干预极少。但有一种渠人结社则是归义军政府利用这种民间的自发结社团体来加强管理的一种尝试或开端。敦煌作为一个绿洲城镇，水利是民生的命脉。敦煌自古以来就惯用水渠引水灌溉农田，以保证农作物生产。一条水渠连接一方村民。在敦煌文献中保存有十几件有关渠人和渠社的文书，据学者考订，敦煌渠人渠社出现在后唐时期至宋初。渠人结成的社组织是渠社。那波利贞认为渠人组织源于自治性的民间组织，以后得到了官府的指导，其性质是半官半民。郝春文认为，渠人的活动可分为两大类，一类是共用同一渠水的百姓为完成"渠河口作"而进行的防水、修理渠堰、河口、泻口等活动，一类是渠社成员内部的经济和生活方面的互助型活动①。从事第一类活动的渠社是在官府的控制和监督下进行的，如果不参加这类活动就要受到官府处罚。这种官府监督和指导社组织并加以利用的敦煌渠社可以看作是政府干预民间结社团体的一个典型。

到了宋、元时期，这种基层组织逐渐被政治权力所吞噬，成为维护统治与组织、教化基层民众的绝好途径。

二、宋代乡社与社约——以士绅阶层为主导的乡村控制

宋代民间私社仍然十分活跃，与唐五代敦煌私社比较，宋代民间私社的规模增大，出现了乡社②。它是广大乡村为了抵抗外敌和盗贼的侵

---

① 郝春文：《敦煌的渠人与渠社》，见《中古时期社邑研究》，台北：新文丰出版公司，2006年，第206页。

② ［元］脱脱等撰：《宋史》卷一九二《兵志六·乡兵三·保甲条》，第4767—4768页。

扰，以某个乡或数个乡为地域而组成的乡社，拥有自己的武装，担负防盗和抵御外族入侵的责任。随着政局的稳定，北宋开始限制乡社武装，将其纳入官府控制体系之中①。熙宁九年（1076年），京兆府蓝田（今属陕西）儒士吕大钧（和叔）与他的兄弟在本乡推行一种新型的地方政治制度，即"吕氏乡约"，也叫做"蓝田乡约"。在《吕氏乡约》产生之前，宋代民间其实已经出现了自发的社会组织。吕大钧与其兄的书信中说："今小民有所聚集，犹自推神头、行老之目。"与其友人刘平叔书信中则云："今庠序则有学规，市井则有行条，村野则有社案，皆其比也，何独至于《乡约》而疑之乎？"②可见吕氏《乡约》的产生还是受到了民间聚会以及学规、行条、社案等约法形式的影响。他与其兄给《乡约》厘定的四大条款是"德业相劝，过失相规，礼俗相交，患难相恤"③。这四大条款就概括了乡约制度的主要功能，它是以吕氏兄弟为代表的绅士阶层以领导者的身份企图教育和组织农民的规章，冀以形成为人民自动结合的机构。这就是吕和叔所说的"乡人相约，勉为小善"④。这四条纲领又分出各种细目。安广禄对这些具体的细目进行概括归纳，认为主要规定处理乡党邻里之间关系的基本准则，规定乡民修身、立业、齐家、交游应遵循的行为规范以及过往迎送、婚丧嫁娶等种种活动的礼仪俗规⑤。毫无疑问，这几个方面的内容都是以儒家的道德标准对村民的约束。

---

① 李华瑞：《王安石变法研究史》，北京：人民出版社，2004年，第461—462页。

② 陈俊民：《蓝田吕氏遗著辑校》，北京：中华书局，1993年，第568—569页。

③ ［元］脱脱等撰：《宋史》卷三四〇《吕大防传》，第10847页。

④ 吕大钧（和叔）：《答刘平叔书》《吕氏乡约·乡仪》，见《随庵徐氏丛书续编》第2册，南陵徐乃品影宋嘉定本重。

⑤ 安广禄：《我国最早的乡规民约》，《今日农村》1998年第4期，第9页。

在儒家教化方面，按照吕和叔长兄吕大忠的倡导，"凡同约者，财物器用，车马人仆，皆有无相假，若不急之用，凡有所防者，亦不必借，可借而不借，及逾期不还，及损坏借物者，皆有罚。凡事之急者，自遣人遍告同约，事之缓者，所居相近，及知者，告于主事，主事遍告之，凡有患难，虽非同约，其所知者亦当救恤，事重则率同约者共行之"①。虽然这是有关邻里之间互助的约定，但是具有教育意义，目的是要从儒学的仁爱教育层面去组织或者结合人民，使其成为一个自动周济邻里、知礼习义的单位，成为一个具有政治意义的团体。

整个《乡约》的核心内容以儒学为修行、仕进、处世之首，以儒家修、齐、治、平的思想来教化、整齐乡里，《乡约》的生产和推行都是自上而下的，是作者从统治阶层的需要和自己的政治理想出发，企图用以儒家礼教为核心的《乡约》来教化民众，移风易俗，创造和谐社会，达到儒家思想主导的大同社会的目的，这一出发点顺应了君主专制统治的需要。对于《乡约》在教化民众、移风易俗，以及对后世乡约、社邑组织的发展方面所起的积极作用，张载曾赞扬说："秦俗之化，亦先自和叔有力焉。"②

三、元代"社"制——纳入行政权力之下的基层组织

"社"制是具有元代特色的基层社会组织制度，对中国封建社会后期的农村基层组织的建设产生了一定影响，对儒学的普及与儒家教化职能在基层社会的发挥也具有积极意义。

---

① 《熙宁九年十二月初五日汲郡吕大忠白》，见《吕氏乡约》，《随庵徐氏丛书续编》第2册，南陵徐乃昌影宋嘉定本重。
② ［宋］张载：《张子全书》卷一四《性理拾遗》，台湾：商务印书馆，1935年。

"社"并不是元代首创，具体说是继承金的制度而发展起来的。金章宗泰和六年（1206年）后，"社"作为地方基层组织就已基本定型。立"社"是元政府的一再要求。至元七年，"县邑所属村疃，凡五十家立一社，择高年晓农事者一人为之长。……凡种田者，……社长以时点视劝诫。不率教者，……以授提点官责之。其有不敬父兄及凶恶者，亦然。仍大书其所犯于门，俟其改过自新乃毁，如终岁不改，罚其代充本社夫役。社中有疾病凶丧之家不能耕种者，众为合力助之。一社之中灾病多者，两社助之……"①《通制条格》中也有相似的规定：

> 诸县所属村疃，凡五十家立为一社，不以是何诸色人等，并行入社，令社众推举年高、通晓农事、有兼丁者，立为社长。如一村五十家以上只为一社，增至百家者另设社长一员。如不及五十家者，与附近村分相并为一社。若地远人稀不能相并者，斟酌各处地面，各村自为一社者听。或三村或五村并为一社，仍于酌中村内选立社长。官司并不得将社长差占别管余事，专一照管本教劝本社之人务勤农桑，不致惰废。②

元代"社"制的推广首先是在北方地区，有学者考证元代"社"制推行的区域范围有河北、山东、岭北、辽阳、河南、陕西、江浙、江西、湖广七个行省，不能确定有甘肃、四川、云南三个行省③。可见社

---

① 宋濂等：《元史》卷九三《食货志》（一），北京：中华书局，1976年，第2354—2355页。
② 《通制条格》，杭州：浙江古籍出版社，1986年，第189页。
③ 杨讷：《元代农村社制研究》，《历史研究》1965年第4期，第117—134页。

制在元代基层组织的推行已经相当广泛了，其教化作用也是不言而喻的。

虽然政府在立"社"之初本着"劝课农桑"的目的，但是随着时间的推移，其儒家教化的功能就逐渐显现了出来。这一点从至大元年七月一份中书省刑部的呈文中可以看出，呈文中提道："为盗之人，须有居处。若在编立社内，社长立能察觉。或不务正业，或出入不时，或服用非常，或饮食过分，或费用无节，或元贫暴富，或安下生人，或交结游惰，此皆生盗之由。合令亲民官司照依累降圣旨条画，宣明教导，选举社长，常令训导各安本业，觉察凶恶游惰，廉访司常加纠治，庶几盗息民安。都省准呈。"①其中对社长的要求已经超出了"劝课农桑"的范围，而是被赋予监督、训导等教化职责，从而使"社"具有了儒家教化的意义，实际上，"劝课农桑"本身也具有教化的意义。

这些规定实际上就是将"社"的教化职责加载在了社长的身上。《通制条格》中对社长的教化职责作了具体的规定：

　　一、本社内若有勤务农桑、增置家产、孝友之人，从社长包举官地，体究得实，申覆上司，量加优恤。若社长与本处官司体究所保不实，亦行责罚。

　　二、若有不务正业、游手好闲、不遵父母兄长教令、凶徒恶党之人，先从社长叮咛教训，如是不改，籍记姓名，候提点官到日，对社众审问是实，于门首大字粉壁书写"不务正业""游惰""凶

———————————

①《通制条格》，杭州：浙江古籍出版社，1986年，第187页。

恶"等名称。如本人知耻改过，从社长保名申官，毁去粉壁。如终是不改，但遇本社合着夫役，替民应当。悔过自新，方许除籍。

三、今后每社设立学校一所，择通晓经书者为学师，于农隙时月，各令子弟入学。先读《孝经》《小学》，次及《大学》《论》《孟》、经、史，务要各知孝悌忠信，敦本抑末。依乡原例出办束脩。如自愿立长学者，听。若积久学问有成者，申覆上司照验。①

社长不仅要"劝课农桑"，还要对"孝友""力田"之人进行申报表扬，对不务正业、游手好闲之人要监督、教育使其悔改，这些规定是比较详细而具体的。《续文献通考》中就记载明人对元代社制的评价："元之社长犹与汉制为近。汉乡亭之任，每乡有三老孝悌力田，所以劝导乡里，助成风俗也。隋唐以后，其意日衰，其职日贱。善良者多为役所累，豪猾者或依法为奸，欲望其修缮行率乡人，岂可得乎？农桑孝悌者，王政之本也。元世祖以是教民而专其责于社长，其与宋之保正副、耆户长仅职奔走之役者，异矣。"②这一论述充分肯定了元世祖设立"社"与"社长"的教化意义，并道出了元代"社"制作为社会基层组织在由汉至元的发展过程中，在不同的历史时期的政治地位与教化意义。

四、小结

从晚唐五代敦煌民间私社到宋代吕氏乡约，再到元代"社"制，在这条纵向发展的时间线上，我们可以看到"社"这一基层社会组织的

---

① 《通制条格》，杭州：浙江古籍出版社，1986年，第191—192页。
② 王圻：《续文献通考》卷一六《职役二》，北京：商务印书馆，1936年，第2908下—2909上。

发展与演变过程。

（一）"社"组织逐渐被纳入官府政治统治体系之下，成为统治阶级实施基层控制的最基本单位。如果说敦煌民间结社团体是一种民众基于某种生存或宗教信仰需要而自发组织的互助团体，那么宋代吕氏《乡约》的制定和推行则是士绅阶层将基层社会控制的权力纳入他们手中的一次积极尝试，到了元代，"社"制已经完全纳入了政权阶层的控制之下，成为统治阶级管理、控制和教化基层社会民众的基本单位。

（二）社组织的儒家教化意义逐渐加强。敦煌民间私社是社员之间相互的监督与训导，其教化意义还是比较初级的，只能说他们只是基于追求一种"礼教""儒风"等传统儒家文化比较朴素的愿望，由于社员本身的文化层次和修养程度不高，即便是作为"社官""录事""虞候"的社内领头人物也并不是儒学硕德，因而他们的教化层次是有限的。而吕氏乡约的推行虽然受到上级政权阶层和下层农民的双重阻碍，但由于《乡约》的制定者是以吕氏兄弟为代表的儒学修养极高的士绅，其教化意义自然比敦煌私社的教育意义要深刻得多。元世祖将村民划分为以"社"为单位的最低一级行政组织，设立"社长"一职专职督导与教化，"其上通下达的功能确实对于儒学教化具有不可忽视的作用"①。毫无疑问，这是中国历史上第一次由政府将组织功能深入乡村，使官方意识形态的儒学随之向乡村渗透，从而使儒家义理开始深入中国社会的深处。

---

① 张延昭：《元代"社"制与儒学教化》，《教育史研究》2009年第3期。

参考文献

一、典籍文献

王圻：《续文献通考》卷一六《职役二》，北京：商务印书馆，1936年。

［宋］王溥撰：《唐会要》，北京：中华书局，1955年。

［宋］司马光：《资治通鉴》，北京：中华书局，1956年。

［清］徐松辑：《宋会要辑稿》，北京：中华书局，1957年。

［宋］李昉：《太平御览》，北京：中华书局，1960年。

［宋］李昉等撰：《太平广记》，北京：中华书局，1961年。

［汉］班固撰，［清］颜师古注校点本：《汉书》，北京：中华书局，1962年。

［唐］张彦远：《历代名画记》，北京：人民美术出版社，1963年。

［唐］张彦远，俞剑华注释：《历代名画记》，上海：上海人民美术出版社，1964年。

［唐］李百药撰：《北齐书》，北京：中华书局，1972年。

［梁］萧子显撰：《南齐书》，北京：中华书局，1972年。

［北齐］魏收撰：《魏书》，北京：中华书局，1974年。

［唐］李延寿撰：《北史》，北京：中华书局，1974年。

［唐］李延寿撰：《南史》，北京：中华书局，1975年。

［宋］薛居正等：《旧五代史》，北京：中华书局，1975年。

［后晋］刘昫等撰：《旧唐书》，北京：中华书局，1975年。

［宋］欧阳修、宋祈撰：《新唐书》，北京：中华书局，1975年。

［宋］司马光编著，［元］胡三省音注：《通鉴》，北京：中华书局，1976年。

［元］脱脱等撰：《宋史》，北京：中华书局，1977年。

［宋］王溥撰：《五代会要》，上海：上海古籍出版社，1978年。

《全唐诗》，北京：中华书局，1979年。

［清］董浩等撰：《全唐文》，北京：中华书局，1983年。

［汉］郑玄注，［唐］贾公彦疏，阮元校刻本：《周礼注疏》，北京：中华书局，1980年。

［唐］长孙无忌撰，刘俊文点校：《唐律疏议》，北京：中华书局，1983年。

［宋］窦仪等：《宋刑统》，北京：中华书局，1984年。

［清］徐松，［清］张穆校补：《唐两京城坊考》，北京：中华书局，1985年。

［日］圆仁撰、顾承甫，何泉达点校：《入唐求法巡礼行记》，上海：上海古籍出版社，1986年。

［元］完颜纳丹等撰，黄时鉴点校：《通制条格》，杭州：浙江古籍出版社，1986年。

［清］孙诒让：《周礼正义》，北京：中华书局，1987年。

［唐］杜佑撰：《通典》，北京：中华书局，1988年。

［唐］释道宣撰：《广弘明集》，上海：上海古籍出版社，1989年。

［宋］郑樵撰：《通志》，上海：上海古籍出版社，1990年。

［唐］李隆基，［日］广池千九郎训点、内田智雄补定：《大唐六典》，西安：三秦出版社，1991年。

［梁］僧佑：《弘明集》，上海：上海古籍出版社，1991年。

［唐］李林甫等撰，陈仲夫点校：《唐六典》，北京：中华书局，1992年。

［梁］释慧皎撰，汤用彤校注：《高僧传》，北京：中华书局，1992年。

［汉］董仲舒著，［清］苏舆撰，钟哲点校：《春秋繁露义证》，北京：中华书局，1992年。

［宋］李昉等编：《文苑英华》，北京：中华书局，1996年。

《大正新修大藏经》，影印本，台北：新文丰出版公司，1996年。

［唐］郑处海：《明皇杂录》，北京：中华书局，1997年。

［宋］欧阳修：《新五代史》，北京：中华书局，1997年。

［唐］刘知己：《史通》，沈阳：辽宁教育出版社，1997年。

［宋］郭茂倩：《乐府诗集》，上海：上海古籍出版社，1998年。

［明］王圻：《续文献通考》，上海：上海古籍出版社，1988年。

［汉］许慎，［宋］徐铉校定：《说文解字》，北京：中华书局，1998年。

［唐］张彦远撰，刘石点校：《法书要录》卷一，沈阳：辽宁教育出版社，1998年。

［北魏］崔鸿著，［清］汤球辑补：《十六国春秋辑补·前凉录》，济南：齐鲁书社，2000年。

［梁］沈约撰：《宋书》，北京：中华书局，2003年。

［春秋］左丘明：《左传》，北京：中华书局，2005年。

［晋］葛洪，周天游校注：《西京杂记》，西安：三秦出版社，2006年。

［宋］郭若虚，俞剑华注：《图画见闻志》，南京：江苏美术出版社，2007年。

［唐］杜牧，陈允吉校点：《樊川文集》，上海：上海古籍出版社，2007年。

［清］纪昀、永瑢等：《景印文渊阁钦定四库全书》，台湾：商务印书馆，2008年。

［秦］吕不韦编，许维遹集释：《吕氏春秋集释》，北京：中华书局，2009年。

［清］阮元校刻：《十三经注疏（清嘉庆刊本）》，北京：中华书局，2009年。

［宋］徐天麟：《西汉会要》，上海：上海古籍出版社，2012年。

［唐］张怀瓘：《书断》，杭州：浙江人民美术出版社，2012年。

［元］汤垕，张自然校订：《画论》，于安澜《画论丛刊》，郑州：河南大学出版社，2015年。

［宋］陈旸：《乐书》，杭州：浙江大学出版社，2016年。

［清］秦蕙田，方向东、王锷点校：《五礼通考》，北京：中华书局，2020年。

二、敦煌文献

黄永武：《敦煌宝藏》第1—140册，台北：新文丰出版公司，1982—1986年。

黄永武主编：《敦煌丛刊初集》1—16册，台北：新文丰出版公司，1985年。

唐耕耦、陆宏基：《敦煌社会经济文献真迹释录》第一辑，北京：书目文献出版社，1986年。

唐耕耦、陆宏基：《敦煌社会经济文献真迹释录》第二至五辑，北京：全国图书馆文献缩微复制中心，1990年。

中国社会科学院历史研究所、中国敦煌吐鲁番学会敦煌古文献编辑委员会、英国国家图书馆、伦敦大学亚非学院合编：《英藏敦煌文献》（汉文佛经以外部分）1—14卷，成都：四川人民出版社，1990—1995年。

上海古籍出版社、法国国家图书馆编：《法藏敦煌西域文献》1—34册，上海：上海古籍出版社，1995—2005年。

俄罗斯科学院东方研究所圣彼得堡分所、俄罗斯科学出版社东方文学部、上海古籍出版社合编：《俄藏敦煌文献》1—17册，上海：上海古籍出版社，1992—2001年。

季羡林主编：《敦煌学大辞典》，上海：上海辞书出版社，1998年。

施萍婷：《敦煌遗书总目索引新编》，北京：中华书局，2000年。

郝春文：《英藏敦煌社会历史文献释录》1—5卷，北京：社会科学文献出版社，2003—2006年。

《敦煌石窟全集》（1—26册），香港：商务印书馆，2005年。

三、论著

王仁俊：《敦煌石室真迹录》，宣统元年国粹堂石印本，1907年。

石璋如：《敦煌千佛洞遗碑及其相关石窟考》，《"中央研究院"

历史语言研究所集刊》第34册，1962年。

　　罗振玉：《敦煌石室遗书》，上虞罗氏排印本，1909年。

　　罗振玉辑：《鸣沙石室佚书》（影印本），上虞罗氏宸翰楼印，1913年。

　　谢荫昌：《社会教育》，台北：中华书局，1913年。

　　罗振玉：《墨林星凤·序》，1916 年。

　　余寄：《社会教育》，台北：中华书局，1917年，第1页。

　　崔述：《洙泗考信录》，北京：商务印书馆，1937年。

　　吴学信：《社会教育史》，台北：商务印书馆，1939年，第71页。

　　任二北：《敦煌曲校录》，上海：上海文艺联合出版社，1955年。

　　姜亮夫：《敦煌——伟大的文化宝藏》，上海：上海古典文学出版社，1956年。

　　向达：《唐代长安与西域文明》，北京：三联书店，1957年。

　　潘洁兹：《敦煌莫高窟艺术》，上海：上海人民出版社，1957年。

　　王重民：《敦煌古籍叙录》，北京：商务印书馆，1958年。

　　王国维：《观堂集林》，北京：中华书局，1959年。

　　郭沫若：《殷契粹编考释》，北京：科学出版社，1965年。

　　毛晋辑：《津逮秘书》第 21 册，台北：艺文出版社，1966 年。

　　［日］内藤湖南：《内藤湖南全集》卷一四《湖南文存》卷六，东京：筑摩书房，1969—1976年。

　　严耕望：《唐史研究丛稿》，香港：新亚研究所，1969年。

　　［日］小川贯弌：《敦煌の戒牒》，日本京都：龙谷史坛社，1973年。

　　D. Twitchett, The Composition of the Tang Ruling Class: New Evidence from Tunhuang Perspectives on the Tang, Yale university Press, 1973.

〔日〕池田温：《沙州图经略考》，见《榎博士还历纪念东洋史论丛》，东京：山川出版社，1975年。

林明波：《唐以前小学书之分类与杂证》，中国学术著作奖助委员会，1975年。

中央音乐学院理论组：《乐记批注》，北京：人民音乐出版社，1976年。

〔日〕那波利贞：《唐代社会文化史研究第二编》，东京：创文社，1974年第一刷，1977年第二刷。

池田温：《中国古代籍帐研究》，东京：东京大学东洋文化研究所，1979年。

常书鸿：《敦煌石窟艺术》，兰州：甘肃人民出版社，1979年。

〔日〕土桥秀高：《戒律の研究》，日本京都：永田文昌堂，1980年。

杨伯峻：《孟子译注》，北京：中华书局，1980年。

杨伯峻：《论语译注》，北京：中华书局，1980年。

辞海编辑委员会：《辞海》（缩印本），上海：上海辞书出版社，1980年。

詹栋樑：《现代社会教育思潮》，台北：五南图书出版有限公司，1981年。

敦煌文物研究所编：《敦煌研究文集》，兰州：甘肃人民出版社，1982年。

周绍良、白化文编：《敦煌变文论文录》（上、下册），上海：上海古籍出版社，1982年。

王世舜：《尚书今译》，成都：四川人民出版社，1982年。

赵和平：《敦煌写本书仪研究》，台北：新文丰出版公司，1983年。

国家文物局古文献研究室、新疆维吾尔自治区博物馆、武汉大学历史系编：《吐鲁番出土文书》第一——十册，北京：文物出版社，1983年。

苏莹辉：《敦煌论集》，台北：学生书局，1983年。

钟明善：《中国书法简史》，石家庄：河北美术出版社，1983年。

王尧、陈践译注：《敦煌吐蕃文选》，成都：四川民族出版社，1983年。

詹栋樑：《社会教育学》，台北：五南图书出版有限公司，1983年。

苏莹辉：《瓜沙史事丛考》，台北：商务印书馆，1983年。

张锡厚：《王梵志诗校辑》，北京：中华书局，1983年。

唐长孺主编：《敦煌吐鲁番文书初探》，武汉：武汉大学出版社，1983年。

［日］小田義久：《大谷文书集成》（一——三卷），日本法藏馆，1984年。

高明士：《唐代东亚教育圈的形成》，台北：国立编译馆中华丛书编审委员会，1984年。

潘重规：《敦煌变文集新书》（上、下），中国文化大学中文研究所印行，1984年。

张波：《西北农牧史》，西安：陕西科学技术出版社，1984年。

戴密微著，庚升译：《吐蕃僧诤记》，兰州：甘肃人民出版社，1984年。

池田温著，龚泽铣译：《中国古代籍帐研究》，北京：中华书局，

1984年。

《中国大百科全书·教育》，北京：中国大百科全书出版社，1985年。

孙邦正：《教育概论》，台湾商务印书馆，1985年。

姜亮夫：《莫高窟年表》，上海：上海古籍出版社，1985年

钱穆：《论语新解》，成都：巴蜀书社，1985年。

季羡林：《大唐西域记校注》，北京：中华书局，1985年。

吕思勉：《文字学四种》，上海：上海教育出版社，1985年。

张怀瑾：《书断》，北京：中华书局，1985年。

《吐鲁番出土文书》，北京：文物出版社，1981—1991年。

唐耕耦、陆宏基：《敦煌社会经济文献真迹释录》第一——五辑，北京：书目文献出版社，1986年。

韩国磐：《敦煌吐鲁番出土经济文书研究》，厦门：厦门大学出版社，1986年。

敦煌研究院编：《敦煌莫高窟供养人题记》，北京：文物出版社，1986年。

毛礼锐、沈灌群主编：《中国教育通史》第二卷，济南：山东教育出版社，1986年。

姜伯勤：《唐五代敦煌寺户制度》，北京：中华书局，1987年。

余英时：《士与中国文化》，上海：上海人民出版社，1987年，第213—214页。

徐复观：《中国艺术精神》，天津：春风文艺出版社，1987年。

陈祚龙：《敦煌资料考屑》（上下册），台北：商务印书馆，1987年。

谢和耐著，耿升译：《中国五一十世纪寺院经济》，兰州：甘肃人

民出版社，1987年。

任二北：《敦煌歌辞总编》（上下册），上海：上海古籍出版社，1987年。

张鸿勋：《敦煌讲唱文学作品选注》，兰州：甘肃人民出版社，1987年。

姜亮夫：《敦煌学论文集》（上、下）（成均楼论文辑第二种），上海：山海古籍出版社，1987年。

国立中央研究院历史语言研究所集刊编辑委员会编辑：《历史语言研究所集刊》（第十册），北京：中华书局，1987年。

张念宏主编：《教育百科辞典》，北京：中国农业科技出版社，1988年。

郑明东：《社会教育》，台北：正中书局，1988年。

厉以贤著：《现代教育原理》，北京：北京师范大学出版社，1988年。

周祖谟：《敦煌语言文学研究》，北京：北京大学出版社，1988年。

甘肃省文物考古研究所：《居延新简释粹》，兰州：兰州大学出版社，1988年。

胡秋原：《古代中国文化与中国知识分子》，北京：学术出版社，1988年。

齐陈骏、陆庆夫、郭锋：《五凉史略》，兰州：甘肃人民出版社，1988年。

裘锡圭：《文字学概要》，北京：商务印书馆，1988年。

李冀主编：《教育管理辞典》，海口：海南人民出版社，1989年。

郑炳林：《敦煌地理文书汇辑校注》，兰州：甘肃教育出版社，

1989年。

国务院古籍整理出版规划小组：《古籍点校疑误汇录》（三），北京：中华书局，1989年。

萧默：《敦煌建筑研究》，北京：文物出版社，1989年。

颜廷亮：《敦煌文学》，兰州：甘肃人民出版社，1989年。

杜斗城：《敦煌本佛说十王经校录研究》，兰州：甘肃教育出版社，1989年。

魏传义：《艺术教育学》，重庆：重庆出版社，1990年。

睡虎地秦墓竹简整理小组：《睡虎地秦墓竹简》，北京：文物出版社，1990年。

〔日〕池田温：《中国古代写本识语集录》，东京：大藏出版株式会社，1990年。

项楚：《王梵志诗校注》，上海：上海古籍出版社，1991年。

雷文治：《敦煌变文选注》，石家庄：河北教育出版社，1991年。

姜伯勤：《敦煌社会文书导论》，台北：新文丰出版公司，1992年。

周谷城：《周谷城文集》，长春：吉林教育出版社，1991年。

甘肃省文物考古研究所编：《敦煌汉简》（上、下），北京：中华书局，1991年。

李永良、吴礽骧、马建华：《敦煌汉简释文》，兰州：甘肃人民出版社，1991年。

郑炳林：《敦煌地理文书汇辑校注》，兰州：甘肃教育出版社，1992年。

谢重光、白文固：《中国僧官制度史》，西宁：青海人民出版社，1992年。

陈士强：《佛典精解》，上海：上海古籍出版社，1992年。

中村元：《原始佛教の成立》，春秋社，1992年。

周一良先生八十生日纪念论文集编委会：《周一良先生八十生日纪念论文集》，北京：中国社会科学出版社，1993年。

孙培青主编：《中国教育史》，上海：华东师大出版社，1992年。

陈俊民：《蓝田吕氏遗著辑校》，北京：中华书局，1993年。

王仲荦：《敦煌石室地志残卷考释》，上海：上海古籍出版社，1993年。

项楚：《敦煌诗歌导论》，台北：新文丰出版股份有限公司，1993年。

王三庆：《敦煌类书》，高雄：丽文文化公司，1993年。

张鸿勋：《敦煌说唱文学概论》，台北：新文丰出版公司，1993年。

启功：《古代字体论稿》，北京：文物出版社，1993年。

罗振玉、王国维：《流沙坠简》，北京：中华书局，1993年。

马秋帆、熊明安：《晏阳初教育论著选》，北京：人民教育出版社，1993年，第25页。

荣新江：《敦煌写本〈敕河西节度兵部尚书张公德政之碑〉校考》，见《周一良先生八十生日纪念论文集》，北京：中国社会科学出版社，1993年。

马秋帆：《樑漱溟教育论著选》，北京：人民教育出版社，1994年，第101页。

葛兆光主编：《清华汉学研究》第一辑，北京：清华大学出版社，1994年。

段文杰：《段文杰敦煌艺术论文集》，兰州：甘肃人民出版社，1994年。

饶宗颐：《敦煌邈真赞校录并研究》，台北：新文丰出版公司，1995年。

敦煌研究院编：《1990年敦煌学国际研讨会论文集·石窟·史地·语文集》，沈阳：辽宁美术出版社，1995年。

颜廷亮：《敦煌文学概说》，台北：新文丰出版公司，1995年。

黄征、吴伟：《敦煌愿文集》，长沙：岳麓书社，1995年。

王书庆：《敦煌佛学·佛事篇》，兰州：甘肃民族出版社，1995年。

谢生保：《敦煌民俗研究》，兰州：甘肃人民出版社，1995年。

周丕显：《敦煌文献研究》，兰州：甘肃文化出版社，1995年。

黄征、吴伟校注：《敦煌愿文集》，长沙：月麓书社，1995年

马德：《敦煌莫高窟史研究》，兰州：甘肃教育出版社，1996年。

敦煌研究院编：《敦煌石窟内容总录》，北京：文物出版社，1996年。

谢稚柳：《敦煌艺术叙录》，上海：上海古籍出版社，1996年。

姜伯勤：《敦煌艺术宗教与礼乐文明》，北京：中国社会科学出版社，1996年。

杨际平：《五—十世纪敦煌的家庭与家族的关系》，长沙：岳麓书社，1996年。

荣新江：《归义军史研究》，上海：上海古籍出版社，1996年。

邓文宽：《敦煌天文历法文献辑校》，杭州：江苏古籍出版社，1996年。

释圣严：《戒律学纲要》，台北：东初出版社，1996年。

白化文等编：《周绍良先生欣开九秩庆寿文集》，北京：中华书局，1997年。

郑处海：《明皇杂录》，北京：中华书局，1997年。

张弓：《汉唐佛寺文化史》，北京：中国社会科学出版社，1997年。

郑炳林：《敦煌归义军史专题研究》，兰州：兰州大学出版社，1997年。

李正宇：《敦煌史地新论》，台北：新文丰出版公司，1997年。

张弓：《汉唐佛寺文化史》，北京：中国社会科学出版社，1997年。

宁可、郝春文辑校：《敦煌社邑文书辑校》，南京：江苏古籍出版社，1997年。

黄征、张涌泉：《敦煌变文校注》，北京：中华书局，1997年。

荣新江主编：《唐研究》第三卷，北京：北京大学出版社，1997年。

陈桂生：《教育学的建构》，长沙：湖南教育出版社，1998年。

俞剑华：《中国绘画史》，北京：商务印书馆，1998年。

郝春文：《唐后期五代宋初敦煌僧尼的社会生活》，北京：中国社会科学出版社，1998年。

汪娟：《敦煌礼忏文研究》，台北：法鼓文化事业公司，1998年。

谭婵雪：《敦煌岁时文化导论》，台北：新文丰出版公司，1998年。

赵秀玲：《中国乡里制度》，北京：社会科学文献出版社，1998年。

李正宇：《敦煌乡土志八种笺证》，台北：新文丰出版公司，1998年。

傅抱石：《中国绘画变迁史纲》，上海：上海古籍出版社，1998年。

中国社会科学院考古研究所主持翻译：《西域考古图记》，桂林：广西师范大学出版社，1998年。

陈允吉、胡中行主编：《佛经文学粹编》，上海：上海古籍出版社，1999年。

〔日〕池田温：《唐研究论文选集》，北京：中国社会科学出版社，1999年。

汤一介：《佛教与中国传统文化》，北京：宗教文化出版社，1999年。

劳正武：《佛教戒律学》，北京：宗教文化出版社，1999年。

释圣严：《戒律学纲要》，台北：法鼓文化事业公司，1999年。

辞海编辑委员会编纂：《辞海》，上海：上海辞书出版社，1999年。

郑晓华：《古典书学浅探》，北京：社会科学文献出版社，1999年。

斯坦因著，赵燕等译：《从罗布沙漠到敦煌》，桂林：广西师范大学出版社，2000年。

徐俊：《敦煌诗集残卷辑考》，北京：中华书局，2000年。

《讲座敦煌》（1—13），东京：大东出版社，1981—1982年。

粟洪武等：《中国教育发展史》，西安：陕西师范大学出版社，2000年。

汪泛舟：《敦煌古代儿童课本》，兰州：甘肃人民出版社，2000年。

李重申：《敦煌古代体育文化》，兰州：甘肃人民出版社，2000年。

杜维明著，钱文忠、盛勤译：《道·学·政——论儒家知识分子》，上海：上海人民出版社，2000年。

李国钧、王炳照：《中国教育制度通史》（第一卷），济南：山东教育出版社，2000年。

陈寅恪：《隋唐制度渊源略论稿》，北京：三联书店，2001年。

项楚：《敦煌诗歌导论》，成都：巴蜀书社，2001年。

梁启超：《佛学研究十八篇》，上海：上海古籍出版社，2001年。

中国简牍集成编辑委员会编：《中国简牍集成》第六册《居延汉简（二）》，兰州：敦煌文艺出版社，2001年。

中国简牍集成编辑委员会编：《中国简牍集成》第七册《居延汉简（三）》，兰州：敦煌文艺出版社，2001年。

中国简牍集成编辑委员会编：《中国简牍集成》第五册《居延汉简（一）》，兰州：敦煌文艺出版社，2001年。

中国简牍集成编辑委员会编：《中国简牍集成》第八册《居延汉简（四）》，兰州：敦煌文艺出版社，2001年。

肖群忠：《孝与中国文化》，北京：人民出版社，2001年。

项楚：《敦煌诗歌导论》，成都：巴蜀书社，2001年。

郑炳林主编：《敦煌佛教艺术文化国际研讨会论文集》，兰州：兰州大学出版社，2001年。

张文：《宋朝社会救济研究》，重庆：西南师范大学出版社，2001年。

焦进文，杨富学校注：《元代西夏遗民文献〈述善集〉校注》，兰州：甘肃民族出版社，2001年。

张家山二四七号汉墓竹简整理小组：《张家山汉墓竹简〔二四七号墓〕》，北京：文物出版社，2001年。

邓文宽：《敦煌吐鲁番天文历法研究》，兰州：甘肃教育出版社，2002年。

郑阿才、朱凤玉：《敦煌蒙书研究》，兰州：甘肃教育出版社，2002年。

傅九大等主编：《甘肃教育史》，兰州：甘肃人民出版社，2002年。

郭在贻：《郭在贻文集》（第3卷），北京：中华书局，2002年。

方立天：《佛教哲学》，北京：中国人民大学出版社，2002年。

白文固、赵春娥：《中国古代僧尼名籍制度》，西宁：青海人民出版社，2002年。

王景琳：《中国古代寺院生活》，西安：陕西人民出版社，2002年。

郑炳林：《敦煌归义军史专题研究续编》，兰州：兰州大学出版社，2003年。

白化文：《汉化佛教与佛寺》，北京：北京出版社，2003年。

湛如：《敦煌佛教律仪制度研究》，北京：中华书局，2003年。

敦煌研究院编：《2000年敦煌学国际学术讨论会文集》，兰州：甘肃民族出版社，2003年。

王永会：《中国佛教僧团发展及其管理研究》，成都：巴蜀书社，2003年。

高明士：《中国教育史》，台北：台湾大学出版中心，2004年。

杨天宇：《礼记译注》，上海：上海古籍出版社，2004年。

Sarah E. Fraser, Performing the Visual: The Practice of Buddhist Wall Painting in China and Central Asia, 618—960, Stanford University Press, Stanford, California, 2004.

孙过庭：《书谱墨迹》，杭州：西泠印社，2004年。

屈直敏：《敦煌高僧》，北京：民族出版社，2004年。

李华瑞：《王安石变法研究史》，北京：人民出版社，2004年。

马文熙、张归璧等编著：《古汉语知识辞典》，北京：中华书局，2004年。

[法]童丕著，余欣、陈建伟译：《敦煌的借贷：中国中古时代的物质生活与社会》，北京：中华书局，2005年。

《法国汉学》丛书编辑委员会编：《粟特人在中国——历史、考古、语言的新探索》，《法国汉学》（第十辑），北京：中华书局，2005年。

郑炳林：《敦煌归义军史研究三编》，兰州：甘肃文化出版社，2005年。

季羡林、饶宗颐主编：《敦煌吐鲁番研究》（第八卷），北京：中华书局，2005年。

黄书光：《中国社会教化的传统与变革》，济南：山东教育出版社，2005年。

高明士：《中国中古的教育与学礼》，台北：台湾大学出版中心，2005年。

胡务：《元代庙学——无法割舍的儒学教育链》，成都：四川出版集团、巴蜀书社，2005年。

严耕望：《唐人习业山林寺院之风尚》，见《严耕望史学论文集》，北京：中华书局，2006年。

陈梦家：《中国文字学》，北京：中华书局，2006年。

长沙市文物考古研究所、中国文物研究所：《长沙东牌楼东汉简牍》，北京：文物出版社，2006年。

郝春文：《中古时期社邑研究》，台北：新文丰出版公司，2006年。

杨富学、王书庆：《敦煌佛教与禅宗研究论文集》，汕头：香港天马出版有限公司，2006年。

冯培红：《敦煌的归义军时代》，兰州：甘肃教育出版社，2013年。

许建平：《敦煌经籍叙录》，北京：中华书局，2006年。

郝春文：《中古时期社邑研究》，台北：新文丰出版公司，2006年。

项楚：《敦煌变文选注》（增订本），北京：中华书局，2006年。

刘师培：《清儒得失论——刘师培论学杂稿》，北京：中国人民大学出版社，2006年。

王雷：《社会教育概论》，北京：光明日报出版社，2007年。

李小荣：《敦煌佛教音乐文学研究》，福州：福建人民出版社，2007年。

韩刚：《北宋翰林图画院制度渊源考论》，石家庄：河北教育出版社，2007年。

沙武田：《敦煌画稿研究》，北京：中央编译出版社，2007年。

康有为撰，姜义华、张荣华编校：（国家清史编纂委员会·文献丛刊）《康有为全集》第一集《新学伪经考·汉艺文志辩伪（第三下）》，北京：中国人民大学出版社，2007年。

［日］富谷至著，刘恒武译、黄留珠校：《木简竹简述说的古代中国》，北京：人民出版社，2007年。

胡平生、汪涛、吴芳思编：《英国国家图书馆藏斯坦因所获未刊汉文简牍》，上海：上海辞书出版社，2007年。

郑阿财、朱凤玉：《开蒙养正——敦煌的学校教育》，兰州：甘肃教育出版社，2007年。

张涌泉主编：《敦煌经部文献合集》（第一册），北京：中华书局，2008年。

李正宇：《古本敦煌乡土志八种笺证》，兰州，甘肃人民出版社，2008年。

李怀顺、黄兆宏：《甘宁青考古八讲》，兰州：甘肃人民出版社，2008年。

孟宪实：《敦煌民间结社研究》，北京：北京大学出版社，2009年。

向达：《唐代长安与西域文明》，重庆：重庆出版集团、重庆出版社，2009年。

毛万宝、黄君：《中国古代书论类编》，合肥：安徽教育出版社，2009年。

沈乐平：《敦煌书法综论》，杭州：浙江古籍出版社，2009年。

谢重光：《中古佛教僧官制度和社会生活》，北京：商务印书馆，2009年。

赵贞：《归义军史事考论》，北京：北京师范大学出版社，2010年。

鲁迅：《中国小说史略》，北京：人民文学出版社，1973年。

孙彦：《河西魏晋十六国壁画墓研究》，北京：文物出版社，2011年。

容庚著：《殷契卜辞》，见莞城图书馆编《容庚学术著作全集》，北京：中华书局，2011年。

屈直敏：《敦煌文献与中古教育》，兰州：甘肃教育出版社，2012年。

陈菊霞：《敦煌翟氏研究》，兰州：民族出版社，2012年。

湖南省文物考古研究所编：《里耶秦简（壹）》，北京：文物出版社，2012年。

陈伟：《里耶秦简牍校释》（第一卷），武汉：武汉大学出版社，2012年。

冯培红：《敦煌的归义军时代》，兰州：甘肃教育出版社，2013年。

王晓光：《新出汉晋简牍及书刻研究》，北京：荣宝斋出版社，2013年。

钟书林、张磊：《敦煌文研究与校注》，武汉：武汉大学出版社，

2014年。

陈伟主编：《秦简牍合集》（上、下），武汉：武汉大学出版社，2014年。

于安澜编著：《画论丛刊》，郑州：河南大学出版社，2015年。

李迎春：《居延新简集释》（三），兰州：甘肃文化出版社，2016年。

扬眉：《居延新简集释》（二），兰州：甘肃文化出版社，2016年。

马智全：《居延新简集释》（四），兰州：甘肃文化出版社，2016年。

肖从礼：《居延新简集释》（五），兰州：甘肃文化出版社，2016年。

中国社会科学院历史研究所学刊编委会：《中国社会科学院历史研究所学刊》（第10集），北京：商务印书馆，2017年。

湖南省文物考古研究所编：《里耶秦简（贰）》，北京：文物出版社，2017年。

张传官：《急就篇校理》，北京：中华书局，2017年。

陈伟：《里耶秦简牍校释》（第二卷），武汉：武汉大学出版社，2018年。

秦川：《敦煌书法》，北京：清华大学出版社，2019年。

四、硕、博士学位论文

韩红：《敦煌逆刺占文献校录研究》，兰州大学硕士学位论文，2014年。

杨惠玲：《唐五代宋初敦煌丧俗研究》，西北师范大学硕士论文，

2003年。

徐晓卉：《唐五代宋初敦煌麻的种植及利用研究》，西北师范大学硕士论文，2002年。

刘高阳：《敦煌"曹氏画院"研究》，江南大学硕士学位论文，2016年6月。

李正庚：《先秦至唐书法教育制度研究》，首都师范大学博士学位论文，2009年5月。

周侃：《唐代书手研究》，首都师范大学博士学位论文，2007年4月。

李慧琪：《唐代书法教育类型研究》，曲阜师范大学硕士学位论文，2020年6月。

张景书：《中国古代农业教育研究》，西北农林科技大学博士学位论文，2003年5月。

吴艳：《两晋南北朝与唐代比丘尼僧团比较研究》，中国人民大学硕士论文，2005年。

周亮涛：《唐代寺院教育初探》，山东大学硕士学位论文，2015年6月。

乜小红：《唐五代宋初敦煌畜牧业研究》，西北师范大学历史系硕士论文，2001年。

韩红：《敦煌逆刺占文献校录研究》，兰州大学硕士学位论文，2014年。

五、期刊论文

［日］那波利贞：《唐钞本杂钞考——唐代庶民教育研究史の资

料》，《支那学》（第十卷），特别号，1942年。

〔日〕那波利贞：《关于唐代农田水利的规章》，《史学杂志》第54卷，1943年。

向达：《敦煌艺术概论》，《文物参考资料》第2卷第4期，1951年。

向达：《莫高榆林二窟杂考》，《文物参考资料》第2卷第5期，1951年。

塚本善隆：《敦煌佛教史概说》，《西域文化研究》1958年第1期。

金维诺：《敦煌龛窟名数考》，《文物》1959年第5期。

〔日〕内藤乾吉：《西域发见の唐官文书の研究》，《西域文化研究》第三期，京都：法藏馆，1960年。

南京博物院、南京市文物保管委员会：《南京西善桥南朝墓及其砖刻壁画》，《文物》1960年第8、9期合刊。

〔日〕竺沙雅章：《敦煌の僧官制度》，《东方学报》（京都）第31册，1961年。

唐长孺：《关于归义军的集中资料跋》，《中华文史论丛》1962年第1期。

杨讷：《元代农村社制研究》，《历史研究》1965年第4期。

嘉峪关市文物清理小组：《嘉峪关汉画像砖墓》，《文物》1972年第12期。

〔日〕小川贯式：《敦煌仏寺の学士郎》，《龙骨大学论集》400、401合并号，1973年。

吴礽骧：《酒泉、嘉峪关晋墓的发掘》，《文物》1979年第6期。

张朋川：《酒泉丁家闸古墓壁画艺术》，《文物》1979年第6期。

齐陈骏：《敦煌沿革与人口》，《敦煌学辑刊》1980年创刊号。

齐陈骏：《敦煌沿革与人口（续）》，《敦煌学辑刊》1981年第2集。

姜伯勤：《论敦煌寺院的"常住百姓"》，《敦煌研究》（试刊）1981年第1期。

段文杰：《试论敦煌壁画的传神艺术》，《敦煌研究》（试刊）1981年第1期。

孙修身：《敦煌三界寺》，《甘肃省史学会论文集》，1982年。

施萍婷：《本所藏〈酒帐〉研究》，《敦煌研究》1983年创刊号。

韩跃成、张仲：《敦煌佛爷庙湾五凉时期墓葬发掘简报》，《文物》1983年第10期。

施光明：《略论十六国时期凉州地区的文化教育现象》，《兰州学刊》1984年第2期。

张广达：《唐代六胡州等地的昭武九姓》，《中央民族学院学报》1986年第2期。

李并成：《唐代敦煌绿洲水系考》，《中国史研究》1986年第1期。

李正宇：《唐宋时代的敦煌学校》，《敦煌研究》1986年第1期。

李正宇：《一件唐代学童的习字作业》，《文物天地》1986年第6期。

高明士：《唐代敦煌的教育》，《汉学研究》1986年第2期。

宁欣：《唐代敦煌地区农业水利问题初探——从伯三五六〇号文书看唐代敦煌地区的农业水利》，《敦煌吐鲁番文献研究论集》第3辑，北京：北京大学出版社，1986年。

杨铭：《吐蕃统治下的河、陇少数民族》，《西藏民族学院学报》1987年第3期。

李正宇：《敦煌学郎题记辑注》，《敦煌学辑刊》1987年第1期。

陆庆夫：《五凉文化简论》，《敦煌学辑刊》1987年第1期。

施萍婷：《敦煌随笔之三——一件完整的社会风俗史资料》，《敦煌研究》1987年第2期。

李正宇：《敦煌地区古代祠庙寺观简志》，《敦煌学辑刊》1988年第Z1期。

汪泛舟：《敦煌的童蒙读物》，《文史知识》1988年第8期。

许康：《敦煌算书透露的科学与社会信息》，《敦煌研究》1989年第1期。

李正宇：《唐宋时代敦煌县河渠泉泽简志》（一），《敦煌研究》1988年第4期。

罗华庆：《9至11世纪敦煌的行像和浴佛活动》，《敦煌研究》1988年第4期。

姜伯勤：《敦煌音声人略论》，《敦煌研究》1988年第4期。

李正宇：《唐宋时代敦煌县河渠泉泽简志》（一），《敦煌研究》1989年第1期。

王进玉、赵丰：《敦煌文物中的纺织技艺》，《敦煌研究》1989年第4期。

朱凤玉：《敦煌写本字样书研究之一》，《华冈文科学报》第17期，1989年。

荣新江：《关于沙州归义军都僧统年代的几个问题》，《敦煌研究》1989年第4期。

马德：《都僧统之"家窟"及其营建》，《敦煌研究》1989年第4期。

郝春文：《隋唐五代宋初佛社与寺院的关系》，《敦煌学辑刊》

1990年第1期。

谭蝉雪：《敦煌岁时掇琐》，《敦煌研究》1990年第1期。

李正宇：《渥洼水天马史事综理》，《敦煌研究》1990年第3期。

李并成：《从敦煌算经看我国唐宋时代的初级数学教育》，《数学教学研究》1991年第1期。

郝春文：《隋唐五代宋初传统私社与寺院的关系》，《中国史研究》1991年第2期。

谢重光：《吐蕃占领期与归义军的敦煌僧官制度》，《敦煌研究》1991年第3期。

荣新江：《古代塔里木盆地周边的粟特移民》，《西域研究》1993年第2期。

李正宇：《敦煌傩散论》，《敦煌研究》1993年第2期。

齐陈俊、寒沁：《河西都僧统悟真作品和见载文献系年》，《敦煌学辑刊》1993年第2期。

朱凤玉：《敦煌写卷"俗务要名林"研究》，见《第二届国际唐代学术会议论文集》（上册），台北：文津出版社，1993年。

颜廷亮：《沙州百姓一万人上回鹘天可汗状》，《兰州教育学院学报（社会科学版)》1994年第1期。

郑炳林：《〈索勋纪德碑〉研究》，《敦煌学辑刊》1994年第2期。

宁可、郝春文：《敦煌写本社邑文书述略》，《首都师范大学学报》1994年第4期。

胡素馨：《敦煌的粉本和壁画之间的关系》，《1994年敦煌学国际学术研讨会论文提要（石窟艺术卷)》，1994年。

宁可、郝春文：《敦煌社邑文书述略》，《首都师范大学学报（社会科学版)》1994年第4期。

周丕显：《敦煌古钞〈兔园册府〉考析》，《敦煌学辑刊》1994年第2期。

宁可、郝春文：《敦煌社邑中的丧葬互助》，《首都师范大学学报（社会科学版)》1995年第6期。

Roderick Whitfield, Dunhuang: Buddhist Art from the Silk Road, Textile and Art Publications, London, 1995.

周谷平：《敦煌出土文书与唐代教育的研究》，《华东师范大学学报（教育科学版)》1995年第4期。

贵州省博物馆：《贵州清镇平壩汉墓发掘报告》，《考古学报》1995年第1期。

李冬梅：《唐五代敦煌学校部分教学档案简介》，《敦煌学辑刊》1995年第2期。

Sarah E. Fraser. Regimes of Production: The Use of Pounces in Temple Construction, Orientations, November 1996.

Sarah E. Fraser. The Artist Practice in Tang Dynasty China （8th –10th Centuries）, University of California, Berkeley, Fall 1996, UMI Microform 9722974.

马德：《〈董保德功德颂〉述略》，《敦煌研究》1996年第3期。

郑炳林：《唐五代敦煌手工业研究》，《敦煌学辑刊》1996年第3期。

许新国：《都兰吐蕃墓出土含绶鸟织锦研究》，《中国藏学》1996年第1期。

郝春文：《唐后期五代宋初沙州僧尼的宗教收入（三）——大众仓

试探》，《敦煌学辑刊》1996年第2期。

郝春文：《唐后期五代宋初沙州僧尼的宗教收入——为他人举行法事活动之所得》，《敦煌学辑刊》1997年第3期。

马德：《敦煌遗书莫高窟岁首燃灯文辑识》，《敦煌研究》1997年第3期。

湛如：《敦煌菩萨戒仪与菩萨戒牒之研究》，《敦煌研究》1997年第2期。

王书庆：《敦煌文献中五代宋初戒牒研究》，《敦煌研究》1997年第3期。

徐志啸：《敦煌文学之"变文"辩》，《中国文学研究》1997年第4期。

郑炳林：《从敦煌文书看唐五代敦煌地区的医事状况》，《西北民族学院学报（哲社版）》1997年第1期。

安广禄：《我国最早的乡规民约》，《农村发展论丛》1998年第4期。

湛如：《汉地佛教度僧辨析——以五代—五代的童行为中心》，《法音》1998年第12期。

湛如：《敦煌结夏安居考察》，《佛学研究》1998年第7期。

郝春文：《唐后期五代宋初敦煌僧尼遗产的处理与丧事的操办》，《敦煌研究》1998年第3期。

马德：《都僧统之家窟及其营建》，《敦煌研究》1998年第4期。

段小强：《敦煌文书中所见的古代丧仪》，《西北民族研究》1999年第1期。

杨秀清：《浅谈唐、宋时期敦煌地区的学生生活——以学郎诗和学郎题记为中心》，《敦煌研究》1999年第4期。

    湛如：《敦煌布萨与布萨次第新探》，《敦煌研究》1999年第1期。

    湛如：《论敦煌斋文与佛教行事》，《敦煌学辑刊》1999年第1期。

    杨森：《谈敦煌社邑文书中"三官"及"录事""虞侯"的若干问题》，《敦煌研究》1999年第3期。

    颜廷亮：《关于敦煌地区佛教及其文化的历史进程》，《兰州教育学院学报》1999年第3期。

    颜廷亮：《关于敦煌地区佛教及其文化的历史进程（续）》，《兰州教育学院学报》1999年第4期。

    白化文：《敦煌遗书中的类书简述》，《中国典籍与文化》1999年第4期。

    袁家耀：《谈谈僧团建设中的僧伽教育问题》，《佛学研究》1999年第8期。

    王小盾：《原始佛教的音乐及其在中国的影响》，《中国社会科学》1999年第2期。

    郑炳林：《唐五代敦煌医学酿酒建筑业中的粟特人》，《西北第二民族学院学报》1999年第4期。

    颜廷亮：《关于敦煌文化中的教育》，《兰州教育学院学报》1999年第1期。

    杨秀清：《浅谈唐、宋时期敦煌地区的学生生活——以学郎诗和学郎题记为中心》，《敦煌研究》1999年第4期。

    谭蝉雪：《唐宋敦煌岁时佛俗——正月》，《敦煌研究》2000年第4期。

    李正宇：《归义军乐营的结构与配置》，《敦煌研究》2000年第3

期。

傅小静：《论唐代乡村社会中的社》，《青岛大学师范学院学报》2000年第1期。

袁德领：《归义军时期莫高窟与敦煌寺院的关系》，《敦煌研究》2000年第3期。

冯培红：《唐五代敦煌的酒行、酒户和酒司》，《青海社会科学》2001年第3期。

车锡伦：《中国宝卷的渊源》，《敦煌研究》2001年第2期。

王永会：《百丈清规与中国佛教僧团的管理创新》，《宗教学研究》2001年第2期。

王永会：《禅宗清规与中国佛教寺院僧团管理制度》，《四川大学学报》2001年第1期。

段小强：《敦煌"祭祀"考》，《西北民族学院学报（哲学社会科学版）》2001年第1期。

孟宪实《唐朝政府的民间结社政策研究》，《北京理工大学学报（社会科学版）》2001年第1期。

乜小红：《唐宋敦煌毛纺织业述论》，《敦煌学》第23辑，2001年。

圣凯：《佛教出家及剃度仪式》，《中国宗教》2001年第1期。

圣凯：《论唐代的讲经仪轨》，《敦煌学辑刊》2001年第2期。

［日］上山大峻著，顾虹、刘永增译：《从敦煌出土写本看敦煌佛教研究》，《敦煌研究》2001年第4期。

谭蝉雪：《唐宋敦煌岁时佛俗——二月至七月》，《敦煌研究》2001年第1期。

徐玉成：《佛教禁忌》，《中国宗教》2001年第2期。

杨际平：《唐末五代宋初敦煌社邑的几个问题》，《中国史研究》2001年第4期。

姜伯勤：《敦煌科学文书的社会功能——兼论敦煌写本中的社会史料》，《中山大学学报》2001年第3期。

孟宪实：《论唐宋时期敦煌民间结社的组织形态》，《敦煌研究》2002年第1期。

郑炳林：《晚唐五代敦煌三界寺藏经研究》，《西北第二民族学院学报》2002年第4期。

汤君：《敦煌燕乐歌舞考略》，《文艺研究》2002年第3期。

颜廷亮：《有关张球生平及其著作的一件新见文献——〈佛说摩利支天菩萨陀罗尼经序〉校录及其他》，《敦煌研究》2002年第5期。

张弓：《公元九、十世纪敦煌的寺学教育及其儒经读本》，见《第12届国际佛教教育文化研讨会论文集》，台北：华梵大学，2002年。

李学勤：《中国文字与书法的孪生》，《中国书法》2002年第11期。

傅小静：《唐代民间私社的基本功能》，《齐鲁学刊》2003年第5期。

冀志刚：《燃灯与唐五代敦煌民众的佛教信仰》，《首都师范大学学报》2003年第5期。

郝春文：《〈唐末五代宋初敦煌社邑的几个问题〉商榷》，《中国史研究》2003年第1期。

明杰：《唐代佛教度僧制度探讨》，《佛学研究》2003年第1期。

严玉明、王文东：《中国佛教戒律的伦理探讨》，《西南民族大学学报》2003年第6期。

余欣：《唐宋敦煌墓葬神煞研究》，《敦煌学辑刊》2003年第1期。

乜小红：《唐五代敦煌音声人试探》，《敦煌研究》2003年第3期。

韩刚：《西蜀画院有无考辨》，《贵州大学学报（艺术版)》2003年第2期。

朱悦梅、李并成：《〈沙州都督府图经〉纂修年代及其相关问题考》，《敦煌研究》2003年第5期。

李宗俊：《〈沙州都督府图经〉撰修年代新探》，《敦煌学辑刊》2004年第1期。

圣凯：《论佛儒道三教伦理的交涉——以五戒与五常为中心》，《佛学研究》2004年第1期。

郑炳林：《晚唐五代敦煌佛教教团的戒律和清规》，《敦煌学辑刊》2004年第2期。

杜斗城：《"七七斋"之源流及敦煌文献中有关资料的分析》，《敦煌研究》2004年第4期。

郑炳林、魏迎春：《晚唐五代敦煌佛教教团的科罚制度研究》，《敦煌研究》2004年第2期。

郑炳林、魏迎春：《晚唐五代敦煌佛教教团的戒律和清规》，《敦煌学辑刊》2004年第2期。

江学旺：《敦煌邈真赞用韵考》，《浙江大学学报》2004年第1期。

刘永明：《敦煌占卜与道教初探——以P.2589文书为核心》，《敦煌学辑刊》2004年第2期。

李宗俊：《〈沙州都督府图经〉撰修年代新探》，《敦煌学辑刊》2004年第1期。

李正宇：《晚唐至北宋敦煌僧尼普听饮酒》，《敦煌研究》2005年第3期。

王志鹏：《试论敦煌佛教歌辞中儒释思想的调和》，《敦煌学辑刊》2005年第3期。

方广锠：《教团与弟子》，《佛教文化》2005年第1期。

郭永利：《晚唐五代敦煌佛教寺院纳赠》，《敦煌学辑刊》2005年第4期。

白文固：《唐宋试经剃度制度探究》，《史学月刊》2005年第8期。

卜秋香：《唐宋时期的邑社》，《青海师范大学学报》2005年第3期。

陈兵：《佛教的临终关怀与追福超度》，《法音》2005年第8期。

郝春文：《再论唐末五代宋初敦煌社邑的几个问题》，《中国史研究》2005年第2期。

刘正平、王志鹏：《唐代俗讲与佛教八关斋戒之关系》，《敦煌研究》2005年第2期。

潘春辉：《唐宋敦煌僧人违戒原因述论》，《西北师大学报（社会科学)》2005年第5期。

孙兰荃：《试论佛教戒律研究的宗教意义——以汉传佛教为例》，《宗教学研究》2005年第2期。

濮仲远：《唐宋时期沙州城坊考》，《兰州学刊》2005年第2期。

长沙市文物考古研究所：《长沙东牌楼7号古井（J7）发掘简报》，《文物》2005年第12期。

刘涛：《长沙东牌楼东汉简牍所见书体及书法史料价值》，《文物》2005年第12期。

吴丽娱、杨宝玉：《P.3730v〈张氏归义军时期书状〉考释》，《出土文献研究》，2005年。

吴丽娱、杨宝玉：《P.3197v〈曹氏归义军时期甘州使人书状〉考释》，《敦煌学辑刊》2005年第4期。

孟宪实：《唐宋之际敦煌的民间结社与社会秩序》，见《唐研究》第十一卷，2005年。

杨际平：《唐末五代宋初敦煌社邑几个问题的再商榷》，《中国史研究》2005年第2期。

严耀中：《试论中国佛教戒律的特点》，《世界宗教研究》2005年第3期。

郑炳林：《晚唐五代归义军政权与佛教教团关系研究》，《敦煌学辑刊》2005年第1期。

志道：《中国古代的佛教僧官制度》，《佛教文化》2005年第2期。

郝春文：《再论敦煌私社中的"春秋坐局席"活动》，《敦煌学辑刊》2006年第1期。

刘进宝：《归义军时期的"音声人"》，《敦煌研究》2006年第1期。

屈直敏：《从敦煌写本〈励忠节钞〉看唐代的知识、道德与政治秩序》，《兰州大学学报》2006年第2期。

郝春文：《唐后期五代宋初敦煌私社的教育与教化功能》，见《敦煌吐鲁番研究》第九卷，2006年。

李正宇：《晚唐至宋敦煌听许僧人娶妻生子》，见《敦煌吐鲁番研究》第9卷，2006年。

马德：《敦煌阴氏与莫高窟阴家窟》，《敦煌学辑刊》2006年第3期。

沈刚：《居延汉简中的习字简述略》，《古籍整理研究学刊》2006年第1期。

陈逸平：《唐宋时期敦煌大众的历史知识》，《敦煌研究》2006年第2期。

杨秀清：《社会生活的常识、经验与规则及其思想史意义——以唐宋时期敦煌地区为中心》，《敦煌研究》2006年第4期。

郑炳林：《敦煌写本邈真赞所见真堂及其相关问题研究——关于莫高窟供养人画像研究之一》，《敦煌研究》2006年第6期。

孟宪实：《国法与乡法：以吐鲁番、敦煌文书为中心》，《新疆师范大学学报（哲学社会科学版）》2006年第1期。

沈刚：《居延汉简中的习字简述略》，《古籍整理研究学刊》2006年第1期。

李应存、史正刚：《从敦煌佛书中的医学内容谈佛教的世俗化》，《敦煌学辑刊》2007年第4期。

陈君：《鸿都门学之兴衰及其历史启示》，《中国典籍与文化》2007年第2期。

陈琪：《唐代书法人物辑考》，《甘肃社会科学》2007年第3期。

佘双好：《青少年社会教育的本质与内涵》，《中国青年研究》2007年第12期。

李正庚：《秦代的书法教育摭谈》，《书画世界》2008年第4期。

赵青山、蔡伟堂：《从敦煌题记"师僧"看僧团师徒关系》，《敦煌研究》2009年第3期。

张延昭：《元代"社"制与儒学教化》，《教育史研究》2009年第3期。

田增志：《中国庙学教育实践及其启示》，《内蒙古民族大学学报》2009年第5期。

祁晓庆：《晚唐五代敦煌三界寺寺学教育与佛教传播》，《青海社

会科学》2009年第2期

龚超：《马克思对西方社会教育思想的批判和继承》，《湖北社会科学》2009年第12期。

马德：《敦煌画匠称谓及其意义》，《敦煌研究》2009年第1期。

龚超、尚鹤瑞：《社会教育概念探微》，《浙江社会科学》2010年第3期。

常爽：《汉代蒙童书法教育摭谈》，《大众文艺》2010年第9期。

蔡渊迪：《敦煌本〈笔势论〉残卷研究》，《敦煌研究》2010年第3期。

杨宝玉：《大中二年张议潮首次遣使入奏活动再议》，《兰州学刊》2010年第6期。

林生海：《从敦煌写本〈祭驴文〉看唐代的科举与社会》，《教育与考试》2011年第1期。

金滢坤：《唐五代科举制度对童蒙教育的影响》，《浙江师范大学学报（社会科学版）》2012年第1期。

苏哲仪：《试论唐代敦煌地区的学校教育》，《岭东通识教育研究学刊》2012年。

王三庆：《敦煌类书与启蒙的初学教育——以语文教育为中心》，《童蒙文化研究》2015年第1卷。

林静潇：《敦煌写本中的习字教育研究》，《中国书画》2015年第11期。

王使臻：《晚唐五代宋初敦煌地区的文书教育》，《陕西理工学院学报》2015年第4期。

杨宝玉：《〈张淮深碑〉作者再议》，《敦煌学辑刊》2015年第3期。

金滢坤：《唐五代敦煌寺学与童蒙教育》，《童蒙文化研究》2015

年第1卷。

杨宝玉：《晚唐敦煌名僧恒安事迹稽考与相关归义军史探析》，《隋唐辽宋金元史论丛》，2015年。

王艳玲：《敦煌史籍抄本与科举考试》，《黑龙江史志》2015年第13期。

郭丽：《唐代中原儿童诗与敦煌学郎诗的异同及教育成因论析》，《古籍整理研究学刊》2016年第1期。

韩红：《从敦煌逆刺占文献看中古时期敦煌民众社会生活》，《吐鲁番学研究》2016年第1期。

杨宝玉：《〈张淮深碑〉抄件卷背诗文作者考辩》，《敦煌学辑刊》2016年第2期。

杨宝玉：《晚唐文士张球及其兴学课徒活动》，《童蒙文化研究》第二卷，中华炎黄文化研究会童蒙文化专业委员会专题资料汇编，2017年。

李园：《秦汉习字简研究》，《古籍整理研究学刊》2017年第1期。

于信：《汉代简帛书法三题》，《美术大观》2017年第6期。

李军：《再论张议潮时期归义军与唐中央政府之关系》，《中国边疆史地研究》2017年第1期。

裴永亮：《汉代习字简与汉代书法发展相关问题》，《邵阳学院学报》2018年第4期。

黄艳萍：《从西北屯戍汉简看汉代书法的自觉意识》，《中国书法》2018年第12期。

郑阿财：《敦煌吐鲁番文献呈现的唐代学童诗学教育》，《童蒙文化研究》2018年6月第3卷。

宋祖楼：《敦煌写经中"书手"与蒙书教育》，《参花》2019年第12期。

朱凤玉：《敦煌家训类蒙书所见唐代女子生活教育》，《童蒙文化研究》2019年8月第4卷。

杨宝玉：《〈敦煌廿咏〉作者及撰写时间考证》，《童蒙文化研究》第四卷，中华炎黄文化研究会童蒙文化专业委员会专题资料汇编，2019年。

于万丹、湛芳：《敦煌蒙书中女子教育思想研究》，《西部学刊》2019年2月上半月刊。

米文佐：《敦煌简牍遗书中的汉唐书法教育》，《中国书法》2019年第9期。

冯刚、苗严、胡惟洁：《"庙学制度"——中国古代高等教育机构空间组织形式探析》，《新建筑》2019年第1期。

甘肃省文物考古研究所：《甘肃敦煌佛爷庙湾墓群2014年发掘简报》，《文物》2019年第9期。

甘肃省文物考古研究所：《2015年敦煌佛爷庙湾——新店台墓群Ⅲ区西晋十六国墓葬发掘简报》，《文博》2019年第5期。

王艺霖、李雪沇：《从敦煌遗书看王羲之对敦煌书法的影响》，《西泠艺丛》2019年第3期。

陈伟华、王静：《唐代书法教育研究——以敦煌私学为例》，《思维与智慧》2020年第18期。

任占鹏：《姓氏教材〈敦煌百家姓〉与晚唐五代的敦煌社会》，《敦煌吐鲁番研究》2020年第2期。

蒋伟男：《里耶秦简习字简初步研究》，《中国文字学报》2020年。

杨宝玉：《唐后期五代宋初敦煌寺学考索》，《隋唐辽宋金元史论丛》，2020年。

韩刚：《敦煌曹氏归义军宫廷绘画机构与官职考略》，《美术研究》2021年第7期。